PUBLIC RISK THEORY

STRUCTURAL REFORM AND RISK ALLOCATION

公共风险论

II

结构性改革与风险分配

刘尚希 ◎ 著

中国财经出版传媒集团

中国财政经济出版社

·北 京·

图书在版编目（CIP）数据

公共风险论．Ⅱ，结构性改革与风险分配/刘尚希著．--北京：中国财政经济出版社，2024.6

ISBN 978-7-5223-2688-7

Ⅰ.①公…　Ⅱ.①刘…　Ⅲ.①财政制度－研究－中国　Ⅳ.①F812.2

中国国家版本馆 CIP 数据核字（2024）第 034067 号

责任编辑：马　真　　　　责任印制：史大鹏

封面设计：陈宇琰　　　　责任校对：胡永立

公共风险论Ⅱ

——结构性改革与风险分配

GONGGONG FENGXIANLUN Ⅱ

——JIEGOUXING GAIGE YU FENGXIAN FENPEI

中国财政经济出版社 出版

URL：http：//www.cfeph.cn

E－mail：cfeph@cfeph.cn

社址：北京市海淀区阜成路甲 28 号　邮政编码：100142

营销中心电话：010－88191522

天猫网店：中国财政经济出版社旗舰店

网址：https：//zgczjjcbs.tmall.com

中煤（北京）印务有限公司印刷　各地新华书店经销

成品尺寸：165mm×230mm　16 开　35.25 印张　515 000 字

2024 年 6 月第 1 版　2024 年 6 月北京第 1 次印刷

定价：98.00 元

ISBN 978－7－5223－2688－7

（图书出现印装问题，本社负责调换，电话：010－88190548）

本社图书质量投诉电话：010－88190744

打击盗版举报热线：010－88191661　QQ：2242791300

以整体观推进结构性改革　促进公共风险最小化

（代序）

我国当前面临的突出风险源自结构性问题，包括经济结构、社会结构和区域城乡结构，等等。结构性问题从来都是整体性问题，事关国家发展的可持续性和发展的新动力。防范风险公共化，化解公共风险离不开结构性改革。

一、结构性改革是基于整体的辨证施治

结构性改革需要一种整体性思维，针对整体状况推进改革。借用中医学理念，就是基于整体、个性的辨证施治。结构性改革，既不是头痛医头、脚痛医脚的“对症治疗”，也不是有什么病治什么病的“辨病论治”，而是从整体把握各种可能引致危机的重大风险产生、形成和演变趋势，抓住本质，并放到特定环境、条件下来辨证施治。问题（病症）是现象，风险才是本质；问题是个性化的，风险才是普遍性的；结构性问题衍生的风险是整体性的，不是局部性的。结构性改革需要辩证思维。

从整体来看，我国仍是一个发展中国家，仍需要以经济建设为中心。尽管当前经济发展中出现的问题、风险与过去不同，从总量短缺变成了结构性过剩与不足，但从发展经济学来观察，都是结构变迁过程中产生的问题。从农业为主的结构向工业为主的结构转变，而当前正向服务业为主的结构转变。当前的风险是结构变迁中的风险，供给与需求都是结构变迁过程中的表象，其变化形式是多种多样的。供不应求和供过于求，都是结构变迁长河中的浪花，而结构变迁的发展趋势，并不是单方面由需求端或者

供给端来决定的。供给的升级换代不等于结构变迁，还需要需求来引导。任何产品的创新，都来自潜在的需求。供给不能创造需求本身，只能在一定条件下改变现实需求的规模把潜在需求激化出来。符合需求的供给才是有效供给。曾经风靡一时的美国苹果手机，是在手机需求基础上的升级，是符合需求的供给创新。问题是，创新的供给是否与需求吻合，从根本上说是不确定的，能匹配成功的是少数，多数变成了供给创新路上的铺路石。但人们看到的是少数的创新成功者，以为供给带来了需求本身，这只是幻觉。只有当供给、供给创新与市场需求和社会需要融为一体的时候，结构变迁才会真正实现。

从制度经济学来分析，结构变迁与制度变革、治理变革有内在关联，因为供需融合，相互推动，需要良好的制度环境和高效的治理。这从我国改革开放40多年的历程中可以清晰地看到这一点。从这个意义上说，推动结构变迁的改革，都可以叫作结构性改革。不同的是，过去的结构性改革是基于经济增长，是以市场化为导向的；而现阶段的结构性改革是基于“五位一体”的整体发展，包含但不仅限于经济增长，是以共同体的发展和国家治理的现代化为导向的。这种变化是结构变迁阶段不同而导致的。看清楚结构变迁的阶段性特征和要求，这对结构性改革至关重要。

我国进入中高收入阶段，人均国民生产总值达到1.2万美元。结构变迁就像人的成长，这个时候进入青年阶段，不仅仅身体在长，但长得慢了，而且生理、心理、精神各方面都在成长变化，从单一长身体到人整体的成长。我国已经成为世界第二大经济体，世界对我国的影响与我国对世界的影响日益呈现出不对称性的变化。这种变化体现在中国对世界的影响越来越大。结构变迁随之进入一个深层次，发展的整体性特征越来越明显，社会、文化、生态、环境与经济的关联也随之发生深刻的变化。人长大了，需要强壮的骨骼、成熟的心理和健全的精神来支撑。一个国家的发展也是如此。我国以经济建设为中心的内涵到现阶段也变了，从追求规模转向更注重质量，从追求速度转向更注重效率，从物质财富积累转向精神文化积淀。这意味着我国的结构性改革进入了新阶段。不仅改革的目标不同了，而且改革的条件、路径也变了，改革的方式也要相应调整。从十八届三中全会确立的改革目标来看，当前的改革实质上是全面深化结构性改革，更加凸显基于整体性的辨证施治，重塑国家治理结构，以匹配整体性发展的要求。

二、结构性改革是激化发展新动力的关键

结构变迁进入新阶段，发展动力明显不如从前了。这是为什么？从历史的角度和整体的视野来观察，其根源是结构性改革没有跟上，体制机制抑制了结构变迁，导致风险成本上升。发展偏向于经济增长，改革偏向于政策替代，结构变迁所需的改革力量明显不足。这种状况一直延续到2013年年底的十八届三中全会。2008年遭遇国际金融危机的冲击，结构变迁缓慢引致的风险已经暴露且不断加剧，发展动力减弱，但过于强大的政策刺激把这些都暂时掩盖了，前期政策的路径依赖，形成了“三期叠加”（速度换挡期、结构调整阵痛期和前期政策消化期）的格局。

十八届三中全会吹响了全面深化结构性改革的号角，确立了新的改革目标，明确了新的改革任务。随着十八届四中全会、五中全会的召开，“四个全面”战略部署的展开，富有新内涵的结构性改革再一次嵌入到我国结构变迁之中，改革之帆重新扬起。但毋庸讳言，改革进入深水区，改革的条件发生了重大变化，改革的难度和复杂性也大大增加，改革空转打滑的现象也未能避免。这给基于整体发展，推动结构变迁的结构性改革平添了更多的不确定性。改革打滑的风险明显增大了。

发展的驱动力来自结构变迁，即资源配置效率和全要素生产率的提高，而结构变迁的驱动力则来自结构性改革。从整体看，结构性改革是国家治理结构的重构，理顺政府与市场、政府与社会、中央与地方的关系；从核心看，是政府治理的改革，向市场、社会和地方进一步分权，在简政的同时，切实解决政府“缺位”和“越位”的问题。当前表现出来的杠杆泡沫、创新不足、效率不高、城镇化滞后，都与政府治理改革进展缓慢、公共政策有效性不断递减有内在关系。

从我国当前经济运行来观察，面临的主要问题不是总量性矛盾，而是

结构性脱节，即供给结构与需求结构之间不匹配，导致供需循环受阻。需求结构发生了很大变化，尤其是消费结构快速变化。在全球化条件下，需求结构更容易受国际横向比较的影响，而供给结构却更大程度上受历史沉淀因素的制约。或者说，空间因素更多地影响需求，而时间因素更多地约束供给。消费可以外流，在国内外购买到他国的高端消费品；而本国供给却难以从他国搬来，外商投资、外资企业并不能成为一国供给升级的主要推动力。供需结构的影响因素不同，一个是快变量，一个是慢变量，这也是导致二者脱节的一个重要因素。

而从我国的供给结构来观察，虽然各种新兴需求的曙光在地平线涌现，但是并没有吸引供给走向远方，而是满足于政府各种刺激所带来的眼前“政策利润”和全球化所带来的“红利”，不断地进行平面扩张。眼前的美景，滞留了供给创新的步伐。时间的因素，更是拉远了供给与需求之间的距离。一方面，与土木投资相关的生产出现了严重的产能过剩，如煤炭、钢铁、水泥、平板玻璃、有色金属，等等；另一方面，与消费相关的生产却是平庸凝滞，创新不足，精品不多，大量消费难以满足，如教育消费、住房服务消费、保健消费以及老年照护消费。这说明我国经济运行中的供求关系出现严重的结构性扭曲。

对于这种结构性扭曲，靠“打针吃药”的常规宏观调控手段解决不了，而且有的就是政府自身造成的，如与投资相关的投资品产能过剩，必须是“伤筋动骨”的结构性改革。可惜的是，由于长期受“三驾马车”短期调控理论的误导，一直把重心放在短期刺激政策方面，而对基于整体的结构性改革认识不到位。当前经济中的扭曲，只是一个病症，病因在政府与市场、政府与社会关系以及中央与地方关系，即整个治理结构不完善，核心在政府自身改革不到位。这只有靠结构性改革才能解决。

提了多年的转方式、调结构，之所以成效不及预期，就是结构性改革的力度不够所致。投资、金融、国资、财税、教育、科技、医疗卫生等方面的体制改革主要靠部门在推动，没有充分纳入政府与市场、政府与社会关系以及中央与地方关系这个国家治理结构当中来通盘考虑，顶层设计不到位，一些基础性制度问题没统一解决，而部门又解决不了，改革有时绕着走，导致经济中的风险不断涌现，发展的风险成本上升，效率下降。现在已经到了非解决不可的时候了。

三、以基础性制度问题为抓手，加快推进结构性改革

从经济增长到全面发展，新时期的结构变迁已经不局限于经济领域，发展也不只是经济建设，而是“五位一体”。这需要提升整体思维，超越经济思维，树立治理思维。结构性问题可能表现在各个领域，但成因却往往是跨领域的。这需要打破部门各自改革的传统格局，抓住一些基础性制度问题，纳入国家治理结构整体中来考虑，加快推进结构性改革。

当前，至少有如下基础性制度问题迫切需要纳入结构性改革整体框架之中：

一是产权制度问题。这是政府与市场关系中的一个基本问题。无论是公有制，还是私有制，都有产权制度问题。市场经济注重使用、流动和交易，与传统所有制注重“占有”的排他性观念是根本不同的。绝对所有权退居幕后，产权走到前台，是市场经济条件下公私所有制的共同演变趋势。公有制不存在与市场经济不相容的问题，关键是产权制度的构建。长期受所有权与产权混淆不清的影响，我国产权制度改革长期被误导，要么认为是私有化，要么认为这不是个问题，无须改革。产权制度是市场经济运行的基础，从根本上决定了市场有效配置资源的能力。我国是以公有制为主的国家，产权制度的构建任务十分艰巨。国企国资改革（包括国有金融资产）、生态文明建设、中央与地方之间的产权关系、集体产权制度改革、土地制度改革、科教文卫的微观基础构建、公益性投资的鼓励和保护、政府资产负债表的编制，如此等等，都与产权制度关联在一起。作为一项基础性制度，交给任何一个部门都无法解决，竖立其上的各种体制问题使之无法真正推进。

二是事业单位体制问题。事业单位不是经济组织，也不是行政组织，而是属于政府办的非营利性或公益性组织。显然，这是政府与社会关系中

的一个基本问题。这是我国特有的一个问题，是计划经济集权体制的遗产，延续至今，其体制框架一直未变。当前教育体制、科技体制、医疗卫生体制、文化体制等，都是事业单位体制这一根藤上的果。这根藤是什么样子，这根藤上的果就是什么样子。希望在这根部门集权体制的藤上结出分权体制的果，是不可能的事情。当前，教科文卫体制改革艰难，难就难在事业单位体制改革没有实质性进展。事业单位体制涉及上述体制的微观基础，也就是事业单位和政府的关系如何定位。科教兴国，创新驱动，社会活力，民生改善都与此紧密关联。事业单位体制改革解决不好，社会微观基础缺失，无论是社会发展，还是社会治理，都将遇到活力不足的问题，也会严重制约创新驱动发展战略的实现。

三是中央与地方的关系问题。我国是一个大国，人多地广差异大，两个积极性一个都不能缺。从 1949 年到改革开放，其间也做过多次“放权—收权—放权”的调整。“统一领导，分级管理”，这个原则从计划经济时期到现在一直未变。面对新的结构性改革——重塑国家治理结构，这个原则如何注入新的内涵，是一个基础性制度问题。尤其是全面依法治国的推进，中央干什么，地方干什么，都需要事权法定。从纵向治理结构来看，治理级次与政府管理级次应是两个不同的问题，因为许多公共权力并不能在各级政府之间均匀地划分。从“分级管理”来看，我国是五级管理；从“分级治理”来看，我国是两级治理：国家层面与地方层面。由于缺乏治理理念，国家与地方两个层面的治理难以界分，治理与管理都没有到位，不但导致行政效率难以提升，也使政府与市场、社会的关系难以理顺。如何调动地方、市场和社会的积极性是当前结构性改革面对的新课题。

四是市场、社会管理的制度基础设施。管理制度的有效性依赖于制度基础设施的完善程度，好比一座城市的功能取决于城市地下管廊、公共交通等基础设施。我国制定颁布的法律之所以不少在“睡觉”，原因即在于此。从“法制”到“法治”，制度基础设施是关键。如政府会计制度、政府资产负债表、中期预算、涉税信息系统、人口流动信息系统、征信系统、不动产登记系统、金融工具登记系统、企业及社会组织的登记系统，等等，有的还没建立，已经有的也多是条块分割，没有联通，这在很大程度上降低了相关法律、制度的有效性。在制度建设方面，与我国的城市建设有一些类似，对基础设施不够重视，带来了许多系统性问题。市场监管、社会管理的种种缺陷都与此密切相关。

当然，城乡二元体制和数字化、低碳绿化、金融化这“三化”叠加导致的发展逻辑被颠覆的问题，也是基础性的问题，其中蕴含的不确定性在扩大，风险在衍生，迫切需要纳入结构性改革中来考虑，做好整体设计，加快改革步伐。

目　录

第三篇
论高质量发展与数字化

第四篇
论央地关系与财税体制改革

第五篇
论宏观经济政策与财政政策

第六篇
论财政金融协同

第七篇
论风险变化中的财政

第八篇
论财政自主知识体系

第一篇
论风险分配、公共风险与财政

防范化解重大风险的理论分析

阅读提示：党的二十大报告提出，要主动识变应变求变，主动防范化解风险，不断夺取全面建设社会主义现代化国家新胜利。这是党基于当今时代全球所面临的风险社会现实作出的重大科学判断。在风险社会，各种经济关系、金融关系、社会利益关系转变为风险关系，财富分配、收入分配、消费分配也与风险分配成为一种镜像关系，风险分配的主导性日渐凸显。利益分配是基于实体现实的分配，风险分配是基于虚拟现实的分配；利益分配是过去时，风险分配是将来时。契约不完全导致的风险外部化，是公共风险生成的初始条件。风险外部化是一个不断演化的过程，包括风险社会化、风险系统化和风险公共化三个环节，如果应对措施与风险演化不匹配，就会形成威胁共同体的公共风险。遏制风险公共化应从契约化的风险分配开始，按照“风险人”假设，增强个体契约的完全性，降低社会契约的不确定性，扩大社会的包容性。治理转型应转向“风险—利益”模式，以风险为导向，协同个体风险与公共风险，平衡公共利益和个体利益，按照治理矩阵，优化治理路径，提升治理效能。

一、 主动防范化解风险的意义： 把握战略主动

“主动防范化解风险”是党的二十大报告提出的一个重大命题。在党的二十大报告中，直接使用“风险”16 次，与风险相关的概念，如“安全”一词使用了 91 次、“挑战”使用了 11 次。“我们必须增强忧患意识，坚持底线思维，做到居安思危、未雨绸缪，准备经受风高浪急甚至惊涛骇浪的重大

考验。”① 在当前大变局背景下，不确定性已成为全球热词，谁主动认识和把控了风险，谁就掌握了世界。风险隐性主导着全球发展格局，深化风险认识刻不容缓。从经济学的角度观察，风险意味着成本负担。伴随风险的上升，无论是从个体还是从行业和社会共同体来看，其成本负担都会上升，从而导致经济放缓和大众生活幸福感降低，加大国家可持续发展的风险。

我们在理念上、实践中高度重视防范化解重大风险，但从理论方面看，系统化的风险理论仍显欠缺，学界对风险的演化关系、公共风险的形成和放大机制研究较少，防范化解重大风险的理论储备不足，防范化解重大风险的实际操作缺乏有力的学理支撑。德国社会学家乌尔里希·贝克在《风险社会》一书中提出了风险社会的概念，描绘了风险社会的特征，但并没有对风险演化机理和风险防范机制展开分析。“前进道路从来不会是一片坦途，必然会面对各种重大挑战、重大风险、重大阻力、重大矛盾。”② 当今，人类进入了一个全新的时代，即以工业化为基础的数字文明时代，万物互联、无人工厂、人工智能、自动驾驶、数字货币、数字支付，等等，数字革命正在快速重构人类社会的存在和发展方式。在数字化时代，人—机关系、人—人关系、人—自然关系在重塑，形成虚拟现实与实体现实的叠加（刘尚希，2021）。所以说，风险社会并不是一个具体的历史阶段，而是当今人类所处时代的特征的一种描绘（杨雪冬，2005）。

数字化使人类的分工合作向深度和广度拓展，人与人之间相互依赖超出以往任何时候。风险不断社会化，人与人之间互为风险源，任意个体的风险都可能系统化、公共化，演化为系统风险和公共风险。如一个头部企业可导致一个行业产生系统性风险。工业化推动社会分工细化，从劳动分工、生产分工转向知识分工；而数字化使经济社会的联系扩展到一个历史上从未有过的紧密程度，经济运行过程中的产业链、供应链、价值链、资金链越来越长，

---

① 习近平：《高举中国特色社会主义伟大旗帜 为全面建设社会主义现代化国家而团结奋斗——在中国共产党第二十次全国代表大会上的报告》，《人民日报》2022 年 10 月 26 日。

② 《习近平关于防范风险挑战、应对突发事件论述摘编》，中央文献出版社 2020 年版，第 13 – 14 页。

每个环节面对的不确定性都在扩大，任何一个环节的风险都可快速传递到上下游，以至于整个社会。这使风险社会的各种经济关系、金融关系、社会利益关系转变为风险关系。与此同时，财富分配、收入分配、消费分配也与风险分配成为一种镜像关系，风险分配的主导性日渐凸显。

分配问题始终是经济学和社会学关注的核心命题。古典经济学家曾把分配理论视为经济理论的核心部分，亚当·斯密、大卫·李嘉图和让·巴蒂斯特·萨伊等古典经济学家都对经济学的分配理论有着奠基性的研究（尹恒等，2002）。社会学的三大奠基人卡尔·马克思、马克斯·韦伯和埃米尔·涂尔干也都从不同角度研究了分配问题。在分配理论中，常用概念为“收入分配”和“财富分配”，收入分配是关于流量的分配，财富分配是关于存量的分配，两者互相影响。从经济与社会结合的角度看，消费分配是更为重要的一个概念，以教育、卫生、社保等方面的公共消费为基础和前提的私人消费，决定着人的能力发展，影响着社会的公平（刘尚希，2013）。然而，不管是财富分配、收入分配，还是消费分配，实质上都是利益的分配，属于实体分配范畴。

而贝克认为：“在发达的现代性中，财富的社会生产系统伴随着风险的社会生产。相应地，与短缺社会的分配相关的问题和冲突，同科技发展所产生的风险的生产、界定和分配所引起的问题和冲突相重叠。”① 在风险社会里，“焦虑的共同性代替了需求的共同性”②，这表明，风险分配逻辑在当今时代凸显，已经在不断超越利益分配逻辑——确定性的、实体的、有边界的，隐性地主导着经济社会的发展。如果说利益（财富）分配是相关主体参与确定性的共同成果的分配，那么风险分配就是相关主体参与不确定性的预期成果的分配。未来预期成果的分配直接影响当下结果的分配，无论是从分配规模来看，还是从分配结构来看，都是如此。可以说，从时间的维度看，风险分配日渐成为利益（财富）分配的主导。

---

① ［德］乌尔里希·贝克：《风险社会》，张文杰，何博闻译，译林出版社 2018 年版，第 3 页。

② ［德］乌尔里希·贝克：《风险社会》，张文杰，何博闻译，译林出版社 2018 年版，第 48 页。

纵观相关文献，目前对风险分配问题的研究主要聚焦于以下两方面：一是关于风险分配的正义问题，特别是如何基于责任进行风险分配；二是关于风险分配对社会结构的形塑。从约翰·罗尔斯开始，经济学家和社会学家关注财富分配的正义有着悠久的传统。当风险分配概念提出之后，关注风险分配的正义问题也成为讨论的焦点。如徐钝（2013）认为，风险分配是风险成本、风险责任、风险损失在主体间的承担，由此，张晒（2020）指出，和财富分配一样，风险分配也必须用正义来审思和衡量。如果风险分配失去正义，风险就会蔓延（张广利、俞慰刚，2008）。特别地，一些学者关心洪水风险管理、环境危害与破坏风险的分配正义问题，或者从收入水平、种族差异等方面探讨影响风险分配正义缺失的核心因素（张晒，2020）。一些社会学研究更多地关注风险分配对社会结构的影响和形塑。然而，关于风险分配对社会结构究竟造成怎样的影响，却有着不同的观点。夏玉珍和卜清平（2015）认为，在以财富分配为逻辑的工业社会形成了一个等级化的社会结构，而在一个以风险分配为核心的风险社会形成了一个去阶层化、去中心化的平面社会。

总之，风险分配问题的提出在经济学、社会学乃至整个社会科学的研究当中都具有重大意义，因为风险分配突破了实体的分配范畴，构建了虚拟分配的概念，并将实体分配和虚拟分配融为一体。风险分配问题的提出犹如数学中非欧几何的构建，习以为常的理论和概念被超越之后，产生了全新的理论，这是对原有理论和逻辑的超越。超越并非对立，新理论包括但不限于旧理论，数学因此而得以发展。

需要指出的是，依据现有文献分析，虽然对风险分配的研究增长，但还没有深入到原理的层次，因而对个体风险与公共风险的内在关系缺乏深刻的阐释。所以在现有的文献当中，更多的是从与利益（财富）分配比较的角度来分析风险分配机制。这一路径有很大局限性，稍不小心就会落入原有窠臼之中，仅仅换一个说法而已。利益（财富）分配的对象——生产成果，是实体的、确定性的；而风险分配的对象——可能的损失，是虚拟的、不确定性的。这很类似于股票市值的“浮亏”，在股票没有卖出之前，不能视为实际的损失，只是一种可能性，因为股票涨落是不确定的，且难以预测。在风险社会的高度不确定中，物质利益（财富）都像股票一样处于“浮亏”“浮盈”的风险状态，随时都有可能在风险中蒸发（贬值）或产生虚拟的财富效应，这就是风险主导的虚拟分配。货币、金融和数字化的深化使风险社会的特征更为鲜明，不确定性的逻辑日益凸显，风险分配已经在主导经济社会的运行，这意味着所有人、所有财富处于一个社会的“大股市”当中，利益的“浮亏”“浮盈”是常态，并成为风险分配的基本表现形式，落袋为安的那种成果分配的确定性已经日渐远离我们。在风险社会中，资产的“浮亏”“浮盈”、收入的“期权”性质越加突出。货币收入是广义上的“期权”，在没有花出去之前，也都是处于“贬值”“升值”的叠加态。进一步拓展来看，权力与责任、权利与义务，在风险社会也难以有独立的确定性边界，因为它们都处于一个相互关联的链条之中，权力链、责任链以及权利链、义务链相互交织而不确定。处于现实世界的基本性质以风险形态来表征，这迫切需要我们深入研究风险分配以及公共风险的生成机制，这是我们把握战略主动，有效防范化解重大风险的认识论基础，其重大理论价值和现实意义是不言而喻的。

二、 经济社会运行的底层逻辑： 风险分配逻辑

“在前进道路上我们面临的风险考验只会越来越复杂，甚至会遇到难以想象的惊涛骇浪。”① 这是习近平总书记关于新时代背景下风险状态的重要论断。从现实看，这一论断表明风险社会的经济社会运行及其逻辑与以往是完全不同的。在工业社会，资源配置及其相关的利益分配问题是核心问题，利益分配的逻辑是传统经济社会运行的底层逻辑。而在风险社会，经济社会运行更深层的底层逻辑是风险分配逻辑。

---

① 《习近平谈治国理政》（第三卷），外文出版社 2020 年版，第 225 – 226 页。

（一）重新认识风险

风险与人类相伴，人类在与风险为伍的过程中形成了诸多关于风险的思想。在中国的语汇中并没有“风险”一词，但忧患意识实为风险意识。“居安思危”和“风起于青蘋之末”等都是风险意识的表达。《周易》中就可以找到关于忧患的表述“作《易》者，其有忧患乎”。比较权威的说法是风险来源于意大利语的“risqué”一词。在早期，风险常常与航海中的风暴和礁石等联系在一起，后期多与保险事件关联。关于风险问题的理论研究，社会科学领域关注的历史也较为悠久。奈特（1921）就对不确定性与风险问题进行了系统研究，他将不确定性分为可量度的不确定性（风险）和不可量度的不确定性。在很长一段时间，学界关于风险的研究非常之多，有客观风险、主观风险和可度量风险、不可度量风险等分法，但基本都是从实体的角度来认识风险。

贝克（1986）对风险有着独到的认识，他将风险定义为以系统的方式应对由现代化自身引发的危险和不安，并由此推导出关于风险的五个命题：(1) 风险在本质上不同于财富；(2) 随着风险的增多，同时也由于风险的分配，社会的风险处境形成了；(3) 尽管如此，风险的传播和市场化并没有完全摒弃资本主义的发展逻辑；(4) 人们可以占有财富，却只能忍受风险；(5) 得到社会承认的风险具备其特有的政治爆炸力。在贝克的论述当中，实际已意识到需要从虚拟的角度认识风险。

重新认识风险，我们可以看到风险是指向未来的，与时间直接相关。在经济金融学中，时间价值是一个不可或缺的基准，投资、融资以及资产、负债和成本收益的决策、确认和计量，都依赖于这个基准。放在时间维度上观察，任何一项资产的现时价值都是未来价值的折现，风险演化起着决定性作用，在一个高度不确定的风险社会，尤其如此。“在风险社会里，‘过去’丧失了它决定‘现在’的权力，取而代之的是‘未来’。”① 这意味着是未来的

① ［德］乌尔里希·贝克：《风险社会》，张文杰，何博闻译，译林出版社 2018 年版，第 24 页。

风险，而不是过去的历史在决定着“当下”的经济社会运行，而把未来风险和当下行为选择关联起来的是预期的风险分配，这使未来的风险变为当下的区别于实体现实的虚拟现实，并呈现为叠加态：当未观察时，风险是未来的；在观察时，风险则是当下的。

风险的不确定性、虚拟性，使风险成为不可证伪的命题，超越二值逻辑。这需要用区别于实体理性的虚拟理性来认识风险的叠加态，也就是说，不能用“是”与“非”来判断风险。就如量子力学的根基是建立在不确定性上一样，社会是非线性、非因果决定论的，这决定了我们不可能预料到社会所有的突发因素（刘尚希等，2018）。风险无处不在，无时不有，只有运用虚拟理性，预构自己所需的确定性图景，才能更好应对风险世界。

在风险社会和现代经济背景下，虚拟理性的价值越来越凸显。现有的经济体系已经高度金融化，这种金融化，不仅表现在企业资产形态的变化，也表现在个人财富方面的变化。在这种情况下，无论是资产，还是负债，都面临越来越大的不确定性，可能一瞬间成倍升值，也可能一夜之间蒸发、化为乌有。增值来自哪里？蒸发又去了哪里？我们难以通过实体理性逻辑来理解价值的增值和蒸发，而通过虚拟理性把握的风险分配可以揭示其内在逻辑。

简单总结，作为带来损害的可能性预期，风险的属性包括：第一，风险与主体关联，离开主体谈风险是没有意义的；第二，风险是指向未来的，但又是当下行为的性质；第三，风险是无界的，隔离一种风险，又会引发另一种风险；第四，风险是一种现实存在，属于虚拟现实，叠加在实体现实上，风险在又不在，能够超越时空；第五，风险是不可证伪的命题，传统科学思维要用实验来证伪，而风险是不可证伪，只能做思想实验。

风险的性质决定了风险分配的性质，也决定了风险分配与利益分配的区别。利益分配是基于实体现实的成果分配，风险分配是基于虚拟现实的预期分配；利益分配是确定性的，风险分配是不确定性的。

（二）风险分配的契约化：风险内部化

威廉姆森将经济学分为以新古典经济学为代表的“选择科学”和以新制

度经济学为代表的“契约科学”（Williamson，2002）。这两种“科学”分别代表经济学研究的“配置范式”和“交易范式”（马珺，2015）。经济学中著名的埃奇沃斯盒状图是“配置范式”和“交易范式”的集成。盒状图本身反映的是配置问题，但盒状图中的曲线又是交易曲线，可见埃奇沃斯盒状图试图将“配置范式”与“交易范式”融合起来。埃奇沃斯盒状图是对传统理论资源配置过程的高度抽象，当实现交换和生产的一般均衡，就会实现福利最大化的资源配置目标。

传统理论对契约的定义往往基于利益。例如，一般说来，契约是一种交易各方同时为获得更大利益而进行的基于平等地位的一种自由交易，各方并因此而建立起一种权利义务关系（苏力，1996）。从实体现实的角度看，无论是“配置范式”还是“交易范式”，其分析对象都是基于利益，都可约化为利益的分配与交易。而从虚拟现实的角度观察，所有利益的分配和交易，实质是风险的分配与交易，所有订立的契约是为了分配风险，否则，契约就是多余的。契约本身就是风险的产物。

从历史来看，经济社会发展是一个契约化的过程。在利益逻辑之下，个体被人格化为自身利益最大化的“经济人”。每个“经济人”个体在分工中既实现了自身利益最大化，又为社会创造财富。分工增加了生产的能力和工人的技艺，所以它成了社会精神和物质发展的必要条件，成了文明的源泉（涂尔干，1893）。个体之间通过契约关系形成相互之间的分工与合作关系。市场伴随着交换而产生，并随着分工逐渐发展，然而市场经济并未一开始就取得统治地位。市场经济是在分工的深化过程中逐渐形成的，分工的深化使生产、交换、分配、消费各个环节的联系更加紧密，并产生大量专门化的组织以及知识（刘尚希，2018）。这些专业化组织正是通过契约形成相互合作的网络体系，所以说市场经济就是契约信用经济。市场经济是一个复杂的体系，既包括商品或劳务交易行为，也包括法律和制度规定。在狭义上，所有的商品或劳务交易都是一种契约关系；在广义上，所有的法律、制度都是一种契约关系（聂辉华，2017）。与市场经济相关的制度既包括显性的制度，也包括隐性的制度，社会诚信就是隐性的制度，所以说社会诚信也是一种契约关系。

正是源于风险的契约，提供了市场秩序、社会秩序和追求利益过程的相对确定性。

从实体现实的角度看，契约化是利益分配的过程，通过契约明确各个行为主体的利益分配关系，形成利益激励相容机制；而从虚拟现实的角度看，契约化体现的是风险分配的过程，通过契约明确各个行为主体的风险分配关系，形成共同防范和化解风险的机制。从深层逻辑来看，规避风险是第一位的，追逐利益是第二位的，安全是最基本的需要。当所有人陷入一种风险处境之中时，风险关系与利益关系的主次地位反转，风险分配关系主导利益分配关系，利益激励相容机制从属于防范和化解风险的机制。契约化的风险分配，是风险内部化的过程。如投资办企业、雇佣契约、合作契约、金融保险契约以及政府购买服务和 PPP 模式，等等，实现风险的明晰、转移、分散、对冲和分担，都是分配风险的具体方式。从历史演进维度看，在风险上升过程中，书面的显性契约渐渐取代了传统的隐性契约（如口头协议），并受到法律的保护。

与风险的属性相关联，契约化的风险分配呈现出以下特点：第一，由于风险与主体关联，所以形成契约的主体就是风险分配的主体。第二，由于风险指向未来，所以契约是未来的风险映射，一旦形成契约关系，契约中的各个主体就需要共同承担风险，并就风险分配原则作出约定，根据约定确定当下行为。第三，由于风险是无界的，所以契约中的每个主体虽然就风险分配作出约定，但契约关系已经把各个主体融为一个整体，风险在这个整体中内部消化。第四，由于风险是虚拟现实和实体现实的叠加，且虚拟现实和实体现实可以相互转化，所以契约的前置条件和底层逻辑在风险分配中起决定性作用，这些前置条件和底层逻辑通过改变虚拟现实中的分配格局来改变实体现实中的分配格局。第五，由于风险具有量子化特征，所以风险分配不同于利益分配的思维，其契约化过程更为复杂，风险分配要既要考虑风险的叠加态特征，又要考虑风险的纠缠态特征。第六，由于风险是不可证伪的命题，所以契约化的风险分配及风险内部化程度取决于契约中各个主体及其共同体的风险理性水平。风险理性水平越高，风险的明晰、转移、分散、对冲和分担等风险分类机制就越优，风险内部化程度也就越高。

风险分配的契约化既包括个体契约，也包括社会契约。个体契约也称私人契约，是自然人、法人之间的契约。社会契约也称集体共同契约，法律、制度和政策，乡规民约等属于社会契约范畴。社会契约以共同力量来护卫和保障每个结合者的人身和财富，以应对不利于人类生存的种种障碍（卢梭，1762）。社会契约与组织密切关联，涉及不同层次，小到一个单位的契约，大到国家契约乃至全球契约。从主权国家的角度看，国家治理是最高层次的社会契约关系。国家治理涉及国家与市场、与社会以及央地之间的关系，这实际上是多个维度之间的风险分配关系。处理这些风险分配关系所形成的国家契约，就构成国家治理的基本结构。良好有序的国家治理结构，国家、市场和社会之间各司其职、各负其责，其风险分配关系契约能够有效适应新形势、应对新挑战，形成激励创新和促进发展的有效机制。

（三）不完全契约条件下的风险分配：风险外部化

经济学家阿尔弗雷德·马歇尔和阿瑟·赛西尔·庇古对外部经济理论进行了开创性的研究。他们认为，外部经济指一个主体的经济行为对另一个主体产生了影响，但是这种影响并没有在交易中得以体现。外部经济是经济主体经济行为的外部化，外部效应是这种外部化造成的影响，包含正的外部效应和负的外部效应。在经济学中，负的外部效应的讨论更具代表性。一般性地理解，负的外部效应是对行为实施主体以外的主体造成的损害，且行为主体并没有为受损害的主体进行补偿。换一个视角看，如果没有在契约中明确对未来发生的可能损害进行补偿，则表明风险发生了转移，即风险外部化。也就是说，风险外部化是不完全契约条件下的风险分配所导致的。

趋利避害是人的本能，也是所有行为主体的一种本能。从这个角度看，风险外部化是个人、家庭、企业、地方、部门的一种本能。也就是说，行为主体的本能是风险外部化的内因。而契约的不完备则是风险外部化的外因。不完全契约理论的几个关键假设在一定程度上解析了上述外因：第一，当事人至少具有一定程度的有限理性，无法预期到未来的各种或然情况；第二，当事人具有机会主义行为；第三，存在关系专用性投资。由于当事人无法预见到未来所有情况，或者即便预见到也无法用双方都同意的语言写进契约，或者一些变量存在“双方可观察但无法向第三方证实”的特征，因此，契约通常是不完备的（聂辉华，2017）。以上假设印证了风险分配的相关原理：首先，当事人的有限理性表明未来是不确定性的，所以无法预期未来的各种或然情况；其次，行为主体具有风险外部化的机会主义本能；最后，关系专用性投资表明契约本身的不完备，或者契约覆盖的不完备。契约不完备既意味着违约的可能性增大，也意味着存在契约（规则）外的风险分配。

在风险社会，数字化、金融化等趋势带来的不确定性加速放大，契约的不完全性也越来越显著。一方面，数字化改变原来的生产方式、生活方式，也改变了政府运行的基本方式。原来在工业化基础之上建立起来的规则无法适应数字化过程中的新情况。也就是说，在数字化背景下，工业化过程中建立起来的契约规则难以适应新的形势，当契约规则的构建滞后于风险的变化，非契约规则外的风险分配也越来越多。

另一方面，在经济金融化的背景下，各个经济主体的资产都呈现金融化的趋势。在金融化的背景下，资产很难分清是“你的”还是“我的”，就如股份制公司大家都有份，你中有我，我中有你。在金融化背景之下，资产的交易方式更加多样化，这就使得原来表现为“实体”的资产更加虚拟化。这种金融化的趋势会改变原来的交易方式和契约规则，不确定性加速放大。在经济金融化的趋势下，个体契约和社会契约的不完全性更加明显，违约风险增大，造成被迫违约或无法履约，风险外部化的频率由此加大、程度加重，个体风险系统化、公共化趋势加快。

综上所述，在风险社会，风险分配逻辑超越利益分配逻辑，越来越成为主导经济社会运行的决定性因素。基于风险分配的逻辑，重构经济社会中的契约规则是大势所趋，只有这样才能构建经济社会发展更大的确定性。

三、 风险外部化与公共风险的生成机制

“要健全风险防范化解机制，坚持从源头上防范化解重大安全风险，真

正把问题解决在萌芽之时、成灾之前。”① 习近平总书记论述从源头上防范化解重大风险的重要意义，为从理论上认识遏制公共风险问题提供了科学指引。在经济学中有多对“完全”和“不完全”的概念，例如完全竞争和不完全竞争，以及完全契约与不完全契约。在实际的经济活动当中，完全竞争是理想化的状态，不完全竞争是常态。类似地，完全契约是理想化的状态，不完全契约是经济社会的常态。不完全契约条件下的风险分配导致风险外部化。风险外部化是一个不断发展的过程，根据风险外部化的演变可以分为风险社会化、风险系统化和风险公共化几个阶段。如果在这个演化过程中没有得到遏制，风险外部化就会逐步演变为公共风险，甚至是公共危机。

（一）风险社会化与“风险大锅饭”的形成

马克思理论对“社会化”问题进行了深入的研究和阐述。马克思指出：“交换的需要和产品向纯交换价值的转化，是同分工，也就是同生产的社会性按同一程度发展的。”② 这表明，劳动分工以及由于劳动分工产生的劳动社会化，推进了人的社会化。社会化是相对于与生物个体而言的，使各自独立的“生物人”变成相互联系的“社会人”，脱离个体，就无所谓社会化（刘尚希，2018）。

进一步地分析，从实体现实的角度观察，劳动分工导致劳动的社会化、生产的社会化和人的社会化的过程中，也导致了利益的社会化。由于劳动和生产的社会化，自给自足成为个别现象，利益的分配是在社会化大生产过程中通过交换来实现的。简化的模型是，要想获得社会化大生产过程中的产品，就必须付出相应的劳动或资本。如前所述，社会化大生产过程中的交换是一种契约关系，在完全契约条件下，所有根据契约进行的交换都是有效的，并穷尽了所有的利益，利益的边界是清晰的。在此情况下，利益的分配机制就会形成强烈的利益激励机制，形成以“逐利”为动力的竞争局面。相反，如

① 《习近平关于防范风险挑战、应对突发事件论述摘编》，中央文献出版社 2020 年版，第 13－14 页。

② 《马克思恩格斯全集》（第 46 卷上），人民出版社 1979 年版，第 91 页。

果契约不完全、利益边界不清晰，则会形成“利益大锅饭”，也就无法形成有效的利益激励机制，以竞争作为动力的市场机制就会出现失灵。

从虚拟现实的角度观察，劳动分工导致劳动的社会化、生产的社会化和人的社会化的过程中，也导致了风险的社会化。劳动分工在提高社会化生产力的同时，也带来了更大的不确定性，社会化生产将人们或各个主体联结成一个网络体系，风险也就在这个网络体系中传播放大。如前所述，社会化大生产过程中的交换作为一种契约关系，是风险内部化的一种机制，通过契约关系，使风险与利益相对应，每个经济主体在追求自身利益的同时，必须承担相应的风险，形成“风险—利益”相对称原则。这是市场经济体制下经济运行的基本原则，也是社会行为的基本原则，既约束市场主体，也约束政府及其部门。如果契约不完全、风险责任不清晰，“风险大锅饭”就会形成。“风险大锅饭”破坏了“风险—利益”对称原则，就会导致市场主体和政府部门的行为扭曲，出现追求利益而不承担风险的情形，导致经济社会行为主体缺乏避险动机和避险能力。我国历史上产生的政府替国有企业承担风险、公共预算对政府行为的软约束以及中央与地方的财政关系模糊等，都是“风险大锅饭”的表现，这些问题在不同方面现在依然存在（刘尚希，2018）。

现代社会数字化、低碳绿色化和经济金融化趋势加速演进，尤其是在我国，叠加城市化加速推进，社会转型过程中的不确定性加速放大，各种风险层出不穷。如果制度建设跟不上风险的变化，新的风险不能在契约中得到体现，“风险大锅饭”问题就会愈演愈烈，成为公共风险的重要源头。例如，在数字化背景下，数字经济与工业经济逻辑不同，它改变了过去的就业形态和资源配置方式。在数字经济背景下，劳动力市场的就业形态，已经不是工业化时期典型的雇佣关系了，劳务合作关系不断增多。马克思在《资本论》中分析最多的雇佣关系，在数字革命的推动下正在不断减少，取而代之的是越来越多的劳务合作关系，雇佣关系中的劳动保护契约失效，风险外部化增多。如果我们对数字经济的认识还停留在对工业经济的认识上，就无法识别数字经济发展过程中存在的真正风险，也就无法通过有效的制度这种社会契约，来规制新的风险，就会出现数字化过程中新的“风险大锅饭”，并向公共风险演化。这也表明，政府要有新的认识、新的观念，不能将传统工业经济的监管模式照搬到数字经济当中。

（二）风险系统化：风险的聚集和累积

在风险社会化的过程中，如果契约不能有效规制风险，形成的“风险大锅饭”就会进一步放大风险。放大的风险产生聚集效应，累积到一定程度变为系统性风险。所以要“对各种风险见之于未萌、化之于未发，坚决防范各种风险失控蔓延，坚决防范系统性风险”①。

风险的系统化产生系统性风险（通常比作“灰犀牛”）。系统性风险就如“灰犀牛”一样，不是天然就存在的，而是逐渐“长”出来的。在风险社会化过程中，由于不完全契约导致风险外部化，形成一个个的风险点。孤立的风险点是不会形成系统性风险这样的“灰犀牛”，问题是经济社会是一个立体的分工交易网状结构，不同领域、不同类型、不同层次的风险相互关联。尤其是在高风险社会，风险之间的关联性更强。任意风险点可通过交织的风险链交叉传递，不断扩散累加放大，产生多米诺骨牌效应，汇聚成更大的风险。当风险放大到一定程度，系统性风险“灰犀牛”就长出来了。所以说，风险系统化，不仅与风险点有关，更重要的是与风险链有关。

风险具有非线性传递特征，在数字化和金融化的背景下，这一特征更为突出，经济与社会风险的跨时空传递更加迅速、更加直接。例如，美国由于经济社会原因造成资本市场的动荡，全球其他地方的资本市场可能几乎会同时出现动荡，形成无实体媒介的跨时空传递。尤其是金融市场化改革不到位的情况下，金融领域不完全契约和风险系统化问题会更加突出。从利率的水平可以透视金融市场不完全契约带来的风险系统化问题。从道理上讲，高储蓄率国家的利率水平会较低，低储蓄率国家的利率水平会较高，然而现实情

① 《习近平在中共中央政治局第四次集体学习时强调把学习贯彻新时代中国特色社会主义思想不断引向深入》，《人民日报》2023 年 4 月 1 日。

况却是，美国等发达经济体是低储蓄率、低利率；而中国作为一个高储蓄率的国家，其利率水平却远高于美国、日本、英国等发达国家，中国的高利率给经济、就业和政府财政带来了更大的风险。实体企业融资成本高企，活力不足；政府债务利息支出沉重。在金融市场化程度不够的条件下，金融部门的欣欣向荣可能隐藏更可怕的风险。高利率背后的原因是金融的市场化改革不到位，隐匿了金融领域风险和利益不匹配的问题，不完全契约特征更明显。从更高的维度看，金融与国际竞争密切相关。如果对金融的认识满足于传统的一套，金融市场化改革止步不前，我国的整体国际竞争力差距不但不会缩小，反而会进一步扩大。金融既是经济竞争手段，也是隐性战、超限战的手段，通过金融很容易搞垮一个国家。世界各国金融领域累积的系统性风险越来越大，形成了隐匿的公共风险。

在经济金融化的背景下，金融领域与各方面关联非常紧密，尤其与房地产、股票和汇率等资产价格关联紧密，相互之间的风险传递速度快。一种资产价格急速下跌引起金融市场恐慌，会触发其他资产价格大幅下跌。例如，从 2021 年开始，一些地方出现的烂尾楼引发的居民断供风险的蔓延，不仅影响开发商，还影响到银行和购房者，相关个人、企业乃至相关行业，甚至形成风险循环，导致风险扩散、叠加。究其原因，是近些年来房地产行业的快速发展，改变了企业、居民以及政府的资产负债表，也改变了各个主体之间的风险契约关系，导致系统性风险的出现。银行业超过 1/3 的资产都集中在房地产行业，房地产如果出问题，金融风险就会迅速扩大。房地产的发展也改变了居民的资产负债表。城市居民财富的积累，大约 70% 在房产上，居民的负债主要集中在房贷上，而且房贷增长速度相当快。居民资产负债表的变化是与房地产快速发展紧密关联在一起的。政府的资产负债表，特别是地方政府的资产负债表也由此发生了明显改变。地方政府的收入相当一部分来自房地产开发带来的土地出让收入。政府出让土地资产的使用权，形成政府当期收入。从政府的资产负债表来看，资产总量在会计意义上没有什么变化，但资产结构发生了改变。房地产业发展所衍生的风险就是一种系统性风险，其影响是全局性的，可谓牵一发而动全身。

（三）风险公共化：系统性风险扩散形成公共风险

风险公共化是风险外部化的最高形态。社会化的主体是个体，而公共化的主体则是群体，或社会共同体。群体虽然与个体有关，但不是个体的简单堆砌，而是个体形成的有机整体。群体的逻辑并非个体逻辑的延伸和扩大，而是有自身的逻辑，即公共逻辑。马克思指出："人不仅仅是自然存在物，而且是人化了的自然存在物，也就是说，为自身而存在着存在物，因而是类存在物。"① 正是风险公共化，或者说公共风险导致了人类群体的产生，也不断加深着人类群体的公共化程度。公共风险产生一种新的力量，它把分散的个体力量凝聚起来，公共意志和群体行动才会产生。人类社会的生产力和生产关系不断变迁，风险公共化或公共风险的内容也在不断变化，但风险公共化或公共风险始终是人类群体公共化的唯一动力（刘尚希，2018）。

风险公共化是风险分配内生出来的结果。个体风险分配的不完全契约导致风险外部化，形成"风险大锅饭"，使得本应由个体承担的风险转移给社会。由于社会契约的不完全，即制度的缺陷或者制度的滞后，使社会化的风险不断聚集和积累，形成系统性风险，系统性风险进一步放大和扩散，就形成了社会共同体的公共风险。公共风险的生成机制与癌症疾病的生成和发展机制类似，细胞由于某种原因发生癌变，免疫系统（相当于风险分配中的契约）如果没有识别和杀死癌细胞，癌细胞就会在一定范围内扩散，形成某种癌症（相当于系统性风险），如果某种癌症没有得到及时治疗，就会导致进一步的扩散，最终导致器官的衰竭和身体的死亡（相当于公共风险）。从癌症疾病生成到身体的最终死亡，根本原因包括两个方面：免疫缺陷以及在这种缺陷背景下的应对和治疗措施跟不上。同样地，风险外部化导致风险公共化，形成公共风险，也有两个方面的根本原因：制度性缺陷和在这种制度下的政府干预失当。制度创新跟不上风险的变化，就像大坝年久失修难以抵挡百年不遇的大洪水，到处都是管涌，而采取的防洪措施又时常失误，洪水泛

① 《马克思恩格斯全集》（第42卷上），人民出版社1979年版，第169页。

滥导致大坝溃堤是迟早的事情。

制度性缺陷和在这种制度下的政府干预失当导致的公共风险在数字经济的发展和监管中体现比较明显。对数字经济的认识要从文明革命的角度去理解，它是数字文明发展的成果。因此，对数字平台应该的认识，不能简单套用传统工业企业、工业市场经济组织方式下的监管方式，尤其涉及不正当竞争、垄断这些问题，要有新的认识、新的规则和新的监管方式。数字化在重塑新的经济生态，一旦一步赶不上，就可能步步赶不上，这与工业化时代是不同的。不言而喻，在数字革命浪潮中，发展放慢将是最大的国家安全风险。在数字经济发展的过程中，由于对数字化和数字经济的认识不到位，相应的制度与数字创新严重不匹配。加之，如果在这种背景下政府乱作为，就会出现发展放慢甚至停止、倒退的重大国家安全风险。实践中，我们对数字经济的治理依然存在条块分割的现象。从国际竞争力来看，我国数字经济的发展风险可能在上升，需要重新整体评估。辩证地看，安全寓于发展之中，只有不断发展，数字技术快速迭代升级，安全风险才能得以化解，在数字领域中的国家安全博弈才能“技高一筹”，安全风险才能持续得到有效防控。历史和现实教训都告诉我们：落后就要挨打。因此，发展慢了，落后于人，才是更高维度的公共风险。数字经济治理中的难题，涉及风险的识别、判断和权衡。要进一步提升数字经济的国际竞争力，必须强化风险整体观，基于国家发展来权衡风险，并设置合理的监管模式。

四、 契约化的风险分配是遏制风险公共化的前提

如前所述，公共风险的生成机制与癌症疾病的生成和发展机制类似。防止癌症疾病的生成和发展，最好的方式就是治未病，即预防疾病发生风险，例如，以良好的生活方式提高免疫力、定期体检发现苗头性问题并及时处理等把产生疾病的风险遏制在最前端。最忌讳的是等到病入膏肓，病急乱投医，治不好病又浪费了钱财。癌症疾病生成和发展有一个过程，公共风险的生成同样有一个过程。遏制风险公共化有几个关口，契约化的风险分配即风险内

部化是最前端的关口，守住这个关口可以避免风险外部化和社会化。如果风险外部化和由此导致的社会化不可避免，第二个关口就是遏制风险系统化，避免系统性风险扩散、放大导致风险公共化。最后一个关口就是公共风险生成之后，通过有效的方式来化解公共风险，这是成本最高、代价最大的方式。所以说，契约化的风险分配是遏制风险公共化的前提。契约化的风险分配实际是防范化解重大风险领域的群众路线。“公众参与对维护公共安全、应对和预防安全风险非常关键。要坚持群众观点和群众路线，拓展人民群众参与公共安全治理的有效途径。要把公共安全教育纳入国民教育和精神文明建设体系，推动安全教育进企业、进农村、进社区、进学校、进家庭，加强安全公益宣传，健全公共安全社会心理干预体系，积极引导社会舆论和公众情绪，动员全社会的力量来维护公共安全。”①

（一）“风险人”假设

传统经济学将经济生活中的个体人格化为自身利益最大化的“经济人”。每个“经济人”在分工中既实现了自身利益最大化，又创造出社会财富。“经济人”假设关注到利益及利益分配问题，而忽略了风险及风险分配问题。在经济社会运行过程中，如果只依据“经济人”行为特征来确定市场经济的契约规则，每个“经济人”在追求自身最大化利益的时候，会想尽一切办法将本应由其自身承担的风险转移给他人或转嫁给社会，也就是说，只按照“经济人”假设来确定契约规则，扩大了契约的不完全性，加剧了风险的外部化。

在经济生活中，我们不能否定“经济人”假设，因为“经济人”假设是利益激励原则的基础，让每个人追求自身利益，整个社会的物质利益才能实现。但是，“经济人”假设有很大的局限性，忽略了风险，容易造成隐匿的风险外部化，这也是生成公共风险的根源。在确立契约规则的过程中，“风险人”假设越来越重要。所谓“风险人”假设，是指在经济生活中，每个人在

---

① 《习近平关于防范风险挑战、应对突发事件论述摘编》，中央文献出版社 2020 年版，第 188－189 页。

追求自身利益最大化的同时，也在追求自身风险最小化，存在着一种本能：即不由自主地把本应承担的风险外部化。如果“风险人”是以利益和风险对称的原则追求风险最小化，即所有的风险由“风险人”自身承担，即没有产生风险外部化。在这种情况下，社会个体追求自身的最大利益和最小风险，不会造成风险外溢。否则，本应由“风险人”自身承担的风险转嫁给他人或社会，风险的外部化会衍生系统性风险，甚至引发公共风险。

“经济人”假设和“风险人”假设不是矛盾的，而是统一的，是从两个维度对经济主体的经济行为的抽象。从逻辑上说，“风险人”假设的抽象更为一般，它包含了“经济人”假设的内容，但又有“经济人”假设不能揭示的内容。过去我们只关注到“经济人”，而忽略了“风险人”，其实二者是一种叠加态，只是观察者的视角偏差导致了片面性。在契约规则设计中，既要考虑“经济人”行为特征，又要考虑“风险人”行为特征，使契约中的利益和风险对等，风险分配得当合理，避免风险外部化。

（二）降低社会契约的不确定性

遏制风险公共化，要以契约化的风险分配稳定风险预期和行为选择。良好的社会预期，是经济社会健康运行的基石。在一个可预期的市场和社会环境中，人们更有动力、有耐心去从事创新创造活动和长期投资。这就需要社会契约为个体契约的履行提供宏观确定性，避免使个体契约人承担不应该承担的风险。

社会契约的不确定性，如制度、政策的不完善及其执行的随意性以及政府监管的不可预见性、部门之间的不协调性，都会改变个体契约的风险分配，使企业、个人等个体契约人的履约能力下降而导致个体风险外部化。无论是主动转移风险，如违约，还是被动转移风险，如“躺平”，对于整个社会来说都是公共风险的扩散。

在经济社会生活中，政府是社会契约的重要履行者，关系到个体契约的稳定性、可预见性。政府的不履约行为不只是损害政府的形象，降低对政府的信任度，而且会降低整个社会契约的权威性和遵从度，违规的风险事件增多。这将会使整个社会环境变得不确定，宏观确定性下降，个体风险上升。这一方面，造成市场动荡，经济社会运行风险上升；另一方面，造成社会活力下降，经济动力减弱，可持续发展的风险上升。

社会契约执行过程中产生的“分解谬误”与“合成谬误”，是社会契约不确定性的重要来源。“分解谬误”与“合成谬误”源于工程思维，即把一个整体工程分解为若干小工程，然后再进行合成。工程思维的特点是基于确定性。然而，公共风险的特点是不确定性，无法找到像力学规律一样的确定性来预测和管理。因此，政府按照工程思维来履行社会契约，往往会引发不可预见的风险，叠加到个体契约的履行过程，从而造成个体契约人行为收缩，并产生搭便车的行为，借机转嫁风险，从而全社会的风险外部化行为强化。例如，在数字经济监管方面，涉及政府部门众多，各部门站在不同角度强化对数字平台企业的监管，往往无意识地造成合成谬误，导致数字平台企业的风险扩大。在这种情况下，平台企业就会产生各种违约行为，如偿债、裁员、不再投资，等等，致使风险外部化、公共化，最终由国家来承担失业增加、增长放缓、国际竞争力下降的风险。

可见，降低社会契约的不确定性，是遏制公共风险水平上升的重要途径，尤其是对作为社会契约重要履行者的政府来说，其行为的规范化、法治化是至关重要的。

（三）扩大社会契约的包容性

从社会契约与个体契约的关系角度看，社会契约为个体契约的履行提供宏观确定性，因而要降低社会契约的不确定性。而从社会契约作为社会的风险分配规则来看，最重要的是体现包容性，即为每个社会成员提供平等的机会，为社会成员平等地“遮风挡雨”，提供基本的确定性。“一旦人群这样地结成一个共同体之后，侵犯其中的任何一个成员就不能不是在攻击整个共同体；而侵犯共同体就更不能不使它的成员同仇敌忾。”[①] 在一个共同体当中，

---

① ［法］卢梭：《社会契约论》，李平沤译，商务印书馆1980年版，第27页。

如果社会契约的包容性不足，造成机会不平等，或者没有为社会成员平等地遮风挡雨，这样的社会契约就产生了社会排斥，实际是在侵犯共同体中的成员，在对共同体成员产生损害的时候，实际也是在损害共同体本身，并直接引发共同体的公共风险，甚至导致共同体的解体。总之，从群体的角度看，基于社会契约的风险分配不能厚此薄彼，制度安排上应该给每个人平等的机会，体现在基本权利上的平等。

在一个风险社会，如果制度安排导致社会个体承受的风险不一样，这就意味着机会不平等。比如，由于城乡二元结构等原因，农民获得的公共服务较少，承受的生活风险（如教育、医疗、就业等）相对更大，对他们来说就是发展的机会不平等。这就需要完善社会契约，扩大其包容性，使风险分配尽量不产生厚此薄彼的排斥性。经济方面的包容性强调公平竞争，消除市场排斥，通过市场机制促进经济发展；社会方面的包容性强调社会平等，消除社会排斥，实现基本权利公平和机会平等。把经济和社会联结在一起的是人力资本投资。强化全社会的人力资本投资是社会契约包容性的重要体现。一方面，人力资本投资对于个人来说，意味着消除社会排斥，能获得更多的发展机会；另一方面，人力资本投资对社会共同体来说，意味着经济增长和发展的潜力。在数字经济的背景下，数字化改变了经济社会发展的基本方式，资本和产权等都需要重新定义，这对社会契约的包容性提出了更高的要求。在新的形势下，相应的制度安排要有新的思维和新的范式，避免在风险分配中产生新的排斥现象，要让社会成员的风险处境大致相同。

五、治理转型：从利益分配模式转向“风险—利益”模式

“预判风险所在是防范风险的前提，把握风险走向是谋求战略主动的关键。面对波谲云诡的国际形势、复杂敏感的周边环境、艰巨繁重的改革发展稳定任务，我们既要高度警惕‘黑天鹅’事件，也要防范‘灰犀牛’事件；既要有防范风险的先手，也要有应对和化解风险挑战的高招；既要打好防范

和抵御风险的有准备之战，也要打好化险为夷、转危为机的战略主动战。”①从风险分配原理和公共风险的生成机制来观察，在风险的社会化过程中遏制风险的系统化和公共化，避免公共风险生成，或者在公共风险生成之后及时有效地化解公共风险，是治理转型的核心要义。

（一）以风险为导向，形成治理矩阵

传统的治理模式以利益为核心，协调个人利益和公共利益。传统经济学中的生产、分配、交换和消费等都是建立在利益分配逻辑基础之上的概念；政策体系中谈到的分配公平、共同富裕等也是基于利益分配逻辑。在传统的财政理论中，涉及的收支问题、体制问题和政策问题，也都是从利益分配的角度考量财政制度和政策。例如，关于共同富裕问题，流行的看法认为，只要对收入分配进行干预，就可以实现共同富裕，因此，建议把干预收入分配当作促进共同富裕的主要路径。这实际上是只从利益分配的角度看待共同富裕问题，而没有从风险分配的角度思考。从静态来看，利益分配的角度似乎有道理，只要把差距缩小，在一个时间截面确实可以实现名义上的“共同富裕”。但从动态来看，左右共同富裕的是风险分配，因为社会成员的风险处境不同，在经济循环过程中才导致了收入分配的差距，也阻碍了共同富裕的实现。只要风险分配的契约规则不变，暂时缩小了的收入差距也会再次扩大。例如，基本权利不平等导致社会身份差异，就使得社会成员的风险处境大相径庭。例如，农民与市民之间的身份差别反映出来的社会鸿沟，其实就是社会成员风险处境的差别，在这个不确定性的世界，农民处于更大的风险之中。这就如疫情风险来临，老年人处于更大的风险之中。

治理转型要以利益为核心转向以风险为核心，并非不考虑利益问题，而是要形成利益和风险协同考虑、利益分配和风险分配统筹兼顾，形成以风险为导向的“风险—利益”治理模式。“深化对社会运行规律和治理规律的认

---

① 《习近平关于防范风险挑战、应对突发事件论述摘编》，中央文献出版社 2020 年版，第 214 页。

识，善于运用先进的理念、科学的态度、专业的方法、精细的标准提升社会治理效能，把现代科技作为推进社会治理现代化的重要抓手，增强社会治理整体性和协同性，提高预测预警预防各类风险能力，增强社会治理预见性、精准性、高效性。”① 通过风险治理，实现利益协调。统筹个体风险与公共风险，平衡公共利益和个体利益，形成治理的矩阵（见表1）。

表1　“风险—利益”治理矩阵

	公共利益	个体利益
公共风险	机会平等规则（如教育、就业、城乡关系等方面的显性、隐性制度和政策）	风险最小化规则（如疫情防控、救市等方面的显性、隐性制度和政策）
个体风险	遏制外部化规则（如社会诚信建设、减排等方面的显性、隐性制度和政策）	对称规则（如反垄断、防止暗箱操作等方面的显性、隐性制度和政策）

如表1所示，纯粹从群体的角度出发，即从公共风险和公共利益结合的角度看，治理的目标是促进包容性发展，实现机会平等。纯粹从个体的角度出发，即从个体风险和个体利益结合的角度看，治理的目标是通过有效的契约化风险分配机制，实现利益与风险的对称。从群体与个体关系的处理方面出发，有两个方面：一是处理公共风险与个体利益的关系，治理的目标是通过有效的方式防范和化解公共风险，实现公共风险最小化，最大限度减少因为公共风险对个体利益造成的损害；二是处理个体风险与公共利益的关系，治理的目标是通过有效的契约化风险分配机制，实现风险内部化，遏制风险外部化，避免风险系统化和公共化，从而损害公共利益。所有与治理有关的规则，如显性、隐性制度以及各种政策等契约规则，都能在这个矩阵中找到定位。

基于“风险—利益”治理模式，政府首先要避免大包大揽，尤其是不要把微观领域的风险揽到手中，微观领域的风险要尽可能内部化。政府要做的

① 《习近平关于防范风险挑战、应对突发事件论述摘编》，中央文献出版社2020年版，第94、216页。

是观察各个主体、各个领域的风险是如何关联的，并预判这些关联风险是否会引发系统性风险乃至公共风险。如果发现苗头，就要完善相关契约规则，通过相应的契约规则组织风险的系统化和公共化。政府尤其要避免通过政策来替代市场，而是真正让市场在资源配置中发挥决定性作用。

（二）通过改变虚拟现实来改变实体现实，优化治理路径

风险治理不能只看表面，而是“要强化风险意识，常观大势、常思大局，科学预见形势发展走势和隐藏其中的风险挑战，做到未雨绸缪”①。从静态的角度看，世界是虚拟现实和实体现实的叠加态。从动态的角度看，虚拟现实和实体现实不仅是一种叠加态，更是一种循环态，虚拟现实和实体现实可以形成一种良性循环。在历史演进过程中，虚拟现实和实体现实在不断地转换。在动态的过程中，虚拟现实在演进中变得更加合理，实体现实也会在未来变得更加合理，即结果变得更加合理。所以，优化治理转型的路径，需要更多地通过虚拟现实的改变来调整实体现实，即通过虚拟现实的改进促使实体现实的改进。就如人有一个好的心理状态，更有利于身体健康。当然，实体的现实也会影响虚拟的现实。例如，如果现在的收入分配差距很大，改变起来也需要一个漫长的过程，需要通过虚拟现实和实体现实的多次转换才能改变，这也就说明为什么“共同富裕是一个长远目标，需要一个过程，不可能一蹴而就，对其长期性、艰巨性和复杂性要有充分估计，办好这件事，等不得，也急不得”②。

在治理问题上，处理实体现实与虚拟现实的关系，就是如何看待“问题导向”和“风险导向”的关系，“问题导向”一般来说都是指“已然的”问题、确定性的问题，解决当前问题并不等于可以防范风险，以确定性的思维思考问题，等到问题发生了才解决问题，这种治理路径是高成本、低效率的。而“风险导向”是着眼于“未然的”问题，防范化解风险，具有前瞻性。如

① 《习近平关于防范风险挑战、应对突发事件论述摘编》，中央文献出版社 2020 年版，第 94、216 页。

② 习近平：《扎实推动共同富裕》，《求是》2021 年第 20 期。

果只看到实体现实中存在的问题，而没有看到虚拟现实——预防场景——中存在的缺陷，就会治标不治本，会让我们一直落在风险的后面，就会导致治理失灵。对于国家治理来说，着眼于实体现实来解决问题是必要的，就像有病必须治疗。但治理的重心不能放在事后的处置上，而是应该放在预防上，预防的场景就是虚拟现实，针对虚拟现实来调整优化，这样的治理方式成本低、效率高。

（三）从制度主义到行为主义，提升治理效能

谈到制度主义，学界通常把制度主义与制度经济学关联起来。制度经济学有新旧之分，但它们在起源上几乎是同时的，不过在方法论上却是完全对立的。凡勃伦-康芒斯传统的制度经济学是为了替代新古典经济学，而科斯以后的制度经济学是为了给新古典经济学提供补充（秦海，1995）。即便是新制度经济学，又有不同的学派，经济学家根据其核心观点冠以不同的制度主义，例如，历史制度主义、理性选择制度主义和社会学制度主义等（豪尔、泰勒，2003）。这里所说制度主义，与制度经济学中的制度主义有一定关联，但又有差别。这里所指制度主义是指在行为方式中，将制度上升为一种主义。

对世界的认识决定我们的行为方式。基于确定性的世界观，现实犹如剧本，剧情按照设计好的方向演绎。未来在过去的延长线上，只要遵循既定的制度规则，就能按照既定的路线，达到预期的目标。这种情况下，只要把制度写成文本，并按照制度文本行事，就万事大吉。所以在确定性的世界观中，强调任何事没有制度不可为，制度也就成为一种主义。

基于不确定性的世界观，未来是一种叠加态，风险具有量子化特征。在这种情况下，风险分配的逻辑不同于利益分配的逻辑，其契约化过程更为复杂，出现契约不完全的可能性也越大。基于此，治理过程中的行为方式要遵循“边干边学、边学边改”，在“干中学”和“学中改”中逐步构建确定性，这是一种“摸着石头过河”的行为方式。行为主义并非排除制度，而是不将制度作为“主义”。行为主义下的制度指向未来，在虚拟理性的指引下，着

眼于防范和化解未来可能出现的风险，并在实践中根据对风险的认识变化不断调整制度，避免“刻舟求剑”，这也是治理的基本要义，只有这样，才能从根本上提升治理的效能。

另外，在治理政策效果评价方面，要改变“落袋为安”的传统观念，要是要把握风险分配的属性，根据资产的“浮亏”“浮盈”和收入的“期权”性质，在动态变化中，不断提升政策的效能。

（四）完善政府治理机制，避免“合成谬误”

在治理的过程中，契约化风险分配是关键。这对政府治理提出了更高的要求，需要整体观和虚拟理性。从某个部门或者从局部来看，一项措施可能是对的，但整合在一起，从整体和长远来看则很可能是错的，处置风险很可能产生新的风险（刘尚希、武靖州，2021）。避免风险治理“合成谬误”的关键在于推动政府治理改革，统筹风险分配，避免盲目分配风险，然后各自“固守一摊”。

具体来说，政府治理机制应体现以下原则：一是风险监测“一张网”，要关注全局的风险，局部或某个领域的风险要放在全局风险的视角下观察，关注各局部与各个领域的风险是如何演化和传递的；二是风险防范措施“一条线”，着眼于短期应急的政策措施要与着眼于长期的制度措施结合起来，通过政策与制度的联动来引导预期，为发展注入确定性；三是风险治理机制“一盘棋”着眼于整体风险最小化的角度对各个部门出台的各项改革或政策措施进行公共风险影响评估，避免只从部门的角度出发导致某个领域的风险缩小而整体风险放大。

参考文献：

1.《马克思恩格斯全集》（第42卷上），人民出版社1979年版。

2.《马克思恩格斯全集》（第46卷上），人民出版社1979年版。

3.《习近平谈治国理政》（第三卷），外文出版社2020年版。

4.《习近平关于防范风险挑战、应对突发事件论述摘编》，中央文献出版社2020

年版。

5. 习近平：《扎实推动共同富裕》，《求是》2021 年第 20 期。

6. ［美］彼得·豪尔、罗斯玛丽·泰勒：《政治科学与三个新制度主义》，《经济社会体制比较》2003 年第 5 期。

7. 刘尚希：《从收入、财产和消费层面推动分配制度改革》，《学习月刊》2013 年第 7 期。

8. 刘尚希：《公共风险论》，人民出版社 2018 年版。

9. 刘尚希：《新经济数字化金融化趋势与财税体制改革——以构建确定性应对新趋势下的不确定性》，《地方财政研究》2021 年第 4 期。

10. 刘尚希、李成威、杨德威：《财政与国家治理：基于不确定性与风险社会的逻辑》，《财政研究》2018 年第 1 期。

11. 刘尚希、武靖州：《风险社会背景下的财政政策转型方向研究》，《经济学动态》2021 年第 3 期。

12. 马珺：《财政学研究的不同范式及其方法论基础》，《财贸经济》2015 年第 7 期。

13. 聂辉华：《契约理论的起源、发展和分歧》，《经济社会体制比较》2017 年第 1 期。

14. 秦海：《制度范式与制度主义》，《社会学研究》1999 年第 5 期。

15. 苏力：《从契约理论到社会契约理论——一种国家学说的知识考古学》，《中国社会科学》1996 年第 3 期。

16. 夏玉珍、卜清平：《风险分配对社会结构的形塑》，《湖北社会科学》2015 年第 7 期。

17. 徐钝：《社会风险分配失衡的社会资本矫正——以法理型社会资本培育为中心》，《学术论坛》2013 年第 7 期。

18. 杨雪冬：《风险社会理论述评》，《国家行政学院学报》2005 年第 1 期。

19. 尹恒、龚六堂、邹恒甫：《当代收入分配理论的新发展》，《经济研究》2002 年第 8 期。

20. 张广利、俞慰刚：《应对现代社会风险：基于风险分配的社会政策思考》，《社会科学研究》2008 年第 2 期。

21. 张晒：《风险分配何以公正——基于新冠肺炎疫情的哲学审思》，《北京理工大学学报（社会科学版）》2020 年第 3 期。

22. ［法］卢梭：《社会契约论》，李平沤译，商务印书馆 1980 年版。

23. ［法］埃米尔·涂尔干：《社会分工论》，渠东译，生活·读书·新知三联书店 2000 年版。

24. ［美］弗兰克·奈特：《风险、不确定性与利润》，安佳译，商务印书馆 2012 年版。

25. ［德］乌尔里希·贝克：《风险社会》，张文杰，何博闻译，译林出版社 2018 年版。

26. Williamson，O.，“Theory of the firm as governance structure：From choice to contrace”，Journal of Economic Perspectives，2002，16（3）：171－195.

（此文发表于《经济学动态》2023 年第 5 期，《新华文摘》2023 年第 17 期全文转载，作者：刘尚希、李成威）

经济学关于不确定性认知的变迁

阅读提示：不确定性是世界的本质。深入研究不确定性，对于应对当今世界大变局具有重要的理论意义和现实价值。大变局是以不确定性和公共风险为特征的。不确定性问题涉及哲学、数学、自然科学和社会科学领域，不确定性也成为经济学分析的重要概念。搞清楚经济学对不确定性的研究脉络，有助于看清楚当今经济学理论与风险社会的匹配性。数学在解释和预测不确定性的经济现实时存在局限性。当今世界所呈现的不确定性问题，集中体现到了实体现实和虚拟现实的“叠加态”，这可能是今后人类社会不确定性和公共风险的主要来源。

当今世界面临百年未有之大变局，正处于大发展大变革大调整时期，人类面临许多共同挑战：一方面，各类黑天鹅事件频发，世界进入高风险轨道。反全球化、单边主义、保护主义、民粹主义、宗教极端主义、恐怖主义泛起，加之2020年新冠疫情全球大流行，其冲击力度、广度、深度前所未有，使全球经济社会发展处于超级不确定性状态。另一方面，全球化将整个世界卷入统一进程之中。全球分工不断深化细化，产业链、价值链、供应链、金融链在全球范围内联系日趋紧密，世界各国日渐形成“你中有我、我中有你”“一荣俱荣、一损俱损”的利益共同体、风险共同体、责任共同体、命运共同体，不确定性和公共风险也在加快全球化。世界大变局难有规律可循，大变局中唯一可以确定的就是不确定性。而不确定性正是世界的本质，人类文明史就是在不确定性世界中不断构建“确定性”的进化史。理解不确定性对于应对以不确定性和公共风险为特征的当今世界变局具有重要的理论指导意义。只有充分认识和了解不确定性，才能找到构建确定性所需要的条件，才能构建中国自身发展的确定性，并为全球公共风险治理和构建人类命运共同体注入中国的确定性。这引发了笔者对于不确定性问题的深入探寻和思考。

一、 不确定性研究简史

世界的不确定性是一个自古至今不断为人追索的论题，关于不确定性问题的研究遍布于哲学、数学、自然科学和社会科学各个人类知识领域。

从哲学领域来看，东西方哲学的一个重要分野就是对于不确定性的认知。以中国古代哲学为代表的东方哲学是以不确定性为逻辑主线的。中国古代哲学的两座高峰——先秦哲学和宋明理学，其核心都是在阐述世界的不确定性：三本先秦哲学巨著——《易经》《老子》《易传》中，“易”思想贯穿始终并成为中国哲学延续几千年的逻辑主线。“生生之谓易”，即言万物皆不绝更新、不绝涌动、处于永不停歇的变化之中。“易”是“改变原有的同一性而趋向差异性”（成中英，2006），“易”是世界的基本属性，即不确定性；至宋元明时期，宋明理学开山周敦颐在《太极图说》言：“万物生生，而变化无穷焉”“动而无动，静而无静，神也”，其认为宇宙是一个巨大的蕴藏无数的可能态，是“发微不可见、充周不可穷之”“发展变化微妙”的整体。可能态的实现包含着无数不确定性，其不可事先预测或计算，人们“不可以情识计度据之为常”①。其后继起的程朱理学、陆王心学，“变易”思维也皆贯穿始终，揭示了不存在任何永恒的、确定的、单一因果决定的秩序。东方哲学基于不确定性的逻辑内核，体现了超时空的对于世界更高的认识维度和认识能力。

与之相反，西方哲学则是以确定性为逻辑主线的。古希腊早期，米利都学派的哲学家们就偏向于把事物的本原归结为某种“始基”。这种对事物唯一确定性本原——“始基”的追求一直延续在其后西方各哲学流派中。原子论创始人德谟克利特认为世界上一切事物都是相互联系的，都受因果必然性

① 参见周敦颐《太极图说》。周敦颐的观点与20世纪后半叶兴起的复杂性科学领域的混沌理论和突变理论高度统一：混沌理论表明非线性系统具有的多样性、多尺度性和非周期性，揭示了确定性的系统可能产生不确定性的结果；突变理论被用来预测复杂无序的系统变化行为，其特点是过程连续而结果不连续。

和客观规律的制约。柏拉图继承了苏格拉底从内心寻求事物本原的方法，相信绝对的确定性和普遍性。代表古希腊哲学最高成就的亚里士多德将哲学定位为确定性知识论的维度，最终确立了西方哲学基于确定性实体的形而上学传统。至文艺复兴时期西方哲学重获发展，“近代哲学之父”笛卡尔第一次明确提出确定性：“任何科学都是一种确定的、明确的认识。”康德对知识的绝对确定性持否定的态度，但仍然没有放弃对知识确定性的寻求。黑格尔认为永恒存在之物是一种“绝对精神”，不以主体形式而转移。理性是宇宙的实体，是真实、永恒、绝对有力的存在。以叔本华和尼采为代表的唯意志主义哲学提出意志构成人生存和发展的确定性根基，从而在非理性主义层面阐释了哲学的确定性基础。从古希腊哲学到近代西方哲学，也偶有赫拉克利特、伊壁鸠鲁、休谟、罗素等人对于偶然性、因果律非必然性等问题进行探索。马克思明确指出：“一种社会活动、一系列社会过程，越是超出人们的自觉的控制，越是超出他们支配的范围，越是显得受纯粹的偶然性的摆布。”而直至 20 世纪六七十年代开始，西方后现代主义思潮才明确表达了不确定性思想，从而摒弃了主流西方哲学延续的基于绝对性、实在性、确定性的探索。

西方哲学基于确定性的逻辑内核，使其“实体理性”在自然科学领域得到充分发展，至牛顿达到理论高峰，确定性世界观一统人类各个领域的认知。而随着牛顿力学—拉普拉斯决定论的局限性逐渐暴露，近代科学家们开始从对“上帝之目”的极端追求中醒来，数学、自然科学和社会科学的发展打破了科学宿命论，开启了对于世界不确定性研究的新纪元。

近代对于不确定性的研究，首先发端于 17 世纪和 18 世纪的数学领域，概率学和统计学就是研究不确定性现象的数学分支。代表如早期概率史上的三部里程碑著作——伯努利《推测术》、棣莫弗《机遇论》、拉普拉斯《概率的分析理论》。其后如高斯提出了著名的正态分布曲线、哥德尔提出了举世震惊的不完备定理。基于大数定律的概率论和统计决定论作为数学领域处理不确定性现象的有效理论在 18 世纪蓬勃发展，从而突破了 17 世纪末以来基于牛顿力学严格唯一因果联系所构建的确定性世界。

19 世纪中叶，克劳修斯和“热力学之父”开尔文几乎同时各自表述了热力学第二定律，即熵增定律。熵增实际上是从物理学角度对物质世界从有序到无序的表达；随后玻尔兹曼依据统计决定论对热力学第二定律进行了阐释，并于 1877 年提出了著名的玻尔兹曼熵公式，说明宏观状态熵并不由个别粒子运动决定，而是由大量粒子运动的概率分布决定。热力学领域熵增定律和玻尔兹曼熵公式的提出，标志着自然科学领域不确定性研究的开端。

19 世纪末，不确定性首先借由社会学引入社会科学领域：凯特勒发现社会现象中的不确定性也遵循与自然现象相似的统计规律，并针对社会现象的不确定性撰写了《社会物理学》。涂尔干于 1893 年出版了现代社会学的奠基作之一《社会分工论》，并指出：随着社会的发展，社会越来越复杂，社会规范越来越抽象，对行为的规定越来越模糊，集体监控能力削弱而个人自由度增加。原来简单的小范围社会的相似性所产生的社会纽带逐渐松弛，集体意识变得脆弱和模糊，不确定性的程度也越来越高。帕累托将个体行为分为逻辑行为和非逻辑行为，逻辑行为和非逻辑行为、计划与预期是个人层面的问题，社会层面上的问题并不能必然可以在个人层面上加以解决，即个人预期与社会结果之间并不具有必然的联系，即具备不确定性。他还提出了个体行为的超验理论，即指其行为超脱了个体本身和实验的验证，是存在于人们经验之外的理论。

20 世纪初，现代物理学的两大理论——相对论和量子力学几乎同时确立。爱因斯坦的狭义与广义相对论基于相对时空观开创了物理学新纪元，终结了牛顿力学的绝对时空观。虽然爱因斯坦本人反对量子力学，相信“上帝不会掷骰子”，但相对论本身却否认了时间和空间的绝对性和平直性，在宇宙观上是具有不确定性的。同时由普朗克等一大批物理学家共同创立了量子力学，开启了微观物体和高速物体的力学研究，量子力学的三大特征是不连续性、不确定性和不因果性。量子力学打破了经典力学所构建世界的严格因果性，同时又颠覆了世界的绝对客观性。

不确定性引入经济学领域则推迟至 20 世纪 20 年代初：1921 年，奈特出版了《风险、不确定性与利润》，同年，凯恩斯出版了《概率论》，虽然其与经济学并无直接关联，但《概率论》中关于不确定性阐释的原创观点，为凯恩斯1936年出版的《通论》奠定了新的方法论。奈特的论著标志着经济学领域不确定性研究开始兴起。不确定性打破了20世纪早期平静有序的经济世界，并启发了其后众多经济学家如哈耶克、沙克尔等探寻以不确定性研究来解放经济理论束缚的新思路。

1927年，海森堡正式提出量子力学不确定性原理。原理表明：某一单个粒子所包含的一组共轭变量无法同时得到精确测量，粒子的位置与速度不可同时被确定。这不是因为测量方法的不完备，而是自然界的固有属性。这种不确定性的固有属性被发现之后，迅速席卷了自然科学领域。自20世纪中叶起，不确定性研究领域更趋宽泛，以洛伦茨的混沌理论、托姆的突变理论、普里戈津的耗散结构理论、哈肯的协同学等为代表的以处理数目巨大、相互关系复杂对象为主干学说的复杂性科学，在20世纪下半叶蓬勃发展，开启了描述不确定性世界图景的科学新时代。

20世纪中后叶也是社会科学领域不确定性研究蓬勃发展的时期，除了经济学领域，还包括管理学领域西蒙的风险管理和不确定性管理、霍夫斯塔德的不确定性规避。政治学领域有福柯的不确定性权力观，以及历史制度主义对于制度变迁中的不确定性和科学技术政治学中的技术不确定性等研究。

20世纪80年代，霍金证明了广义相对论的奇性定理和黑洞的面积定理，提出了黑洞蒸发理论和无边界霍金宇宙模型，在统一相对论和量子力学方面作出了重要贡献，不确定性在宇宙学中进一步得到证明和扩展。霍金认为：不管我们得到多少信息，也不管我们计算能力有多强，物理过程的结果都不能无疑地被确定和被预言。更确切地说，其允许若干不同的可能结果，每一种结果都具有确定实现的可能性（霍金，2011）。而宇宙也具有多重历史，人们可以认为宇宙是一个庞大的赌场，上帝是一名地道的赌徒，不停滚动骰子，看看下一步还会发生什么。宇宙不像人们以为的那样仅仅存在一段历史。相反，宇宙应该拥有所有可能的历史。这听起来像科学幻想，但现在成为被广泛接受的科学事实（霍金，2002）。

二、颠覆“科学经济学”的不确定性

波普尔在1957年出版的《历史决定论的贫困》中写道：“社会科学已远远落后于自然科学的发展，但经济学是唯一的例外。因为它经历了一场方法论上的‘牛顿革命’。”自17世纪始，从古典政治经济学之父配第、斯密至李嘉图为代表的古典经济学，尤其是19世纪70年代以杰文斯、瓦尔拉斯、门格尔为代表的边际革命开始，到20世纪初马歇尔创立新古典经济学，再到50年代以弗里德曼为代表的货币学派和70年代以卢卡斯为代表的理性预期学派，主流经济学通过不断强化数学工具应用来达成经济学“科学化”的目标，而经济学中对于历史、伦理、经验、制度、哲学等思考都被排斥到学科边缘。“科学经济学”通过中性、完备性、同质性、稳定性以及完全竞争等不变条件的各种假设，将经济视为一个完美的、严密的、精确的、永久有效运行的系统，并塑造了一个完全确定性的经济图景。

然而现实世界并非如此，它本身就是不确定性的，并非只是遇到各种“偶然性”。“确定性”只是这个世界基本性质的一种例外，或是一种特殊情况，就像直线只是曲线的一种特例一样，“不确定性”才是这个世界的基本性质。从概念释义来看，“uncertainty”的解释为：“1）The quality of being in-respect of duration，continuance，occurrence，etc.；liability to chance or accident. 2）The state of not being definitely known or perfectly clear；doubtfulness or vagueness. 3）The state or character of being uncertaininmind；a state of doubt；want of assurance or confidence；hesitation，irresolution.”①。综合哲学、数学、自然科学、社会科学诸多领域对于不确定性的研究，与确定性相反，不确定性的含义可以包括：变化的、突发的、复杂的、偶然的、混沌的、模糊的、随机的、无序的、多向的、多值的、多主体的、非遍历的、非正态的、非线

① 引自《牛津英语辞典》，此外《剑桥英语词典》中对于uncertainty的释义为“a situation in which something is not known，or something that is not known or certain；the feeling of not being sure what will happen in the future”。

性的、非周期的、非因果的、非绝对的、非决定的、不必然的、不规律的、不平衡的、不连续的、不完备的、不可预测的、不可判定的、不可计算的、不可证明的。

作为将认识论建构在牛顿力学—拉普拉斯决定论基础之上的“科学经济学”，至今仍然支撑着主流经济学这座大厦。当今世界主流经济学家中的大多数，似乎都完全忽略了经济学思想史中关于不确定性的理论研究。曾经颇有影响的不确定性研究的代表学派——奥地利学派，如今也似乎日渐衰微。不确定性作为跨越整个人类哲学、数学、自然科学和社会科学各个学科的核心议题，在经济学领域仍未得到应有的重视。然而自20世纪以来，依然有众多优秀的经济学家勇于直面现实，将不确定性作为与稀缺性同等重要的经济学分析的基石，并将哲学、数学、心理学、行为学、社会学等领域的理论与经济学不确定性研究有机结合起来。

三、 经济学领域对于不确定性认知的根本分歧

尽管在经济学领域学界公认不确定性研究始于奈特，但对于不确定性思想的阐述最早可以追溯到18世纪的斯密。虽然在其分析框架中不确定性并未被赋予重要意义，但斯密认为在不确定性情境下，应更重视使用道德规则和明智推理作为行动基础，而非概率演算。因为人类知识是有限的，经济事件也不是随机发生，所以概率与经济学几乎没有关联。至19世纪70年代，边际革命引致经济学的形式主义、理性追求和数学化倾向不断增长，理性则与可测量性相关，概率论被认为是解决可测量性的重要工具而大规模引入经济学研究。杰文斯通过整合可测量效用概念建立了理性选择的数学模型，从而取代了道德选择规则。他认为基于翔实的历史数据，概率可以提供计算未来不确定性的充分依据（Köhn，2017）。而同为发起边际革命的代表人物门格尔的思想则与斯密相似，其坚持人类知识的不完备性以及人类行为的非预期后果。

从此，经济学领域对于不确定性的研究产生了两种截然不同的研究方向：

一个研究方向是延续了斯密和门格尔彻底纯粹的不确定性思想，我们可以称之为“原教旨主义”不确定性。奥地利学派即门格尔的后继者米塞斯、哈耶克和沙克尔，以及奈特、凯恩斯、希克斯晚年都奉行了这种不确定性思想。他们承认不确定性是经济的基础和本质问题，是经济演变的主要动力，也是经济学不可量化的根源。不确定性的存在，从根本上动摇了经济学的“科学性”（基于牛顿力学的科学）。另一个研究方向是通过使用概率，将不确定性纳入数学模型，我们可以称之为“概率主义”不确定性。其整合了20世纪20年代以前基于“大数定律”或逻辑推理的客观概率理论，以及20年代由博雷尔和拉姆齐在贝叶斯定理基础上发展的、不完备状态下测量个体主观判断的主观概率理论，从而发展了一种允许预测的不确定性理论。

“原教旨主义”不确定性的代表人物奈特在1921年最早尝试区别风险和不确定性：风险是客观量，可借由概率计算处理，而不确定性可能是独特的或不连续的，超出了数学运算范畴。风险是“可测量的不确定性”①，与“不可测量的不确定性”极为不同，后者是“真正不确定性”。凯恩斯建立在其原创的概率概念基础上的不确定性认知更为彻底：“关于这些问题，没有科学依据，也无从得到任何可计算的概率，我们就是不知道而已”（Keynes，1937）。20世纪30年代，被广泛认为是奥地利学派代表人物的哈耶克，虽然与当时新崛起的凯恩斯学派格格不入，但对于不确定性问题的认知在本质上是与凯恩斯学派一致的，其认为经济问题的本质特征是知识的不完整性和模糊性，因此可以排除纯粹的数学形式和逻辑推理。

至第二次世界大战后货币学派兴起，经济数学化风气更盛。奈特、凯恩斯、哈耶克等关于不确定性的思想，由于不允许数学建模和用于预测而被摒弃在主流经济学之外。“概率主义”不确定性成为处理“科学经济学”中不确定性的指导思想。1954年，萨维奇综合了诺伊曼和摩根斯特恩20世纪40年代预期效用函数理论，提出了完整的、公理化的主观预期效用理论，成为分析理性人在不确定性情境下依据主观预期效用值进行决策的重要理论

① 风险是否确如奈特认为的，是客观量并且是可测量的，在此不作讨论。

(Machina 和 Viscusi，2014)。其也成为其后宏观经济学的动态随机一般均衡模型、现代金融经济学的资产定价理论、资本资产定价模型、期权定价模型中处理不确定性的基本范式。主观预期效用理论对于理性预期效用和主观概率的整合，彻底忽略了奈特关于风险和不确定性的区分，导致主流经济学中风险和不确定性开始呈现明显的同一性，不确定性被解释为一种可计算的风险形式，二者唯一区别是风险被认为是客观的，而不确定性则是主观的。在一般均衡、理性预期、有效市场假说条件下的不确定性处理，实质上，已经从初始就彻底纯粹地排除了不确定性。换言之，在“概率主义”不确定性理论中，其实不存在任何形式的不确定性，自然也忽略了不确定性对于经济学的根本意义。

1952 年，阿莱斯提出了著名的阿莱斯悖论，证明预期效用理论本身存在逻辑不一致问题。同期，哈耶克的学生沙克尔突破客观概率和主观概率双重困境，提出了一种不依赖于任何概率处理、非数值的不确定性理论模型——潜在惊奇（Potential Surprise，PS）①。沙克尔认为经济决策是独特的，概率（先验概率或统计概率）在任何独特的决策情境中都是无关紧要、没有意义的。PS 模型同时摒弃了一个特定事件发生的概率是多少（客观概率）以及“我”有多少自信想法会成为现实（主观概率），而旨在解释——如果事件发生，“我”会感到惊奇吗？

20 世纪 70 年代末，卡内曼和特沃斯提出了前景理论（Prospect Theory），将心理学研究应用于不确定性情境下的个体决策中。与主观预期效用理论的理性人假设不同，该理论从实证角度对影响决策行为的非理性因素，如人的心理特质、行为特征的不一致性进行研究。其认为个体决策选择取决于结果与前景（预期）的差距，而非结果本身。并提出人对于概率的反应并非如主

---

① 沙克尔模型最早可以追溯到 1949 年，其曾在 20 世纪 50 年代和 60 年代引发了热烈讨论。在传统方法中，预期是根据主观概率来衡量的，然后通过预期效用最大化而产生代理人的决策。但在预期形式化的有效性备受质疑的背景下，沙克尔提出个体预期可以通过“潜在惊奇”的方式形式化，因此具有可与主观概率相比较的值。决策本身是一个复杂过程的结果，该过程基于单独考虑两个值，因此可以称之为“二元聚焦”。沙克尔模型与决策过程相关的“二元聚焦”概念十分具有原创性，但“潜在惊奇”是沙克尔模型中最为人所熟知的概念。

观预期效用理论那样是总是线性的，而是非线性的。总体而言，主观预期效用理论属于规范经济学范畴，探讨的是人们应该怎么做。而前景理论作为行为经济学的分支理论，属于实证经济学范畴，描述的是人们事实上是怎么做的。但是行为经济学研究的缺陷在于很大程度上依赖于实证分析，必然存在诸多受样本和技术限制的假设。21 世纪初，行为经济学的另一个分支——神经经济学（Neuroeconomics）蓬勃兴起，其通过研究分析大脑神经系统对不确定性情境的反应来预测个体行为决策，从而进一步打开技术限制的“黑箱”，尝试重建经济学对于经济行为的解释。但从本质上讲，神经经济学仅属于技术层面的拓展，并未对行为经济学乃至整个经济学领域的不确定性研究贡献新的本体论或方法论。

2013 年，索罗斯综合了其半个多世纪的经济哲学思考和金融市场实践，提出人类不确定性原理（the Human Uncertainty Principle，HUP）（Soros，2013）。20 世纪 50 年代末，索罗斯在伦敦经济学院师从波普尔，波普尔历史非决定论、批判理性主义、“三个世界”等科学哲学思想深刻打动和影响了索罗斯，并在此后从事金融市场工作中逐渐构建和拓展了自己的经济哲学思想。索罗斯反对货币学派，他用易错性（Fallibility）和反身性（Reflexivity）原则取代了理性预期和有效市场假说。索罗斯的经济哲学框架涉及思维和现实之间的循环关系，其建立在两个相对简单的命题之上：一是有思维的个体对现实世界的看法并不完全符合实际情况，这是易错性原则；二是这些不完善的看法会通过个体行为影响现实世界，这是反身性原则。索罗斯认为，长期以来，主流经济学为了制定与牛顿力学相似的普遍有效的规律（他称之为经济学家不幸的“物理嫉妒”），完全忽略了人类固有的易错性和反身性所带来的不确定性，其可以概括为人类不确定性原理（HUP）。正是易错性不确定性的存在，使人类世界的复杂性远远超出人类所能理解它的能力。脑科学的最新进展证实了 18 世纪休谟的观点：理性是激情的奴隶；而在社会系统中，易错的人类不只是观察者具有认知功能（Cognitive Function），也是参与者具有操控功能（Manipulative Function），两种功能同时运作、互为因果、互相循环、互相干扰，这是反身性不确定性的存在原因。索罗斯推崇量子力学的不确定性原理，并将其旗下对冲基金之一取名为量子基金。但索罗斯扬弃了波普尔提出的自然科学和社会科学可以统一的观点，认为二者存在根本区别的原因就在于人类不确定性原理（HUP）。因为人类社会存在的深度不确定性，阻碍了社会科学可以产生与物理学相媲美的解释能力和理性成就。但这不应该看作是对社会科学的贬低，而应该通过摆脱社会科学对于自然科学的奴性模仿，保护其免受错误标准的评判而开辟新的发展前景。

索罗斯以不确定性为核心的经济哲学和分析框架，总体上延续了奈特、凯恩斯和哈耶克的思想。在2008年金融危机、2010年欧债危机中，索罗斯通过金融市场操作印证了其理解经济现象和化解经济危机的成功，同时也通过事实印证了主流经济学与现实相去甚远的各种假说的失败。如索罗斯自己所言，虽然其人类不确定性原理（HUP）尚不成熟，但不可置疑的是，不确定性将重新定义我们要追求什么样的经济理论和经济范式，以至于应该用什么样的社会科学研究方法来加深人类对于社会现象的洞察力以更好地应对未来。

四、 经济学中客体和主体的对立和融合

从另一个角度来看，经济学中关于不确定性的研究，也可以分为基于客体和基于主体两个角度：客体角度的不确定性分析，是将不确定性作为客观现象进行研究。其通常引入数学和自然科学方法进行量化研究，用于解释并预测事件发生的客观概率，我们可以称之为客体不确定性。杰文斯的概率模型，奈特估计框架中的先验概率，以及希克斯早期关于不确定性的研究，即属于此类范畴。主体角度的不确定性分析，则是从人的意志出发，基于经济主体心理和行为导致的不确定性，来理解其经济决策及其影响，并更多结合心理学、社会学、行为学等社会科学研究方法和内容，我们可以称之为主体不确定性。研究主体不确定性的代表学派——奥地利学派，是首先将不确定性引为其核心经济理论的。其代表学者门格尔、米塞斯、哈耶克和沙克尔等，始终将经济知识建构在个体行为选择之上，强调个体行为固有的不确定性，

并将不确定性作为其解释经济现象一以贯之的内在逻辑。此外，凯恩斯对于不确定性的研究、萨维奇的主观预期效用理论也属于这个范畴。

客体和主体是哲学问题层面上的一对基本范畴。从一元论角度看，客体和主体并非独立的、对立的存在，而类似于心学中“心物一体”的概念：即客体虽然独立于主体的思想而存在，但也取决于主体感知客体的方式。从主客体融合的角度，不确定性的研究也呈现新的趋势：将事件不确定性作为客体进行预测这一行为本身即带有强烈的主观色彩，而预测将影响主体作出不同决策，又催生出新的不确定性。不确定性既是客体，又是主体；既是来源，又是结果。因此，主客体角度的不确定性也并非独立的、对立的，而是循环往复、无法分割的。博弈论中将不确定性和决策过程相融合，即是在作为客体的不确定性和作为主体的不确定性之间架起一座桥梁。这与索罗斯的人类不确定性原理有异曲同工之处。

五、从个体心理和行为，转向集体心理和行为

再从个体和集体角度来看，我们耳熟能详的大多数相关经济学家，都是从个体层面对不确定性进行研究，如凯恩斯的《通论》、哈耶克的《感觉的秩序》从心理学角度对不确定性进行了阐释，米塞斯的《经济学论著：人类行为》从行为学角度对不确定性进行探索。

而从个体心理和个体行为扩展到集体心理和集体行为，则更多属于经济学和社会学交叉领域的研究。从个体分析到集体分析，改变了不确定性的研究范畴和含义。当将不确定性置于集体情境中，就脱离了作为客体和主体的范畴，众多个体的互动和结合形成了经济环境的独特现象，也使不确定性成为一种集体心理、集体行为及其结果的状态边界。这种状态和状态集合不断变化、模糊不清，因而不确定性可以被视为是天然的、内生的、给定的。苏联经济学家康德拉季耶夫广为人知的长波周期理论仅仅是其广泛学术野心的一小部分。康德拉季耶夫对于以不确定性为核心来探索经济长期波动本质的过程中，开创了“遗传经济学”，探讨集体心理、集体记忆和集体行为与社

会经济发展的关系。他指出相对于自然的超经济因素，“有意识或无意识的群体利益压力以及其他原因”，即人类自身在事件演变中的干预对社会发展起到更大的作用。遗憾的是康德拉季耶夫宏大的学术抱负因1930年被捕入狱而无法完成，但令人欣慰的是其狱中所书经后人整理并集结出版得以面世——《The Works of Nikolai D. Kondratiev》，其中第Ⅱ卷为我们从人类社会层面探索集体不确定性提供指引。

六、 数学能否帮助解释和预测不确定性的经济现实

数学与经济学的相关性，一直是存在争议的。数学借由概率将不确定性问题引入经济模型中。但其无法找到经济不确定性问题的数学处理，只能通过对问题的数学表达来解释和预测经济现象。而这种解释和预测，往往受限于模型的各种理论假设而不够完善、不够准确且与现实脱节，并显示出其狭隘的局限性。

数学和经济学的融合永远存在高昂的成本。以计量经济学为例，当前建构计量经济模型的假设基础，是所有经济事件都是通过随机过程实现的时间序列的一部分。而随机过程的“遍历性假设”是经济概率化的必要条件。但不确定性即意味着“非遍历的”，在非遍历的现实经济世界中，概率甚至并不存在，事件发生的历史情境至关重要，经济环境在时间序列中不断变幻。严格意义上来讲，由于时间的不可逆性，任何曾经作出的经济决策都必然意味着决策时刻的所有相关情境都无法复制、无法重现。当涉及微观的、简单的、个体的、选择成本低廉的、限制情境下的事件时，我们可以近似作出概率类比；而当涉及宏观的、复杂的、集体的、选择成本高昂的、无知情境下的事件时，则无法通过概率来进行计算和预测。

凯恩斯在《概率论》中提出了将不确定性与概率事件剥离的观点，并指出“影响人类未来的决定……无法依赖严格的数学预期，因为不存在这种计算的基础”，即无法将所有可能行为“先用一个数字表征比较优势，再用另一个数字表征概率”，以便个体通过最大化数学预期来进行决策（凯恩斯，

1921)。希克斯（1979）也指出："经济学中'统计'或'随机'方法的益处……和适用性……远比想象中的少。"哈耶克称之为"知识的假象"（哈耶克，1974），"统计数据与由新问题产生的刺激因素相比，并不能让我们得到更多的信息"（哈耶克，1933）。从萨缪尔森（1969）的观点来看，"遍历性假设"将经济学从历史等人文科学中剔除，使其成为与（19 世纪）物理学相提并论的概念。而索洛（1985）指出："不幸的是，经济学是一门社会科学……因此经济分析的最终产物……取决于社会环境—历史背景……。"诚如波普尔（1955）所言："理论科学本质上都是'演绎'的，没有'归纳'这样的逻辑程序……。"

我们可以将主流经济学过度数学化的现象称为"皇帝的新衣"，意为即使我们知晓面对的是无知、混沌和缺乏概率的现实经济现象，也依然乐见在大量实证研究中自欺欺人。虽然 20 世纪众多经济学家曾对经济的数学处理进行质疑和反思，而最令人惊讶的，不是这些工作的存在，而是大多数经济学家缺乏对它们的认知。主流经济学数量化和工具主义化倾向，使我们对于遍历性、连续性、正态性、线性这些便利化的数学形式过度依赖、深信不疑。而经济学的本质，是为了探究现实条件下的经济现象，并非为了表达理想条件下的数学模型。数学语言应用于经济学中，也不应致力于解释和预测（这是当前主流数量经济的致命谬误），因为所有因果链条的构建（因果律）都是基于人的预设和诠释，即主观思维之上的。而数学语言难以适用于人类心理和行为及其结果的研究领域。数学应用于经济学的正确之道，应是用来表达不确定性在经济决策中的特殊性。

七、 经济学关于不确定性认知的局限性

如果从更开阔的视角来看现有经济学领域的不确定性研究，无论是"原教旨主义"不确定性还是"概率主义"不确定性，无论是客体不确定性还是主体不确定性，也无论是个体不确定性还是集体不确定性，都可以认为其局限于对于"实体现实"不确定性即"结果"不确定性的认知。而当前世界形

态的一个重要特征，是呈现一种实体现实和虚拟现实的“叠加态”，实体现实可以看作虚拟现实的无数“可能态”在被观测后发生“坍缩”所形成的某个“本征态”。我们可以从物理学中获得关于世界实体现实和虚拟现实“叠加态”的一种解释：1905 年爱因斯坦提出光电效应的光量子解释——波粒二象性，即光波同时具有波和粒子双重性质，随后物理学已经证实一切物质都具有波粒二象性。在量子力学中，波粒二象性通过测量与人的意识紧密关联：一个粒子没有被测量时，它的存在形式是一个概率波（或称“波函数”），有无数种可能态，但粒子一旦被测量，概率波便会立即坍缩到一个具体的本征态，即从概率波的形式转为被观察后呈现出来的实体形式。量子坍缩理论与阳明心学“心物一体”的观念十分吻合——“身之主宰便是心，心之所发便是意，意之本体便是知，意之所在便是物”。之于现实世界，则可以表达为人的意识可以感知“虚拟现实”，并在虚拟现实的“可能态”中进行符合目的的选择，从而展现成为实体现实的“本征态”。当今世界新一代信息技术革命（大数据、人工智能等），使利用技术手段来呈现虚拟现实成为可能，如虚拟制造、虚拟场景等，并越来越深刻地切入并改变实体现实。

虚拟现实是真实的、全面的、以不确定性呈现的世界，而实体现实是经过我们意识构建之后所呈现出来的确定性世界。如果把历史和现实视为两个点构成一条线段，那么，未来并非一定在这条线段的延长线上，而可能是无数延长线的一个集合。但我们走向未来只能作出一种选择，就像我们不可能同时走两条路一样。选择成为一个事实，也就是我们观察到的实体现实。过去我们选择了搞计划经济，计划经济就成为当时的实体现实；现在选择了搞市场经济，市场经济就成为我们当下的实体现实。而未来之路则存在于虚拟现实当中，对虚拟现实的认知程度决定了我们今天的选择和未来实体现实的具体形态。从本体论来说，虚拟现实是本源所在，是世界的本质，需要通过虚拟理性才能感知。而实体现实则是本体呈现，是可以直接观察到的现象。从时间来说，虚拟现实是可逆的，而实体现实是不可逆的。在这个意义上，实体现实是我们在虚拟现实中构建的结果，确定性也是我们所构建的和所追求的结果。但在实体理性的映照下，却完全是颠倒的。对于虚拟现实和实体现实所产生的“叠加态”不确定性的研究，已经远不是主观与客观、主体与客体、对立与统一、偶然与必然等传统哲学范畴所能容纳的，也远远超出当前经济学对于不确定性的理解。对于这个宏大的论题，将留由今后深入探讨。

八、 不确定性世界观是在更高维度上认知世界

确定性与不确定性，本质上是两种截然不同的世界观。从确定性世界观转向不确定性世界观，是科学思维领域的一大跨越。而世界观问题本身是哲学问题，在文章结尾，我们还需要回到哲学层面剖析二者的差异（见表1）。

表1　　确定性世界观和不确定性世界观差异

<table>
<tr><td>世界观</td><td colspan="2">确定性</td><td colspan="2">不确定性</td></tr>
<tr><td>代表性的哲学</td><td colspan="2">西方哲学</td><td colspan="2">东方哲学</td></tr>
<tr><td>世界本质</td><td colspan="2">确定性</td><td colspan="2">不确定性</td></tr>
<tr><td>对确定性的基本认识</td><td colspan="2">本体存在</td><td colspan="2">人类构建</td></tr>
<tr><td>对不确定性的基本认识</td><td colspan="2">概率</td><td colspan="2">所有可能性</td></tr>
<tr><td>对风险的基本认识</td><td colspan="2">可预测</td><td colspan="2">不可预测</td></tr>
<tr><td>认识逻辑</td><td colspan="2">从认识到反映</td><td colspan="2">从认识到构建</td></tr>
<tr><td>认识路径</td><td colspan="2">过去—现在—未来</td><td colspan="2">未来—现在—过去</td></tr>
<tr><td>认识特征</td><td colspan="2">二元论</td><td colspan="2">一元论</td></tr>
<tr><td>认识方式</td><td colspan="2">碎片化</td><td colspan="2">整体性</td></tr>
<tr><td>认识目标</td><td colspan="2">解释现实</td><td colspan="2">构建现实</td></tr>
<tr><td>认识对象</td><td colspan="2">单一性</td><td colspan="2">叠加态</td></tr>
<tr><td>理性类型</td><td colspan="2">实体理性</td><td colspan="2">虚拟理性</td></tr>
<tr><td>思维方式</td><td colspan="2">实体思维（脑思维）</td><td colspan="2">虚拟思维（心思维）</td></tr>
<tr><td rowspan="3">认识维度</td><td>一维</td><td>狩猎采集社会</td><td>四维</td><td>信息社会</td></tr>
<tr><td>二维</td><td>农业社会</td><td>五维</td><td>智能社会</td></tr>
<tr><td>三维</td><td>工业社会</td><td>六维</td><td>……</td></tr>
</table>

在确定性世界观下，世界本质是确定性的，确定性是客观存在的，认识

只是对现实世界的一种反映。不确定性等同于偶然性，表现为一种概率，是可以预测的。确定性世界观对世界的认识路径是“过去—现在—未来”，是基于过去从现在看未来。在确定性世界中，风险是偶然性事件，是用实体思维（脑思维）、以碎片化的方式来解释实体的现实世界。基于确定性世界观和实体思维（脑思维），世界是物质的、理性的，主观和客观、理性和非理性是对立的，并将人的情感、意志和欲望划入非理性范畴。

而在不确定性世界观下，世界本质是不确定的，不确定性是包含有概率和没有概率的所有可能性。确定性则是在一定条件下才存在，是人类构建出来的，规律、定律、定理本身就是人类意识的构建物，并非无条件的存在。确定性不再是对客观世界的反映，而是一种构建。不确定性世界观对世界的认识路径是“未来—现在—过去”，是立足未来回看现在和过去。在不确定性世界中充满风险，立足于未来才能认识到风险，并有能力防范化解风险。不确定性需要虚拟理性才能认识，虚拟理性是一种虚拟思维（心思维）以整体性的方式认识现实。以虚拟理性认知的虚拟现实是一种不确定性存在，不可证伪，却是实体现实的本体。基于不确定性世界观和虚拟思维（心思维），物质和意识、客观和主观是一体的，不是二元对立的。

从人类历史变迁来看，确定性世界观可以解释狩猎采集社会、农业社会和工业社会。在狩猎采集社会，人类生存轨迹是从点到线，呈现一维状态；到了农业社会，种植业的发达使人类生存轨迹变成平面，呈现二维状态；工业社会的科技进步，人类航空、航天、通信技术将人类生存轨迹扩展为立体，呈现三维状态。可以说从狩猎采集社会直至工业社会，从一维社会到三维社会，都属于实体现实世界，以确定性世界观来解释和改造世界，可以满足人类生存发展的需要。而人类正在进入信息社会和高风险社会，已经认识到世界的本源不是单一确定性的，而是叠加不确定性的，即呈现虚拟现实和实体现实的“叠加态”。仅仅以确定性世界观的实体理性来解释和改造世界，将难以满足人类生存发展的需要，以不确定性世界观的虚拟理性才能构建起人类的确定性。

从人类社会发展过程来看，人类认识世界的维度在不断提高，人类构建确定性的能力也随之不断提高，但从未改变过也无力改变世界不确定性的本质。不确定性好比汪洋大海，人类要在大海中求得生存，就要构建一定的确定性，从利用漂浮的木头，到搭建小船，再到建造巨轮，人类在不确定性世界构建确定性的能力越来越强，却从未改变过外界的汪洋大海。而构建确定性的能力，取决于人类的认知能力，即立足于哪个维度在思考问题。东方哲学的不确定性世界观，就是基于更高维度来认知世界，也只有在基于不确定性的高维思考中，才能认知到不确定性中的风险。风险是一种对象，也是一种思维，风险是基于虚拟现实、虚拟思维、虚拟理性并指向未来的。对风险的认知水平越高，对世界的认知水平才越高，构建确定性和抵御风险的能力也才越强。

因此，在以超级不确定性和公共风险为特征的世界大变局之中，梳理关于不确定性研究的变迁对于探索治理公共风险的制度路径、探索新时代中国发展道路、构建符合中国国情的经济理论、构建中华民族伟大复兴的确定性，该有所裨益。

参考文献：

1. 成中英：《易学本体论》，北京大学出版社 2006 年版，第 36 – 45 页。

2. ［英］卡尔·波普尔：《历史决定论的贫困》，杜汝楫、邱仁宗译，上海人民出版社 2019 年版，第 97 – 102 页。

3. 刘尚希：《公共风险论》，人民出版社 2018 年版，第 37 页。

4. 马克思、恩格斯：《马克思恩格斯文集》（第 4 卷），人民出版社 2009 年版，第 194 页。

5. ［英］史蒂芬·霍金、［美］列纳德·蒙洛迪诺：《大设计》，吴忠超译，湖南科学技术出版社 2011 年版，第 61 页。

6. ［英］史蒂芬·霍金：《果壳中的宇宙》，吴忠超译，湖南科学技术出版社 2002 年版，第 68 – 80 页。

7. ［比］伊·普里戈津：《确定性的终结——时间、混沌与新自然法则》，湛敏译，上海科技教育出版社 1998 年版，第 15 页。

8. 王阳明：《传习录》，江苏文艺出版社 2015 年版，第 16 页。

9. 周敦颐：《周濂溪集》，商务印书馆1935年版，第82－103页。

10. Buckley, E., *The Oxford English Dictionary Volume XI(T－U)*. Oxford: Oxford University Press, 1978: 79.

11. Grayot, J. D., "Dual Process Theories in Behavioral Economics and Neuroeconomics: A Critical Review". Review of Philosophy and Psychology, 2020, 11 (1).

12. Köhn, J., *Uncertainty in Economics: A New Approach.* Berlin: Springer, 2017: 18－20.

13. Kondrat'ev, N. D., Makasheva, N. A., Samuels, W. J., Vincent, B., *The Works of Nikolai D. Kondratiev (Volume II)*. The Pickering Masters, 1998.

14. Machina, M. J. & Viscusi, W. K., *Handbook of the Economics of Risk and Uncertainty.* Holland: North－Holland Publishing Co., 2014: 55－64.

15. Schmidt, C., *Uncertainty in Economic Thought.* Cheltenham, UK. Brookfield, US: Edward Elgar, 1996.

16. Soros, G., "Fallibility, Reflexivity, and the Human Uncertainty Principle", Journal of Economic Methodology, 2013, 20 (4).

17. Wakker, P. P., *Prospect Theory for Risk and Ambiguity.* Cambridge. Cambridge University Press, 2008: 5－7.

（此文发表于《财政研究》2020年第7期，作者：陈曦、刘尚希）

基于公共风险重新定义公共产品

阅读提示：在西方理论中，对公共产品的认识虽然有差别，但有着共同的逻辑基础，就是市场失灵。这表明西方公共产品理论天生就存在逻辑缺陷，主要体现为：从政府与市场二元对立的角度看待公共产品；整体观缺失，从机械唯物论来理解社会共同体；“阿罗不可能性定理”已证明福利角度的公共产品逻辑上不成立。与西方公共产品理论一开始就建立在个体基础之上不同，公共风险视角的公共产品理论是建立在集体基础之上。正是因为建立在集体的基础之上，公共产品理论应以公共风险作为逻辑内涵。进一步深入分析，由于公共风险源于个体和集体行为，因此，公共产品的实质是防范化解公共风险的个体和集体行为规则和制度安排。

公共产品是西方财政学和公共经济学中的核心概念，但西方公共产品理论以市场失灵为基础，这本身存在重大的逻辑缺陷，说明西方公共产品理论在逻辑上不能自洽。对公共产品的理解应该从西方公共产品理论中走出来，从公共风险的角度来重新定义和审视公共产品。也许需要指出的是，这里的“产品”更多带有比喻性，与平时所说的产品不可等同。时常见到“公共产品和服务”的说法，这显然是望文生义，“公共产品”和“公共服务”作为学术概念是同义的不同表达。

一、 西方公共产品理论及其逻辑基础

在西方理论中，对公共产品的认识虽然有差别，但有着共同的逻辑基础，就是市场失灵。而这表明西方公共产品理论天生就存在逻辑缺陷。

（一）西方公共产品理论的变迁

在西方，公共产品理论可以追溯到古希腊哲学家亚里士多德，他提出“凡是属于最多数人的公共事务常常是最少受人照顾的事务，人们关怀着自己的所有，而忽视公共的事务；对于公共的一切，他至多只留心到其中对他个人多少有些相关的事情”①。至于为什么人们忽视公共事务，亚里士多德并没有给出解释。1739 年，休谟在其《人性论》中借助排除草地中积水的例子，指出“他们对于那样一个复杂的计划难以同心一致，至于执行那个计划就更加困难了，因为个人都在找寻借口，要想使自己省却麻烦和开支，而把全部负担加在他人身上”②。实际上，亚里士多德和休谟提出的问题都可以用后来的西方公共产品理论中的“搭便车”来解释，即在一个经济社会中，如果有公共产品存在，“搭便车”的出现就不可避免。但如果所有的社会成员都成为搭便车者，最后的结果则是没有一个人能享受到公共产品的好处。

尽管西方理论界一直都有对公共产品（事务）问题的认识，但直到 1954 年，保罗·萨缪尔森才首次给出公共产品的正式定义：公共产品（他称之为“公共消费产品”，即 Collective Consumption Goods）是指增加一个人对该产品的消费，并不同时减少其他人对该产品消费的那类产品③。萨缪尔森给出了后来称为“消费的非竞争性”的公共产品特征。后来，马斯格雷夫在萨缪尔森定义的基础上又加上了“消费的非排他性”特征，他认为：公共产品（他称之为“社会产品”，即 Social Goods）是非竞争性消费的产品，它通常还具有消费上的非排他性④⑤。

由萨缪尔森提出、由马斯格雷夫丰富的公共产品定义成为西方主流教科

---

① ［古希腊］亚里士多德：《政治学》，吴寿彭译，商务印书馆 1965 年版。

② ［英］休谟：《人性论》，关文运译，商务印书馆 1997 年版。

③ Samuelson, P. A., “The Pure Theory of Public Expenditure”, The Review of Economics and Statistics, Vol. 36 (4), 1954.

④ Musgrave, R. A., *The Theory of Public Finance*, New York: McGraw - Hill, 1959.

⑤ Musgrave, R. A., *Provision for Social Goods*, Margolis, J. and Guitton. H., *Public Economics*, London: McMillan, 1969.

书中对公共产品的经典定义，而消费上的非竞争性和非排他性则成为判断公共产品与否的经典标准（有人称之为“萨缪尔森－马斯格雷夫传统”）①。但也有人对此提出质疑，例如布坎南就提出，人们观察到有些产品和服务通过市场制度实现需求与供给，而另一些产品与服务则通过政治制度实现需求与供给，前者被称为私人产品，后者则称为公共产品②。布坎南提出的公共产品与萨缪尔森－马斯格雷夫传统完全是相反的，萨缪尔森－马斯格雷夫传统是从产品的内在特征入手，如果该产品符合消费上的非竞争性和非排他性则属于公共产品，应该由政府来提供；而布坎南则认为，只要是通过政治制度来实现需求与供给的（言下之意只要是政府提供的）产品就是公共产品，与产品是否具有消费上的非竞争性和非排他性没有关系。但什么样的产品是通过市场制度来提供（私人产品），而什么样的产品是通过政治制度来提供（公共产品），布坎南似乎并没有特别明确，他认为“理性而明智的个人会选择将人类活动的哪些领域纳入集体选择的范围，这在很大程度上将取决于他怎样预期各种选择过程的运作”，“有代表性的个体并不追求使他自己的效用最大化，而是要找到公共利益或共同物品”③，这种公共利益或共同物品就是公共产品，而这与产品的消费特征没有关系，只要是从公共利益或共同产品出发，大家选择的哪怕是具有消费上竞争性和排他性的产品，也属于公共产品。

在西方，其他人如奥尔森和奥斯特罗姆等人也给出过相关的概念，但都没有脱离萨缪尔森－马斯格雷夫传统以及布坎南定义的范畴。

（二）西方公共产品理论的共同逻辑基础：市场失灵

不管是萨缪尔森－马斯格雷夫传统，还是布坎南定义，观点之间虽然有差异，甚至存在对立，但共同的逻辑都是从政府与市场关系出发，推导出市

---

① 马珺：《公共物品问题：文献述评》，《中华女子学院学报》2012 年第 1 期。

② Buchanan, J. M., *The Demand and Supply of Public Goods*, Chicago: Rand McNally & Company, 1968.

③ ［美］布坎南、塔洛克：《同意的计算》，陈光金译，中国社会科学出版社 2000 年版。

场失灵，并将市场失灵作为西方财政学的逻辑起点。

在西方公共产品理论当中，解决市场失灵的方式是提供公共产品。由于在公共领域没有价格机制，因此这些公共产品不能通过市场提供出来，即产生了市场失灵，所以公共产品需要政府来提供。政府提供公共产品的过程也就成了财政职能的出发点，西方公共产品理论就是围绕这一逻辑展开的。

西方公共产品理论模仿经济学的分析思路，在政府提供公共产品的分析中引入供给和需求分析框架。税收的出发点是为公共产品筹资（融资），预算则体现为公共产品供给和需求的政治市场，老百姓通过选票来表达对公共产品的需求偏好，政府根据这一需求偏好来提供相应的公共产品。在西方公共产品理论当中，公共产品具有福利属性，运用的是福利经济学的分析方法。政府提供公共产品要满足社会福利最大化的要求。社会福利最大化，是学术界至今仍在使用的一种研究范式。

根据布坎南的观点，预算就是一个在政治市场上形成公共产品需求与供给均衡的政治程序。由于政治程序需要法治的支撑，所以不管是税收还是预算，都需要法定①。而在公共产品提供的过程中，还需要一个管理过程，这就是财政管理。西方公共产品理论从市场失灵出发，围绕提供公共产品构建了一个自认为完整的逻辑体系。

二、 西方公共产品理论存在重大逻辑缺陷

西方以市场失灵为逻辑基础的公共产品理论存在重大的缺陷，主要表现在以下几个方面。

（一）基于政府与市场二元对立来定义公共产品

不管是萨缪尔森－马斯格雷夫传统，还是布坎南的定义，西方公共产品理论都是从政府与市场二元对立的角度看待公共产品。萨缪尔森－马斯格雷

① ［美］布坎南、塔洛克：《同意的计算》，陈光金译，中国社会科学出版社2000年版。

夫传统认为具有消费上的非竞争性和非排他性的产品是公共产品，应该由政府来提供，而具有消费上的竞争性和排他性的产品则是私人产品，应该由市场来提供。布坎南则更直白地提出，“有些产品和服务通过市场制度实现需求与供给，而另一些产品与服务则通过政治制度实现需求与供给，前者被称为私人产品，后者则被称为公共产品”，表明私人产品是与市场制度相联系的，而公共产品是与政治制度相联系的。

西方公共产品理论把政府看成与市场没有关联的外在主体。这一逻辑存在根本性的错误。实际上，不存在离开政府的市场，也不存在离开市场的政府，两者并非对立的关系。政府与市场本身就是融为一体的一个整体，或者说构建为一个复杂系统，并不存在由于市场失灵引出政府提供公共产品的逻辑。从一个更高层面的整体来观察，公共产品的存在是市场得以存在和正常运行的基本条件。在这个意义上，公共产品是支撑市场机制的“基础设施”。

西方政府与市场二元对立论存在历史根源。市场失灵背后的假设是“市场万能”，由于市场做不到万能，所以就说市场“失灵”了。这个逻辑是强加给“市场”的，也可以说是市场崇拜破灭的结论。这个逻辑就好比将一个人高高地举起来然后再重重地摔下去。而市场万能论是有历史原因的。西方理论认为，所谓市场即私人部门，是私人资本的活动领域，而所谓政府代表的则是一种传统的阶级统治。掌握资本的资产阶级力量在反抗传统阶级统治的过程中，理所当然就认为私人资本与王权政府是对立的。这一点从英国历史上征税权的争夺就可以得到说明。亚当·斯密在《国富论》中也认为政府越小越好，政府最好置身事外，什么也别干，当好“夜警”就可以了。在这个时候就已经蕴含了市场万能的假设。但市场毕竟不是万能的，当“市场万能”论破产时，再祭出市场失灵的逻辑，并从对立的角度看待政府的作用，这显然在根本上就是错误的。

（二）整体观缺失，从机械唯物论来理解社会共同体

从共同体的角度来看，一个共同体社会（广义的社会概念）包括政府、市场和社会（狭义）。而西方传统的财政学认为整个社会仅仅包括两个方面：

政府和市场。因此，任何问题的解决局限于两个主体或者两个机制：不是市场就是政府。该逻辑存在严重的缺陷，它不是从整个社会共同体出发来考虑问题，是片面的。这是经济学帝国主义产生的一个严重后果。一个共同体社会除了政府活动和市场活动以外，还有社会活动，并由此产生广阔的公共空间。最初的公共产品就是由社会自动提供的，国家的介入则是后来的事情。要树立整体观，必须从社会共同体出发。不从整个社会共同体出发，仅仅从政府与市场关系出发，就很难看到公共产品的社会属性，也难以观察到市场是嵌入在整个社会当中的，并受到社会的影响和制约。

上述逻辑表明西方公共产品理论没有一个整体观，即整体观是缺失的。从社会共同体来看，其基本问题是个体与集体的关系。这个集体可以理解成为一个整体。从社会整体来看，个体和集体的关系就是每个社会成员和整个社会的关系，或者简化为集体与个体关系的模型，这是公共产品理论要面对的基本问题。

回到哲学的层面，西方公共产品理论对社会共同体的理解是以机械唯物论为基础的。把这个社会理解成一台机器，是由各个零部件组成的，个人的偏好加起来等于集体的偏好，“1 + 1 = 2”。这反映了西方公共产品理论的哲学基础，从个体权利本位出发，认为集体就是一些个体的拼凑；认为一切都要还原到个体才有价值、才有意义；集体没有独立存在的价值，集体仅仅是为个体服务的。这种哲学观是一个悖论。由于个体的偏好不能形成集体的偏好，集体就无法决策，社会就不可能存在，政府也就不存在了。

（三）“阿罗不可能性定理”已证明福利角度的公共产品逻辑上行不通

从市场失灵推导出来的公共产品，对公共产品的定义尽管不一样，但多是从福利的角度来解释公共产品的。在欧洲，福利国家、福利社会的理论最早萌发，并不断发展，应用于实践。公共产品与社会福利理论也就紧密地关联在一起。福利经济学产生于欧洲，社会福利最大化理论及其实践也在欧洲。

对社会成员来讲，社会福利的最大化往往转化为个体福利的最大化。这是没有止境的，最终的结果就会落入到福利陷阱当中，导致社会成员缺少激励，养懒人，而财政则不可持续。一旦产生严重的财政危机，则成为公共灾难。因此，按照福利的角度来定义公共产品，存在着严重的缺陷。

不管是萨缪尔森－马斯格雷夫传统中的公共产品理论，还是布坎南的公共产品理论，都认为市场做不了的、需要政府来做的就属于公共产品。这实际上存在“循环悖论”，因为按这一逻辑出发，从政府与市场关系的角度来看，公共产品是市场的前提，而不是市场失灵的结果，如道路、桥梁等社会基础设施以及法律、制度等规则，这些公共产品是市场的前提。把前提看作市场失灵的结果，逻辑上陷入循环悖论。

再一个就是公共产品的供给与需求，模仿市场的这种分析方法，把它说成一个是供给方，一个需求方，把政府当成一个公司，这本身也是不合逻辑的。布坎南把它变成一个政治市场，也是模仿经济学的分析方法，选票代表钞票，来决定这个公共产品的供给，变成一个政治程序。按照阿罗不可能定理，社会个体的偏好无法整合成集体的偏好。所以，这是做不到的。从这点来看，社会福利函数以及福利经济学的体系在逻辑上就不成立。以选票代表钞票的办法来决定公共产品，会形成投票悖论，最终不可能形成一个结果。实际上布坎南自己也很清楚这个道理，在公共选择理论中研究过这个问题，最后不可能形成结果。

三、 应从公共风险视角来定义公共产品

西方公共产品理论存在重大的逻辑缺陷，对政府和财政职能的解释也很牵强。对公共产品的理解，应以整体观作为哲学基础，从公共风险的角度来定义。

（一）公共产品理论应以整体观作为哲学基础

个体和集体是并存的。单纯强调个体本位和个体权力本位，而不强调集体，这个社会是不可持续的。个体和集体的关系构成一个社会的整体。如果

说西方的哲学是一个圆，那么它只有一个圆心，就是一切围绕个体，从个体出发来考虑问题。而我们的哲学起点，必须要从个体与集体的关系来认识这个社会，它应该是个椭圆，应当是围绕集体与个体这两个中心。既不能以个体来否定集体，也不能以集体来否定个体；既不能以个体的权利来否定集体的权利，也不能以集体的权利来否定个体的权利。所以，人权有个体人权和集体人权，价值有个体价值和集体价值。处理好个体和集体的关系是哲学的基本问题，必须要有整体观，这在中国传统文化中有深厚的学术资源。

（二）公共产品理论应以公共风险作为逻辑基础

"居安思危"的风险意识是人类得以永续发展的基础，尤其是在风险社会，这种风险意识日益强化。风险社会是人类文明的新阶段，其基本特征是不确定性和公共风险。当前，社会共同体发展到了风险社会的时期，这是人类文明的一个新阶段，不确定性是其本质，由此产生了形形色色的风险。这个风险是基于个体与集体的，分为个体风险和集体风险，集体风险就是公共风险。个体风险当然是交给个体去承担的，集体风险也就是公共风险则必须由集体来承担，也就是由政府、由社会共同体来承担的。

以公共风险作为公共产品理论的逻辑基础，是基于社会共同体不确定性的本质和风险社会的现实。为什么会有、要有公共产品？从市场失灵、福利主义是解释不通的。社会个体、共同体都需要确定性，都需要防范风险，从层次来看，首先是社会共同体的确定性和风险防范，公共产品其实就是在不确定性中追求确定性，防范化解风险的结果。公共产品是化解公共风险的历史产物，又是防范公共风险的现实工具。在化解公共风险的历史过程中，形成了一系列的制度和法律，最早的是军队、监狱，后来产生的如社会保障、公共教育、公共卫生以及公共设施，这些都可以称为（基于公共风险的）公共产品。这些公共产品就是由公共风险导致的。

这与基于物质福利理念定义的公共产品完全不同。基于物质福利的公共产品是越多越好，而基于公共风险的公共产品则是越少越好。这意味着风险最小化。公共风险越小越好，防范化解公共风险的公共产品自然也是越少越好。公共风险最小化，具有最大的公共确定性，这才是社会的最大福利和公共需要，也是最大的公共利益。其他的都可以交给社会个体。虽然人类社会发展呈现出不确定性，风险社会来临，公共风险促使公共产品不断扩大，但我们追求的仍应是公共风险最小化。

显然，公共产品不是一个供求关系，而是防范化解风险的一种结果，而防范化解风险是一个形成共识的过程，这个过程里可能有政治、有法律、有文化，有各种舆论渗透其中，但是社会任何一个历史时期的公共产品都是形塑于公共风险，以及由公共风险转化而成的公共危机。可以说，制度的变迁都是由公共风险推动的。公共产品的变迁，公共产品的扩大，也是由公共风险来决定的。当公共产品背后的公共风险不复存在的时候，这个公共产品就变成了个体产品，如灯塔。在过去的条件下，没有灯塔导航就会导致沉船事故，这对所有船来说就是一种共同的风险，所以，有必要通过政府去提供。但是后来随着技术的发展，这类风险不复存在了。所以，灯塔没有了，这类公共产品就不复存在了。从这个角度来说，一定历史条件下的公共产品都是以一定历史条件下的公共风险为内涵的，公共风险越大，提供公共产品就越多，而不同类型的公共风险就会形成不同类型的公共产品。从公共风险来认识公共产品，就避开了个体偏好形成共同偏好的逻辑陷阱。

所以，与西方公共产品理论一开始就建立在个体基础之上不同，公共风险视角的公共产品理论是建立在集体基础之上。而公共风险则是集体的首要问题，也可以说是唯一问题，社会共同体的生存和发展都是公共风险问题，所以，公共产品理论应以公共风险作为逻辑基础。从这个角度来定义，凡是着眼于防范化解社会共同体公共风险的，就可视为公共产品，用于公共消费；否则，就属于个体消费的个体产品。

四、 公共产品通过影响行为化解公共风险

从公共风险的角度来定义公共产品仅是对公共产品的抽象，要对公共产品进行具体化，就要了解公共产品是如何来化解公共风险的。

（一）公共风险源于个体和集体行为

要了解公共产品是如何化解公共风险的，就要了解公共风险是如何产生的。风险是人为的混合物[①]。风险之所以是人为的混合物，是因为风险是人的行为导致的，这里的人包括作为个体的人和作为集体的人。

首先，个体行为的外部化会产生公共风险。而经济中的个体行为外部化，社会行为中个体行为的外部化，都会转化成公共风险。从个体风险到公共风险的转化与市场有关，也与狭义的社会有关，比如市场出现危机可能引发出公共风险，金融危机也会引发公共风险，而社会领域中的教育、医疗、贫富差距，以及就业、养老，还有生态、环境等，也可能转化成公共风险。

其次，集体行为的脆弱性导致公共风险。集体行为的脆弱性体现为治理结构与不确定性的不匹配关系。一方面，社会系统的管理与制度不足，无法提供足够的力量来应对本应可以解决的风险；另一方面，复杂的社会制度又容易削弱集体行为应对风险的努力。诺贝尔经济学奖得主彼得·汉森指出，设计的规则越是复杂而难以理解，它越可能会成为新的不确定性的来源[②]。

最后，社会群体的高度关联性放大个体和集体行为产生的公共风险。尤其是在风险社会，人与人之间的联系更加紧密，不可分割，成为相互依赖的网络，每一个人、每一个节点都是风险源。社会的分工，知识的分工，社会不同阶层之间的利益差别，都会导致不确定性，从而形成公共风险。风险因社会群体的高度的关联性而升级，局部风险演化为全局风险的速度和危险程度在上升。社会越来越发达，个体和集体做出某些举动，都会在一瞬间影响和传递到世界每一个角落。信息化与网络化将人的距离无限拉近，人的行为产生层层波澜向社会各层面传开，这种链式反应使不确定性扩大，风险扩散，最终波及自身，你中有我，我中有你，局部的风险足够导致系统性瘫痪[③]。

---

① Ulrich Beck, Politics of Risk Society, from Jane Franklin (ed.), The Politics of Risk Society, Cambridge: Polity, 1998.

② 王宇：《太过复杂的监管规则会扼杀经济活力》，《当代金融家》2016 年第 5 期。

③ 刘尚希、李成威、杨德威：《财政与国家治理：基于不确定性与风险社会的逻辑》，《财政研究》2018 年第 1 期。

（二）公共产品的实质是化解公共风险的个体和集体行为规则

撇开经济的逻辑，所谓的公共治理是通过提供公共产品来化解公共风险。这里的公共产品并非一个物的概念，而是一种规则，是规范和引导个体和集体行为的规则。针对公共风险，大家都负起责任来，公共风险就会减少，大家都不负责任公共风险就会增多。社会共同体又有不同的层次，不同的人群，不同的区域，是多个维度的。各自承担个体风险的能力也不同，个体和集体行为的规则有助于分配和调节这些风险，就可以避免风险的积聚而成公共风险。公共风险既有外来的，也有内生的，这两方面同时存在，都是公共风险。所有的政府的行为，包括财政的行为，实际上都是为了防止公共风险的积聚扩散。有的通过法律，有的通过制度，有的通过道德，有的是显性的规则，有的是隐性的规则。所以，像国防这类公共产品是应对外部的，而像警察、法庭、法律制度、文化、道德，这些是应对内生的公共风险。如果没有内生的这些不确定性以及形成的公共风险，这些东西根本没必要存在（见图1）。

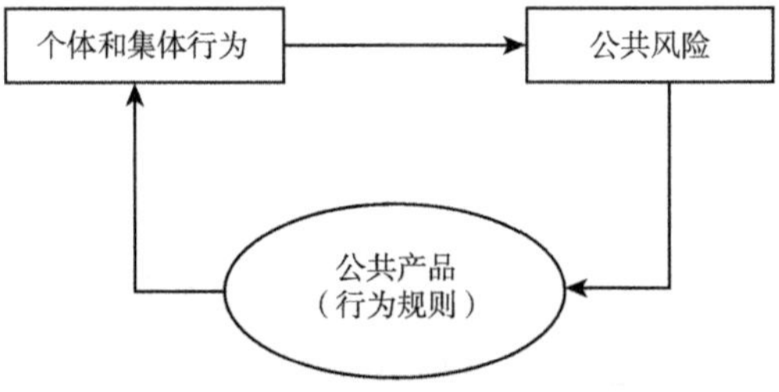

图1 行为、公共风险与公共产品的关系

（三）行为的异化推动规则创新和公共产品变迁

行为总是在不断异化，而制度总是有滞后性，而且是固化的。行为和制度之间的关系就像是一辆车的轮子与刹车之间的关系，只有当轮子的运动具有某种确定性时，刹车的制动效能才会显现出来。如果轮子在运动中可以变形，可以对刹车系统作出预期反应，那么这种规制就会失效。如果担心失效，刹车系统从一开始就不松开，那么车辆的运行效率很低，如我国的计划经济时期实行各种管制，最终会使社会这辆车遭到损害，产生更大的公共风险。

行为总在变化，甚至变异，衍生出新的各种行为关系，这时，法律、制度、规章就无法起到规范引导行为的作用。行为异化成新的行为方式，旧的制度可能就不适应新的行为了，这个时候就需要新的公共产品。例如，过去马车的时代不需要交通规则，后来经过创新有了汽车，这就需要交通规则，由此引发出一系列的问题。再如，过去搭个茅棚就可以住了，现在需要高楼大厦，那住房就需要建设，就需要标准，就需要管理，这一系列的问题就出来了。从农业社会到工业社会，极大地改变了人类的生产生活方式和相互之间的交往方式，同时也就会产生很多的不确定性和公共风险，这就需要政府代表社会共同体来提供新的公共产品。如果新的公共产品提供不及时，严重滞后，公共风险就会显现出来，甚至变为公共危机。如果新的公共产品不完善，也会产生新的公共风险（见图2）。

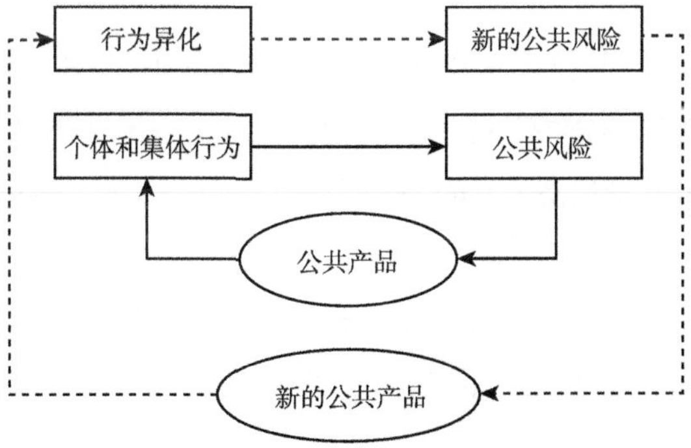

图2 行为异化与规则创新和公共产品变迁

五、 从公共风险看公共产品的分类和判断依据

以上从公共风险的角度对公共产品重新做了定义，这就需要重新审视公共产品的分类和提供方式。

（一）社会化、公共化与公共产品的分类

既然公共风险源于个体和集体行为，则公共产品应基于行为与风险的关联来分类。

人类既以个体方式存在，又以集体（群体）方式存在。以个体方式存在的人类遵循社会化的演进逻辑，社会化描述的是由分工带来的个体行为之间日趋紧密的联结过程；以集体方式存在的人类遵循公共化的演进逻辑，公共化是一种集体行为逻辑①。公共化与社会化虽然有各自的逻辑，但两者是密切关联的。社会化的程度越高，公共化的外延就越大，因为在现代社会，社会化是公共风险扩张的主要原因，而公共风险则是公共化的动力。

因此，要对行为与风险的关联进行分类，应该从人类社会化的角度来分析。人类的社会化是由人的分工所引起的，人的分工包括经济维度的分工和社会维度的分工，同时在经济维度和社会维度分工的基础上又派生出管理维度的分工。相应地，个体和集体的行为可以分为经济行为、社会行为和管理行为，由经济行为导致的公共风险为经济风险，由社会行为导致的公共风险为社会风险，由管理行为导致的公共风险为管理风险。由此类推，公共产品可以分为经济维度的公共产品、社会维度的公共产品和管理维度的公共产品，分别对应防范和化解经济维度的公共风险、社会维度的公共风险和管理维度的公共风险。同时，管理维度的公共产品还会对经济维度和社会维度的公共风险发生作用（见图3）。如果把视野放到全球，经济、社会和管理维度还会进一步拓展到全球维度，进而推导出全球维度的公共风险（全球公共风险），但这里不作深入的讨论。

（二）公共风险视角公共产品的判断依据

在前面的论述中，我们认为西方福利视角的公共产品逻辑上不成立。但公共风险视角的公共产品如何进行判断呢。这在操作上也是一个难题，因为

---

① 刘尚希：《公共化与社会化的逻辑》，《学习与探索》2008 年第 5 期。

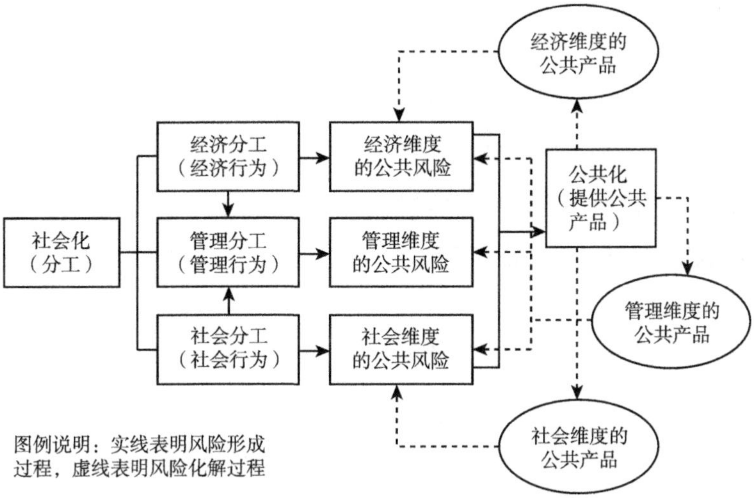

图3　社会化、公共化与公共产品的分类

公共风险存在内在关联性、不可分割性和隐蔽性三个特征①。那如何从公共风险角度判断哪些是或不是公共产品？解决这个问题需要有反向思维，通过反向假设分析法来确定。

根据逆否命题等价原理，以下两对命题是等价的。

1. **是公共产品→能化解公共风险，等价于：不能化解公共风险→非公共产品。**

2. **不是公共产品→不能化解公共风险，等价于：能化解公共风险→是公共产品。**

判断某项公共产品是否为真，要看取消该项公共产品的提供之后是否会产生公共风险，如果会产生公共风险，则说明是公共产品，否则就不是。图3也说明，社会化过程是人类行为形成风险的过程，而公共化则是人类行为化解风险的过程。如果经济维度的公共产品提供不足，就会产生经济风险，并有可能引发经济危机；如果社会维度的公共产品提供不足，就会产生社会风险，并有可能引发社会危机；如果管理维度的公共产品提供不足，就会产

① 刘尚希：《公共支出范围：分析与界定》，《经济研究》2002年第6期。

生管理风险，并有可能引发管理危机。举个例子来说，从教育来看，基础教育、高等教育和留学教育，这三类虽然都是教育项目，但其公共产品属性存在差别，基础教育如果政府不管的话，可能会严重短缺，导致整个国家文盲增多、劳动力素质下降、贫困发生率增加等风险，且风险无法转移；高等教育如果政府不管，有可能提供不足，产生国家高级人才不足和技术进步放慢的风险；而留学前教育则不会存在上述问题，如英语培训，政府可以不提供。

从上可以看出，基于公共风险的公共产品，不是从私人产品来观照的非竞争性和非排他性，而是从不确定性来观照的确定性和过程性。在这个意义上，现代社会的公共产品的准确说法应当是“公共确定”，以对冲公共不确定。也可以说，现代社会的公共产品属于风险产品，而不是福利产品。这意味着现代财政的使命不是追求社会福利最大化，而是公共风险最小化；财政基本职能不是配置资源，而是管理风险，包括分配风险、平衡风险、转移风险、化解风险和预防风险，为治理奠基，为发展开道。

参考文献：

1. ［古希腊］亚里士多德：《政治学》，吴寿彭译，商务印书馆 1965 年版。

2. ［英］休谟：《人性论》，关文运译，商务印书馆 1997 年版。

3. Samuelson, P. A., “The Pure Theory of Public Expenditure”, The Review of Economics and Statistics, Vol. 36 (4), 1954.

4. Musgrave, R. A., *The Theory of Public Finance*, New York: McGraw-Hill, 1959.

5. Musgrave, R. A., *Provision for Social Goods*, Margolis, J. and Guitton, H., *Public Economics*, London: McMillan, 1969.

6. Buchanan, J. M., *The Demand and Supply of Public Goods*, Chicago: Rand McNally & Company, 1968.

7. ［美］布坎南、塔洛克：《同意的计算》，陈光金译，中国社会科学出版社 2000 年版。

8. Ulrich Beck, Politics of Risk Society, from Jane Franklin (ed.), The Politics of Risk Society, Cambridge: Polity, 1998.

9. 马珺：《公共物品问题：文献述评》，《中华女子学院学报》2012 年第 1 期。

10. 王宇：《太过复杂的监管规则会扼杀经济活力》，《当代金融家》2016 年第 5 期。

11. 刘尚希：《公共化与社会化的逻辑》，《学习与探索》2008 年第 5 期。

12. 刘尚希：《公共支出范围：分析与界定》，《经济研究》2002 年第 6 期。

13. 刘尚希、李成威、杨德威：《财政与国家治理：基于不确定性与风险社会的逻辑》，《财政研究》2018 年第 1 期。

（此文发表于《财政研究》2018 年第 8 期，作者：刘尚希、李成威）

全面认识财政是国家治理的基础和重要支柱

阅读提示：习近平总书记关于财政的重要论述是习近平新时代中国特色社会主义思想的重要组成部分，是指导中国财税改革和现代财政制度建设的重要思想指南。本文从财政与人民、财政与国家兴衰、财政与效率和公平、财政与公共权力、财政与国家治理、财政与公共风险六个方面梳理归纳了习近平总书记关于财政的重要论述，并论证了“财政是国家治理的基础和重要支柱”这一重大论断。习近平总书记关于财政的论述从多个角度诠释了社会主义财政“人民性”和“国家性”之间的内在联系，阐释了中国特色社会主义财政“为人民理财”和“管理国家风险”的本质。

习近平总书记关于财政的重要论述，是习近平新时代中国特色社会主义思想的重要组成部分。基于“财政是国家治理的基础和重要支柱”这一重大论断，习近平总书记关于财政的论述从多个角度诠释了社会主义财政的“人民性”和“国家性”之间的内在联系，阐释了中国特色社会主义财政“为人民理财”和“管理国家风险”的本质。习近平总书记关于财政的重要论述是指导中国财税改革和现代财政制度建设的重要思想指南。

一、 财政的人民性

习近平总书记提出“发展的人民性”的思想，彰显了“人民至上”的发展价值理念。财政是人民的财政，是习近平“发展的人民性”思想在财政领域的集中体现，并与其一脉相承。人民性是社会主义财政的根本属性，法治、公开、透明等其他特征都是在这一属性的基础上衍生而来的。社会主义财政是以人为本财政与以民为本财政的有机统一。

（一）人民性是社会主义财政的根本属性

自从人类诞生之日起，就面临各种各样的不确定性和风险。为了防范风险，人类形成了社会共同体。然而，社会共同体的存续和运转是有成本和条件的，财政是维系共同体存续的基本机制。财政通过汲取并使用公共经济资源，不仅为社会共同体的运转提供成本，而且可以塑造和构建国家制度、社会公共生活，从而成为防范和化解公共风险的基本机制，给社会共同体的运转提供一个稳定的秩序。社会共同体之所以成为共同体，离不开财政。离开财政的社会共同体，是虚幻的共同体。

人类社会共同体发展具有阶段性。在现阶段，并存着以中国为代表的社会主义社会和西方的资本主义社会。与之相对应，也就存在社会主义财政和资本主义财政之分，二者根本的区别在于坚持“人民性”还是“资本性”。

社会主义国家是以人民为中心的共同体，其价值取向必然是“人民至上”。历史唯物主义认为，人民是历史的创造者，是社会实践的鲜活主体，也是社会发展的最高价值主体。习近平（2017b）指出：“人民立场是中国共产党的根本政治立场，是马克思主义政党区别于其他政党的显著标志。”习近平（2014b）指出：“人民对美好生活的向往，就是我们的奋斗目标。”显然，人民立场也是社会主义国家最基本的立场。以人民为中心的共同体——社会主义国家，与以资本为中心的共同体——资本主义国家有着根本的区别。资本主义国家是资本主义价值观主导的共同体，强调资本逻辑，体现了“资本性”，从根本上服务于资本的利益。

人民性既是社会主义财政的根本属性，也是习近平“发展的人民性”的思想在财政领域的集中体现。这既是对我国传统文化中“民本”思想的扬弃与升华，也是对马克思主义群众史观的继承和发展。发展的人民性，既表明了我国财政的性质和价值取向，也为衡量财政工作提供了准绳。“‘让老百姓过上好日子是我们一切工作的出发点和落脚点。’检验一切工作的成效，最终都要看人民是否真正得到了实惠，人民生活是否真正得到了改善，人民权益是否真正得到了保障”（中共中央宣传部，2016）。

财政是分配利益和风险的基本工具。强调财政的人民主体性，就是要形成“以人民为中心”的利益和风险分配机制。财政的人民性，一方面，需要通过财政的分配机制，让人民共享发展的成果；另一方面，意味着财政权力必须掌握在人民手中，需要实行财政法定，公开财政信息，提升财政透明度，接受人民的监督。

（二）“人民性”与“国家性”融为一体

财政是人民的财政，强调了我国财政的主体——人民。“人民”是个集合概念，是众多人的集合体，具有特定的政治意义，反映了一定社会的政治关系。“人民”虽然是由个人组成的，但它并不等于众多原子化个人的加总，而是按照特定政治关系和结构组成的有机整体。人民的财政，虽然最终落脚点是现实的个人，但更多的是强调以集合形式存在的人民的根本利益。

“人民性”体现了我国政权和财政的性质，与“国家性”是有机统一的。我们的国家是中国共产党领导的国家，“中国共产党的领导，就是支持和保证人民实现当家作主”（习近平，2017a）。我们党领导国家建设的目的是为了人民。“全心全意为人民服务，是我们党一切行动的根本出发点和落脚点，是我们党区别于其他一切政党的根本标志。党的一切工作，必须以最广大人民根本利益为最高标准”（习近平，2014b）。

“人民性”与“国家性”是有机统一的，集中表现为人民利益与国家利益的高度融合，“国家性”体现并承载了“人民性”的要求。从根本上而言，财政进行利益调节与分配，这是“管理国家风险”的体现，从根本上而言是为了人民的利益，国家财政的本质就是人民财政。财政活动以国家为主，一方面，体现了国家运转的需要，另一方面，体现了人民利益的整体要求。国家的利益即是人民的利益。在资本主义国家，虽然也动辄冠以人民的名义，但其财政最终服务于资本，体现了资产阶级的整体利益，“国家性”实质上是贴上资本标签的国家性，背离了“人民性”的要求。

（三）实现以民为本财政与以人为本财政的有机统一

“坚持人民性，就是要把实现好、维护好、发展好最广大人民根本利益作为出发点和落脚点，坚持以民为本、以人为本”（习近平，2014b）。坚持财政的人民性，就是实现以民为本财政与以人为本财政的有机统一。以民为本的财政从共同体与个人关系、以人为本的财政从人的发展以及人与物（自然）的关系等，两个不同的逻辑和层面体现了财政的人民性。

人民的财政，首先是以民为本的财政。以民为本的财政，是从共同体与个人关系的逻辑出发，体现了共同体（国家）与人民群众之间和谐的利益分配关系。一方面，财政维系共同体（国家）运转的基本机制，国家的财政收支等活动是基于集体人权，代表了人民的意志。另一方面，财政又要兼顾个体人权，实现集体人权与个体人权的有机结合。以民为本的财政，落到实践中就是通过财政分配机制，增强广大人民群众共享改革发展成果的获得感。习近平（2016）指出：“让广大人民群众共享改革发展成果，是社会主义的本质要求，是社会主义制度优越性的集中体现，是我们党坚持全心全意为人民服务根本宗旨的重要体现。”因此，让广大人民群众共享改革发展成果，也是以民为本财政的内在要求。

同时，人民的财政也是以人为本的财政。追求人的全面发展，是马克思主义者的理想和奋斗目标。作为公共资源的分配和使用机制，人民的财政必然要以促进人的全面发展为终极目标，在财政收支中体现以人为本。以人为本的财政，与以物为本的财政有着本质的区别，实现了从“以物为中心”到“以人为中心”的转变，财政行为最初的着眼点和最终的落脚点是“人”而不是“物”。虽然这一财政也追求公共资源配置和财政收支的效率，但追求效率的根本目的在于以有效的财政资源尽可能地满足人的多样化需要，促进人的发展。以人为本的财政，实现了效率与公平的有机融合、人与自然的和谐共生。

二、财政关系国家兴衰

党的十八届三中全会提出“财政是国家治理的基础和重要支柱”。这是立足当代国情、汲取惊心动魄财政史与国家兴衰经验教训作出的正确论断。国家何以兴，何以衰，很多情况下我们似乎看不到财政的影子，但财政实际上渗透于经济、政治和社会等各层面，进而决定国家兴衰。

（一）财政是国家的基础性制度

习近平总书记有着丰富多彩的实践经历，他从农村大队党支部书记到党的总书记，在党和国家各个领导层级都留下深刻的足迹，这些实践经验为他以后的治国理政提供了深厚基础。接触实际，才能了解实际。梁家河的七年知青岁月，是习近平总书记治国理政思想的历史起点（中央党校采访实录编辑室，2017），为他治国理政思想树立了“以人民为本”的方向，使他理解了财政经济发展对于国家治理的基础性。他始终强调财政在国家治理中的重要作用，反对将财政仅仅看作“钱袋子”，指出财政是调节经济的大杠杆（习近平，1992）。

党的十八届三中全会提出“科学的财税体制是优化资源配置、维护市场统一、促进社会公平、实现国家长治久安的制度保障”。这一论断是对“财政是国家治理的基础和重要支柱”的具体阐述。为什么说财政是国家治理的基础？根本原因在于财政制度是国家治理框架要素中所有制度的基础。这一点其他任何一个要素都无法替代。正如马克思主义国家学说所指出的，财政是国家全面履行职能的重要工具，是实现国家职能和提供物质基础的经济手段，财政与国家存在本质联系。“任何一种社会制度，只有在一定阶级的财政支持下才能产生”①。财政之所以构成国家的基础性制度，体现在以下方面。

---

① 《列宁全集》第43卷，人民出版社1987年版，第363页。

第一，财政是国家综合实力的转化器，渗透在经济、政治和社会等诸多层面。经济、政治和社会都是显性的，像可见的人体骨肉，而财政就像人体的血液，虽是隐性的，但关系到骨肉成长和全身健康。财政是政治、经济和社会之间的关键连接点，在国家综合实力的形成中不可或缺。经济发展成就转化为社会共享的成果，依赖财政分配规则；社会活力转化为经济发展动力，依赖财政制度安排；国家政治的清明，依赖财政对权力的约束；一个国家的国防实力，也是财政对政治、经济和社会综合转化的结果。

第二，财政是各种公共风险的平衡器，财政风险为公共风险承担兜底责任。财政是平衡各种公共风险的中枢，经济风险、社会风险、政治风险是可以相互转化的，但在转化过程中都以财政风险为枢纽。财政作为风险“蓄水池”，可以通过收支政策和制度改革，实现公共风险的转移与分散。

第三，财政是经济活力的催化器，财政改革是突破制约经济活力因素的关键。经济的发展有赖于充分调动各个主体的积极性。只有这样，社会才有活力，人的自由全面发展才有基础，而财政是经济活力的重要催化器。改革开放初期，财政改革成为打破高度集中计划经济体制的突破口，为市场化改革奠基铺路。当前制约经济活力发挥的一些因素依然存在，需要通过进一步深化财政改革来解决。

第四，财政是各种利益的耦合器，在调节各种关系中发挥着基础性的作用。财政通常运用预算、税收、体制等政策工具，调节政府与市场、政府与社会以及各级政府间的关系，促进各类主体发挥最大作用。

第五，财政是国家长治久安的稳定器，国家政治稳定源于财政改革与制度支撑。在国家和社会遇到风险时，统治者往往会选择通过财政改革来化解。如果改革成功，风险就会缓解或解除，甚至实现国家中兴；如果改革不成功，风险就会加剧，甚至导致国家衰微。

（二）历史上的国家兴衰皆缘起于财政

明镜所以照形，古事所以知今。习近平总书记非常重视历史，提出历史是最好的教科书，也是最好的清醒剂，他曾多次运用历史典故和传统诗词来谈国家治理。当前中国正在奔赴中国梦，为实现中华民族伟大复兴而奋斗，处于大国崛起的关键时刻。那么，财政对于国家兴衰究竟起到怎样的作用？基于财政历史长河的探究，我们能够得到一个答案：国家兴衰皆缘于财政。

兴也财政。强大财政是大国崛起的基础。战国时期秦孝公推行商鞅变法，为秦国统一全国奠定了基础；西汉初期“文景之治”通过“贵粟”政策，稳定农民收入，国力充盈，为武帝实现霸业做了物质准备；清朝前期施行“永不加赋”的财税政策，促进了生产发展，财力日益丰裕，成就了“康乾盛世”。美国的崛起及治理过程，同样伴随着财政收入绝对量和相对量的不断扩张。“进步时代”通过建立现代预算制度，将政府行为的细节展现在阳光下，有效遏制了腐败势头；通过建立所得税制度，促进了社会结构的演变与进步，极大增加了政府收入，增强了政府应对各种社会冲突和危机的能力。衰也财政。如果一个王朝的财政不能起到良好的支撑保障作用，甚至陷入增捐加税、债务危机，那么它必将走向衰落和灭亡。苏联东欧国家社会主义事业的夭折，以及希腊、爱尔兰、西班牙等欧洲国家出现的政府债务危机，都与这些国家的财政基础不牢固、财政治理保障作用未能有效发挥有直接关系。

三、 财政是融合效率与公平的根本制度

进入新时代，面对新形势，党的十八大强调要实现效率与公平兼顾，公平正义是中国道路的本质要求。党的十八届三中全会进一步提出，科学的财税体制是优化资源配置、促进社会公平的制度保障，这里蕴含着经济稳定增长对财政公平性的内在制度要求。

（一）财政像根“扁担”，一头挑着效率，一头挑着公平

效率是发展的依托，是做大“蛋糕”的最佳手段；公平是效率的终极追求，是分好“蛋糕”的根本遵循。习近平总书记从“两只手”理论出发，对效率与公平的关系作出过哲理性判断：效率和公平有分工的不同，实现的途

径也有所不同。初次分配应当注重效率，发挥市场这只“看不见的手”的作用；二次分配应当注重公平，发挥政府这只“看得见的手”的作用（习近平，2007）。

改革开放40多年来，效率与公平问题始终是理论界探讨的热点，也是决策层关注的焦点。理论界有两种看法：从对立的思维来看，效率与公平是一对无法解决的替代性矛盾，顾此则失彼；从“和而不同”的思维来看，效率与公平是社会文明进步的两个动力，缺一不可。我们认为，效率与公平是不可或缺的辩证统一体，二者统一于“发展”，实际上形成“一体两翼”的格局：一体是发展，两翼是效率和公平。

在社会主义市场经济实践中，我国实际上认同的是两者兼具的理念，但何者为先、怎么兼顾，中央在提法上有个演变历程。党的十三大是“在促进效率提高的前提下体现社会公平”；党的十四大是“兼顾效率与公平”；1993年中央在确立社会主义市场经济体制的文件中是“效率优先，兼顾公平”；党的十五大是“坚持效率优先，兼顾公平”；党的十六大则进一步发展为“初次分配注重效率，再分配注重公平”；党的十六届五中全会强调“更加注重社会公平”；党的十七大是“初次分配和再分配都要处理好效率和公平的关系，再分配更加注重公平”。2012年党的十八大提出“初次分配和再分配都要兼顾效率和公平，再分配更加注重公平”。从提法的变迁可以看出，效率与公平问题实质是分配问题，而收入分配改革的核心就是解决公平问题，财政则在这一问题上扮演着关键角色，是肩挑效率和公平的一根“扁担”。2017年党的十九大提出，坚持按劳分配原则，完善按要素分配的体制机制，促进收入分配更合理、更有序。

伴随着中央对于效率与公平关系认识的不断演变，财政的“扁担”也有倾斜的变化过程。在由传统计划经济向社会主义市场经济转变的前中期，为了应用市场机制有效配置各种资源和生产要素，使社会主义经济具有更高的效率，财政重点支持能够促使效率发挥作用的领域；当市场经济逐步完善、公平问题凸显的时候，财政更多地倾向于促使解决公平问题，向民生领域倾斜。如何在市场经济中寻求公平与效率的最大公约数，成为财政努力探索的重大难题。

（二）效率和公平的不相容是物与人不协调的结果

站在政府与市场的关系维度来处理效率与公平问题，“两只手”的侧重点有所不同：市场这只手更多地激活效率，政府这只手则更多地关注公平（习近平，2007）。财政如何在中央精神的指引下，按照经济规律办事，推动效率与公平协调前行，是一个长期存在的“老大难”。

改革开放后一直到党的十六大之前，在生产力不发达的情况下，效率优先成为必要的遵循，我们在很长一个时期坚持的是“效率优先、兼顾公平”，这是经济落后情况下的正确抉择，也在客观上促进了经济的高速增长，提升了经济实力和国际竞争力。在这一过程中，财政更多地支持了有利于效率优先的领域，关注生产效率、社会效率、资源配置，从而推动了 GDP 高速增长、基本建设和投资高速增长、基础设施大为改善。党的十六大之后，中央开始更加注重公平问题，强调“兼顾”，强调公平公正。这一阶段，财政更多地贯彻落实“以人为本”的理念，在分配上关注公平问题和民生财政建设，这是公平问题凸显背景下财政的积极作为。

“公与平者，即国之基址也。”发展的目的是造福人民，公平均衡是我们始终传承的基因，追求效率优先也是为了更有条件地实现公平。“蛋糕”不断做大了，同时还要把“蛋糕”分好。过去一个时期，财政积极贯彻落实中央精神，在推动效率与公平发展上制定出台了一系列政策措施。但客观来看，在追求“效率优先”的市场经济初期阶段，“兼顾公平”实际上有很大差距，甚至为了实现效率而导致了公平问题更为突出。究其原因，在于建立在经济学基础上的财政，更多地重视微观的投入产出，相对忽视宏观上的公平，财政支持政策在“重物”和“重人”上出现了偏离，效率的一端放的东西过多，公平的一端过少，财政的扁担严重倾斜了。在市场经济日益完善的进程中，效率在实践中对公平起到替代效应，二者呈现不相容的局面，这是“重物”和“重人”没有恰当匹配的必然后果。

（三）财政是融合效率与公平的纽带

过去我们有过认识误区，觉得效率和公平存在替代关系，是零和博弈，二者不可能融合，搞公平就没有效率，搞效率必然牺牲公平。这种观点有失偏颇。市场经济本身确实更多地偏重效率，市场自身也很难融合效率与公平，只有通过政府这只手才能使二者融合为一体，而财政就是政府融合二者的最好抓手，也只有财政才能担当这个使命。实现效率与公平的融合是财政的基本职能，财政政策是保证公平与效率关系处于最佳状态的最有效手段和“内在稳定器”。

不讲效率的改革不是真改革，要通过改革推动发展，做大“蛋糕”，但更要分好“蛋糕”，注重公平，落实共享发展。效率与公平的终极融合点是共享发展，财政则是融合二者的纽带。财政要融合效率与公平，首先必须从理论上厘清过去的认识偏差，树立正确的效率公平论。过去我们理论上有种错觉，认为效率和公平不能兼顾，结果在实践中时而效率优先，时而偏向公平，或者简单地杂糅在一起兼顾。其实，一个健康社会，需要效率与公平并行，就像是两个轮子，缺一不可。好比人的两条腿，如果总是用一条腿去“兼顾”另一条腿，那是走不远的，对一个国家来说，其发展是不可持续的。所以，我们应当摒弃“对立思维”，在新时代下重新审视效率与公平问题。

把效率与公平融合起来，是财政要解决的基本问题。财政如何扮演好纽带作用，实现“双肩挑”的使命？是将效率和公平看成两个要素分别去解决，还是将二者综合起来统一解决？我们认为需要用一个统一的逻辑去解决，把效率和公平综合起来，放到统一的理论框架中来，这也进一步要求财政学理论的重构，把过去认为对立冲突的东西整合到一个新的理论框架之中，并在实践中真正融合起来，以制度来保障。

在实践层面，财政要实现融合效率与公平的目标，必须把这项重大任务统一到中央对财政的新定位上来，统一到建立现代财政制度的核心内容上来。在财政事权和支出责任划分上，中央要更多地考虑公平问题和区域城乡平衡问题，同时将受益原则运用于地方，激励地方推进经济社会有效发展；在税制改革上，既要鼓励企业、个人的积极性，又要确保国家税收稳定运行，挖掘合理可行的有效财源；在预算管理改革上，要在社保、教育等关系民生的领域多动脑筋，勇于创新，同时要考虑到国民经济下行风险，积极采取措施刺激市场主体活力，在保证预算收入健康增长的基础上，促使财政支出结构的完善有利于效率与公平的兼顾。

（四）做好扶贫工作、推进共同富裕是财政连接效率与公平的着力点

在过去很长一个时期，我们更多地关注政府与市场关系的处理，站在经济维度考虑问题，因此更加注意效率。当前，我们进入新时代，经过长期的高速发展，政府与市场的关系问题已经初步清晰，效率发展也取得巨大成效，而公平问题开始凸显，这就需要从社会维度出发，更多地关照政府与社会的关系处理，更多地注重公平问题。

效率与公平，不是谁重谁轻的问题，也不是谁兼顾谁的问题，而是辩证统一、齐头并进的问题。只是在不同的历史阶段，面对经济社会发展的时代性问题，对其中一个给予了更多的侧重和倾斜。当前，国内外形势发生了重大变化，民生问题挺在了前面，重视民生是为了更好的发展，有了公平才能更好地得到效率，这就是新时代的辩证统一，而扶贫则是财政连接效率与公平的着力点。

习近平总书记高度关注扶贫工作，提出扶贫开发投入力度要同打赢脱贫攻坚战的要求相匹配。中央将“脱贫攻坚”作为三大攻坚战之一，财政支持扶贫工作，推进实现公平，进而使脱贫群众具有发展能力，为经济发展和提升效率打好基础。这就是财政作为连接效率与公平的纽带在新时代发挥作用的最佳着力点。随着脱贫攻坚任务完成和全面建成小康社会，我国进入了实现第二个百年奋斗目标的新阶段，推进共同富裕成为重要任务。习近平（2021）明确指出：“共同富裕是社会主义的本质要求，是中国式现代化的重要特征。我们说的共同富裕是全体人民共同富裕，是人民群众物质生活和精神生活都富裕，不是少数人的富裕，也不是整齐划一的平均主义。”这一重要论述统一了全党全国人民的思想认识，为我国推动共同富裕奠定了思想和理论基础。

四、财政支撑并约束公共权力

习近平总书记重视财政对公共权力的支撑和约束作用，强调全面推进依法治国需要加强财权管理。“加强对政府内部权力的制约，对财政资金分配使用、国有资产监管、政府投资、政府采购、公共资源转让、公共工程建设等权力集中的部门和岗位实行分事行权、分岗设权、分级授权，定期轮岗，强化内部流程控制，防止权力滥用。”（习近平，2014a）

（一）财政支撑公共权力的行使和运行

基于防范风险和应对不确定性，人类形成了社会共同体。社会共同体是人们以一定的纽带所联系起来的人群集合体，人的本质通过社会共同体得以体现。社会共同体是一个包括一切社会要素的有机统一的复杂系统。在共同体的运行系统之中，公共权力居于中心和枢纽位置，处理公共事务，进行公共管理，协调共同体的诸多矛盾，维持共同体的基本秩序，保障其存续和运转。因此，公共权力的运行过程，就是把权力机制运用到经济、社会公共事务的管理之中，增进公共利益，实现一定的经济和社会目标。

然而，公共权力的行使和运行是需要成本的，无论是公共权力的行使所耗费的物质成本，还是由此而产生的制度成本，最终都须由财政来承担。财政不仅通过对公共经济资源的汲取和使用，像“血液”一样为公共权力的行使和运行提供“养分”，支撑公共权力，而且公共经济资源的汲取和使用中产生的诸多关系、形成的相关制度，成为支撑公共权力运转的“骨骼”。

离开了财政，依附于公共权力而产生的军队、警察等国家机器便失去了运转的“养分”，自然也就无法发挥其功能，以至于无法存在。因此，没有财政支撑的公共权力，便失去了其存在的根本，从而成为“虚幻”的公共权力，无法在社会共同体中发挥应有的作用，社会共同体也会随之面临衰竭和解体。

（二）财政是约束公共权力最重要的制度“笼子”

社会共同体需要公共权力，但不受约束的公共权力又具有负面作用，容易导致“公权异化”，损害公共利益。公共权力的异化是自社会共同体产生以来世界各国面临的普遍性问题。利益的诱因和制度的缺陷，导致“公共利益内部化”，即部分公共利益通过公共权力转化为内部决策人和执行人的利益，产生“公共悖论”和“权力腐败”，损害了公共利益。因此，公共权力通常是天使与恶魔共存的两面体。在公共权力的运行中，既要使其有效地发挥功能和职责，维持公共秩序，增进公共利益，又要约束公共权力，限制、阻遏公共权力的滥用，防止其异化，损害公共利益。

习近平总书记指出：“要加强对权力运行的制约和监督，把权力关进制度的笼子里。”（中共中央文献研究室，2014）在约束公共权力的诸多因素中，财政是最重要的制度“笼子”。财政对于公共权力的约束性，源于财政对于公共权力的支撑以及财政的性质，具有内在性。一方面，财政支撑公共权力运转，蕴含着财政对公共权力约束的内在因子。一旦对财政的支撑要求超过了财政能力的负荷，就会危及公共权力的运行，产生新的公共风险。另一方面，财政对公共权力的约束具有天然的优势。“国家存在的经济体现就是捐税。”① 毛泽东同志指出：“国家的预算是一个重大的问题，里面反映着整个国家的政策，因为它是规定政府活动的范围和方向。”② 正是由于这些特性，使预算、税收等财政范畴能够约束政府活动范围，进而约束公共权力。

习近平总书记重视财政制度对公共权力的约束，指出了财政制度建设和财经纪律的重要性，并强调要在财源上遏制腐败。“作风问题有的看起来不大，几顿饭，几杯酒，几张卡，但都与公私问题有联系，都与公款、公权有关系。公款姓公，一分一厘都不能乱花；公权为民，一丝一毫都不能私用”（中共中央纪律检查委员会、中共中央文献研究室，2015）。

---

① 《马克思恩格斯全集》第4卷，人民出版社1958年版，第342页。

② 《毛泽东文集》第6卷，人民出版社1999年版，第24页。

（三）财政法治化是人民性的内在要求，是社会主义民主与法治的体现

财政法治化，不仅是约束公共权力的内在要求，而且是防范公共风险的现实选择。只有通过财政法治化，将税收、预算、财政体制等上升到法律形式，才能增强财政的约束力。当前，我国仍然普遍存在各种显性和隐性的“预算软约束”现象，这是财政法治化不足的一个体现，并给财经运行带来较多负面影响。因此，加强财政法治化建设，就是要加快推进包括税收法定、预算法定、财政体制法定等在内的财政法定，对于约束公共权力、更好发挥政府作用、提升国家治理能力，具有极为重要的现实意义。

财政法治化是人民性的具体体现。公共权力属于全体人民的权力，在本质上公共权力与人民权利是一体的。财政的人民性，意味着财政的权力掌握在人民手中，由人民决定财政的重大事项。但在现实中，财政权力的行使不可能由全体人民共同行使，而只能由其选定的代表来行使。我国《宪法》规定：“中华人民共和国的一切权力属于人民。人民行使国家权力的机关是全国人民代表大会和地方各级人民代表大会。”人民代表大会由人民选举的代表组成，其权力行使属于人民授权，最终体现了人民的权力和意志。人民代表大会具有立法权，因此，财政法定体现了人民在财政方面的意志和权力，是财政人民性的具体体现。

财政法治化是“权力制约权力”和“权利制约权力”的有机统一。权力制约权力、权利制约权力，是约束公共权力的两个基本途径。财政法定，一方面，提升了财权的法律效力，能够发挥财权对公共权力的约束作用；另一方面，财政法定是人民性的具体体现，蕴含了人民的权利。可以说，通过财政法定，在一定程度上可以实现“权力制约权力”和“权利制约权力”的有机统一。

财政法治化是社会主义民主与法治的最终落脚点，脱离了财政的“民主与法治”终究沦为空谈。社会主义民主是社会主义法制的前提和基础，社会主义民主决定了社会主义法治的性质和内容，是社会主义法治的力量源泉，

但二者都蕴含着“人民性”，并以“人民性”为根本和前提，都是人民权力的行使和人民意志的体现，并最终服务于全体人民的利益。财政不仅是利益和风险分配的基本机制，决定了国家的基本利益分配关系，而且是约束公共权力最重要的制度“笼子”。因此，无论是社会主义民主，还是社会主义法制，必然要以“财政”作为基本的内核和实质内容，财政法治化是二者最终的落脚点。

五、 财政是完善国家治理结构的中枢

财政是国家治理的基础和重要支柱，从动态来看，表现为财政是完善国家治理结构的中枢。

（一）推进国家治理现代化，必须完善国家治理结构

推进国家治理体系和治理能力现代化是我国全面建设社会主义现代化国家的重要内容，也是我国全面深化改革总目标的核心内容。“我们的国家治理体系和治理能力总体上是好的，是有独特优势的，是适应我国国情和发展要求的。同时，我们在国家治理体系和治理能力方面还有许多亟待改进的地方，在提高国家治理能力上需要下更大气力。”① 中国特色社会主义发展到今天，尤其是市场经济的发展和完善，我国的经济社会主体呈现多元化趋势，形成了一些社会阶层和利益群体，他们的利益诉求也呈现分化趋势。在此背景下，传统的以管理为核心的国家结构难以适应市场经济和社会发展要求，迫切需要构建一种以治理为核心的国家结构，来协调各方利益、包容各方关系。如果国家治理结构不调整，各方的利益冲突得不到化解，就可能会阻碍国家发展和社会文明的进步，经济发展也就无从谈起。因此，完善国家治理结构是全面深化改革、发展中国特色社会主义的必然要求。

① 习近平总书记在省部级主要领导干部学习贯彻党的十八届三中全会精神全面深化改革专题研讨班开班式上的重要讲话，2014 年 2 月 17 日。

面对复杂的利益关系，国家治理逻辑可以抽象出三条不同的主线。第一条主线涉及政府和市场的关系问题。“进一步处理好政府和市场关系，实际上就是要处理好在资源配置中市场起决定性作用还是政府起决定性作用这个问题。”（习近平，2014b）中国改革开放40多年来，在政府和市场的关系方面进行了卓有成效的改革，政府通过不断地放权让利，使企业真正成为独立的市场主体，激发了市场活力。在这方面，依然还有改革的空间。第二条主线涉及政府和社会的关系问题。过去我们的社会改革取得了一些进展，但相比于经济改革，步伐相对较慢，随着“我国社会主要矛盾已经转化为人民日益增长的美好生活需要和不平衡不充分的发展之间的矛盾”，推动政府与社会的关系变革，进一步完善社会保障和公共服务制度，将成为完善国家治理结构不可回避的重要内容。第三条主线涉及中央和地方的关系问题。20世纪90年代的分税制改革，对于完善中央和地方关系发挥了重要作用。在新的形势下，构建中央和地方两级治理结构，对于完善国家治理结构具有十分重要的意义。“我们的国家这样大，人口这样多，情况这样复杂，有中央和地方两个积极性，比只有一个积极性好得多。”① 但处理好中央与地方关系又是极难的问题。

以上三条主线构成新时期国家治理的三个维度。这三个维度互相交织、相互支撑，形成有机整体，其相互作用和相互力量的对比决定国家治理的基本结构。在当前情况下，这三个维度从重要性来看，是有主次之分的，其中主线是中央和地方的关系，而政府与市场的关系以及政府与社会的关系是嵌入到中央和地方关系当中的。

（二）财政内嵌于国家治理结构之中

财政是国家治理的基础，财政与国家治理的这种基础关系，就好比血液与人体的关系，财政不是某个器官，而是遍布全身，嵌入到国家治理的每一个“细胞”当中，也嵌入到国家治理三个维度的各个方面。财政先天就是公

① 毛泽东：《论十大关系》，《毛泽东文集》（第七卷），人民出版社1999年版，第31页。

共利益的化身，并与社会多元利益主体相关联。财政的基础性作用是以社会复杂利益关系的交汇点而存在的。

从经济维度来看，要处理好财政与市场的关系。“财政决定经济不是只管收支的钱袋子，而是调节经济的大杠杆。这本来应该是不言自明的道理。……财政杠杆的巨大调节作用，产生于正确处理好财政经济的几个关系，而处理好这些关系，就需要我们讲一些辩证法。”（习近平，1992）在这个维度，需要进一步地按照党的十八届三中全会提出的“发挥市场在资源配置中的决定性作用”这一要求，政府和财政从一些领域进一步地退出来，更多地发挥市场的作用，依靠充分发挥市场主体的能动性促进经济增长，做大经济“蛋糕”。相对于市场作用领域而言，形成了公共领域，也就有了公共财政。

从社会维度来看，要处理好财政与社会的关系。“我们的人民热爱生活，期盼有更好的教育、更稳定的工作、更满意的收入、更可靠的社会保障、更高水平的医疗卫生服务、更舒适的居住条件、更优美的环境。”（习近平，2014b）这些都是社会维度财政需要解决的相关问题。有效治理公共风险，在不确定的世界构建起我们自身发展的确定性，很重要的一点是，政府应当嵌入到社会当中，而不是游离于社会之外来实施管控。深入社会，深入群众，引导社会，引导群众，让社会和群众参与到治理中来，有参与感、体验感，比获得感更重要。

从中央与地方维度来看，要处理好集权与分权的关系。“全局和局部的关系，从财力上讲，主要是指集中和分散的关系。”（习近平，1992）处理好中央与地方财政关系以及地方各级政府之间的财政关系事关国家治理全局，是国家长治久安的重要制度保障。在国家分级治理模式下，地方财政与中央财政并非附属关系，而是相对独立的关系。把握相对独立的度，以及厘清各级财政的权力、责任和利益关系，是国家治理改革需要重点解决的问题。

（三）以“一体两翼”的财税体制改革推动完善国家治理结构

如果把国家治理结构比作一架飞机，中央和地方的关系是飞机的机舱，而政府与市场的关系和政府与社会的关系则是飞机的两翼，三者必须相互协调，如果任何一个方面出了问题，都无法实现国家治理的现代化。推动建立现代财政制度，要把“建立权责清晰、财力协调、区域均衡的中央和地方财政关系”（习近平，2017a）放在首位。与过去相比，财税改革的三大任务在顺序上作了调整——把中央与地方财政关系的改革摆在了首位，同步推进预算改革、税制改革，且强调三方面的改革成为一个整体。这一变化说明财政体制改革已成为一个领头性的改革。形象地说，目前的财税改革可概括为“一体两翼”，即财政体制改革是主体，税制改革和预算改革是两翼。无论是预算改革，还是税制改革，都无法脱离财政体制改革，无法绕开中央与地方的财政关系。只有确立了财政体制改革的方向，明确了中央和地方的财政关系调整思路，明确中央干什么以及地方干什么，才能更好地确定预算改革和税制改革的基本方向。财税体制改革要“加快形成有利于转变经济发展方式、有利于建立公平统一市场、有利于推进基本公共服务均等化的现代财政制度，形成中央和地方财力与事权相匹配的财税体制，更好发挥中央和地方两个积极性”（习近平，2014b）。只有这样，才能更好地推进整体的财政改革，推动国家治理结构的完善。

六、 财政是管理公共风险的内在机制

国家治理的本质是公共风险治理，而财政则是治理公共风险的内在机制。从演化观、整体观、共生观的角度看，财政与国家治理的各个方面密切相关，财政通过公共风险治理保持国家治理的各个方面健康运行，从而维护国家的健康发展。

（一）财政是生成国家和社会“免疫系统”的血液

在风险社会，最突出特征是风险呈网状结构，各种风险点和风险链条在风险网中相互交织、互相转化、你中有我。这些风险点和风险链在风险网中保持着动态平衡。一旦某个领域遭遇“黑天鹅”事件，就会迅速打破风险平衡，风险也将迅速在整个风险网中扩散。如果风险管理机制不健全，各种风

险可能形成叠加机制不断放大，任何领域或地方的某个风险事件都可能放大为国家公共风险。对于一个国家来说，公共风险管理机制犹如其免疫系统。对于机体来说，免疫系统是其执行免疫应答及免疫功能的重要系统，具有免疫监视、防御、调控的作用。以此类比，公共风险管理机制的功能是监视、防御和调控公共风险。免疫系统由免疫器官、免疫细胞和免疫分子组成，免疫系统具有识别和排除抗原性异物、与机体其他系统相互协调，共同维持机体内环境稳定和生理平衡的功能。

正如免疫系统是一个整体一样，公共风险管理机制也是一个整体，各自为战来应对公共风险是不可行的。公共风险管理需要高度专业化分工合作，不是人海战术和一般动员能解决的。高度集中的管制式体制在集中力量办大事上有优势，但对于公共风险管理来说，则更多要通过国家治理中各个主体之间的分工合作来实现，包括政府与社会、政府与市场以及中央与地方的风险管理的分工合作。政府、社会、市场，以及中央与地方在风险免疫系统中各有各的作用，各有各的定位。各个主体的作用要保持均衡，不能互相替代。在公共风险管理机制中，财政是核心，财政为抵御风险的免疫系统提供支撑条件，如果财政出现问题，将导致国家机器功能弱化，甚至出现严重危机。因此。为了应对风险，“我们要创新发展理念，超越财政刺激多一点还是货币宽松多一点的争论，树立标本兼治、综合施策的思路”①。

（二）用风险治理思维考虑财政问题

在当今社会，不确定性思维已经深入到各个领域，颠覆了确定性的世界观。与此同时，人类也迈入了风险社会。面对风险，要“增强驾驭风险本领，健全各方面风险防控机制，善于处理各种复杂矛盾，勇于战胜前进道路上的各种艰难险阻，牢牢把握工作主动权”（习近平，2017a）。以治理思维通过注入确定性来应对不确定性，是风险社会的基本逻辑，也是风险社会人类生存

① 国家主席习近平在世界经济论坛 2017 年年会开幕式上发表《共担时代责任，共促全球发展》的主旨演讲，2017 年 1 月 17 日。

和发展的根本出路。国家治理的本质是公共风险的治理，是通过注入确定性化解国家发展中的不确定性和公共风险，从而实现国家进步、人民和谐。提高公共理性水平是注入确定性的前提，而财政则是提高公共理性水平的基础，同时财政还发挥着公共风险“蓄水池”、国家治理变革的“发动机”、协调各方关系的总中枢等作用，因而成为国家治理的基础与重要支柱。基于此，我们必须善于用风险治理思维考虑财政问题，发挥财政在国家治理中的定海神针作用。

（三）“既尽力而为、又量力而行”，着眼于长远治理公共风险

“人民对美好生活的向往，就是我们的奋斗目标。”（习近平，2014b）现代社会人类的美好生活包括两部分：私人消费和公共消费。现代生活越是要向美好生活这个方向演化、发展，就越离不开公共消费，更离不开支撑公共消费的财政。因此，必须注重从人的需要出发，厘清改革线索。财政在不同阶段所面对的人的现实需求是不同维度的、不同层面的，所要解决的问题也是不同的。当前来看，一方面要转向长期整体的战略层面化解风险。国家治理的总目标是防范公共风险，避免公共危机；另一方面从社会治理来看，应增强社会的稳定性、和谐度，以及提高社会诚信水平。就其具体目标来说是多元的，当物质财富相对充裕之后，健康安全成为第一位的目标。公共服务、公共卫生起着基础性的作用。第二位的目标是秩序安全。社会舆论影响力在转型，自媒体快速发展，极化现象增多。这仅仅靠政府的管制无法应对。提升公民素质，强化社会的自组织、自管理、自约束能力已经变得十分必要且非常紧迫。公民教育以及各种公益性非政府组织的重要性日渐加大，这对社会行为的有序性也具有基础性作用。第三位的目标是正义安全。社会理性、社会价值观事关社会的公平正义，实质民主比形式民主更重要。公平正义缺失的社会是不安全的，也是难以发展的。社会主要矛盾变化，人民美好生活需要的重要内容就包括公平正义。法律、慈善、救济、互助、分配等都与社会公平正义紧紧地联系在一起。要实现上述目标，社会力量必须参与进来，让群众有参与感，通过参与而产生的获得感才是可靠的，才是没有后遗症的、

无风险的。

财政改革防范化解公共风险，根基在于调动人的积极性，实现人的解放和发展。“我们要在不断发展的基础上尽量把促进社会公平正义的事情做好，既尽力而为、又量力而行，努力使全体人民在‘学有所教、劳有所得、病有所医、老有所养、住有所居’上持续取得新进展。”（习近平，2014b）财政改革的目标，是通过财政制度的建构来夯实国家治理的基础，以“取”“用”有度的方法来聚财、用财和生财，以公共的方式来满足人们的公共需要——防范化解生活、生产和生态领域的公共风险。分解成不同的维度，财政改革的目标是不同的。在经济维度，其目标是以财政分权来促进构建自组织经济体制；在社会维度，其目标是以财政托底来促进构建社会公平正义体制；在法治维度，其目标是以财政法定来促进构建国家治理法定体制；在国际维度，其目标是以大国财政来参与全球规则制定和全球治理。财政的最终目标是推动经济发展、制度发展和人的发展，促进人类文明进步。

参考文献：

1. 习近平：《摆脱贫困》，福建人民出版社 1992 年版。

2. 习近平：《关于〈中共中央关于全面推进依法治国若干重大问题的决定〉的说明》，《人民日报》2014 年 10 月 29 日。

3. 习近平：《决胜全面建成小康社会 夺取新时代中国特色社会主义伟大胜利——在中国共产党第十九次全国代表大会上的报告》，人民出版社 2017 年版。

4. 习近平：《习近平谈治国理政》（第二卷），外文出版社 2017 年版。

5. 习近平：《习近平谈治国理政》（第三卷），外文出版社 2020 年版。

6. 习近平：《习近平谈治国理政》，外文出版社 2014 年版。

7. 习近平：《在党的十八届五中全会第二次全体会议上的讲话（节选）》，《求是》2016 年第 1 期。

8. 习近平：《扎实推动共同富裕》，《求是》2021 年第 20 期。

9. 习近平：《之江新语》，浙江人民出版社 2007 年版。

10. 中共中央纪律检查委员会、中共中央文献研究室：《习近平关于党风廉政建设和反腐败斗争论述摘编》，中央文献出版社、中国方正出版社 2015 年版。

11. 中共中央文献研究室：《十八大以来重要文献选编》（上），中央文献出版社 2014 年版。

12. 中共中央宣传部：《习近平总书记系列重要讲话读本》（2016 年版），学习出版社、人民出版社 2016 年版。

13. 中央党校采访实录编辑室：《习近平的七年知青岁月》，中共中央党校出版社 2017 年版。

（此文发表于《财贸经济》2022 年第 2 期，作者：刘尚希、傅志华、李成威、陈龙、申学锋）

在改革创新中持续推进降成本

——基于整体观和风险观的认知

阅读提示：降成本是一项长期任务，需要有科学的方法。尽管目前各项降成本政策取得一定成效，但整体来看，降成本还面临着高成本时代的有限性、成本全面快速上升背景下的创新能力不匹配性、降成本与防风险的矛盾性、成本转化增值的低效性等诸多难点。必须正确认识成本的本质，准确理解降成本的主体和目的，以整体观和风险观来认知和推进降成本，通过降低公共风险和不确定性，推进整体的制度变迁，在不断改革创新中建立健全企业降低成本的长效机制。

在供给侧结构性改革中，降成本是一项难度大、影响广、挑战性强的系统工程，是一项长期任务，需要找到制约降成本的根本障碍，运用科学的方法系统推进。总体来看，降成本目前面临着高成本时代的有限性，成本全面快速上升背景下的创新能力不匹配性，降成本与防风险的矛盾性，成本转化增值的低效性等方面的难点。降低实体经济企业成本，绝非一次性的短期任务，需要统筹兼顾眼前和长远发展需要。为避免陷入不恰当的认识误区，需要正确认识成本的本质，准确理解降成本的主体和目的，树立和运用科学的方法论。要认识到成本的本质是风险的转化，降成本的着力点是降低公共风险和不确定性；实体经济成本高的根源在于制度变迁的速度与公共风险产生的速度不匹配，从而产生各种有形与无形的交易费用，最终转化为企业的各项成本；需通过全面深化改革，推进整体的制度变迁和制度创新。

一、 我国进入高成本时代

以往我们分析问题习惯从“三驾马车”的角度来观察投资、消费、进出口情况，这仅仅是从需求的角度去分析。当前转向供给侧结构性改革，很多问题不再是需求问题，而是结构性的问题。微观层面的成本问题就是结构性问题的体现。现在企业的成本居高不下，发展空间在收窄，一方面是由于成本在抬升，另一方面是由于创新能力没有提升，其创造附加值的能力比较低。成本抬升加上附加值低，就造成利润空间收窄，企业的经营就非常困难。那么，按照我们现在“三去一降一补”的思路降成本，通过相关政策措施就能将成本降下来以扩大企业的盈利空间吗？这一思路是正确的，但只能部分解决问题。

应当看到，我们国家发展到现今阶段，已经进入高成本时代，单纯依赖于低成本的优势、依托于数量的平面扩张、薄利多销来获得盈利的时代已经过去，现阶段很多成本是在上升的，这是由国家现在发展阶段所决定，如人工成本和资源环境成本的逐步上升就是大势所趋。因此，要从整体上把握成本问题，搞清楚哪些成本能降，哪些成本不能降。

劳动力市场由供求关系决定，会有波动，随着人口老龄化的到来会整体抬升人工成本。它是从两方面抬升成本，一方面劳动力减少，从相对减少到绝对减少，找青壮年劳动力的用工成本在提升，如果工资水平不上涨，则面临着招不来人的难题，这就造成人工成本的上升。另一方面老龄人口增加，养老的社会负担加重，养老是社会的共同责任，个人、家庭、企业、政府都要承担相应责任，实际上最终都要落在企业身上，个人承担养老就意味着工资要增加；通过养老的社保体制承担养老，即要形成养老金，企业和个人都要缴纳一部分，这都是落在企业身上的成本。因此，现在人工成本除了给付工资以外，养老的这一部分毫无疑问也是在上升的。我们可以阶段性地下调，降低名义的缴费率，但要实质性地减少缴费，从长期来看是不现实的；同样也不能为了让企业有利润，人为地降低企业工资，因为工资降低就意味着居民的收入降低，而居民收入关系到民生福祉。

现阶段环境成本也在上升，过去我们环境的容量大，有些企业污染物就直接排放，但是现在企业众多，生产者扩大，排放也在增加。同时消费水平也在增加，也导致排放的增加。因此生产者、消费者规模的扩大都会造成整个排放量的不断扩大，超出环境的容量，因此就要控制污染，让环境成本内部化。以前环境容量可容纳的时候，环境成本让自然承担、社会承担，但是现在只能让企业承担，让成本内部化。所以对企业来说排污和环保的要求在提高，环境成本也以较快的速度上升，如果企业不能消化，就会挤压企业的利润空间，这些都是现在这一发展阶段不可避免带来的成本的上升。

还有一些成本在现阶段也是呈上升态势，难以很快通过改革或者一些政策措施降下来。现阶段社会诚信水平的下降，导致企业的交易成本或称信用成本上升。因为社会的诚信水平和交易成本成反比关系，社会诚信度变好，交易成本就会降低，社会诚信度越差，交易成本就会越高。比如做生意要签合同，依靠法律来保障双方的权益，但是基础还是要靠社会诚信来支撑，不讲诚信签订了合同也缺乏效力，导致诉讼增加，而打官司成本极高，耗时耗费耗力，甚至有可能一场官司下来导致一个企业的破产。这种履约力下降、契约精神的缺失就体现为企业间交易成本的急剧上升，做生意难也体现在这些方面。

由于相关体制因素，现阶段融资成本也在上升。做实体企业的都有一定感受，融资不仅难而且贵，当然对大中型国企与盈利能力强的大型民企等融资难度较小，越是盈利能力差的企业，其融资就越难越贵，在银企关系中就越处于弱势地位。因为商业银行做的事情就是锦上添花，对成长性好、盈利能力强的企业就放贷，对本身盈利能力差、甚至濒临破产的企业就抽贷甚至釜底抽薪，这种情况对银行来说就是一种本能反应。还有现行金融体制下导致的资金体内循环，很难贷款到这些实体企业，这当中就有两个因素，一为推力，二为吸力，导致金融与实体经济脱节，提高了整个经济的融资成本，财务费用上升。所谓推力，就是基于前述成本抬升的原因使整个实体经济的盈利空间缩小，对银行来说就意味着贷款的风险上升，银行就惜贷，不敢轻易贷款，这种情况下资金就不愿意进入实体经济领域，这是一个推力。所谓吸力，就是现行金融监管体制，即分业监管带来的监管套利空间就会吸引相当一部分资金到金融体系中，如果这种监管套利能获取利润，又何必冒风险、承担较高的操作成本去贷款给实体经济？因此，在这种体制下，在金融领域买卖相关金融产品，玩钱生钱的游戏，就能以更低的风险获取更高的收益，导致相当一部分企业根本不用去实体经济领域，在金融领域体系内部就能挣到钱，这就是所谓的吸力。一个推力，一个吸力，导致金融与实体经济的脱节越来越严重，这当中就有体制性的问题，如果这种体制性的问题不解决，金融为实体经济服务可能就变成一个口号，很难落地，相关融资成本也难以从根本上降下来。

对企业来说，成本的控制既取决于企业自身，也取决于所处环境、体制机制，并不完全由企业控制，与我们所处的发展阶段、经济社会形势的变化都是联系在一起的。在当前我国经济新常态的背景下，企业降成本面临着高成本时代的有限性，降成本的任务依然繁重。

二、 如何理解高成本

成本既是会计学中的一个专业概念，又是经济学以及政策制定中广泛使用的概念。不同语境下对成本有不同的定义。企业财务会计学意义上的“成本”是指企业销售商品、提供劳务等经常性活动所发生的成本，即营业成本，与销售费用、管理费用和财务费用统称为成本费用。2016 年 8 月国务院发布的《降低实体经济企业成本工作方案》中所指“成本”，侧重于企业负担这一内涵，是广义的成本，既包括企业的营业成本、销售费用、管理费用和财务费用，又包括政府收取的各类税费等，这些都属于降成本的范畴。为有效推进降成本，首先应正确认识和把握成本本质，全面准确地看待成本问题。

（一）从整体观来认识高成本

直观来看，高成本从财务会计成本的角度来理解，具体体现在原材料成本、能源成本、销售费用、管理费用、财务费用等成本高，这里暂不对成本和费用作严格区分。但从企业角度来看，降成本是存在困难的。因为成本问题是一个相互关联、整体性、系统性的问题，孤立地看待成本问题，以一种直线的、单维的、片面的“线性思维”方式降成本，短期内可能会有一定效果，但长期来看效果不佳。因此，应全面认知理解当前的成本问题，无论从企业各项成本形成过程来看，还是从上下游企业来看，或者从政府、企业与居民关系来看，成本问题都不是一个孤立的存在。

从微观层面企业各项成本构成的角度来看，企业培训费用等税收政策与企业人工成本高度相关；实行城镇土地使用税优惠政策可以降低企业用地成本；交通运输收费标准和一些乱收费行为提高了企业的物流成本；制度性交易成本更是与企业用能用地、融资和人工成本都有关联。从中观层面的上下游企业来看，如原材料成本，对下游企业来说是成本，对上游企业来说又是收入；融资的财务费用对实体企业来说是成本，对金融企业来说是收入；物流成本对工商企业来说是供给方，但同时也是劳动力、资金、土地以及运输设备、公路服务等环节的需求方，如果这些环节的成本不能降低，物流成本下降空间将很有限。而从政府、企业与居民关系来看，比如人工成本对企业来说是成本，对劳动者来说是收入；涉企收费等制度性交易成本对企业来讲是成本，对政府来讲是收入；此外，税收是企业和居民的支出，在政府账本中又是收入，且从长远看，政府通过出台降成本措施支持实体经济发展，最终又会带来税源的增加、税基的拓宽和税收的增长。

从以上角度来看，成本问题就体现为要素的收入分配问题，一方降低就意味着另一方的减少，比如人工成本的降低就相当于劳动者收入的减少。从整体看，成本也是一个分配问题，涉及分配的比例关系。经济运行本身具有系统性，一个环节既是供给方也会是需求方，若仅仅从会计角度看待降成本，孤立地看待降成本问题，就很可能成为一个跷跷板，按下葫芦浮起瓢，应以非线性思维、整体、系统地理解成本问题。

再比如“三去一降一补”五大任务，看上去不是降成本措施的“三去”和“一补”，本质上都和成本问题内在关联。这也说明并不是所有的降成本政策都是从狭义的成本本身来制定的。对于企业而言，成本高企与产能闲置、高库存密切相关。产能严重过剩就意味着存在大量的无效成本，一方面造成折旧费用不断产生，成本上升，另一方面落后产能长期来看就变成了“沉没成本”，无法带来增值，成本自然居高不下；库存很多导致仓储保管费用的增加，显然也导致资金周转慢，相关财务费用高企，也会带来成本的上升；杠杆率很高就意味着企业负债率高，经济向好时这种扩张可能带来收益，但经济下行时，则极易使企业面临资金链断裂的风险，一旦风险发生则使企业陷入困局，同时杠杆率高也意味着财务费用很重，导致成本的上升。

从经济学的角度来说，这些问题带来的成本就是经济成本，实际上是资源错配的成本，例如僵尸企业就是资源错配导致，大量宝贵的社会资源消耗在僵尸企业里，资源闲置、产能过剩、不能有效发挥出来，说明资源没有充分利用；杠杆率高也反映出资金的配置出了问题，整体来看这些都是经济成本，也是机会成本，即资源是有限的，用在一个用途则不能用在另外的用途上，这些都反映了资源错配导致的高成本。此外，成本转化增值也反映出低效性的特点，研发投入不足、自主创新能力缺乏都导致成本的增值效率低。企业没有新技术、新产品、新工艺，生产过程消耗高，成本的增值率或称转化率就低，这样的成本即为低效成本，甚至可以称之为无效成本。

从以上角度来反观，“去产能”就意味着减少固定资产折旧和相关人力成本的支出；“去库存”意味着降低产品仓储成本，实现现金回流；“去杠杆”意味着降低融资成本；“补短板”意味着提升管理水平、创新能力及核心竞争力，实现增收入增效益，提升成本的增值率。因此，不能就成本来论降成本，系统考量、统筹考虑，从整体观出发理解成本问题才能真正推进降成本。

（二）以风险观来理解高成本

成本为什么会越来越高？这要从我们当前整个经济社会所处的新阶段去理解。我们现在已经进入一个风险社会，经济也是一种风险经济，经济社会形态已经由过去传统的认为是确定性的、有规律的运行形态转化为一种不确定性的运行形态。当不确定性风险成为基本特征，我们思考经济社会问题的逻辑起点也要发生改变，即从确定性思维中抽离出来，将不确定性和风险作为思考的起点。

从企业定价的角度来看，过去定价都是按照历史成本来定价，即卖出去的东西价格不能低于成本，这里的成本即指历史成本。而现在要把风险考虑进来，应对风险的准备也就扩大了，体现在会计上，减值准备范围会扩大、数额会增加、成本也会提高。在这种情况下，企业的行为逻辑就会改变，包括企业的投资行为、未来盈利的预期等都会发生与过去不同的变化。这里的定价机制就不再是遵循历史成本法，而是遵循风险成本法。这种定价机制下确定的价格已经不是原来意义上依据已经发生的实际成本来定价，而是依据风险来定价。

一旦按照风险定价，就不是以往供求规律所能解释的，如供大于求就会降价，相反就涨价。在供大于求的情况下，如果风险上升很可能就会涨价，比如现阶段资本资金相对过剩，为何还会出现融资贵、融资成本高的现象？这就是按照风险定价的结果。银行贷款给企业，首先要估计企业的风险状况，中小企业风险大，利率就要高，大企业风险低，利率就低；利率之外再加上抵押和担保等相关费用，导致整个融资都很贵。所以当定价机制不再按照历史成本，而是按照风险在定价的时候，风险水平整体上升时，意味着所有的生产要素都在变贵。在这种情况下，实体经济的成本就会上升。

从社会角度来看，风险社会意味着有很多的风险要内部化，比如企业要承担养老缴费，导致企业的成本上升；环保成本要内部化，也导致企业成本上升。社会领域的成本都在内部化，就意味着转化为企业的成本，都会导致企业成本上升。经济、社会各种各样风险的扩大，不确定性的增加，会使整个经济的运行成本上升，我们就进入了一个高成本的时代。

而高成本时代实际上和高风险时代是一致的。从这个意义上讲，现在的成本不再是会计学意义上的成本，更多的来自对风险的判断。理解当前高成本时代就在于我们已进入风险经济、风险社会的时代，成本越来越多来自不确定性、来自风险，即成本的本质是风险的转化，重新定义成本则可理解为风险的函数。当每个企业所处的环境不确定性增大、风险水平整体上升的时候，成本就会急剧上升。因此相对于风险而言，当制度变迁、制度创新滞后于风险产生速度的时候，整个经济社会的不确定性就会放大，行为方式也会转变，这就会导致成本急剧上升。因此实体经济成本高的根源就在于制度变迁的速度与公共风险产生的速度不匹配，从而产生各种有形与无形的交易费用，最终转化为企业的各项成本。在这种情况下，如果不能尽快推进制度变迁、降低整个社会的风险水平，则难以遏制成本的上升。

三、 如何推进降成本

无论是作为政府，还是企业，都应首先明确降成本的目标，不能为了降成本而降成本。政府降成本的目标应是短期缓解和长期体制机制优化，为市场在资源配置中发挥决定性作用营造良好环境，提高整个经济社会的运行效率。企业降成本的目的应是将各个环节成本与整体成本结合起来，提高成本利润率和成本转化率，提高盈利能力和附加值。在此前提下，基于风险观和整体观的认知基础，统筹兼顾眼前和长远发展需要，进一步系统推进降成本。

（一）降成本：着力降低公共风险和不确定性

根据成本的本质是风险的转化这一认知，降成本就是要降低不确定性、降低风险。这不是站在企业角度的风险，而是整体的风险、宏观的风险，或者说公共风险。现阶段降成本政策除了减税降费之外，应当更多注重从整体上如何降低企业所面临环境的不确定性和风险，降低企业各种不可预期的影响因素和各种减值准备。公共风险降低了，成本降低就有了可能。

由此可以得出一政策性结论：降成本至关重要的一点就是稳定政策，因为任何一项政策变化都会引起整个经济社会的连锁反应，使微观主体的预期更难以确定。如果从风险出发来考虑现有资源配置，即会发现市场配置的其实不是资源，而是风险，所有的资源都是为风险做准备的，是用来应对风险的。当政策尤其各部门的政策都在不断变化，市场和企业就无法预期，就意味着不确定性增大，风险增大，就需要做好各种各样的准备。当市场环境成为这样一种状态，市场主体就会作出不投资、不办企业甚至干脆从市场退出的举动。当前为何民间投资增长乏力、成本高企？就在于对市场的预期难以确定，市场预期难以确定就是对未来风险难以判断，也即对成本无法进行估算。当企业对成本难以估算，又谈何对未来收益的把握？在这种极大的不确定性和风险状态下就会投资乏力。如果越来越多的人停下来观望，经济就难以上升，丧失发展动能。

因此，继续推进降成本，关键是稳定预期、稳定政策。良好的社会预期是经济平稳健康运行的基石，而稳定政策则是稳定预期的基础。不断出台新政策，即使是减负的政策，也难以使企业面临的众多不确定性转向确定性。比如税费政策信号要清晰，保持战略定力，充分考虑税费政策稳定对民间投资的影响，给民间投资服下政策的“定心丸”，将微观主体的投资积极性充分激发出来。要做好预期管理，政策的基本功能就是降低风险整体水平，从而使风险转化的成本大大降低。增加了市场预期的确定性，降成本自然就水到渠成。

此外，要降低整个社会的风险水平，即降低公共风险，就要加快改革，加快制度创新，推进制度变迁，使制度和风险之间形成一种良好的匹配。只有当经济社会不确定性总体水平下降的时候，整个成本水平才能下降。从这一角度来说，当前面临的这些所谓成本高，归结起来就是广义的制度性成本。这个广义的制度性成本不仅仅因为管制、审批太多，更主要是由于公共风险整体水平提高，而制度创新没有及时跟进，从而导致成本上升。

可见，降成本的着力点是降低公共风险，即降低广义的制度性成本，只有这样才可能实现经济的转型升级。

（二）降成本：一手推进市场化改革，一手推进社会化改革

降成本是一种手段，其目的是提高企业的附加值和盈利能力，而企业盈利能力的提高与降成本不能画等号，两者不能混为一谈。从根本上来讲，盈

利能力取决于企业的发展能力。这就需要通过全面深化改革，推进整体的制度变迁和制度创新。

如何通过改革推进实体经济进一步发展？降成本只是一个治标之策，治本之策是企业能否转变经营模式、提高创新能力。创新能力提升了，就能覆盖所有的成本；而且不但能覆盖所有成本，还能有盈利。当企业附加值提升的速度超出了成本上升的速度，企业就能存活下来并得到发展；当企业附加值提升的速度低于成本上升的速度，则意味着企业就会被成本吃掉。这就是企业附加值增长和成本增长两者的对比关系。只有通过改革提升企业附加值的增长速度、提升创新能力，降低企业成本上升的速度，才能扩展盈利空间。

当前经济实际上表现为一种脆弱的回升，脆弱就在于企业的创新能力不强。创新能力的增强需要一个过程，需要相关体制机制的改革跟进。例如科研院所体制的改革，即如何实现产学研真正有机融合。现在科研院所设置于政府部门，企业设于市场，产学研相结合实际上相当于市场和政府部门在打交道，这个过程中有很多障碍。科研成果的转化就遇到很多政策性、体制性障碍，现在一些改革文件的下发消除了部分障碍，但还没有从根本上解决问题。科研院所不是市场主体，不是经济组织，也非企业，科研院所就是一个社会组织，所以当前改革的一个关节点就是让科研院所真正成为一个微观的社会主体，推进社会化改革，打造社会的微观基础。社会的微观基础和经济的微观基础实现自动对接，创新驱动自然就有了动力。

当然，还要通过社会化改革来降低社会因素导致的交易成本。社会诚信水平的下降导致交易成本的上升，比如行业协会要发挥更大的作用，增强行业的自律性。行业协会作为自律性的社会组织，就应自己管好自己，如果所有的社会主体都能增强自律性，整个社会的诚信水平就会上升。社会主体包括社会组织、行业协会、个人，等等。广义上讲企业自身也是社会主体，因为企业存在于社会环境之中，既是经济主体，又是社会主体。作为社会主体的自我管理、自我约束的能力上升了，整个经济的交易成本就会降下来，对一个个企业来说也有了更好的营商环境。

企业成本上升还有一个原因就是监管不到位。经济运行具有系统性，各个行业是相互依存的关系，这一行业的监管不到位，生产出来了次品，对另一行业来说可能就导致成本上升。行业之间本是相生的关系，但是监管不到位就有可能变成相克的关系，形成一种恶性循环。所以，从这一角度来看，监管体制如何跟进，不仅仅是金融监管，还包括对生产者的监管，消费和服务等各方面的监管，是改革创新中的大课题。

监管自然涉及标准问题。监管标准没有及时更新，有些新产品、新业态根本缺乏标准，比如机器人、3D打印等发展很快，但缺乏标准就会野蛮生长出问题，像e租宝、泛亚等这种新业态产生以前没有标准，发展壮大后就出了问题，被定名为非法集资等，这种事件对社会、个人以及很多投资者来讲，都意味着巨大的风险。所以监管标准要及时跟进、提升，这是政府的责任。

从上面的分析来看，我们现在面临的问题是全方位的，不能局限于某一个侧面，必须要靠全面深化改革才能解决，尤其不能忽视打造社会微观主体这方面的社会化改革，在深化市场化改革的同时同样要极力推进，这都属于供给侧结构性改革的任务。我们不能把供给侧结构性改革仅仅局限于从经济领域来理解，甚至只把它当作一个结构调整的问题。如果这样理解，不仅束缚了我们的思维，陷于狭隘化，而且不利于我们解决现在面临的降成本等问题。再如“三去一降一补”，是否仅通过行政办法就能解决好？显然不可能，最重要的是依靠市场的力量、社会的力量，而不是完全靠政府。政府所做的事情就是依法判其生死，企业是否依法经营，其产品、服务等是否合法，企业经营中应承担的社会责任都以法律形式予以明确。如果企业将应该承担的成本外部化，则是违法行为，应给予惩罚。由此看来，依法治国的全面推进也是必不可少的。

当前包括降成本在内的问题是相互关联的，很难靠某一方面的改革来解决，应一手推进市场化的改革、深化经济改革，另一手还要推进社会化的改革、打造社会微观主体。只有两手并举，两个轮子双驱动，供给侧结构性改革才能收到实质性的成效。只有一个轮子很可能就变成了原地打转，改革也将止步不前。落脚到降成本问题，要认识到降成本的过程是优化资源配置的过程，而资源配置的优化就是要让市场起决定性作用。因此，企业是降成本的主体，政府可通过更好发挥自身作用，为市场机制的有效运行创造良好的环境和条件，根本路径就是通过全面深化改革包括市场化改革和社会化改革，推进制度创新，增强企业内生动力，提高盈利能力，达到消化成本的目的。只有坚持走改革创新之路，才能逐步建立健全我国实体经济企业成本降低的长效机制。

参考文献：

1. 刘尚希：《财税如何降成本》，《新理财（政府理财）》2017 年第 5 期。

2. 中国财政科学研究院“降成本”课题总报告撰写组：《关于实体经济企业降成本的看法》，《财政研究》2016 年第 11 期。

（此文发表于《财政监督》2017 年第 20 期，作者：刘尚希）

财税如何降成本

阅读提示：站在风险经济、风险社会的角度看待我们所处的大环境，会发现对成本需要重新定义。成本是风险的函数，现有的成本越来越多的是来自不确定性，来自风险的转化。从这个角度来看，降成本需要一种新的思路，要从经济社会新的形态出发来考虑我们的政策，因为在风险经济这种新的形态下，定价机制也已经发生变化，由遵循历史成本法转变为遵循风险成本法。这就意味着降成本就是要降低不确定性，要降低风险，不是站在企业角度的风险，而是整体的风险，宏观的风险，或者说是公共风险。财税降成本，除了减税降费之外，应当更多地注重从整体上怎么样降低企业所面临环境的不确定性和风险，也就是说降成本最重要的就是稳定政策，因为任何一项政策的变化，都会引起整个经济社会的连锁反应。只有稳定政策才可能使企业真正面临的众多不确定性，变成现在的确定性。

站在财税的角度看怎么降成本，从现有的些解读和现有的政策来看，我们的降成本思路是很明确的，但要从研究的角度来看，似乎降成本还有新的空间，还有新的路径，怎么说呢？这就涉及我们对成本的理解。

究竟什么是成本呢？有经济学的定义，也有会计学的定义，从会计学的角度来说，有不下几十种说法，但我不想从现有成本的概念出发。我们必须重新解释成本，必须要从整个经济社会发展所处的新阶段出发。不然我们过去形成的成本的定义是无法修正的，因为思维是有惯性的。我们按照确定的路径去理解成本，只能是现有的定义，但我们从现实来看，从实践来看，对成本的理解在悄悄地发生变化。

会计学从历史的角度来考虑问题，这是一种主导性的思维，我们讲成本都是历史成本，已经发生的事才能计入成本，没有发生的事怎么能计入成本呢，这在过去的思维中是不可想象的。但是在今天的会计实践中，会计准则已经在悄悄发生变化，为什么会有这种变化呢？因为我们所处的经济社会形态已经发生了大的转换。这个转换就是我们过去认为经济运行中、社会运行中有风险，这个我们都认识到了，但是这种风险我们当作是衍生出来的东西。其实这些衍生的东西，现在越来越成为基本的东西，或者说是主导性的东西，就是说我们的经济、社会形态已经由过去传统的认为确定性的、有规律的运行形态转化为一种不确定性的运行形态。也就是说，我们的经济应当是风险经济，我们的社会是风险社会。

当社会成为风险经济、风险社会的时候，这意味着不确定性风险成为基本特征，它一旦成为基本特征，意味着我们在思考经济、思考社会的时候，就要把它作为一个逻辑起点去考虑，就要把它当成一个出发点，就要把它当成一个基本概念，可能一切的问题都是起源于不确定性和风险。我们原有的按照决定性思维构建的知识体系，包括财务会计，是不是应当进行调整呢？我想这是毫无疑问的。所以我们站在风险经济、风险社会这么一个角度来重新看待我们所处的大环境，就会发现我们对成本需要重新定义。

重新定义需要做大量的研究工作，我在这里简单定义一下：成本就是风险的函数。这可以编成一个数学模型，成本是怎么来的呢？我们过去说根据资源已经损耗的历史记录而来的。但在今天成本可能更多的是来自我们对风险的判断，我们现在处于一个高成本的时代，为什么？就是我们已经进入了风险经济、风险社会这样一个新的时代。不从这个大的环境来考虑，我想降成本的措施可能是沿着既有的财务会计的定义和路径去实施，这样也有一定的效果，但是很难从根本上解决问题。

因为我们现有的成本越来越多的是来自不确定性，来自风险的转化，所以企业里更多的成本，不是说过去已经发生的事情，而是我们对未来各种各样的预期，所以在会计记录上面相应地发生变化。为什么成本高？就是不确定性增大了，风险就会增大了，应对风险的准备也就扩大了，这体现在会计上，减持准备范围会扩大、数额会扩大、成本也会提高，在这种情况下自然就会影响到企业的行为，企业的投资行为、未来盈利的预期等这些都会发生改变。一旦在整个社会像网络一样地传播开来，有可能形成一种整体性的、螺旋式的成本上升和对未来利润预期的下降，在这样的环境下经济会上升还是会下降呢？这是不言自明的。

所以从这个角度来看，降成本实际上需要一种新的思路，就是要从经济社会新的形态出发来考虑问题，来考虑我们的政策，因为在风险经济这种新的形态下，我们的定价机制也已经发生变化。在经济学里头定价一般都是按照历史成本去考虑的，我卖出去的东西价格不能低于我的成本，这个成本是历史成本，但要把风险考虑进来，那么这个定价机制就不再是遵循历史成本法，而是要遵循风险成本法。这种定价机制实际上就是依据风险来定价，而不是依据已经发生的实际成本来定价。

比如说，我们在会计领域，会计计量中越来越多的应用到公允价值计量属性，意味着我们的计量越来越主观化，这种主观化越来越大，大到一定程度的时候，实际上它就会反转，并不是说变成了客观，而是说主观与客观的界限已经没有了，所以从哲学的角度上来讲，我们的会计、经济、我们所处的环境越来越主观化，在这种情况下意味着我们无所谓客观了，但是我们在确定性知识系统的观念中，客观和主观是二元对立的，但在今天它已经不存在了。其实这种变化已经在悄悄发生，只是我们可能还没有完全意识到它会颠覆我们所有的观念，颠覆我们对整个经济、整个社会、整个世界的认识。

我的话题展得太开了，如果我不展开说一说，重新定义成本这个说法就无法说清楚。所以正是基于这种整体的认识，我觉得现在的成本是风险的函数，我们就要从不确定性、从风险来重新定义成本，怎么来降低成本呢？这就意味着降成本就是要降低不确定性，要降低风险，不是站在企业角度的风险，而是整体的风险，宏观的风险，或者说是公共风险。

每个企业所处的环境，不确定性增大，风险水平整体上升的时候，你的成本就会急剧上升。我们传统的思维就是减税降费，按固有的观念来说有生产成本、销售成本，还有税收成本，减税降费可以降低税费成本，这当然是一种有效的方式，但这种方式不足以从根本上解决问题，它不足以应对我们整体环境的不确定性，以及整体风险上升给企业带来成本的增加。

所以财税降成本，除了减税降费之外，应当更多地注重从整体上怎么样降低企业所面临环境的不确定性和风险，企业的各种不可预期的损失，各种各样减持的准备，这样未来越来越大的风险所转换来的成本就会降低。从这一条能得出什么样政策性的结论呢？也就是说降成本最重要的就是稳定政策，因为任何一项政策的变化，都会引起整个经济社会的连锁反应。所以，如果说从风险不确定性这么一个概念出发来考虑现有的资源配置，其实我们配置的不是资源而是风险，我们所有的资源都是为风险做准备的，是用来应对风险的。

所以，财税促进降成本，最重要的一点就是要稳定政策，这样的市场是可以预期的，企业也是可以预期的，如果说政策尤其是各个部门的政策都在不断地变化，那这个时候我们就没法预期，没法预期就意味着不确定性急剧增大，风险增大，就要做好各种各样的准备。

当市场的环境变成这样一种状态的时候，很多人干脆就不投资了，企业不办了，退出来。现在为什么民间投资增长乏力呢，为什么成本高企呢？民间投资增长乏力就是对市场的预期难以确定，市场预期难以确定就是对未来风险难以判断，也就是对成本没法进行估算，对成本都不能估算，怎么知道未来能挣多少钱呢？在这种极大的不确定性和风险状态下他就会停下，如果越来越多的人停下观望，经济就难以上升，动能就丧失了。

从这一点来讲，降成本最重要的其实就是现在讲的稳定预期，稳定预期就是要稳定政策，只有稳定政策才可能使企业面临的众多不确定性，变成确定性。稳定不是消极的稳定，财税降成本，还有一个基本的功能，也就是降低了风险的整体水平以及对企业的行为、对企业的成本所产生的影响，也就是风险转化的成本可以大大降低，在这种情况下降成本就是水到渠成的事情。

这里面还有很多的细节是需要研究的，我认为从总体上考虑只有这样才能真正降成本。企业处于这种不确定性风险很大的环境当中，今天税费降低了一些，明天怎么办呢？后天怎么办呢？我们讲的不确定性、风险都是指向未来的，如果未来的不确定性大了，风险大了，成本水平整体就上升了，就会体现到会计记录中，就会体现到资产的各项减持准备之中，盈利水平怎么上升，成本怎么下降？这些都是我们应当重新思考的问题，这当然涉及经济学，我们现有的微观经济学恐怕也要重新认识，我们对价值要重新定义，对成本也要重新定义，财务会计的属性实际上也要重新思考，当然像财政学等这些社会科学，恐怕都得要从另一个角度、新的逻辑起点来思考。

（此文发表于《新理财（政府理财）》2017 年第 5 期，作者：刘尚希）

第二篇
论人的现代化与共同富裕

人的现代化与共同富裕

阅读提示：中国式现代化，有一个内在的底层逻辑，就是以人为本。人的现代化是共同富裕的目的，也是手段，这是一个辩证的关系。从我国现实来看，促进所有人的发展，普遍提升国民能力必须抓住三个基本问题：机会公平、自由流动和基本能力。扩大中等收入群体、推动高质量发展、创新驱动发展，都需要抓住上述三个问题来持续发力。从我国的实际情况来看，农民的现代化是中国式现代化的关键。人的现代化，主体是农民的现代化。农民的现代化和农民走向共同富裕，需要给农民平等的发展机会，从破除农民身份（户籍、集体经济成员）的不平等入手，推动社会化改革，带动要素市场化改革的深化，大力推动农民市民化进程，促进社会平等（起点）与经济平等（结果）形成良性循环。

共同富裕是中国式现代化的重要特征，两者是内在动态关联的。所以，有必要从中国式现代化的角度来探讨其与共同富裕的关系。“现代化”是一个外来词，源自16世纪中的“modern”（摩登）这个词，到18世纪中叶就形成了“现代化”动词和名词的概念，在20世纪中叶成为社会科学研究中的一个词汇。所以，我们今天说的“现代化”，并不是中国原有文字语言里的一个词，是引进来的。对发展中国家来说，现代化就是赶上发达国家，进入发达国家行列。我国于1954年第一次提出“四个现代化”，那时候讲的是工业现代化、农业现代化、交通现代化和国防现代化。1964年把“交通现代化”替换为“科学技术现代化”，依然是四个现代化。我国改革开放前后都一直在提这个奋斗目标，几代人对四个现代化印象是非常深刻的。

党的二十大报告提出“中国式现代化”，这是一个重大的理论创新。我国现代化的目标就是2035年成为中等发达国家，2050年进入高等发达国家行列，按照分两步走的战略安排逐步达到。当前的任务是高质量发展，以中国式现代化全面推进中华民族伟大复兴，在党的二十大报告里概括为“首要任务”和“中心任务”。

一、中国式现代化的底层逻辑：以人为本

怎么来看中国式现代化呢？它的底层逻辑是什么？深入分析就会发现，中国式现代化的底层逻辑是“以人为本”。以人为本或者说人本主义，它是一种哲学观念，“人是万物的尺度”。这转化为政治哲学，就是以人民为中心，人民至上成为一种政治价值观。所以，人民立场就是我们党的立场。我们党提出的任何主张和理论创新，都不会偏离这个基本立场，或者说，都是建立在这个基本立场之上的。沿着我们党的政治价值观去分析研究中国式现代化，就不难发现它的底层逻辑。

（一）中国式现代化具有五个基本特征

中国式现代化有五个基本特征，党的二十大报告里作了全面深刻的阐述，这五个基本特征都是从中国特色这个角度概括出来的。既然叫“特征”，就是跟其他国家的现代化不同的地方。这五个特征里其实都有一个共性的东西，那就是人。

中国式现代化是人口规模巨大的现代化，我们国家有14亿人，这不是一个抽象的概念，而是由不同群体、不同阶层组成的。我们不能笼统地说“14亿人”，而是要具体分析14亿人的构成，避免泛泛而谈。中国式现代化是全体人民共同富裕的现代化，这就是要把共同富裕这个中国特色社会主义的本质要求嵌入到现代化进程之中，如果两极分化，那即使实现了现代化也不是我们想要的现代化。中国式现代化是物质文明和精神文明相协调的现代化，精神文明自然也是指向人。中国式现代化还是人与自然和谐共生的现代化，其实这些都是与人密切相关的。最后一个特征，中国式现代化是走和平发展

道路的现代化，这也是指向人。中国的现代化不是靠剥削别人、压迫别人，不是去掠夺别人的资源，说明中国的现代化不走西方国家现代化的老路，是在不欺压剥削别人的基础上自主实现的现代化，是和平发展的现代化。

所以，由这五个特征构成的中国式现代化，有一个内在的底层逻辑，就是以人为本。这区分于以物为本的现代化，由此不难明白，中国式现代化为什么是“以人为中心”的现代化。我国过去提出的四个现代化，主要着眼于物的现代化，因为在“一穷二白”和物质财富匮乏的情况下，没有基本的物质技术基础是谈不上人的现代化的。经过改革开放40多年的发展，我们取得了伟大的历史性成就，很自然，我们国家的现代化就得要有升级版，这个升级版在底层逻辑上更清晰地凸显出以人为本、以人民为中心。

（二）以人为本的现代化是所有人的现代化：从传统人变为现代人

以人为本的现代化指向的是所有人的现代化，就是所有人从传统的人变为现代的人。“现代化”可以从不同角度来定义，比如从技术的角度来看现代化，那就是从“农业社会”到“工业社会”，西方国家最早提出“现代化”一词的时候，也是指怎么从农业社会过渡到工业社会，工业社会就是现代化的，这和工业革命是相契合的。社会视角的现代化就是从“传统社会”到“现代社会”。现代社会应当是一个社会发育比较充分、公共理性和公共价值得到彰显，社会诚信和利他互助精神不缺失的社会。从人自身的角度来看现代化，就是从“传统人”到“现代人”。传统人和现代人有什么区别?

现代人的核心就是彰显人的“三性”，即人的主体性、创造性、文明性。首先是主体性。人的主体性又涉及物和人的关系，是物支配人，还是人支配物，这看起来是个常识问题，但在复杂的社会现实生活当中，两个概念有时会被不由自主地混淆，即人的主体性被淹没了，不是以人，而是以物来度量一切。在发展的过程中，曾经就有过唯GDP论，以GDP论英雄，污染了环境，给人的健康和发展带来了危害，其实这就是把物质财富的增长看得比人还重，从哲学来看，人被异化了。在日常生活中也有这种情况，比如老百姓说“人掉到钱眼里去了”，就是指人被金钱所支配，而不是在支配金钱。人一旦变成了金钱的奴隶，那么人的主体性就被淹没了，作为介于神与兽之间的人，在二者之间更偏向了兽的本能。因此，我们所有的发展都应当以人为尺度来衡量，否则这些发展可能是没有价值的。可以说，人是万物的尺度。

其次就是创造性。创造性毫无疑问指的是人，是人区别于兽的基本标识。如果越来越多的人具有创造性，而不仅仅是使用体能从事简单劳动，那么我们的发展水平就会越来越高。创新驱动发展，这就需要创造性。创造性是一种思维方式，也是一种素质，更是一种能力。

最后是文明性。在市场经济背景下，这种文明性不仅体现在“君子爱财，取之有道”，而且还要有利他精神。如果一个社会只是自利，甚至自私，极端个人主义泛滥，那这个社会的物质财富再多，其文明性也会大打折扣。一个社会的文明性是以利他性来衡量的，处处为他人考虑，大家更多关注他人和社会，帮助他人，形成一种社会互助，这就是一种文明性的体现。

所以，人的现代化就要彰显人的“三性”，这是从传统人转变为现代人的途径，也是人的现代化程度的基本标志。物质技术的现代化都是以人的现代化为目的，物质的发展为人的发展服务。人的发展既是手段，更是最终目的。这看似是常识，但在复杂的物质技术系统中时常被颠倒，发生了异化。这种异化会表现在我们的制度安排，甚至在政策制定当中。所以，需要时刻警惕人的异化现象。

二、人的现代化是共同富裕的目的，也是手段

人的现代化是共同富裕的目的，也是手段，这是一个辩证的关系。共同富裕的实质是所有人的共同发展，这是目的。

（一）以人为尺度的共同富裕

以物为尺度来衡量共同富裕，就是缩小财富、收入差距，降低基尼系数。以人为尺度来衡量共同富裕，就是缩小人与人之间、群体与群体之间的能力差距。若不是所有人得到了发展，若人的能力差距没有缩小，那么就不是真

正的共同富裕，哪怕通过政府再分配手段一时地缩小了这种差距，但社会再生产过程依然会再现原有的差距，甚至使这种差距变得更大。所以，寄希望于政府再分配去缩小这种物的层面上的差距是暂时的，只有短期效应，没有长期效果。所有人的发展是促进共同富裕的长效机制。即使从手段的角度来看，人的发展也是最优的手段。

我们常说的发展为了人民，发展依靠人民，实际上是一种新的发展方式，实现了手段与目的的统一。共同富裕的难点在“共同”，毛泽东主席曾说“大家都有份”，那怎么才能做到大家都有份呢？只有通过所有人的发展缩小人与人之间能力的差距、群体之间能力的差距，那么分配的状态才可能接近“共同有份”。参与做蛋糕的人的能力差距缩小了，所作出的贡献差距缩小了，分蛋糕时的差距自然也就缩小了。只有这样，才能消除效率与公平的内在冲突，实现效率与公平的融合。在物本逻辑支配下，效率与公平始终是冲突的，只有转到人本逻辑上来，效率与公平的冲突才会消失，融合才有条件。

（二）促进所有人的发展是共同富裕的起点，也是落脚点

从我国现实来看，促进所有人的发展，普遍提升国民能力必须抓住三个基本问题。

第一个问题就是机会公平。党的二十大报告特别强调消除影响平等就业的不合理限制和就业歧视，使人人都有通过勤奋劳动实现自身发展的机会。机会公平在现有体制下是不是实现了呢？显然还没有实现，还需要通过改革来促进所有人发展机会的公平。如果没有实质性的改革，这种机会公平还只能是水中望月。

第二个问题是自由流动。作为生产要素的劳动力的自由流动在我国已经基本实现，但作为社会成员，家庭的自由迁徙现在还有诸多的体制障碍。进城务工的农民工群体，其作为社会成员、公民的社会基本权利并没有得到平等保护。

第三个问题是基本能力。每个人都应当拥有适应现代社会的基本能力。联合国曾经提出“要免于饥饿”，在现代化的进程中，应当要提出“免于基

本能力的缺失”。如果一个人基本能力都没有，只有原始的体能，那肯定是低收入者，他的发展处境肯定是非常不利的。若基本能力缺失的人多了，陷入贫穷，政府就是想帮，只怕也力不从心。

扩大中等收入群体、推动高质量发展、创新驱动发展，都需要抓住上述三个问题来持续发力。

三、 农民的现代化是中国式现代化的关键

（一）人的现代化，主体是农民的现代化

从我国的实际情况来看，农民的现代化是中国式现代化的关键。人的现代化，主体是农民的现代化。过去常说“小康不小康，关键看老乡”，现在走向现代化的新阶段，“现代不现代，关键看农民”。农民依然处于传统社会，根植于农业社会，是典型的传统人，其思想意识、观念以及技能都不适应于现代社会，在现代化进程中，农民市民化十分艰难。放在整个社会来看，农民这个群体存在被边缘化的风险，长期未能从城乡二元结构中摆脱出来。

从数量来看，中国仍然是一个以农民为主体的社会，2021 年农业户籍人口占到 53%，农民身份的人口依然占大多数。在这个意义上，中国社会的基本国情依然是“农民社会”，城市化率 64.7% 是一个夸大的指标，因为忽视了人的社会身份，仅仅是从就业维度的一个测度。

（二）应当把农民从“三农”中剥离出来，将其置于人的现代化进程

把农民当作“三农”的一部分来看待已经不合时宜，因为农民的现代化与农业的现代化是两码事。农民现代化的方向是市民化，作为职业的农民未来应是极少数，而农业的现代化是工业化、数字化，只需要占人口极少数的现代职业农民。若相当多的人口仍挤在土地上，被集体经济成员身份牵扯，固化在农村，农民便不能现代化。在经济上低效、社会基本权利也不平等的条件下，即使政府投入再多，农业农村也难以现代化，整个国家也难以现代

化和走向共同富裕。减少农民，支持其走出农村，才是农民这个庞大群体走向现代化的正确方向。也唯有如此，农业现代化和新农村建设才有条件实现。现代化的过程是艰难的，也是长期的，依赖于对城乡二元结构的实质性改革进展。

（三）农民现代化进程中的挑战

农民现代化进程中的挑战是多方面的，主要面临三大挑战：首先，是市场经济体制的二元。农村有商品市场，但土地市场、住房市场、抵押市场基本不存在。农村的财产权不可交易，无法货币化、资本化，农村存量资源的配置是固化的。所以，农村资源的配置效率、使用效率偏低。农民财产不能随着国民经济增长而升值，农民不存在财产存量与收入流量的循环，农民要获得财产性收入非常困难，要积累财富也非常困难。其次，是社会身份体制的二元。农民与市民的社会身份不同，社会基本权利不平等。最后，是公有制的二元。国有制与集体所有制存在“两张皮”现象。国家所有制实现了与市场经济的融合，集体所有制与市场经济怎么融合，依然在探索之中。这使国有经济和农村集体经济在社会主义市场经济中处于不平等地位，同样的生产要素，如土地，至今难以做到同权同价。

（四）农民现代化与走向共同富裕的出路

要促进农民现代化与走向共同富裕，不仅要在理论上、体制上不断推动改革创新，还要注重在农民这一关键群体上做文章。

在理论上、体制上要破除三个“二元”，加快结构性改革，缩小城乡差距才有希望。让农民、农民财产权更充分地流动起来，实现货币化、资产化，是解决农民问题的基础。不能把农民固化在农村，固化在集体经济成员的身份里，固化在农村的土地上，那样，农民不但不能现代化，也难以增收和提高技能。

减少农民，减少社会身份的农民、集体经济成员的农民，意味着中等收入群体的扩大。只有先做“减法”，才能做成“加法”。只有推动以新型城市化（以人为核心）为主导的城乡一体化发展，才能重塑社会结构、经济结构、区域结构，重塑社会分配结构才有前提和基础。像盖房子一样，得从打地基开始，不能先盖上面。当前推动共同富裕过程中的一些做法，似乎是先从上面盖起，然后再去打底子夯基础，顺序上颠倒了。

农民的现代化和农民走向共同富裕，需要给农民平等的发展机会，从破除农民身份（户籍、集体经济成员）的不平等入手，推动社会化改革，带动要素市场化改革的深化，大力推动农民市民化进程，促进社会平等（起点）与经济平等（结果）形成良性循环。

（此文发表于《财政研究》2022 年第 11 期，作者：刘尚希）

论人民至上的市场经济

阅读提示：市场经济是人类文明演化的产物。市场经济并非资本主义特有，社会主义也可以搞市场经济。相比传统社会主义的设想和实践，社会主义市场经济，是一个伟大创造，具有磅礴的生命力。与资本主义市场经济相比，其不同在于，社会主义市场经济是以人为本，人民至上，并以此约束资本逻辑；资本主义市场经济是以物为本，资本至上，遮盖了人本逻辑。搞清楚两者的底层逻辑，意在如何避免资本主义市场经济发展中出现的各种问题，走好自己的路，使市场经济服务于中国的可持续发展、服务于中华民族伟大复兴。

一、 以资本主义市场经济历史为鉴， 搞好社会主义市场经济

从历史角度观察，市场经济蕴含着一种“创造性破坏”机制。“破”的是旧技术、旧产品和旧结构，“创造”的是新技术、新产品和新结构。市场经济在人类社会的实践是从资本主义国家开始的，从蒸汽机广泛使用的第一次工业革命到电气化、内燃机广泛使用的第二次工业革命，形成了资本主义对世界的统治，完成了对世界的瓜分以及殖民体系和全球市场体系的构建。第二次世界大战之后以电子计算机广泛使用和空间技术发展为标志的第三次工业革命，再一次改变了全球的经济政治格局。全球经济重心从欧洲转移到美国，以及以互联网为基础的数字革命的到来，都离不开“创造性破坏”力量的推动。人类文明呈现加速演进的态势。

市场竞争带来的创造性破坏，致使市场经济引领了社会生产力的极大发展，迄今为止，资本主义市场经济实现的生产力依然处于全球发展的前列。但资本主义市场经济是在一个接一个的危机中发展起来的，经济危机、金融

危机以及人与自然冲突造成的环境危机、全球竞争抢夺利益带来的两次世界大战和正在演化的全球大变局，都反映出资本主义市场经济的宿命——可能最终为自己的成功所毁灭（熊彼特）。

自1825年英国爆发第一次经济危机以来，资本主义市场经济就总是伴随各种危机。不断爆发的危机，迫使资本主义市场经济制度不得不进行适应性调整。在工业化过程中，美、英、日、欧等发达资本主义国家都出现了环境危机。例如，“八大公害事件”危及人类生命健康，导致发展不可持续。通过法治、税费改革、技术创新和强化企业社会责任等措施进行改良，倡导可持续发展理念，矫正市场经济的负面作用，资本主义国家得以走出泥沼。发达国家“先污染、后治理”工业化之路的教训是深刻的，遗憾的是，后发展国家仍没有避开这条工业化之路。在科技革命、产业革命推动下，资本主义市场经济得到高速发展，但同时也带来了两极分化，造就了贫困的无产阶级，催生了生产过剩危机，也导致了严重的社会危机。危机推动了资本主义改革，从美国罗斯福新政，到英国《贝弗里奇报告》及北欧“从摇篮到坟墓”的福利制度，一度大幅度矫正了市场经济的“马太效应”，消除了绝对贫困，中产阶层扩大，贫富差距缩小。古典自由市场经济转变为“混合市场经济”，政府的作用明显加大。然而，20世纪七八十年代开始，贫富差距再度扩大，财富聚集和集中的趋势在不断强化。贫富差距向社会深层传导，并在代际之间传导、固化，中产阶层缩小，社会极化现象加重。社会福利制度在选票政治机制的作用下，在一些国家变异为发展动力日渐弱化的“福利陷阱”，财政不堪重负，民粹主义、民族主义抬头，社会矛盾加剧。全球疫情、经济社会的数字化进一步加剧了贫富差距，全球贫困人口不断增多。社会不平等已成为国际社会关注的重大问题。

社会主义市场经济作为后起之秀，在“干中学”赶超，实现了跨越式发展，我国即将跨入高收入国家的行列，但仍是一个发展中国家，仍处于社会主义市场经济不成熟的阶段。“以史为鉴，开创未来”，只有深度学习和借鉴资本主义市场经济的经验和教训，才能走出一条创新之路，让社会主义市场经济行稳致远。

二、 资本主义市场经济的底层逻辑是以物为本、 资本至上

凡是市场经济，都离不开资本逻辑，即在资源配置中“资本说了算”，因为资本是风险的承担者，市场是资本的舞台。资本主义市场经济是如此，社会主义市场经济也是如此。中国的改革开放就是从引进外资开始的，充分利用资本的风险承担功能、要素组合功能和创新功能，促进了经济的快速发展。

资本主义市场经济与社会主义市场经济的底层逻辑差别，并非资本逻辑的存在，而在于资本是否成为“主义”。资本一旦成为一种主义，便意味着资本至上，成为一种价值观和行为准则，成为制度体系的核心和底层逻辑。资本主义也就是资本至上的制度，资本成为社会的普照之光。

当资本成为一种主义，它就会凌驾于社会之上，产生“社会排斥”，即从经济的不平等衍生出社会的不平等。问题不在于消灭经济上的不平等，搞平均主义，而在于遏制贫富代际传递产生的社会阶层固化，保持社会纵向的流动性，使每一个人都有发展的平等机会。在资本主义市场经济中，资本的自由是目的，人的自由成为手段。由于资本至上，资本追逐的不仅是市场中的利润，而且包括社会权力和政治影响力。资本主义的法治隔断了直接的权钱交易，直接的权力资本化基本上被遏制了，但不妨碍以间接的方式实现资本与政治权力、公共政策，甚至与法律制度的勾连，所谓的“金钱政治”即在于此。当资本成为一种社会价值观和行为准则的情况下，“向钱看”就会成为一种文化，资本的支配力量就会超越市场领域。“物”成为发展的目的，而人反而成为“物”和“资本”的附庸。这在资本主义早期的发展中是十分明显的。现代资本主义改进了许多，资本所有者、企业的社会责任加重了，社会的自律性和自组织、自管理也在强化。但“资本至上”并未因此而改变，资本逻辑仍高于人本逻辑。加上“经济学帝国主义”的帮助，社会道德关系、家庭婚姻、思想交流都纳入了资本的逻辑轨道，衍生出“社会资本”“思想市场”“政治市场”等概念，“成本—收益”成为社会通用的行为准则。

只要“资本至上”这个底层逻辑依然存在，即使劳资关系得到改善，人民生活水平得以提高，政治附庸于资本的状况也不会发生根本改变，社会的主体依然是资本（财富），而不是人民。在这种底层逻辑支配下，贫富差距、能力鸿沟的缩小仅仅是一种愿望。最新研究显示，在发达国家，财富越来越集中于极少数人手中——比20世纪20年代以后的任何时候都要严重。一些发达国家曾经想改善这种社会结构，促进社会公平，但底层逻辑决定其无能为力。资本至上，决定了资本主义的宿命，被自己的成功所打败。

三、社会主义市场经济的底层逻辑是以人为本、人民至上

市场经济本身不具有制度属性。社会主义市场经济与资本主义市场经济的本质区别不在于是否存在资本、是否有资本逻辑、是否有私人资本、是否有私人所有权，而在于人本逻辑是否真正成为主导，人民至上是否成为法律、制度和政府行为的底色，每一个人拥有“平等的发展机会”是否成为社会的价值观和行为准则。与“资本”成为“主义”相对应，“社会”成为“主义”的核心要义是通过党的领导和法律制度规定为所有社会成员提供平等的发展机会。社会主义市场经济的出发点和落脚点应是基于人，旨在实现每一个人的自由、平等全面发展，财富积累、资本发展都是手段；而资本主义的出发点和落脚点是基于物（资本），旨在实现资本的自由和不断增值，人的自由、消费都是手段。不言而喻，资本、私人所有权不是束缚人发展的绳索，相反，是促进人发展的要素和工具，是自由和平等的基础。马克思论述了资本主义自身否定之后重建“个人所有制”的必要性，这实质上指出，只要否定了资本至上，私人所有权并不会导致人的异化。社会两极分化、人的异化的根源不是私人所有权，而是资本至上的制度安排。在人民至上的制度体系中，资本和私人所有权是每一个人实现自身发展的工具，是市场经济创新的动力。资本和私人所有权是作为价值，还是作为工具，其在社会结构体系中的定位不同，决定了社会结构体系的性质不同。这好比石墨和金刚石，都是碳元素（C），但由于碳原子的排列

方式不同，造成了它们的性质不同。

社会主义市场经济之所以是一个伟大的创造，就在于一方面实现了国有制实现形式的创新——所有权与经营权分离；另一方面把过去认为水火不相容的私人所有权包容到社会主义市场经济当中，形成了基于产权的混合所有制经济，从而造就了中国的两个奇迹——长期增长的奇迹、长期稳定的奇迹。在混合所有制经济中，国有资本和私人资本是平等的，都服从于市场规则和资本共同属性——在风险中增值。以增值为目标，并不否定资本所要承担的社会责任，也不等于唯利是图。资本一旦不追求回报，无论是国有资本，还是私人资本，都意味着退出了市场，退出了市场竞争，转变为消费性的财产。选择市场经济，让资本来促进社会生产力的发展，并不改变人民至上的社会主义制度性质。

现代市场经济的基石是产权，而不再是绝对所有权。这与马克思那个时代的市场经济有很大变化，源于市场机制蕴含的“创造性破坏”，淘汰了旧的资本组织形式——家族式经营，所有权与经营权集于一身，创造了新的资本组织形式——经理层经营，所有权与经营权分离，并以社会化的方式呈现——股份制。数字化又在创造新的组织形式，数字资本成为新的资本形态。生产的组织方式从工厂制转向公司制，数字化推动下又进一步转向平台化。无论是国有资本，还是私人资本，其所有权权能都在不断裂变，不断结构化和社会化，不断创新资本在“风险中增值”的方式。金融、资本市场加速了所有权权能的社会化、结构化：从以“占有”为中心转向以“使用”为中心，数字化推动的共享平台的发展更是凸显了这一点，社会生产力由此快速发展。

体现人民至上的经济制度不再是传统的所有制，而是社会主义市场经济的现代产权制度，并由此实现公有制与市场经济的融合。国家所有的资源是公共资源，全体人民都有平等机会来获得和使用。一方面，国家可通过所有权获得的资本增值收益来惠及全体人民，促进社会公平；另一方面，通过调动人民群众积极性，依靠群众来配置资源、使用资源、创造价值，给每一个劳动者、创业者和创新者积累财富的平等机会，摆脱贫困，富裕起来，过上好日子。在社会主义制度下，市场经济就是“群众经济”，是在社会主义经济建设中走群众路线，相信群众，依靠群众，为了群众。资本掌握在群众手中，就会成为群众过上好日子的工具和路径。依法保护好群众的资本和产权，调动其创业的积极性，这是社会主义市场经济的内在动力所在。

四、 以包容性发展开创社会主义市场经济的未来

人民至上、以人为本是社会主义市场经济的价值理念。这一价值理念体现在发展方式上就是“包容性发展”。所谓包容性发展，即每个人的发展是所有人发展的条件，所有人的发展是每个人发展的条件。在经济层面，包容性发展就是鼓励公平竞争，实现所有权中性，消除类似“三门”（旋转门、弹簧门和玻璃门）的排斥现象，并依靠所有人掌握的各种形态的财富资本来推动市场经济发展。市场经济是平等的、开放的，不仅要对外开放，而且要对国内的不同资本所有者平等开放。在社会层面，包容性发展就是坚持社会平等，消除社会排斥，让所有人拥有平等的基本权利，并履行同等的义务，人人都有平等的发展机会。资本主义国家虽然也采取诸多措施，在一定程度上促进了包容性发展，但由于资本至上的本质没有变，资本逻辑凌驾于社会之上，社会不平等带来的社会排斥现象无法根本消除，实现包容性发展是有限的。

社会主义市场经济在理论上最有条件实现包容性发展。改革开放 40 多年来，我国之所以取得巨大的发展成就，就是因为解放思想、实事求是，从社会主义初级阶段的生产力水平和基本国情出发，进行市场化改革，激发了广大人民群众的劳动生产积极性，群众掌握了越来越多的财富资本，推动资源配置效率提升和社会生产力发展。在新发展阶段，群众创业就业的积极性，以及群众积累的财富资本得到依法保护和有效使用，这依然是实现高质量发展、构建新发展格局最为重要的基础。人民群众是历史的创造者，掌握资本的人民群众更是市场经济发展的动力源泉。市场经济为人民群众搭建了一个大显身手的大舞台，只要坚持人民至上的制度安排，让人民群众掌握和积累

更多的资本，在发展中实现包容就有了条件。要平等保护劳动收入和资本增值，激励创业和资本积累。同时，深化要素市场化配置的体制机制改革，破除制约资本组合生产要素功能发挥的障碍，让群众掌握的资本在自由选择和风险中实现增值。

包容性发展是社会主义市场经济的基本特征。社会主义市场经济有条件以“人民逻辑”来约束“资本逻辑”，防止其变异为资本至上，凌驾于社会之上，从而产生两极分化。人民逻辑的基本内涵是保障社会成员都有平等的发展机会，不产生社会排斥：而资本逻辑的基本内涵是保护资本合法增值，鼓励资本承担风险组合生产要素，推动创新，以“破坏性创造”推动社会生产力发展。以人民逻辑为主导，两相结合，包容性发展就有了条件。有人民至上的价值理念，人民逻辑的主导地位就有了保障，包容性发展就能得以实现。

我国消除了绝对贫困，全面建成了小康社会，包容性发展的步伐在加快。但我国社会转型滞后于经济转型，存在所有制、社会、经济三个“二元”结构，产生了群体性的能力鸿沟，制约了包容性发展和共同富裕的推进。为避免资本主义市场经济发展出现的问题，全面实现包容性发展，我们需要抓好以下几点：一是以产权制度改革破解所有制二元，加快集体所有制的产权改革，消除市场分割，推动不同所有权资本的融合发展；二是加快社会改革，打破以户籍制度为标志的城乡二元体制，推进农民市民化进程，实现从“农民社会”向“市民社会”的转变，给予每个人平等发展的机会，提升每个人的能力，走向具有更大包容性的发展；三是以发展逻辑破解经济二元，摆脱原有的只从物质现代化角度考虑问题的惯性，以人的发展作为出发点和落脚点，强调通过国民素质（包括健康素质、文化素质和技能素质等方面）和能力的普遍提升，为“发展”而不只是“增长”奠定更加广泛而坚实的基础。

人类开始进入数字文明时代，为包容性发展提供了新条件。数字化改变了人和人的交往方式、人和物的权属关系，许多资源从原来的不可交易变得可交易，难以使用的闲置财富也变得可以使用共享，资本的作用范围也由此扩大，为人们提供了新的致富机会。数字化与资本结合，将产生新的社会生产力，社会主义市场经济的包容性发展呈现新特征，同时，也面临“数字鸿沟”的新挑战。为此，推动数字化最重要的是坚持人民至上，要防范“数字资本”产生新的社会排斥。数据确权、平台监管、隐私保护、法治建设等都要超越工业化时代的思维范式，只有与时俱进，我们才能抓住数字革命带给我们的历史性机遇，为民族复兴增添新动力。

（此文发表于《财贸经济》2022 年第 9 期，作者：刘尚希）

深入理解促进共同富裕的理论与实践逻辑

阅读提示：扎实推进共同富裕，就要打通发展梗阻。从认识层面来看，就要正确处理好：效率与公平、人的发展与物的发展、按劳分配与按要素分配、结果公平与机会公平之间的关系。从实践层面来看，就要将着力点放在农村和农民问题上，重点解决：市场经济体制二元、社会身份体制二元、国有制与集体所有制二元的问题。未来五年是全面建设社会主义现代化国家开局起步的关键时期，深入分析并有效破除推动共同富裕过程中存在的理论与实践藩篱，是夺取新征程新胜利的题中应有之义。

共同富裕是人类文明发展中的一大难题，也是世界各国面临的共同难题。马克思主义和世界社会主义运动的产生，就是源于当时资本主义社会的两极分化。联合国1948年提出《世界人权宣言》、2000年提出《联合国千年宣言》，以及世界各国建立健全社会保障制度的努力，国际社会对经济不平等的探讨研究，如此等等，都是在以不同的表达和方式尽力消除人类文明演进中的两极分化，使人类免于贫困，朝着共同富裕的方向前进。因此，在探讨共同富裕话题时，我们不能局限于中国的视角，而要站在全球、全人类、全世界的角度来审视和思考。

实现共同富裕是世界的愿景，更是中国式现代化的重要特征，既不能把它看作马上可以做成的事，但也要看到促进共同富裕是当前一项重要任务。目前，我国城乡、区域、群体之间的收入差距、能力差距以及公共服务差距都较大，明显妨碍了双循环新发展格局的构建。从这个意义上讲，促进共同富裕等不得，不能因为它是一项长期任务就不管它了，而是应该从现在就着手促进共同富裕、从社会根源上缩小贫富差距。

当前，针对共同富裕的一个流行的分析范式或观察视角是分配。事实上，从分配的视角谈共同富裕存在很大的局限性，因为只有在做大蛋糕的过程之中，才能谈得上分好蛋糕。孤立静态地去讨论分好蛋糕、缩小差距是没有前提和基础的，无异于是空中楼阁，因而没有意义。如何跳出分配来研究共同富裕？不仅要把共同富裕置于社会生产过程，把生产、分配、交换和消费当作一个整体来研究，而且更为关键的是要跳出物的层面，从人的发展这一角度来探讨。因此，我们提出共同富裕的实质是人的发展，是所有人的共同发展。

一、深入理解共同富裕中的理论逻辑

顾名思义，“共同富裕”是两个词的组合，即“富裕”与“共同”，不仅要富起来，而且是大家都有份，两者怎么融合，这其中就涉及如何处理好几对关系的问题。

（一）效率与公平的关系

围绕这个问题，一般而言有三种看法：第一种看法是冲突论，认为效率与公平是翘翘板的两端，讲效率可能损害公平，讲公平又会有损效率。翘翘板一旦形成，就容易出现两头都难兼顾的情形。这是因为经济要讲效率，社会要讲公平，怎么办？于是这种情况下，又出现了第二种看法，叫兼顾论。认为第一次分配讲效率，第二次分配讲公平，政府应该通过调节初次分配去实现社会公平。实际上，“兼顾论”依然没有摆脱“冲突论”所带来的困惑。因为两者都要兼顾，很可能在一个时期强调效率，当发现贫富差距变大后，又开始更加重视公平。同理，当一个时期发现强调公平有损效率时，又会开始重新强调效率的重要性，这样往往会使政策陷入到一种在效率与公平之间来回摆动的困境。第三种看法是融合论，认为物的发展与人的发展必须统一起来，不能仅仅基于财富或收入的分配去考虑，也不能仅仅基于在物的层面讨论“做蛋糕”与“分蛋糕”的关系。如果仅仅从物的角度，就无法摆脱存量和流量分配循环所产生的“马太效应”；如果空谈人的发展，就会缺乏物的基础。在逻辑关系上，人的发展是目的，物的发展是手段。

（二）人的发展与物的发展的关系

党的二十大报告指出，“中国式现代化是物质文明和精神文明相协调的现代化”，就是将物的发展与人的发展统一起来思考，这与从融合论的角度来理解公平与效率问题的逻辑是一致的。库兹涅茨的倒“U”形分配曲线告诉我们，分配差距会在发展初期变大，等发展到一定阶段后就会缩小，呈现出倒“U”形曲线。但发达国家的实践表明贫富差距曾一度缩小而后又出现扩大，这说明库兹涅茨倒“U”形分配曲线实际上并不成立。这也意味着如果仅从物的层面去思考，就容易陷入存量和流量分配循环所产生的“马太效应”。只有把人的发展与物的发展有机统一起来，才能跳出物的发展所带来的困境。因此，从人的角度来认识共同富裕的本质，彰显人的主体性、创造性和文明性，就能有效缩小贫富差距。

（三）按劳分配和按要素分配的关系

在国家帮助下，提升每一个人的能力，涉及“分配预期”如何引导的问题。如果老百姓把分配预期的重心都放到政府身上，就会大大增强对政府的依赖性，弱化努力与所得之间的关系。如果大家不依靠勤劳来致富，也不去积极创新，那么就会形成一种等着政府让我富起来的心态，这样一来，蛋糕就不可能做大，人的发展也会落空。要消除坐享其成的预期，就需要形成努力与所得相挂钩的分配预期，并将其确定和稳定下来，这正是按劳分配和按要素分配所明确的，构建分配预期的原则。按劳分配中的“劳”，是和自身努力挂钩的“劳”。这其中既有创造低附加值的“劳”，也有带来高附加值的“劳”，两种不同类型的劳动带来的回报自然是不同的。而按要素分配中的“要素”，是通过收入积累形成的财富进入市场来配置使用的，通常表现为“资本”这个要素。获得财产性收入，也就是财富通过市场的资本化，要让更多的人获得财产性收入或资本性收入，必须承认和保护私人产权，并健全市场游戏规则。这也是明晰分配预期的一个重要条件。一个社会有了清晰的分配预期，人人努力、人人参与和人人共享的社会格局就会形成，共同富裕就有了希望。

（四）结果公平与机会公平的关系

对于“公平”，不同人会有不同的理解。过度强调贫富差距的缩小，就会有人趋向于平均主义。该如何把握贫富差距的度，缩小到什么程度社会才可以接受，这个问题值得思考。在社会生产力水平没有充分发展起来之前，“结果公平”一定是在底线上实现的结果公平，即底线公平。而要做到底线公平，政府就必须持续在公共服务方面加大力度。这正是党的二十大报告中提到的“我们深入贯彻以人民为中心的发展思想，在幼有所育、学有所教、劳有所得、病有所医、老有所养、住有所居、弱有所扶上持续用力”。这是对我国实践的系统总结，目的在于保障底线公平、防止两极分化。从这“七有”来看，不仅要从基本公共服务的角度追求均等化，更重要的是满足人们生存与发展的基本要求，做好基本营养、基本教育、基本健康和基本住房，等等。底线公平有了保障，两极分化就不会出现，每一个人的生活就能随着经济社会的发展而不断得到改善。所以，现阶段，理解结果公平需要更多从底线公平的角度展开，通过实施结构性改革，出台相应的政策措施，在一定程度上避免平均主义等阻碍持续发展的因素发生。此外，在强调底线公平的同时，还应该承认差距的客观存在，不设天花板、不搞同步走。

二、深入理解共同富裕中的实践逻辑

从实践来看，促进共同富裕面临诸多挑战，因此，“逐步实现全体人民共同富裕”就显得意义重大。这是因为当前中国仍旧处于社会主义初级阶段，是世界上最大的发展中国家，改革发展任务繁重。与此同时，又面临着未富先老，未富快老等问题。特别是当前，世界之变、时代之变、历史之变正以前所未有的方式展开，这种演化给中国发展带来了严峻挑战。

从体制来看，我国仍是城乡二元体制。习近平总书记在党的十九大报告中提出了“乡村振兴战略”。近十年来，我们不断缩小城乡差距、推动城乡一体化发展，但城乡二元体制依然存在。从社会来看，我们仍是以农民为主体的农民社会，2021 年我国农村户籍人口占到全国人口的 53.3% 。农民社会的基本问题是“农民问题”。从历史来看，不同时期，我国面临的农民问题不尽相同。改革开放 40 多年来，农民问题主要表现为如何让大量剩余劳动力得到有效转化和充分使用。这个问题得到了正确解决，所以中国成为了世界工厂。当前，中国特色社会主义进入新时代，以中国式现代化全面推进中华民族伟大复兴，成为新时代新征程中国共产党的使命任务，也给如何减少农民问题提供新契机。只有让越来越多的农民变成市民和非农就业，我国的现代化才有可能实现。可以说解决好农民问题是当前促进共同富裕的关键。

解决农民问题面临三大挑战。一是市场经济体制的二元，农村有商品市场，但没有土地市场、住房市场、抵押市场和产权市场，农村的耕地、住宅地、住房、林地、林木等财产权不可自由交易，无法货币化、资本化。农村的资源配置效率、使用效率偏低，在农村积累的财产不能随着国民经济发展而增值，农民也难以享受经济增长的增值红利。分享增长的红利不仅在收入增量上，存量也是不可忽视的。农村不存在财产存量与收入流量的循环，农民难以获得财产性收入。这种市场经济体制的二元现象在现实中是普遍存在的。

二是社会身份体制的二元。农民作为劳动力和生产要素，有外出打工的自由，但作为社会成员，因受到诸多体制的约束而没有家庭迁徙的自由。在城市工作生活的农民工不能享受同城平等的就业待遇，农民工家庭在子女上学、老人养老、保障房等方面都不能享受同城平等待遇。社会的发展如果长期处于这种状态，人的能力的普遍提升，尤其是人口占大多数的农民对美好生活的向往就会受到限制。近年来，我国在政策、改革上花了不少工夫，但仍面临许多障碍。比如，农民工家庭即便成为新市民群体，仍与老市民群体在基本权益方面存在差距。社会身份的差异限制了农民家庭人力资本的积累和使用，这一点在教育方面表现尤为明显。与此同时，流动受限也是制约人力资本形成的重要原因。这是因为人力资本积累不仅依靠技能教育培训，也依靠人的流动。如果没有流动，农民的技能是难以有效提升的。改革开放40多年来，农民工作为生产要素和劳动力，通过外出务工有效提升了技能水平，但作为社会成员如何更好地实现自由流动和享受同城平等待遇，将是下一步结构性改革的重大课题。

三是国有制与集体所有制的二元。产权包括所有权、经营权、承包权、使用权、转让权等方面。目前，所有权的裂变，从而形成与产权的分离，产权的交易已经实现，尤其在国有经济中非常明显。国有产权可以交易，农村集体产权不能完全交易，只有耕地可在有限范围内流转。以占有权为中心的所有制向以使用权为中心的所有制转变是现代社会的基本趋势。在这个趋势中，农村滞后于城市。因此，农村效率低于城市。两种所有制怎么有效融合，是我们当前需要解决的现实问题。

只有破除三个“二元”，缩小城乡差距才有希望；只有让农民财产权更充分地流动起来，包括自由选择、交易，才能真正解决农民问题。如果把农民固化在农村、固定在土地上，农民收入的提高、技能的提升都会遇到天花板，财政手段的作用也会边际递减。

改革开放40多年来，我国通过市场化改革，快速实现了工业化，尤其是民营经济的蓬勃发展，同时也初步实现了农业的工业化，农业生产率大幅度提高。下阶段还要进一步减少社会身份的农民、集体身份的农民。只有这样，中等收入群体才能扩大，国民能力才能得到普遍提升。只有重塑社会结构、经济结构和区域结构，完善收入分配格局才有前提和基础。因此，解决共同富裕问题，不仅要在分配上做文章，还必须探讨决定分配结构的更深层次基础是什么，在现阶段就是要推进以人为核心的新型城镇化来带动城乡区域一体化发展。

参考文献：

1. 习近平：《高举中国特色社会主义伟大旗帜为全面建设社会主义现代化国家而团结奋斗——在中国共产党第二十次全国代表大会上的报告》，人民日报2022年10

月26日。

2.《中华人民共和国国民经济和社会发展第十四个五年规划和2035年远景目标纲要》，人民出版社2021年版。

3. 刘尚希：《共同富裕与人的发展：中国的逻辑与选择》，人民日报出版社2022年版。

（此文发表于《财政科学》2022年第11期，作者：刘尚希）

关于共同富裕和再分配关系的一点思考

阅读提示：共同富裕不是消除差距，而是承认差距，使差距保持在一种社会合意、社会认可的状态，包括财富、收入、消费等物质层面的差距和文化、教育、道德等精神层面的差距，其根本要求是达到人与人关系的和谐共处，实现社会文明的提升。共同富裕的实质是促进所有人的全面发展，落脚点是实现人的现代化；实现共同富裕的关键是公平与效率的融合，在发展中二者不能成为跷跷板。

从社会再生产循环角度来看，贫富差距是内生出来的，政府改变初次分配结果，短期有效，但不改变贫富差距的趋势。要改变这种趋势，比再分配更重要的是从制度上保障所有人基本权利和义务的平等，从财政上让所有人的基本权利客体和义务客体真正落实，如享用公共消费，履行纳税义务。从以人为核心的现代化来看，促进共同富裕的着力点在缩小人力资本差距，普遍提升国民能力。这方面需要充分发挥国家财政的功能。国家财政不只是具有再分配功能，促进结果公平，更主要的功能是缩小人的能力差距，尤其是二元结构中农民与市民之间的群体性能力差距，促进起点公平、机会公平，以效率与公平的融合构建未来发展的确定性，推进共同富裕。

一、观察共同富裕的三个维度及其循环

从社会整体来看，贫富差距表现在收入差距、财富（财产）差距和消费差距这三个方面，这也是观察共同富裕的三个基本维度。收入、财富和消费之所以构成三个维度，在于其意义不同。从人的全生命周期来看，消费是最重要的，收入次之，财富更次之。物质消费、健康消费和教育消费等直接关

系到人的生存和发展状态。而消费并不完全取决于个人收入和财富，政府和社会提供的公共消费在现代社会越来越重要。从社会属性来看，收入和财富反映一个人的社会地位，其财产权利可以转化为一种社会声望和影响力。收入和财富不只是消费的基础，也是社会地位的阶梯。从代际关系来看，收入和财富对下一代能力的形成具有间接影响，而消费则具有直接影响，健康和教育等公共消费直接影响人力资本积累水平和差距。从经济发展的角度来看，个人收入和财富可以转化为资本积累和消费支出，成为当期增长的动力；而消费支出可转化为人力资本积累，成为长期增长的后劲。从长期来看，消费差距决定能力差距，对效率和公平具有根本性影响。

收入、财富和消费之间是相互循环的关系。收入差距与财富差距之间存在循环正反馈机制，高收入者能够积累更多的财富，进而又能产生更多财产性收入。收入差距导致个人消费差距，进而带来人力资本积累差距，造成能力差距。能力差距是初次分配差距的直接起因，能力不同，贡献不同，获取的收入也不同，收入差距在经济循环中扩大。公共消费差距与个人消费差距正向叠加在一起，则会扩大社会收入差距，逆向叠加则会缩小人力资本积累差距，从而有利于缩小社会收入差距。在“收入差距→财富差距→消费差距→能力差距→收入差距”这一循环中，公共消费具有调节器的作用，这恰恰是国家财政促进共同富裕的重要切入点。若嵌入负反馈机制，可促进贫富差距缩小；若嵌入正反馈机制，则会拉大贫富差距。持续缩小城乡、区域和群体之间的公共消费差距，是政府促进共同富裕发挥有效作用的基本路径。这比通过税收对当期初次分配结果的再分配具有更重要的意义和影响。

二、 收入分配循环中的税收调节作用具有短期效果

在收入与财富的循环过程中，税收可在一定程度上削弱收入与财富之间的关联性。对劳动收入、财产性收入的征税，可改变个人财富积累的速度，遏制收入与财富循环产生的“马太效应”。动态来看，这种针对收入流量的调节，其边际效应是递减的。因为财富存量并不受到影响，影响的只是财富的增量变化。随着时间延长，财富存量的边际影响越来越大，财产性收入在

收入流量中的占比相较于劳动收入的占比上升更快，初次分配的差距由此拉大。这种情形是以人力资本积累差距不变为条件的。若随着人力资本积累水平提高，人力资本积累差距缩小，尤其是群体性能力差距缩小，获得更高劳动收入者增多，财富积累能力的差距就会缩小，这意味着就会有更多的人能获得财产性收入。在这种情形下，初次分配带来的收入差距也会随之缩小。

要素所有者的能力是获得工资收入、经营性收入或资本性收入的基础，是初次分配差距的决定性因素，政府再分配不起决定性作用。政府通过税收调节高收入，通过转移支付兜底防止绝对贫困，可带来两个方面的确定性结果：一是消除两极分化，二是在短期内缩小收入分配差距。但若能力差距没有改变，分配差距依然会在收入分配循环中再现，并不断扩大。就此而言，通过公共消费来改变个人消费差距，比通过税收、转移支付来改变收入差距的效果更具有长期性和持久性。社会基于自愿的第三次分配产生的作用与政府转移支付的作用是类似的，可以弥补政府财政兜底的不足。

对于政府来说，促进共同富裕有三个财政工具可用：税收、转移支付和公共消费（公共服务）。其中，公共消费改变个人消费差距，可缩小能力差距，促进国民能力普遍提升，对扩大中等收入群体，缩小贫富差距的作用是最大的，且具有长期效果。公共消费要靠税收来支撑，就此而言，税收筹集收入的功能比调节分配的功能更重要。

三、 金融市场的再分配作用

收入与财富的循环离不开金融市场。收入流量转化为财富积累，财富产生的财产性收入，都是以金融市场为中介的。其中财富存量总是处于金融市场之中（广义的金融市场包括房地产市场），其产生的收入要么重归金融市场，形成财富的增量，要么是退出金融市场，变成消费支出。只要产生了收入流量，达到一定水平，税收就会对之进行调节。而处于金融市场的财富存量，则受到金融市场的调节，通过资产价格（资产收益率）进行流量分配和存量分配。当资产收益率为正数时，获得财产性收入；而当资产收益率为负数时，则财富存量被金融市场再分配。

金融市场具有很强的专业性，这种专业性导致严重的信息不对称，参与金融市场交易被“割韭菜”的居多，在不透明、不公正的条件下，更是如此。金融市场成为造富的场所，同时也是致贫的场所，如有资产变为“负资产”。存量财富通过金融市场的再分配往往快速扩大社会财富差距，进而扩大收入差距。有了金融市场的加入，收入与财富之间的循环就变得速度更快了，甚至可以脱离实体经济循环而独立存在。健康的金融市场可使更多的人获得财产性收入，缩小贫富差距；而扭曲的金融市场，不但不能使更多人获得财产性收入，甚至连财富存量也被再次分配成为“负资产”。金融市场的这种双刃剑效应对贫富差距的影响很大。这种双刃剑效应，若是再与能力差距相叠加，财富差距、收入差距和消费差距就会在循环中不断扩大，导致财富快速集中和个人消费悬殊。金融市场一旦产生这种逆调节作用，就会抵消税收的调节作用。

与此相关联的问题是，货币发行方式与贫富差距有直接关联，但具有隐蔽性从而被忽视。按照一般金融规则，持有货币越多的人往往越容易获得更多货币，在这个机制作用下，贫富差距就会扩大。信用货币多是以抵押贷款方式发行的，财富多寡决定了能获得多少信用货币。财富多寡与获取货币挂钩，贫富差距在“财富—收入”的循环中也会扩大。可见，金融市场对共同富裕的影响不可小觑。自21世纪以来，发达国家贫富差距拉大，与金融有直接关系。

（此文发表于《经济研究》2021年第12期，作者：刘尚希）

促进共同富裕：应从流量和存量两个维度入手

阅读提示：共同富裕是社会主义的本质要求，是人民群众的共同期盼，也是中国共产党矢志不渝的奋斗目标。而在当前的国际国内环境下，推进共同富裕的最直接方式就是收入分配。但是，研究收入分配不能忽视存量财富分配，存量财富在客观上决定了流量收入的分配情况。因此，要进一步保障和改善民生，实现共同富裕，仅着眼于在流量分配上做文章已略显不足。相关方面可将存量和流量两个维度结合起来思考，从完善市场的初次分配、再分配机制，发挥公共消费的积极作用，增强税收再分配能力等方面入手，构建更有效率、更可持续的共同富裕实现机制。

2021年6月10日，《中共中央 国务院关于支持浙江高质量发展建设共同富裕示范区的意见》（以下简称《意见》）公布。《意见》指出，深化收入分配制度改革，多渠道增加城乡居民收入。无疑，收入分配是保障和改善民生、促进共同富裕的最直接方式。但从客观角度出发，更应从存量和流量两个维度来分析贫富差距的问题，进而找到促进共同富裕的有效路径。从存量来理解贫穷与富裕，体现在财富或财产积累的多寡上，富裕不只是收入高，更是财富多，而贫穷意味着“无产”，没有财富的积累，所谓一贫如洗。走向共同富裕，不能只考虑收入分配，更重要的是财富分配，因为财富积累到一定程度，就会独立地发挥作用，并自发地扩大收入分配差距。俗话说的“有钱的越有钱，没钱的越没钱”，其话中的第一个“钱”就是指存量财富，第二个“钱”字是指收入。存量分配与流量分配一旦形成一种自发的分配循环机制，再分配政策的作用将会边际递减，导致贫富差距不断扩大。这将会体现到家庭贫困的代际传递之中，也会反映到社会阶层和整个社会分配之中。

一、 收入流量和财富存量共同决定了社会富裕水平

在大家的习惯性思维中，经常混淆了“收入分配”和“财富分配”的概念。事实上，二者存在根本性区别，前者是指流量分配，而后者是指存量分配。尽管存量是流量的历史性沉淀，但存量分配却现实地决定了流量分配：存量分配的规模越大，对流量分配的决定作用就越大。

收入体现为当期的流量，在初次分配过程中，是以市场为主体的分配，通过要素价格机制进行分配，本质上是一种经济交换；在再分配过程中，则是以政府为主体的分配，通过所得税、财产税、社保缴费、转移支付、社会救助等方式进行分配，本质上是一种社会契约。除此以外，还有以社会为主体的第三次分配，本质上是一种基于道义的慈善行为。我们平时强调的分配公平，更多是基于当期的收入流量来认识的，包括再分配政策，也是强调与企业、家庭、个人等主体的当期收入直接相关。比如，白领阶层的收入高，无偿转移性支出就更多，如缴纳个税；反之，失业人员等低收入人群则能获得更多的转移性收入，如领取救济金。显然，这是调节收入分配、缩小贫富差距的重要手段。

财富属于存量概念，是居民、企业和政府年复一年积累的结果。财富进入经济循环过程变为资产。资产包括实物资产、金融资产和无形资产。在现实生活中，人们把消费之后的剩余转化为各种资产，以及由于资产的增值、贬值，从而带来富裕水平的变化。例如，城市住宅价格的大幅上涨导致市民存量财富的增加。当然，这种财富的增值并非个人努力的结果，而是得益于城市空间价值的“漂移”，公共价值外溢到了私人财富上面。再如，少数商人廉价获取国有资产经营权或自然资源开采权，由此形成的财富积累也并非收入分配上的差距所造成的，而是利用公共产权制度的漏洞形成对全民资产的侵蚀。另外，还可以通过金融市场发挥作用，比如，借助股票、期货、基金、信托等金融产品的市场交易，蚀本者的存量财富被转移，实现社会财富的集中和集聚。在金融市场不健全的条件下，财富流动就会很快拉大社会的贫富差距。

二、 财富存量的分配会加速扩大贫富差距

由于我国发展过程中存在不均衡性特征，城乡居民收入差距较过去有所扩大。这些年来，城乡收入差距又有所缩小，与改革开放初期水平相当。但若从存量分配的角度来看，城乡居民贫富差距远远大于收入分配造成的差距。比如，在1998年住房市场化改革之前，城乡居民的财富差距并不大，表现为当期货币收入的差距有限。但在之后的20余年内，由于房地产市场的高歌猛进，仅住房一项就形成了巨大的城乡贫富差距。

事实证明，农民收入增长再快，也赶不上市民资产增值形成的财产差距。这意味着农民与市民处于不平等的地位，农民的市民化仍面临各类显性或隐性门槛，纵向流动受阻，社会贫富差距固化甚至扩大所蕴藏的公共风险值得高度关注。金融资产也是如此，居民拥有的金融资产难以伴随经济增长而同步升值，有些金融资产反而出现了贬值，意味着存量财富被转移了。在金融泡沫、金融抑制和金融垄断并存的背景下，居民的金融资产价值很可能通过银行存款、贷款、股票、债券、基金、信托等金融工具向金融部门或处于优势地位的交易方隐性转移。例如，普通民众将其积蓄投入股市或互联网借贷平台，可能面临财富损失，甚至“血本无归”。而一些高净值人群，更容易获得专业的理财服务或更及时的市场信息，有更大可能实现可观的资产收益。这种“财富效应”会导致财富存量的再分配，扩大贫富差距。在法律不健全、信息不透明、职业道德水准不高的条件下，尤其是各种非银行金融机构如基金公司、理财公司更是发挥着这种存量再分配的作用。

随着人们收入水平的不断提升，财富存量日益累积。积累的财富都会通过资产化，也就是金融化，进入经济循环过程，相应地，财富的再分配规模也越来越大。再分配机制与现行的各种制度之间的隐性关联以及金融市场的发育不健全，可能导致财富的过度集中化趋势，从而造成更为明显的贫富差距。

三、 存量改革和流量改革的协同是促进共同富裕的充要条件

相比于流量分配，存量分配的转移和再分配功能所导致的贫富差距是隐性的，不易被觉察，但往往又是决定性的。因此，要进一步保障和改善民生，促进共同富裕，仅着眼于流量分配上做文章是远远不够的。或者说，只就收入分配的流量维度来讨论分配问题，最终难以缩小贫富差距，甚至可能因“误诊”而导致适得其反的结果。最终必须从存量和流量两个维度来追溯贫富差距扩大的内生机制，通过政府的再分配与市场的初次分配、再分配两手抓，推动构建更有效率、更可持续的共同富裕实现机制。

一是完善市场的初次分配、再分配机制，矫正财富存量分配扭曲与不公平现象。作为一种资源配置方式，市场分配具有天生的“马太效应”，这不仅体现在以要素贡献为衡量标准的初次分配中，还体现在市场的存量再分配机制中。交易主体虽然在身份上是平等的，但存在事实上的不平等，如雇主与被雇佣者之间；大企业与小企业之间；实体企业与金融企业之间等。尤其在金融市场中，信息不对称更容易导致财富存量的不公平再分配。因此，必须建立一套公平、规范、透明的制度框架，进一步完善市场机制，特别是打造透明、公正、法治化的金融市场环境，尽可能保障普通民众的财富存量不受到隐形侵害和掠夺。

二是从物本逻辑转向人本逻辑，发挥公共消费在缩小能力差距中的积极作用。从社会个体来看，贫穷终归是能力的贫穷。公共消费在很大程度上可以弥补个人消费差距所导致的能力差距，有助于增进不同群体发展的起点公平、机会公平，促进人力资本投资均等化，为缩小收入和财富差距奠定基础。因此，坚持以人为本，扩大政府在公共消费领域的人力投资、社会投资，是逐步缩小以至消除能力的群体性鸿沟（如农民与市民），进而破解收入差距、增进机会公平的关键所在。农民市民化，在城镇化中减少农民，使我国从一个以农民为主体的国家（按照户籍，目前农民占到55%）转变为一个以市民为主体的国家，这是推进共同富裕的基本路径。具体来说，应加快城乡分治

改革，实现公民基本社会权利的平等化，加快破除农民与市民、编制内与编制外、工人与干部等阻碍纵向流动的社会身份，这是推进共同富裕的前提和基础。在此基础上，推进基本公共服务均等化，持续加大对社保就业、医疗卫生、基本住房保障、基础教育等领域的体制机制改革和投入，并建立健全标准体系和动态调整机制；促进基本公共服务与人口、劳动力流动及其分布变化相匹配，使公共消费变成促进人的发展的有力工具。

三是把税收调节功能寓于税收收入功能之中，增强税收再分配能力。进一步完善税收制度和政策，多渠道缩小收入差距、促进社会公平。具体来说，应着力完善直接税制度，扩大税基，并优化财产税制度，增强税收的调节功能；同时，完善社会第三次分配的税收政策，积极发挥税收对慈善捐赠的激励和引导作用；鼓励社会力量在促进人的发展，提升人的能力，提高人的素养方面发挥更大作用。

（此文发表于《地方财政研究》2022 年第 1 期，作者：刘尚希）

论促进共同富裕的社会体制基础

阅读提示：共同富裕是社会主义的本质要求，是人民群众的共同期盼，也是我们党矢志不渝的奋斗目标。在高质量发展中推进共同富裕是必由之路，实现这一目标需要一个长期持续的发展过程。干预分配结果有辅助作用，但难以从根本上促进共同富裕。社会转型滞后于经济转型是贫富差距拉大的根源，实现共同富裕首要的任务是在发展中促进社会流动，推动以农民为主体的社会转向以市民为主体的社会，这是促进共同富裕的社会基础。

党的十九届六中全会审议通过的《中共中央关于党的百年奋斗重大成就和历史经验的决议》，在全面回顾总结党的百年奋斗历程和重大成就基础上，以更宏阔的视角，全面总结党的百年奋斗的历史意义，总结了中国共产党百年奋斗的历史经验，体现了中国共产党和中国人民、中华民族的内在关系，贯通了中国共产党百年奋斗的历史逻辑、理论逻辑和实践逻辑。一百年来，党始终为中国人民谋幸福、为中华民族谋复兴。共同富裕是社会主义的本质要求，是人民群众的共同期盼，也是我们党矢志不渝的奋斗目标。在高质量发展中推进共同富裕是新时代社会主义现代化建设的必由之路，实现这一目标需要一个长期持续的发展过程。

当前，学界在对我们党实现共同富裕的奋斗目标上多有共识，存在的分歧主要集中在如何促进共同富裕上，是从再分配、三次分配的角度入手，还是从经济社会发展的角度，尤其是从人的发展和能力提升的角度来切入？这是一个重大的现实问题，事关我国社会主义现代化建设的成败。在当前背景下，一些人对资本的不同看法、对民营企业家的偏见看法多了起来，同时带来一些社会思潮的变化。当然，现实的贫富差距确实比较大，再加上国际环境的巨变，越来越多的人开始关注收入分配问题。法国经济学家托马斯·皮凯蒂的《21世纪资本论》在国内也有不小的反响，国际国内舆论都感觉到贫富差距大是目前人类发展面临的一个重大问题。把分配问题置于发展之上的看法渐渐增多起来，谈分配问题的多了，讲发展的少了，这种倾向值得高度关注。

一、干预分配结果有辅助作用，但难以从根本上促进共同富裕

实现共同富裕，解决发展问题是第一位的，分配问题当然重要，但不能仅仅靠分配来实现共同富裕。共同富裕只能在发展中实现，在财富的增量上改善分配是一种温和的方式，有利于形成良性的“分配预期”，形成共同做大蛋糕的动力。但如果没有发展，就没有增量，就没有改善分配的余地和空间。分配问题不能局限于分配本身，而必须置于发展之中来看，尤其要放到基于人的发展的整个社会体系和社会制度中去认识。

怎样促进共同富裕，应基于我国实际来分析。我们首先要看改革开放以来，已经解决了什么问题？还有什么问题没有解决？为什么贫富差距在逐渐拉大？哪些是市场的马太效应导致的？哪些不是，而是非市场的其他因素带来的？市场的马太效应导致贫富差距扩大，笔者觉得只是问题的一个方面。从“富起来”角度观察，市场化的作用无疑是巨大的，也是根本性的。但无论是初次分配，还是再分配和三次分配都不是孤立的过程，都内在于发展过程，是和整个社会联系在一起的，而社会及其发展的动态过程是整个分配过程和各个分配环节的根本前提。

生产关系决定分配关系，生产成果的分配取决于生产条件的分配。马克思认为，“所谓的分配关系，是同生产过程的历史规定的特殊社会形态，以及在人们生活的再生产过程中互相所处的关系相适应的，并且是由这些形式和关系产生的。这种分配关系的历史性质，就是生产关系的历史性质，分配关系不过表示生产关系的一个方面”①。从我国现实来看，社会成员之间的身份鸿沟是导致贫富差距扩大的重要原因，农民与市民之间的身份差别某种程度

① 马克思：《马克思恩格斯选集》（第21卷），人民出版社1965年版，第195页。

上是最大的社会鸿沟。如果把干预收入分配当作促进共同富裕的主要路径来看待，就可能忽略导致分配差距的最主要因素。在循环视角下观察，作为上一轮经济循环的结果，干预初次分配会对下一轮经济循环产生边际影响，但这种循环机制在一定制度下一旦形成，政府干预初次分配有一次性的短期作用，却不会改变初次分配差距不断被再产生出来而形成的长期趋势。因为导致初次分配差距的是每一轮经济循环所依赖的经济社会条件——生产要素的分配和人力资本积累。而人力资本积累的差距从根本上决定了初次分配差距的变化趋势。

二、 走向共同富裕， 首要的任务是在发展中促进社会流动

社会流动是经济社会发展的重要动力，也是推进实现共同富裕的社会条件和基础制度。

从改革开放40多年看，我国GDP总量已居世界第二位，人均GDP突破1万美元，人民生活水平跟过去相比已经大大改善，绝对贫困已经消除，全面小康也已经建成。这些成绩的取得，毫无疑问，离不开市场化改革带来的巨大发展动力。在市场化改革过程中，固化的、静态的社会被打破，形成以劳动力流动为核心的要素流动，社会生产力被极大地解放和不断地释放出来。在这个发展过程中，一部分人先富起来，一些地方先富起来；在以后的发展进程中也只能如此，不可能是同步走、齐步走。未来的发展，仍将会是先富带后富、先富帮后富，还将是一部分人、一部分地区先富起来，这个先后顺序整体上始终会存在。社会流动性的增强，给所有人提供了富起来的机会。

国家强调实现共同富裕目标，首要的问题是要防止社会阶层固化，消除两极分化。在我国历史上，历朝历代都曾有过防止和消除两极分化的思想，如实行300年之久的均田制，以及在此之前夏商周搞的井田制，都蕴含着这样的思想。历史上“耕者有其田”的主张显然是农耕时代避免两极分化和阶层固化的一种有效治理思路。

邓小平明确提出，社会主义要解放和发展生产力，消灭剥削，消除两极分化，最终达到共同富裕①。这蕴含了走向共同富裕的先后次序思想，即通过发展实现富裕是第一位的，共同富裕是在这个过程中实现的；在共富中防止两极分化和阶层固化是第一位的，缩小贫富相对差距是在这个前提下实现的。经过脱贫攻坚，我们国家已经消除了绝对贫困，也可以说消减了两极分化。现在我国面临的是相对贫困问题，但这并不等于说防止两极分化的任务今后也不会再有。以政府的力量来消除绝对贫困，是个巨大成就，但要使这个成果一直保持并得到巩固是有条件的。在这个条件具备之前，防止两极分化的任务就一直存在。这个条件就是通过社会平等来促进社会流动，在社会流动中实现全社会成员之间的起点公平、机会公平和规则公平。

过去我们在共同贫穷的条件下，需要先考虑怎么做大蛋糕，让大家富起来，改善人民生活。我们国家的改革是从市场化改革入手的，是以经济领域的改革为突破口。经济改革是一项基础性的改革，具有决定性意义。但经济改革只是富裕起来的第一步，要防止阶层固化和两极分化，走向共享共富，还需要社会改革来创造社会条件。因为过去不仅仅是计划经济，整体上是一种“计划社会”，实际上是全面性的计划管控，社会成员之间并不平等，限制了自由流动和个人选择。而这种社会限制导致的社会阶层固化有可能制造出比普遍贫穷更严重的问题，那就是两极分化。邓小平说：“过去我们讲先发展起来。现在看，发展起来以后的问题不比不发展时少。”② 这其中所指就是对此而言的。两极分化虽然现在已经消除了，但社会流动依然受到过去遗留下来的“计划社会”的深刻影响，阶层固化的危险并未消除。很显然，深化社会改革就变得十分迫切。

---

① 李君如：《邓小平治国论》，中国计划出版社 2016 年版，第 314 页。

② 中共中央文献研究室：《邓小平年谱（1904—1974）（下》，中央文献出版社 2009 年版，第 1364 页。

三、 社会转型滞后于经济转型是贫富差距拉大的根源

从整体来看，我国社会领域的改革是滞后的，社会改革远滞后于经济改革，社会转型慢于经济转型。传统的计划社会并没有进行真正彻底的改革，比如说户籍制度、城乡二元结构，还有城市的体制内和体制外、正式工和非正式工等，诸如此类问题造成国民身份的差别和同工不同酬，加之城乡之间公共服务的差距，从而带来靠个体努力无法改变的群体性能力的差距。相对而言，农村人口接受教育的年限更短，导致其参与经济循环、进入市场的能力普遍更低，自然成为低收入群体。毫无疑问，这与历史形成的城乡二元结构有直接关系。农民现在即使进了城，也仍然难以享受市民的平等待遇，这种社会身份限制了可以享受同等待遇的权利，造成了群体性的机会不公平、起点不公平。这不是市场经济发展所能解决的问题，也不是市场化改革能解决的问题。这一问题属于社会改革滞后、社会转型缓慢所致。社会身份差别，人力资本积累的机会不公平，导致群体性能力差距，这是社会问题，而不是经济问题。

社会问题必须通过社会改革来解决。市场经济最重要的前提是人与人之间的平等，尤其不能有群体性的不平等。在过去计划经济体制的背景下，改革开放主要是针对经济领域，以市场化改革为导向，对政府的经济职能和相应的经济管理机构进行了大调整，但针对社会领域的改革要滞后许多。近些年来，社会领域的一些改革虽然取得了一定进展，但与市场化这项基础性改革相比，仍然不相匹配、不够适应。比如，在科教文卫体领域的改革尽管作出了很多努力，但成效不尽如人意。农民市民化不顺畅，农民工这个亦农亦工庞大群体的形成，就显著反映出社会改革与经济改革的不相匹配。

其实这又反映出一个问题，即政府和社会的关系应该如何处理？全面深化改革是改革的新阶段，重在“全面”和“深化”。如果说我国在政府与市场关系改革上取得了理论和实践的重大突破，那么，在政府与社会关系改革

的问题上还处于探索之中。市场化改革强调放权、分权，让包括国企在内的市场参与者取得独立的市场主体地位。过去向市场分权，现在向社会怎么分权？向市场分权形成了一系列制度，市场主体依法享有自我决策、自我发展、自我管理和自担风险的自治权；向社会分权，社会主体的自我决策、自我发展、自我约束能力怎么增强？这方面的改革还是相对滞后的，社会发育缓慢，由此导致社会与市场的关系割裂，对市场难以形成有效约束和有力支撑。当前，社会改革最关键内容就是解决历史形成的二元社会结构中社会身份差别所带来的机会不公平、起点不公平问题，以及由此带来的群体性能力鸿沟。

低能力的群体，往往只能获得低收入。比如说，农民在能力较低的情况下，只能从事简单劳动、创造低附加值，那么他们的收入怎么可能提高？改革开放初期，我国通过提高农产品价格、搞大包干等方式，有效释放了当时体制条件下的潜力，解决了吃饭问题。随着经济上放开搞活进一步扩大和农村税费改革的推进，农民的经营性收入、工资性收入得到增长，加上国家财政给予的各种“三农”补贴，使农民收入大大增加。但现在面临着一个硬性约束条件，就是二元社会结构如果不尽快加以全面改革，农民作为一个庞大群体，他们的能力若不能得到普遍提升，初次分配的差距难以缩小，而仅靠通过转移支付再分配带来的农民收入增加依然是有限的，且不可持续。从这点来看，社会改革不只是走向共同富裕的路径，而且也是防止两极分化再现的必备条件。

四、从以农民为主体的社会转向以市民为主体的社会是促进共同富裕的社会基础

我国当前面临的国情依然是农民多，不仅是农业就业人口多、农村居住人口多，而且是户籍上的农民多，隶属于农村集体所有制经济的农民多，其总的比例超过50%。从经济上看，我国不再是一个农业国家；但从社会结构看，我国依然是一个以农民为主体的社会，人口的实际市民化率不到一半。

经济上的人口红利已经消失，社会转型缓慢带来的人口阻力在增大，人口城镇化不足、人口老龄化加速，国家发展的成本快速提高。人力资源是发展的第一资源，开掘这个资源的根本途径是市民化，应推动以农民为主体的社会加快向以市民为主体的社会转型。正是在这个意义上，我国现代化建设面临的主要问题其实是农民问题，也就是如何减少农民。

从过去 100 年的历史来观察，我国面临的主要问题一直是“农民问题”，无论是革命年代、建设时期，还是改革开放和新时代的国家现代化建设，都是如此，不同的只是农民问题在不同时期的表现形式和解决方式不同。当年革命之所以取得胜利，就在于认识到农民对于革命的重要性；建设时期工业化之所以能取得重大进展，就在于农民提供了工业积累；改革时期之所以产生了经济增长的奇迹，就在于农民提供的人口红利和低成本优势。开启社会主义现代化强国建设的新征程，实质也是农民市民化的新征程，彻底改变二元结构。

当下的农民问题主要是社会问题。农民外出打工，作为一种生产要素的劳动力获得了自由流动的权利；但作为社会成员，家庭自由迁徙仍有诸多障碍。这种社会的不平等导致了人力资本积累的差距、财富积累的差距和收入分配的差距。这种体制性的差距已成为我国当下及今后非常重大的挑战。所以，我国未来现代化建设的重心依然是农民问题。怎样降低占总人口 55% 的农民数量？现在全国约有 2.8 亿农民在城里工作，但这些人因农民身份而不能享受市民待遇，实际上还是农民。从社会这个视角来观察，我国虽然不是一个农业国家，却还是一个农民社会。

怎样才能真正改变农民社会，实现社会转型？这需要进行一场深刻的社会改革，使之跟上经济改革的步伐，这样才能进一步促进包括市场化在内的改革全面深化。有效推进以人为核心的城镇化，彻底改革二元社会结构，让全体国民能力得到普遍提升，社会创新活力才能够真正释放出来，促进共同富裕才会得到持续的动力。

当然，在现实条件下，每个人因能力不同，个体之间的相对贫富差距短期是无法消除的。从长期来看，需要重点关注的是以农民为主体的二元结构如何加快改革，并借此加快人力资本积累，缩小群体性的能力差距。这既是一个发展问题，也是一个分配问题，是实现公平与效率融合的社会体制基础。

参考文献：

1. 马克思：《马克思恩格斯选集》（第 21 卷），人民出版社 1965 年版，第 195 页。

2. 李君如：《邓小平治国论》，中国计划出版社 2016 年版，第 314 页。

3. 中共中央文献研究室：《邓小平年谱（1904—1974）（下）》，中央文献出版社 2009 年版，第 1364 页。

（此文发表于《行政管理改革》2021 年第 12 期，作者：刘尚希）

公有制与非公有制经济的共生是共同富裕的重要基础

阅读提示：促进共同富裕必须始终坚持社会主义基本经济制度，立足社会主义初级阶段，坚持“两个毫不动摇”。坚持“两个毫不动摇”的基本内涵是促进公有制与非公有制经济的共生，形成一种新的现代经济生态。公有制与非公有制经济的共生是中国特色社会主义市场经济的重要特征，中国经济发展能取得举世瞩目的伟大成就，与此是内在关联的。也可以说，没有公有制与非公有制经济的共生，就不可能有今天我国“富起来”的伟大成就。今后的发展，共同富裕的实现，更是离不开公有制与非公有制经济的共生，依赖于共生这种经济生态的不断优化升级。

一、 公有制与非公有制经济共生是共同富裕的中国路径

在中国历史上，没有任何一个时代像当前这样赋予共同富裕如此丰富而深刻的内涵，将其作为国家制度的本质要求。在世界历史上，至今没有任何一个国家可作为解决共同富裕问题的标杆与典范，却不乏社会两极分化酿成经济倒退和社会动荡的反面案例。在高质量发展中推进全体人民共同富裕是中华民族伟大复兴的生动实践，也是中华文明为世界文明发展提供的新路标。

公有制与非公有制经济的共生是共同富裕的中国路径，也是独特的中国方案。两者融合发展，中国优势就得以彰显；两者相互排斥，中国优势就会被削弱。中国的共同富裕方案生发于社会主义初级阶段，是“富起来到强起

来”这个历史性跨越的战略布局。以公有制为主体、多种所有制经济共同发展是社会主义初级阶段所坚持的基本经济制度，也是中国特色政治经济学理论的伟大实践。在新发展理念的指导下，坚持“两个毫不动摇”，促进公有制与非公有制经济的共生、融合，将焕发出强大制度优势，为推进全体人民共同富裕提供制度保障。

二、 公有制经济是避免社会两极分化的物质基础

共同富裕的第一要义是防止社会财富占有、使用的两极分化，公有制经济在避免社会两极分化中承担着重要职能。马克思观察到资本主义早期无产者作为一个阶级的产生，是资本主义生产方式导致的工业文明异化的体现，故而提出了生产资料公有制的设想，目的就是防止两极分化，避免产生无产者和阶级对立。随着“两权分离”理论的诞生及改革实践的不断推进和深化，马克思的所有制理论被中国化、时代化。中国公有制经济的活力不断释放，在提高效率的同时，也成为稳定经济财政和保障基本民生的重要支撑力量，如划转一部分国有资产充实养老基金等。面对人类风险社会的来临，公有制有利于为整个社会注入确定性，提供基础性、普惠性、兜底性的物质保障。

公有制经济包括国有经济、集体经济和合作经济等类型，随着产权改革的深化，相互之间也在融合发展。国有经济的存在形态正逐渐从国有企业向国有资本转化，通过国有资本的流动、配置来促进经济社会目标的达成。国有资本的功能正在从经济（保值增值）向兼容社会（公平、绿色和创新）转变，在促进共同富裕中将扮演重要角色。传统集体经济的存在形态也在变化，“三权分置”改革使集体经济从政经合一的村社组织向股份合作的经济组织转变，这在广大农村地区避免了两极分化的产生。以股份合作、共享模式为主的新型集体经济、合作经济在农业产业化、创造就业岗位、增加农民收入和加强基层治理方面起到了兜底性的作用。

三、非公有制经济是人民群众勤劳致富的共同舞台

非公有制经济作为社会主义经济的重要组成部分，是在改革开放过程中走群众路线配置资源的结果，极大地解放和发展社会生产力。以法治的方式，保障人民群众积极参与市场竞争、创业创新、创造财富，这既是中国现代化的必由之路，也是共同富裕的共同舞台。非公有制经济在稳定增长、促进创新、增加就业、改善民生的过程中发挥基础性作用。非公有制经济也是民有、民享经济，从其在国民经济中的地位来看，贡献了50%以上的税收、60%以上的GDP、70%以上的技术创新、80%以上的城镇就业、90%以上的市场主体数量。由此不难看出，非公有制经济是实现可持续发展、增强国际竞争力的基本力量。

非公有制经济能创造大量的新增就业岗位，尤其是“三新”就业岗位，是大多数人勤劳致富的基本途径。非公有制经济是技术创新的重要来源，以不断涌现的创造力和灵活的适应力，引导和提供新的供给，促进消费升级，为经济社会注入源源不断的发展动力。非公有制经济是国家财政收入的重要渠道，是财力增强的持续保障，为缩小地区间、城乡间、群体间的差距注入了更大的确定性。

四、公有制与非公有制经济的产权融合是现代社会发展的基本趋势

从现代产权理论的角度看，不同所有制在产权层面上实现融合或混合是人类历史上所有制演变的基本趋势。“两个毫不动摇”不是分化对立，而是有机统一和相互融合。在分工不发达、生产力相对落后的时期，所有制形态以“占有”为中心，具有排斥性特征；随着分工不断深化和生产力水平达到新的高度，现代社会的所有制形态转变为以“使用”为中心，融合性特征日渐凸显。经济的金融化助力所有权的结构化、社会化，占有权、使用权、经

营权、处分权日渐分离，收益权随之分割，并在此基础上衍生出新的财产权利，并由不同经济主体来行使。生产资料的实物形态日渐被金融化，转变为股权、债权、期权等以金融形态为载体的存在方式，促进了生产要素的流动、重组和配置，传统的所有制形态也由此改变。公有制和非公有制通过产权融合为一体，社会生产力由此得以大幅度提高。

从我国的改革发展实践来观察，公有制与非公有制经济在改革发展中相互促进，国有企业和民营企业在产业分工上协同合作，已经形成“你中有我，我中有你”的格局。由国有资本、集体资本、非公有资本等交叉持股、相互融合所形成的混合所有制经济，是基本经济制度的重要实现形式，是新形势下实现“两个毫不动摇”的有效途径，这自然也是促进共同富裕的必由之路。

从社会融合的角度看，不同所有制经济形成的合力将推动城乡区域人员的流动、融合与发展，有利于形成“人人参与、人人努力、人人共享”的格局，也为“先富帮后富、先富带后富”社会机制的构建提供前提条件。促进共同富裕，需要培育、鼓励、依靠大量“辛勤劳动、合法经营、敢于创业的致富带头人”。而非公有制经济恰恰就是催生大量这样的“带头人”的土壤，有利于增强企业家“致富思源、富而思进”的社会责任，进而推动第三次分配的高级化。

五、实现公有制与非公有制经济融合推进共同富裕需要辩证处理“三对关系”

一是要正确处理劳动收入与资本收入的关系。《21世纪资本论》揭示了劳动收入和资本收入的变化趋势：100年来，劳动收入与整体经济规模相关，增长到初始值的8倍；而资本收入与资本积累相关，增长到初始值的128倍。日积月累投资形成的资产，其增值所带来的贫富差距远远大于收入分配造成的差距。因此，要实现共同富裕的目标，需要同时考虑收入流量和资产存量的关系。应从仅就收入分配的流量维度来讨论共富问题，转变到从存量和流量两个维度来追溯贫富差距的真正根源。注重从社会身份、土地、产权、金融等基础性制度的改革入手，构建更加公平、更可持续的共同富裕实现机制。

二是统筹处理好“个体差异”和“群体差异”的关系。个体之间的能力和贫富差距是发展中的永恒现象，在任何社会条件下都不可能完全消除。然而，当同属性的个体差距聚合显现为大规模的群体差距，且通过个体努力难以缩小时，说明整个社会存在向上流动的体制机制障碍。这是促进共同富裕中需要着力解决的关键问题。因此，要从关注个人财富收入的差距表象，转变为关注群体性资源禀赋、流动上升通道等机制差异，改变社会身份体制，通过提供均等化的公共服务，保障机会平等、起点平等、规则平等，有效弥合群体性鸿沟。

三是辩证处理好“物的共享”和“能力普遍提升”的关系。过去的发展阶段主要依靠物质资本的积累，更多强调要素投入对经济增长的促进作用，以此带动广大人口脱贫。进入新发展阶段之后，资源环境对经济增长的约束日益收紧，若是仅仅停留在“物的共享”层次上，将难以实现高质量、可持续的经济繁荣和社会融合。进入创新驱动发展阶段，人力资本的作用将上升为第一位，物质资本也将越来越依赖于人力资本来发挥作用，数字革命更鲜明地表明了这一点。因此，要从关注物的分配转变为关注人的发展，通过促进全体国民能力的普遍提升、破除人的发展障碍来促进全体人民共同富裕。

当前，我国农村户籍人口仍占大多数，与人口的城市化率极不相称，这种扭曲的社会结构依赖于社会改革来矫正，更依赖于公有制与非公有制经济的融合发展这个基础。唯有如此，促进全体人民共同富裕才能最终实现。

（此文发表于《秘书工作》2021 年第 12 期，作者：刘尚希）

规范财富积累机制需要改革城乡二元体制

阅读提示：党的二十大报告提出，要规范收入分配秩序，规范财富积累机制。本文指出，讲规范财富积累机制，既要从市场的层面上去讲，也需要从社会的意义上去讲，既要看到微观，也要看到宏观。共同富裕的关键是让农民市民化，农民市民化的关键是改革城乡二元体制，改革城乡二元体制的关键是改革、发展与稳定之间的风险权衡。

一、 财富是通过市场化的方式创造出来的

党的二十大报告提出，要规范收入分配秩序，规范财富积累机制。“财富”是一个存量的概念，“收入”则是一个流量的概念。所有的存量都应当是来自流量，如果没有流量，存量就不会增加，全社会的财富就不会扩大。除了一些没有人类劳动参与的天然的自然资源，一般来说，不是通过劳动创造出来的东西，像空气、水、阳光等，不能算是创造出来的“财富”。我们所探讨的“财富”，是通过市场化的方式创造出来的，是与人类的活动相关的。

政府的财富从哪里来？除了征税，政府的一些财富来自国有企业，国有企业通过经营积累国有资产，这离不开市场。国有资源，像矿山、土地等，是经过开发以后才变成财富，这类财富不是积累而来，而是大自然赐给人类，政府也要通过市场化的方式，比如以招拍挂的方式，把土地、矿产资源等让渡给市场主体来进行开发、使用，以创造新的财富。

对于企业而言，企业通过经营，获得利润，转化成投资，当然企业还可以通过借贷、发行债券股票等方式吸引其他投资者参与进来，共同扩大企业

经营规模，使得企业的资产规模越来越大，扣除负债以后就形成企业的净资产。如果是股份公司，净资产属于股东所有，这家企业本身就是虚拟法人，就无所谓企业来积累财富了。如果是自然人企业，自然人企业归自然人所有，自然人企业积累的财富归自然人企业所有。有的民营企业就是自然人企业，不是股份公司。这样的企业扣除成本、费用，每年形成的利润转化为投资，再加上通过借贷等方式形成的投资，整体产生的净资产积累，归个人所有。这就是个人通过搞经营、办企业的方式实现个人财富的积累。无论积累多少财富，只要是依法参与市场竞争获得的，都是合理的。

一般的家庭、个人，在取得收入、扣除消费以后，累积下来的资金比如通过存款、购买债券或股票、购买房产等，就形成了个人的财富积累。当然，个人积累的财富，在市场中有的会升值，有的可能会贬值，从而导致财富存量的再分配。

二、 规范财富积累机制需要机会公平

个人的财富积累与资本市场有关。资本市场越完善，个人积累财富的机会就越公平。资本市场如果不完善，对许多人来说可能连参与市场的机会都没有，而且在这种情况下，积累财富的机制可能从社会的意义上讲就不合理。比如房产也是财富积累的方式之一。从社会意义上说，市民在城里购买一套房子，如果在北京，房产是增值的。如果是在北京打工的农民挣了钱回到老家，在宅基地上建房，是贬值的。为什么同样是人，同样是公民，为什么农民建在农村宅基地上的房子就贬值，在北京等城市购买房产就会升值呢？这个升值机会是谁给的？这并非个人努力的结果，而是城乡二元体制造成的，这就不公平。所以，要规范财富积累机制，在社会的意义上，首先大家的身份要平等，基本的权利要平等，大家的机会要公平，这才谈得上规范财富积累机制。

在我国贫富差距状况目前不容乐观，这与机会的不公平，尤其是财富积累机会的不公平，有直接关系。这主要体现在财富增值机会的不公平。市民

容易搭上国民经济增长的便车，所以容易实现财富增值。农民在农村原有的财富，比如耕地、房产等，跟国民经济增长有多大关系呢？经济增长再快，对于这些财富的价值几乎也没有多大影响，所以农民在农村相对难以搭上国民经济增长的便车，来实现农民家庭、个人的财富增值。

这就是一个大的需要改革的问题，即二元体制的问题。所以，讲规范财富积累机制，既要从市场的层面上去讲，也需要从社会的意义上去讲，既要看到微观，也要看到宏观。

现有的市场要通过法治化，规范市场活动，尤其是资本市场，完善财富积累机制。但是，我们需要看到，如果只是讲市场，例如我们目前讨论的市场规范化、法治化，仅仅是针对已有的市场。在农村可能还缺乏一些市场，如住房市场、土地市场。从社会意义上讲，还得进一步去拓展，要体现整个社会的公平正义。要建立全国统一的市场，让大家都有平等的机会，这就涉及要如何通过改革实现城乡一体化的发展。要破除这种二元结构，首先要针对二元体制进行彻底的改革，那么，社会的财富积累机制就更规范了，从而在收入的分配上、财富的积累上，其差距可能就不会像今天这么大。因此，这不仅是一个技术层面的问题，也不是一个单纯的管理上的问题，而是一个改革的话题。

这里面不仅有政府和市场的关系问题。比如农民，农民只有进城打工，他才能参与劳动力市场，但是农民积累的财富并不在市场之中，不能交易，没有价格，无法增值。在这个意义上看，对农民是不公平的。这不仅是政府和市场的关系，其中也涉及政府和农民的关系，即涉及政府与社会的关系。这就不只是经济问题了，还是重大的社会问题。政府与社会的关系就是政府如何对所有的公民一碗水端平，公平对待。既然都是国民，都是公民，应有的基本权利是一样的，在身份上应当是平等的，不应有高低之分。

我国从 1949 年以来形成的城乡二元体制的影响一直延续到了现在。农民作为劳动力供应者可以进城打工，在经济层面上农民作为生产要素是可以流动的；农民要拖家带口全家都到城里定居，也可以，但是农民享受不到跟市民同等的待遇，这就不公平了。这带来很多问题，例如农民子女的上学问题，子女上学的问题涉及对下一代的培养，涉及人力资本的积累。如果农民的孩子在城里不能扎根，那么他的人力资本积累就与市民家庭的人力资本积累是不平等的，因为受教育的机会不公平。再比如保障房，有户籍的市民可能获得保障房，没有户籍的可能就得不到。

总之，在社会基本权利不平等的情况下，导致很多经济机会的不公平，在收入分配、财富积累等方面，机会就不公平，从而导致收入分配、财富积累的差距扩大。这些机会上的天壤之别所形成的收入差距、财富差距等经济差距是体制造成的，不是单靠个人努力就能解决的。例如农民的子女在农村里可能生下来就没能受到良好的教育，导致其人力资本积累不高，即便进城打工也往往只能获得较低收入；而市民子女的人力资本积累整体上要比农民强得多，其收入就相对较高。

尽管我国城乡之间收入差距有所缩小，城乡居民人均可支配收入之比已经从2009年的3.33∶1降至2021年的2.50∶1，但市民的人均收入仍是农民人均收入的2至3倍。这其中很多是属于体制因素造成的，并非个人努力不努力的问题。对农民这个群体来说，在这种体制下致富的难度很大，即使政府给予再多的支持政策和财政投入，也无法填平体制产生的鸿沟。尽管多年来我国户籍城镇化率有所提高，但2021年我国户籍人口城镇化率只有46.7%，而2021年我国常住人口城市化率为64.7%，两者相差了18个百分点。我们通常看到了常住人口这个指标，而忽略了常住人口这个指标背后的群体之间的不平等。目前我国大概有3亿农民工，他们被城镇化了，作为常住人口计入城镇化率这个指标，但农民工在城里工作、生活，却享受不到市民的平等待遇，这就是社会问题了。所以这要从社会层面去改革，单单在经济方面解决不了。推动市场化，规范政府与市场的关系，解决不了这个问题，这要从更宏观的视角，从社会的层面才能看到、认识到，从而解决问题。这是优化分配结构的一个前提。中国式现代化要从人的角度来考虑问题。我国有14亿多人口，按照户籍人口城镇化率计算，我国还有超过53%的人口实际上还是农民，是一个“农民社会”。在这种二元体制下，农民如何富裕起来？主要靠政府的支持和投入，是远远不够的，也是难以持续的。

三、 要通过改革二元体制推进市场化的改革

有一种观点认为“一次分配靠市场，二次分配靠政府”。这里的“靠市场”，靠的是城市的市场，农民在其中处在边缘的地位，是劳动技能不高的打工人，农民如何从实现低收入到中等收入？“二次分配靠政府”，但政府的能力是有限的，如果超过50%的人是低收入者，如何能通过政府财政调节来实现农民收入显著提升？这显然是行不通的。二次分配靠政府来缩小贫富差距，那是理想，在我国的这种现实条件下是难以做到的。

至于说第三次分配，那是社会成员基于道德自觉，自愿地把一部分收入或者财产捐献出来的行为。在任何一个国家，第三次分配只是一个补充，对收入或者财富的平等化的影响都是很小的。第三次分配是基于一种道德的考量，是一种利他的行为，政府可以鼓励，但是无法强制，靠个人自觉。第三次分配实际上是社会文明程度的一个体现，它取决于物质文明的水平，也取决于经济发展的阶段，不是个人觉悟的高低决定的。发达国家的第三次分配的比例总体上高于发展中国家。其他国家与我国的国情不同。一些发达国家探讨全民基本收入，这些国家的国情是不存在二元体制，已经实现了城市化，农民在人口中占比很低，而且其农民的角色也是不带社会身份的，仅仅是一个职业意义上的农民。而在我国，农民是社会身份意义上的农民，即使非农就业，在城市生活，但仍是农民身份。这与国外的农民不是一个概念。在我国，如果搞基本收入制度，如果只针对城里人搞，那么城乡差距就更大了；如果全民一起搞，搞得起吗？将会重蹈20世纪50年代人民公社大食堂的覆辙。当然，对于丧失了劳动能力者，对于残疾人、老年人等弱势群体，需要社会保障其基本的生存条件。在这个意义上的“基本收入”，就是保一个底线的公平，让所有人都能生存下去。

从更深的意义上讲，要通过改革二元体制推进市场化的改革，让更多的人能够拥有平等的发展机会。大家都以同样的身份、平等的权利来参与市场的游戏，共同创造财富，公平积累财富，这样才谈得上社会的公平正义。人

民对美好生活的追求，不仅是解决物质文化生活的问题，人民还有对民主法治、公平正义、安全、环境等的需求。社会公平正义如何实现？要通过改革建立新的体制，制度的保障才是真正的保障。

为了解决现在已经形成的城乡二元结构，要改革城乡二元体制。在城乡二元体制里，户籍制度实质上是一个社会身份制度，具有很强的社会排斥性。此外，还有比如农民的财产在农村如何交易？现在农村“三块地”（耕地、宅基地、林地）的所有权是集体的，承包权、经营权、转让权交给了农民，这也是财产权。农民获得了这些财产权之后，如何去依法交易，获得财产性收入？这就跟集体所有制关联在一起了。

该如何去创新集体所有制的实现形式？按照老的集体所有制的实现形式，农民很难富起来。过去搞人民公社，在那种情况下的集体所有制，农民是受穷的。现在是土地的集体所有权和土地的承包权、经营权都分开了，要跟国有企业改革一样，其所有权和经营权分离。在农村这叫“三权分置”改革，“三权分置”改革调动了农民的积极性，所以解决了吃饭的问题。但是农民的收入提高问题如何解决？农民在农村整体上难以实现高收入，还得离土离乡才可能富起来。农民如何才能离土离乡？现在农民是集体经济的成员，如何转让财产？农民的财产带不走，缺乏流动性，想转让也没市场。在这种情况下，农民如何真正变为市民？

改革城乡二元体制，有一个“进得来”的问题，即城里不要设置障碍，要让农民能进城，户口实行登记制，迁移不受限，不仅是劳动力作为生产要素可自由流动，而且家庭、社会人口也可以自由迁徙，就是打开城门，让人“进得来”。另外，还有一个“出得去”的问题，即农民能带着所积累的财产，能摆脱原有的集体经济成员的身份，通过市场交易将财产权利变现带走，进城过上市民的生活。现在农民与农村的关系就像婴儿通过脐带一直与母体连接一样，剪不断。城乡二元体制造成农民工群体最终落叶归根回到乡下，所以我国的户籍人口城镇化率的提升进展很慢。在这种情况下，农民如何富裕起来？又如何积累财富？

所以，规范财富积累机制，促进共同富裕，关键是让农民市民化，农民市民化的关键就是改革城乡二元体制这个深层次的问题。

四、三个“二元”问题带来的巨大挑战

在我国，在城市里，土地是国家所有，是国家所有制。所以农民和市民的身份差异背后，实际上还有一个所有制的差异问题。市民是生活在国有制的基础上，农民是生活在集体所有制的基础上。农民和市民的所有制基础不一样，如何进行改革，这就涉及一个重大的理论和实践难题。1949 年以来我国逐渐建立了以公有制为主体的基本经济制度，公有制主要包括两种形式，即全民所有制（国家所有制）和集体所有制。这两种基本的所有制形式实际上就决定了不同的人生活在不同的所有制当中。市民，整体而言，生活在国有土地上；农民整体上生活在集体的土地上，即使离开农村，也带不走土地上的财产。对于这两种所有制的实现形式，该如何创新？更大的问题是，不能因为不同的所有制而造成机会的不平等和身份的差别，不能把所有制的不同变成社会上人的不平等的基础。所有制就是所有制，如何不再跟社会身份挂钩？一个提出多年但难以解决的问题是，农村集体所有制下的生产要素和国有制下的生产要素，比如集体的土地和国有的土地，同样是土地，同样是生产要素，一个有市场，一个没有市场，还没有形成一个统一的要素市场。目前的市场还是个二元市场，不是一个统一的市场。这二元市场的问题如何解决？

所以归纳起来要解决三个二元问题：社会的二元问题，比如农民与市民的社会身份的二元以及基本权利的不平等问题；经济的二元问题，比如同样的财富因为分别处在不同的所有制当中而一个有市场、一个没市场；以及公有制的二元问题。如何通过改革解决三个二元问题？这三个二元问题是相互关联的，改革哪一个都会牵扯其他问题，要解决必须一体化推进，这是一个十分复杂的难题，既是理论难题，也是实践难题。比如所有制的理论，在理论上要探索集体所有制、国家所有制的实现形式在市场经济下该如何去创新，让农民的集体所有权和农民的承包权、经营权等权利分置，对这些权利分置

之后如何在法律上进行规范，都能变成可交易的财产权利。目前国有企业的所有权、经营权两权分立，而农村集体所有制的三权分置，现在也不能完全交易。所有制实现形式的创新，面对着很多理论上的难题，该如何进一步解放思想、创新理论，进而解放生产力，是规范财富积累机制和促进共同富裕的深层次问题，也是中国式现代化进程中无法绕开的重大问题。这涉及改革、发展和稳定之间的风险权衡，考验新时代的智慧。

（此文发表于《清华金融评论》2023 年第 3 期，作者：刘尚希）

金融促进共同富裕需要转向人本逻辑

阅读提示：金融推动共同富裕面临着双重任务。一是如何促进富裕；二是如何促进共同富裕，避免两极分化。上述两项任务分别对应效率和公平。现有政策通常把效率与公平分开，做“两篇文章”。但将二者合二为一，则存在很大的难度，需要理论和实践创新。

金融推动共同富裕不能仅着眼微观，而需要着眼所有人的共同发展。从经济学角度看，共同富裕是一个包括财产、收入在内的物质财富生产和分配的问题；从社会发展角度观察，共同富裕的实质是人自身的发展问题。若只是在物质财富的生产和分配上做文章，不落实到人的发展、所有人的共同发展上，则共同富裕只是分配政策的目标，仅仅具有短期意义。金融要促进共同富裕，也不能仅着眼于普惠金融。共同富裕要求把效率与公平两者有机结合，要求整个国家富裕起来，而且人人有份，仅靠普惠金融是难以发挥这种作用的。

推动共同富裕的基本逻辑应当转向人本逻辑。这与中国共产党的以人民为中心的政治理念高度吻合，与当前转向高质量发展和创新驱动的战略高度契合。西方国家的“共同富裕”路线是不成功的，他们未能跳出效率与公平此消彼长的对立关系，根本原因在于西方国家实施的缩小贫富差距政策是基于物本逻辑的，而物本逻辑的核心是“资本至上”，人被异化为工具和手段，成为金钱的支配对象。与之相对的是人本逻辑。中国自古以来就有重视民生的民本思想，“民为贵，社稷次之，君为轻”，不同历史阶段都有不同形式的表述，近代孙中山先生提出的三民主义，更是突出了民生的重要性。基于共享的传统文化和平等的社会主义价值观，中国形成了基于人本逻辑的共同富裕观。人本逻辑要义是彰显人的主体性、创造性和文明性，形成新的螺旋式上升的社会发展逻辑（人的发展—物质发展—人的发展），以替代物本逻辑下的发展公式（物质发展—人的发展—物质发展），把人的发展作为手段、要素，转变为发展的出发点和落脚点。

当前，银行放贷款时，重点考虑抵质押物，这就是物本逻辑下的资产信用。物本逻辑将会导致资金越来越多地流向富人，形成“马太效应”，进一步导致收入分配的差距、财富分配的差距不断拉大。只有遵循人本逻辑，才能真正解决效率、公平“两张皮”的问题，将效率与公平融合起来，使两者不再冲突、相互促进。

在人本逻辑下，效率与公平的融合要求在人身上做文章。正如上面指出的，如果金融不再是基于物的信用，而成为基于人的信用，以人为尺度，从人的能力、人的创造性等角度形成新的风险判断规则，据此投放资源，则既能创造财富，又能缩小财富分配的差距。例如，在创新创业过程中，大量小微企业具有轻资产的特征，仅有想法、创意或者专利，缺乏抵押物。在现行物本逻辑下，由于难以对上述资产进行估值，小微企业很难得到金融的支持。在人本逻辑下，对于这些创意，要像风险投资一样投资于人而不再基于物。对风险的定义也要随之改变。

此外，当前监管机构对于金融机构的管理，例如，对银行资本充足率的要求，也是基于物来考虑的。这也导致现有的宏观审慎监管和微观审慎监管两者之间难以融合的困境。在人本逻辑下，金融监管也需做出根本性的调整，否则，金融促进共同富裕将陷入困境。真正的风险不是来自物的估值，而是人的行为。

（本文根据中国国际金融学会“中国式现代化与高质量发展、共同富裕”研讨会嘉宾观点整理，由中国银行研究院冯天真整理。此文发表于《国际金融》2023 年第 3 期，作者：刘尚希）

第三篇
论高质量发展与数字化

用高质量发展来创新机遇

阅读提示：走高质量发展之路是实现更可持续发展的唯一途径。高质量发展的动力来自创新，条件来自开放，保障来自改革。从国家层面来说，需要把民营企业当作“自己人”，承认民营企业和国有企业都是推动中国式现代化、实现共同富裕的重要力量，稳步提高发展质量，缩小与发达国家的差距；从企业层面来说，应顺应高质量发展的政策方针和宏观趋势，超越“经济人”定位，主动承担社会责任，创造新的价值；从社会层面来说，应认识到数字化作为一种趋势，能引领带动高质量发展。不仅所有企业需要数字化转型，国家也应抓住数字化发展机遇，将数字化作为高质量发展的必由之路。

高质量发展作为当前的首要任务，实际上是为进一步发展创造新机遇。2017 年党的十九大提出了高质量发展理念，即从过去依赖要素投入的经济增长，转向具有内涵和技术支撑的高质量发展。高质量发展理念的提出，意味着传统的发展方式已不可持续，走高质量发展之路成为实现未来更可持续发展的唯一途径。基于这一核心逻辑，2023 年两会就推进高质量发展进行了战略部署。下阶段要深入学习贯彻两会精神，为高质量发展创造有利条件，在国际竞争中争取战略主动。

一、 高质量发展是最大的确定性

当前，百年未有之大变局加速演变，不可预料因素、事件和情况不断增多，可以用高度不确定性来概括当前形势的基本特征。例如，近期“硅谷银行”事件引发自媒体的各种解读，一些观点认为这可能是金融危机的开始，另有观点认为这只是一个孤立的事件，影响有限。我们虽然不能确切预测接下来的演变趋势，但类似这些不可预料事件频繁发生，将导致国内经济面临更大的不确定性。

一是“需求收缩、供给冲击、预期转弱”三大压力依然不小。虽然从2023年1—4月数据来看，国内经济整体形势似乎不错，但进一步分析发现，无论是投资还是消费景气度不高，需求收缩压力较大，供应链冲击风险增大。2023年4月，规模以上工业增加值同比实际增长5.6%，环比下跌0.47%。全国制造业PMI为49.2，时隔3个月再度跌破临界点，制造业景气水平有所回落。社会消费品零售总额同比增长18.4%，但低基数效应发挥了不小的影响，如果以四年复合增速来看，4月消费的景气度较3月有所回落。有效需求不足抑制了投资增速的上涨，1—4月固定资产投资同比增长4.7%，增速较1—3月下降0.4个百分点。

二是受内外因素叠加的影响，我国可能面临通缩风险。美国当前面临通货膨胀压力，而我国经济数据显示，目前PPI、CPI等国内物价指数呈下行趋势，这表明我国可能面临通缩风险。一旦陷入通缩，经济形势将更加严峻，实现5.5%的预计增长目标、促进经济整体好转的难度将进一步加大。针对这一问题，学界持有不同观点。有人利用M2衡量疫情三年来中美货币政策，认为中国发行的货币数量较美国多，可能更容易出现通胀。事实上，我国当前面临的最大风险并非通胀，而是通缩。这是一个值得深入研究的问题。

三是当前投资、消费不太景气的重要原因是存量拖累，资产负债表的损伤未得到弥合。资产负债表包括居民资产负债表、企业资产负债表和地方政府资产负债表。过去三年，疫情反复冲击导致企业和居民资产负债表受损。不少人提前还房贷，正是由于居民资产负债表受损。无论是企业还是居民，都在缩表而非扩表，这是通缩的一个重要指标。经济理论认为，当居民和企业资产负债表在缩表，即使央行扩表，也可能出现通缩；而当央行在扩表，其他部门在缩表时，也可能陷入流动性陷阱。近年来，我国面临的风险较大，因为国际供应链、疫情、双减政策、双控政策、房地产调控政策等影响带来一系列风险，给企业、居民、地方政府的资产负债表造成了多次冲击。由于资产负债表受损后的弥合在短期内存在难度，会进一步加剧经济形势的高度不确定性。

要在上述三种不确定性的背景下构建战略的确定性，就必须依靠高质量发展。

推进高质量发展，需要把民营企业当作“自己人”，走好群众路线。2023年两会期间，习近平总书记在参加江苏代表团审议讨论时专门谈到高质量发展的问题，强调贯彻新发展理念、构建新发展格局是实现高质量发展的一个战略基点，实现高水平科技自立自强是实现高质量发展的必由之路。3月6日，习近平总书记在民建、工商联界讨论会上也作了信息量很大的重要讲话，再次提出民营企业是“自己人”，是我党长期执政和民族复兴的重要力量。这些话很有含金量，既可以从“两个毫不动摇”的角度来理解，就是要大力发展民营经济，鼓励支持民营经济发展壮大；也可以从群众路线来领会，我们从前搞计划经济，通过计划配置资源，群众是没有自主权的。改革开放后，通过引入市场机制，在经济建设中走群众路线，相信群众、依靠群众，让群众配置资源、激励群众创造财富。在革命战争年代，群众路线走得非常好，从胜利走向胜利，实现中国共产党的长期执政。改革开放以后走群众路线，发动群众去配置资源、创造财富，这实际上就是市场经济。从这个意义上讲，我们党长期坚持群众路线，就是要坚持让群众去配置资源，走自主创造财富的道路。因此，“两个毫不动摇”不是权宜之计，而是长久之策。

从群众路线来理解市场经济、民营经济和民营企业，能得到一个非常重要的结论：民营企业是坚持群众路线的结果，且一直都会存在。所以，我们不仅要鼓励支持民营企业，还要不断发展壮大民营企业。就此来说，民营企业是“自己人”，群众路线是一个重要的理论支撑。

推进高质量发展，要承认民营企业和国有企业都是推进中国式现代化、实现共同富裕的重要力量。还有一个理论线索可支撑民企长期发展壮大，即社会财富所有制形态的变化。无产阶级革命的使命是夺取政权，同时消灭无产阶级，让无产者变成有产者。共同富裕就是让所有人都有产，即马克思所说的个人所有制。个人所有制就是人人占有生产资料。例如，人人都有一些存款，通过银行等金融机构转换成投资，投资变成资本，就转换成了马克思所说的生产资料。推进共同富裕，就是让每个人都拥有生产资料。马克思讲的那个时代，生产资料私有制剥夺了劳动者的自主权，没有生产资料就没有劳动，没有劳动就无法获得收入。无产者变成了有产者之后，这个问题就完全不一样了。理解马克思生产资料所有制理论一定要与时俱进，无产阶级革命的目的就是让所有人富起来，而不是还保持无产者状态。

从这点来看，社会财富的所有制形态在发生变化。民营经济、民营企业放到社会财富所有制形态变化中去理解，民营与国有并不是对立的关系，而只是一种所有制形态的区别，但并不决定经济的社会性质。国有制只是马克思设想社会占有生产资料的一种过渡形态，马克思设想的生产资料公有制是社会占有，其实质是人人占有生产资料，每个人都会因此获得收入，包括工资性收入和财产性收入。收入扣除消费以后，剩下的变成储蓄，储蓄转换成投资，就变成了生产资料，形成人人占有生产资料的一种社会再生产循环。从这个意义上讲，现在的生产资料已经逐步转变为社会占有，纯粹的私有制已经被一点点地扬弃，只不过是通过银行、股票、债券等金融形式来实现的。这一理论问题值得深入探讨。

实现共同富裕，要求民营企业发挥更大作用。目前，国有企业的就业人口大约五六千万人，全国劳动力达7亿多人，劳动年龄人口有9亿人，让大家富起来必须鼓励大家去闯、去投、去干，所以民营经济、民营企业，通过群众自己去配置资源、创造财富，共同富裕就有了可持续的机制。实现中华民族伟大复兴，必须有民营经济的发展壮大。这实际上回答了转向高质量发展为什么要坚持“两个毫不动摇”，为什么说民营企业家是“自己人”，这为高质量发展创造了良好的政治条件。

推进高质量发展是一个重要且持续对抗不确定性的过程。高质量发展是我们面对不确定性时构建的最大确定性。高质量发展，其动力来自创新，条件来自开放，保障来自改革。可以说，改革、开放、创新，是实现高质量发展的“三大法宝”。

发展是一个持续的过程，高质量是相对的，没有止境。与过去相比，我国的发展质量在不断提升，但与强国富民的目标、与中华民族伟大复兴的目标相比仍不够高。推进高质量发展，要从过去依靠资源要素投入追求高速度，转向质的有效提升和量的合理增长。发展转段以后，经济增长速度依然重要，高质量发展也需要在一定速度中不断提升。但高质量的标准是相对的，跟过去比，跟国外比，高质量发展最终体现在竞争力上。竞争力增强，意味着发展质量有提升；竞争力不够强，说明发展质量还不够高，所以竞争力（包括企业竞争力、产业竞争力和国家竞争力）是衡量发展质量的最重要指标。横向与国际比较、与发达国家比较，我们的竞争力水平仍存在差距，发展质量还需要进一步提升。

未来发展仍有很多不确定性因素及风险，我们需要构建自身发展的确定性，去实现既定目标，一步一步地提高发展质量，缩小与发达国家的差距。发展质量不断提升，确定性就会增加，离目标也就更近了。所以，我们要在不确定性世界中赢得未来，唯有推动高质量发展。

二、 企业的未来要通过自身高质量发展来保障

国家层面需要高质量发展，微观主体即企业层面也需要高质量发展来保障。从企业层面来看，高质量发展是大政方针，也是发展的大趋势。民营企业应该抓住这一大政方针、顺应高质量发展的大趋势，如果与这个趋势相背离，企业生存都会成问题。

高质量发展是国家战略的需要，是提升国际竞争力的需要。高质量发展是国际竞争的底气，是中国在大变局中保持战略主动的一个抓手。

高质量发展既可从物的角度理解，也可从人的角度理解。从人类文明史来看，高质量发展是人类文明发展的基础，人民美好生活的体现。提高人民生活品质，要依靠更高质量的产品、服务和生态环境。人类文明程度的提高，也依赖于高质量发展。

从物的角度来看，我们一般理解为科学技术。高技术可能带来高质量，

作为前提条件，高质量就实现了有形态的物质基础，而物的发展是为了人的发展，最终要落到人力资本积累上来。我们过去讲，“人口红利”促进经济快速增长，但从去年人口呈现负增长态势来看，人口数量“红利”已经消失，必须依靠人口的质量红利，即人力资本积累的增加来实现发展。

人的高质量发展既是进一步发展的基础，也是我们继续发展的目的。创新需要依靠人，有更高素质的人，创新就有了更坚实的社会基础；有了更高素质的人，就会有更多的创新行为；有了更丰厚的物质基础，就能为人的发展创造更好的条件；更高质量人的发展又能为更高质量物的发展创造条件，最终形成一个良性循环。企业对人才的渴求，反映出企业追求高质量发展开始进入良性循环的轨道。企业要赢得未来，就要依靠高质量发展来保障。

企业发展的机遇是自己创造的。高质量发展就是企业未来的机遇，没有高质量发展就没有机遇，就没有明天。从这个意义上讲，高质量发展是我们进一步发展的基础，也是未来发展的新机遇。

走高质量发展之路，需要转变一些思想认识和思维模式，重新认识和定义企业。我们不能按照传统的企业定义来理解高质量发展。现代经济学对企业的传统认识是一个“经济人”，是以利润为目标的个体，传统的政治经济学也认为企业仅仅是追求利润的。但企业走向高质量发展，不是一维的，而是多维的，要用高质量发展的立体眼光开辟道路、创造机遇，这就需要对企业进行重新定义。从法律意义上讲，企业通常被视为法人，属于权利与义务相对称的民事主体；从经济意义上讲，企业是追求利润的“经济人”；同时，企业也是“社会人”，应当承担一定的社会责任。我们要认识到传统经济学将“经济人”看作企业唯一特性的理解是存在偏差的。比如利益相关者理论就抛弃了传统的将企业假设为“经济人”的理论逻辑，利益相关者不仅要考虑自己，还要考虑企业周围的环境、职工、供货商和顾客等方方面面，而不应是唯利是图、只考虑自己的传统“经济人”角色。

企业这个概念现在正在被改写。国际上倡导、开展的 ESG 理念和运动，作为一种新的衡量标准，要求企业披露 ESG 信息，其中 E 讲的是环境，S 讲的是社会，G 讲的是治理，这三者综合衡量的企业，将不仅仅是一个“经济人”，还是一个社会人。也可以说，企业作为经济主体受到社会的约束将越来越多，市场和社会的关系正在重构。

与此同时，企业家也需要一个重新的自我认识。要走向高质量发展，必须对企业有一个新的认识，否则我们将陷入传统的“经济人”逻辑，仅关注商业利益而忽视其他因素。这种纯粹的“经济人”企业已经不符合时代需求。企业应关注其主业，同时承担社会责任。正如习近平总书记在 3 月 6 日讲话中所提到的，民营企业家要富而有责、富而有义、富而有爱。这表明企业不仅仅是一个“经济人”的概念。由于经济学领域很多理论分析和模型设计的基本逻辑都是建立在纯粹的“经济人”假设之上，这种假设越来越脱离现实，由此形成的学术观念俨然已经误导了社会。新时代在重新定义企业的过程中，企业家也需要重新进行定义。把市场、企业独立于社会之外的观念和方法，越来越行不通了，更不用说那种凌驾于社会之上的经济学理念。

企业实现高质量发展的落脚点是企业价值。企业价值，不一定是通过财务指标衡量，比如香港交易所最近修改主板上市规则，允许无收入、无盈利的科技型企业赴港上市。上市规则从看重财务利润转向企业价值，将有利于创新型企业的发展。就像独角兽企业可能亏损了几年，但风投基金仍纷纷去投，这是为什么？因为风投看的是企业的未来价值。从企业来说，高质量要落在企业价值上，而不是原子化地落在产品和服务上。如果企业有价值了，毫无疑问，企业的产品和服务也是有价值的，但反之不一定能成立。企业追求的高质量，应是追求企业价值，其中蕴含新业态、新模式以及文化品位。企业价值等于“经济价值 + 公共价值”。其中，经济价值是附加值，给投资者带来的回报，是企业的基础；公共价值体现为社会价值，包括对员工是否负责，对社会是否负责，对供应商、消费者是否负责，生产的过程是否对社会友好、对环境友好等。评价企业价值，应抛弃传统的仅从经济价值角度的度量，而是要叠加公共价值。公共价值可能成为经济价值的放大器，使企业价值成倍提升。高价值、高质量等于强竞争力，这种竞争力在国际贸易上也越来越明显，因为在国际贸易方面不仅要看重企业的产品、更看重企业的社会责任，这就是 ESG 理念。

创新是企业的生命，没有创新就没有高质量。创造新价值，共享新价值，是企业实现高质量的关键。

三、 数字化是高质量发展的必由之路

数字化是高质量发展过程中的一个重要主题，是高质量发展的必由之路。

需要重新认识数字化。在数字化时代，数据有如工业化之电力，已经渗透到各行各业，成为关键的生产要素。数字化拓展了生产的可能性边界和可交易边界，使得在工业经济背景下不能交易的资源变得可交易。数字化时代也促使社会财富在更大程度上的共享，如私家车原本是消费资料，但通过网约车共享平台可以变成生产资料。生产资料和消费资料的界限已经不那么分明了。私家车位和企业的仪器设备，也可以通过数字平台，让更多人、更多企业实现共享，这实际上也是社会财富更为充分的利用。从这个意义上来看，数字平台的存在使得社会财富的存量得到了更加有效的配置。数字化实现了虚实融合，提供了很多可以替代简单劳动、重复劳动的工作方式，比如说元宇宙、ChatGPT。工业经济是以实控实，数字经济是以虚控实。

数字化是一种基本趋势，高质量的发展必须顺应这一基本趋势。所有企业都需要数字化转型，数字化已经彻底改变了发展的底层逻辑。一是数据的所有权呈现相对化、虚拟化特征，数据不能按照传统的所有权概念谈确权，按照传统的思维解决数据的所有权确权问题是走不通、做不到的。现在的竞争是平台生态之间的竞争替代单个企业之间的竞争，是跨代的竞争、换道的竞争，与工业经济条件下的竞争不是一个概念。二是消费者参与生产过程。行为数据、个人偏好成为生产要素并创造价值。过去生产是生产、消费是消费，两者是分离的，现在开始一体化了。三是供需匹配的即时性。在数字化虚拟时空中，供需可以跨越物理时空，实现即时匹配。四是数据开放是新的基本规则。企业之间、政府之间、国家之间的数据开放，成为未来开放的一个新领域，也是一个新挑战。如何占领人类虚拟空间开放的制高点，是走向

高质量发展的另一个赛道。

数字化是民族复兴的机遇，也是企业转型升级的新机遇。数字化类似于过去的工业化，一些国家抓住了工业化机遇，自然就走在了前头，中国的工业化滞后，导致整个国家的发展落后了。数字化的一个特性是机不可失、时不再来，我们抓住了数字化机遇，可能就会实现既定的发展目标，如果没抓住，这个机会可能就再也找不回来了。如果说工业化还有“补课”的机会，那么数字化连“补课”的机会都没有。正是在这个意义上，数字化不能慢慢来，必须有紧迫感。所有企业也要有紧迫感，如果在数字化转型中没有跟上，意味着企业有可能在竞争中被淘汰。数字化是高质量发展的必由之路，抓住大势，顺应这一时代潮流，我们就会迎来许多新的发展机遇。

（此文发表于《财政科学》2023 年第 5 期，系作者 2023 年 3 月 13 日在第二期全国工商联大讲堂“2023 年全国两会精神解读会”上的发言整理而成，数据有更新。作者：刘尚希）

人力资本、公共服务与高质量发展

阅读提示：从反面来看，低技术含量、少数人富裕、环境不友好的发展都不是高质量发展。高质量发展需发挥“人”的核心作用，关键是通过基本公共服务均等化来强化社会人力资本积累。公共服务或公共消费不单属于纯粹的需求范畴，更是一个消费的人力资本化的过程。在市场逻辑下，个人、家庭的人力资本积累存在较大差距，容易导致起点不平等；而“限高补低”的收入分配调整仅是较为机械的结果公平。公共服务消费是缩小人力资本差距、实现起点和机会公平、防范社会公共风险的最有效方式，同时可以实现高技术含量、环境友好的发展，有利于实现人人参与、人人尽力、人人享有的以人民为中心的高质量发展。

高质量发展是我国现阶段提出的重要战略方向，也是我国现阶段发展的必然要求，深刻理解和认识高质量发展的内涵，是实现高质量发展的重要基础。

一、高质量发展的反向定义

高质量发展可以从正反两面来进行定义，包括宏观、微观、经济、社会等不同的维度。然而，从正面定义高质量发展往往较为困难，不如从反面来理解，即什么不是高质量发展。通过反面定义，理出不属于高质量发展的内容，并努力改变这些方面，可以促进我国的高质量发展。就目前来看，至少有三点不属于高质量发展。

其一，低技术含量的发展。目前，我国在经济体量上的发展成就是世界瞩目的，已经成为了世界第二。但是，巨大的经济体量并不能说明我国的发展质量高，过去我国产业的发展基本上靠模仿，产品附加值处于中低档的位置，高附加值的产品、行业在整个国民经济的占比较低。虽然从一些具体的例子来看，我国通信、高铁、航天等方面技术水平处于世界领先地位，但从整体上来看，我国经济发展的技术含量仍然偏低。

其二，少数人富裕的发展。单从技术指标、技术水平来看，我国各方面都有所提高，但若社会财富越来越被少数人占有、贫富差距不断扩大，这样的发展不能算高质量发展。我国从计划经济走向市场经济，倡导的是让一部分人、一部分地方先富起来，先富带后富，最终实现共同富裕的目标。但是，改革开放至今40多年，一部分人、一部分地区先富起来这个目标已经实现，但先富带后富还正在努力之中，社会贫富差距还很大，还不能算高质量发展。

其三，环境不友好的发展。如果发展的负外部化程度很高，带来了大量的污染和生态环境的破坏，即使物质生活水平有了极大的提高，人们能够享受高科技带来的便利，但是空气质量下降、生态环境恶化等问题层出不穷，这也不能说是高质量发展。

因此，低技术含量的发展、少数人富裕的发展以及环境不友好的发展都不能算高质量发展。在过去短缺的时代，我们更多考虑的和需要解决的是“有”和“无”的问题，追求经济增长的高速度，而不在乎技术含量的高低。同时，贫富差距问题、环境污染问题在当时也未充分显现出来，自然也不会得到足够的重视。而现在我国进入了一个产品相对充裕的发展新阶段，环境问题、贫富差距问题愈发变得严重和突出，已经影响到人们的生存质量和社会稳定，而且有进一步扩大的风险，亟待防范化解。若这个时期再去一味地追求增长速度，已经没有意义，而且也不可能实现，甚至连稳增长可能都较困难。因此，转向高质量发展才是当下的正确选择。

二、 高质量发展的实现路径

高质量发展必须强调发挥人的作用。实现高质量发展，有两个关键词：

人力资本和公共服务。

人力资本是经济发展的后劲，经济发展潜力实际上就体现在人力资本上。我国过去40年的人力资本主要是指劳动力的数量，我国通过人口的数量红利实现了经济的快速发展，创造了中国经济增长的奇迹。而现在人口老龄化到来，人口的数量红利已经消失，要继续发展，只能靠人口的质量红利，也就是要靠高质量人力资本。高质量的人力资本积累，要靠高质量的公共服务。例如，教育的快速发展为我国经济发展积累了大量的人力资本，但从整体上来看，我国人力资本的积累与高质量发展的要求还不太匹配。例如，各地方纷纷推出各种优惠政策来争抢高端人才，说明我国人才依然短缺。中低档专业技术人才如技工也较为缺乏，制造业企业普遍遇到招工难、招技术工人更难的问题。与之相反，一些大学毕业生却找不到工作，存在就业难的问题。这充分说明，我国目前的人力资本积累与经济社会发展的需要不匹配。

人力资本的积累取决于两个因素：一是个人、家庭的努力；二是政府提供的公共服务，如教育、培训、医疗、防疫、环境等。长期以来，我们对公共服务的理解存在一些偏差，把公共服务视为公共福利。一旦从福利的角度来理解，公共服务就演变为一种纯粹的消费。消费等同于消耗，与经济增长的关系仅仅剩下一个“需求”的含义。其实，公共服务的目标不只是公共消费，而是应当进一步延伸，转向积累人力资本，换句话说，政府提供公共服务其实就是通过公共消费实现人力资本的积累。人们常把消费理解为社会总需求的一部分，这是一种短期的、静态的分析，有很大的局限性。实际上消费并非财富消耗掉了，而是转化成了人力资本。基于马克思主义政治经济学，我们可以对消费的人力资本化进行解释。生产指的是进行物质资料转化的过程，包括生产和再生产的过程；与此对应的，人口和劳动力的生产和再生产过程其实就是一个消费的过程。反过来看，消费的过程就是人口和劳动力生产、再生产的过程，也就是人力资本积累的过程、人自身发展的过程。这就是消费的人力资本化。

消费可以分为两个部分：一部分是私人消费，如家庭、个人的消费；另一部分是公共消费，公共服务其实就是用来公共消费的，或者说是公共服务的消费。而人力资本的积累正是靠上述两种消费形成的。在市场经济条件下，个人、家庭进行人力资本积累的过程往往较为缓慢，且容易形成比较大的社会差距。这也是经济不平等的起点。消费的差距导致人力资本的差距，进而导致机会的不公平。收入差距、贫富差距都是由此而产生的。高收入人群可以多消费，进行更多的人力资本投资，但低收入的个人和家庭可能难以保障最基本的生活支出和教育支出，社会的人力资本积累就会极不平等。如果完全遵循市场的逻辑，在收入与消费的代际循环传递下，穷的就会越穷，而且穷人也会越来越多。若出现这种趋势，中国发展的进程就会受阻，掉入发展不可持续的陷阱之中。

因此，为了避免人力资本积累过程中市场逻辑的缺陷，就需要进一步强化公共服务的作用。人力资本的积累通过公共服务，或者说公共消费得到保障，这样就能避免人力资本差距的进一步扩大，避免绝对贫困的代际传递。通过公共服务的均等化，促进人力资本积累的基本平等，是政府防范公共风险的最有效途径。这既能增强经济发展的后劲，避免经济动能衰减的风险；也能促进社会平等和经济平等，防范社会两极化的风险。

对于贫富差距的问题，常用的解决思路是从收入流量入手，限高补低，即通过税收调节缩小收入差距。征税的过程把高收入拉低，基尼系数缩小，然后通过转移支付，转给低收入人群。在这个过程中，通过征税和转移支付两个方面，实现社会贫富差距的缩小。这种思路形成了比较普遍的看法，相当流行，并得到社会的广泛认可，但有很大局限性。其实，在市场经济条件下，最重要的不是结果的公平，而是机会的公平，即人力资本的差距不能太大。如果在基本的人力资本积累方面差距很大，就会导致绝对贫困。政府若只是围绕“结果公平”做文章，社会的激励机制就会受到抑制，人人努力的局面就难以形成，发展可能停滞。从本质上来看，贫困是能力的贫困，贫富差距的大小实际上取决于能力的鸿沟，能力的鸿沟就是人力资本积累差距的大小。显然，人力资本积累单靠个人、家庭是不够的，还要靠政府提供公共服务即公共消费来转化为社会人力资本，从而使社会的人力资本水平更高，机会更加平等。这样，人人参与、人人努力就有了条件，就会形成有内生动力的人人共享机制。税收调节、转移支付是“授人以鱼”，在缩小收入差距方面短期有效，容易产生社会幻觉，但不能扭转长期趋势，而且会造成效率与公平的冲突。只有转到起点的公平、机会的公平、缩小人力资本的差距上来，“授人以渔”才能真正化解少数人富起来这种低质量发展所导致的公共风险，才能实现效率与公平的融合。

此外，人力资本的积累过程又能为创新和技术进步提供良好条件，这样一来又可以解决发展的技术含量偏低的问题，促进有高技术含量、高附加值的发展。依靠创新，环境友好的发展实际上也能够得以实现。这样，高质量发展也就有了保障。

三、 总结

在我国经济发展进入新时代的背景下，推动高质量发展是现阶段的战略方向，也是促进经济社会持续健康发展的必然选择。高质量发展靠的是人力资本的平等积累，而市场经济内生逻辑衍生出来的人力资本积累不足、不平等的问题，是隐匿的发展风险，这就需要通过发挥公共服务的作用来解决，事先防范。

我们要转变对公共服务或者说公共消费的认识，它不单是公共需要和社会总需求的一部分，而且是形成“人人参与、人人尽力、人人共享”发展模式，进而实现社会公平和经济效率融合的最有效方式。通过提升公共服务水平、扩大公共消费不仅能扩大短期需求、稳定短期增长，更重要的是能积累人力资本，增加经济发展的后劲，促进机会的公平，缩小能力的鸿沟，使社会变得更加和谐，发展方式与环境更加友好，从而促进高质量发展。实现以人民为中心的发展，也就蕴含在其中了。

（此文发表于《财政科学》2019 年第 35 卷第 5 期，作者：刘尚希）

新经济数字化金融化趋势与财税体制改革

——以构建确定性应对新趋势下的不确定性

阅读提示：数字化和金融化是新经济未来发展的基本趋势，两者叠加在一起呈现出不确定性的基本特征，需要将财税体制作为一个基础制度来构建国家可持续发展的确定性。新经济发展趋势下我国财税体制在预算制度、税收制度、央地财政关系等方面仍存在诸多挑战，亟须进一步创新财政理论，以适应新经济发展需要。

从历史演进的角度来观察，传统经济是以农业为基础，工业为主导的经济形态。新经济的发展则意味着将改变这种形态，工业与农业一起沉淀为新经济的基础。从科学技术发展和人类活动空间的变化来看，从传统经济向新经济转型，将是人类文明发展史上与农业革命、工业革命并列的第三次革命，经济形态将突破物理时空转向虚拟时空，社会生产方式、生活方式和公共治理方式将以虚拟与实体叠加的方式重构。数字化、金融化是新经济发展的标志性趋势，也是其基本特征，同时也内化为新经济发展的驱动力。

一、 新经济发展中的数字化与金融化趋势

新经济是什么？新经济的基本特征是什么？其实很难对其下一个定义。国家统计局有一个“三新”统计①，大概代表了对新经济的基本表述。新经济其实是一种趋势，也是一种状态。其中，两种基本的趋势构成了新经济未

① “三新”是指新产业、新业态、新商业模式——编者注。

来发展的状态，第一个趋势是数字化，第二个趋势是金融化，而且这两化又是交叉融合，相互推动的。

首先是数字化，即数字经济。跟传统的工业经济相比，数字经济颠覆了传统工业经济的基本逻辑。工业经济的基本特征是局域化、规模化、集中化、标准化，而数字经济则与之相反，呈现出网络化、小型化、分散化和个性化的逆向特征。由此看来，工业经济实际上是代表传统的经济形态，主要存在于实体空间，受物理时空限制；而数字经济则反映了正在走向未来的一种新型经济形态，主要存在于虚拟空间，超越物理时空限制。“数字化生存”将是新的人类文明形态。不言而喻，这种新的经济形态，与工业经济的基本逻辑是不一样的。有观点认为数字技术、信息技术、人工智能、大数据等是工业革命的第四次革命。如果把数字革命、数字技术仅仅视为是工业革命的一种延续，是在原有逻辑上的一个延伸，这样的看法可能就贬低了数字革命的价值和意义，忽视了数字经济对经济社会发展所带来的深刻影响。

数字革命不仅仅反映在经济方面，也反映在社会层面。可以说家庭、企业、政府，都是社会的一些具体的组织。社会的各种组织在数字革命的趋势下，都会发生颠覆性的巨变。同时，建立在工业经济、工业社会基础上的社会组织架构，也将会随着数字革命的推进而发生重构。目前，这种趋势已经显现，传统的企业组织就是工业化条件下典型的以流水线为特征的工业企业，现在逐渐转向数字平台企业。虚拟制造、工业互联网将会彻底改变现有的工业形态。在工业化条件下的劳动雇佣关系，越来越多的已经变成了一种依托于数字平台的劳务合作关系。以至于在工业社会基础上形成的法律体系，在数字经济条件下已经变得不相适应了。比如，现行的劳动法对网约车司机是否属于雇员，就很难给予界定。在这种情况下，数字经济不仅是对原有经济社会组织架构的重塑，而且是对现有法律制度规定的颠覆，比如监管规则。网约车司机很多就是兼职的，私家车上网约车平台进行注册，符合相应条件就可以去营运。在过去这种网约车会被认为是“黑车”，必须取缔，但现在网约车已经成了一种新的就业形态，有些贫困家庭就是通过这种方式来获得收入的。

传统意义上定义的就业，就是求职者去找工作。现在通过互联网平台、数字平台，一些求职者不需要找工作，而是自己去创造收入。比如“网红”，不需要出门去找工作，只需要有好的创意，能依托于“抖音”等平台去发布短视频，产生数据流量并获取收益，“网红”工作者就实现了创业和就业。所以，如今对就业的理解实际上也发生了巨大的变化。新的就业形态在不断拓展，基于传统就业形态的法律和政府监管已经难以适应。

以上这些方面，其实反映的都是数字革命，这场革命给经济社会带来的影响跟工业化带来的影响是不一样的，这主要体现在其底层逻辑不同：以虚拟逻辑超越实体逻辑。数字革命的逻辑不同于工业革命的逻辑，就像工业革命的逻辑不同于农业革命的逻辑是一个道理。农业革命解决了人类食物对大自然的完全依赖，增强了人的自主性；工业革命摆脱了手工生产，转向机器生产，延伸人的体能；数字革命使机器生产转向智能生产，延伸了人的智能。所以不能再用工业化的逻辑去理解数字革命。

金融化也是新经济的一个基本趋势，金融交易和实体交易在不断地融合，改变了社会财富的性质和状态以及财富的积累方式。在过去的观念中，金融交易、金融部门、金融行业，都是存在边界的。但是，现在实体交易和金融交易越来越融合在一起。实体交易中往往同时渗透着金融交易，例如中国财政科学研究院所做的企业成本调研，发现企业之间的应收应付款，即企业相互之间的欠账越来越多。这种应收应付款的欠账，其实就是在实体交易中产生的，并逐渐形成了一种金融交易。商业信用和银行信用混合交融。企业完成收货，本来应当立即向卖方企业付款，但是现在企业不直接付款，而是给对方开具一张承兑汇票，半年或者一年以后兑现，等同于收货企业完成了融资，这时就形成了一种债权债务关系。从单个企业看，这是一个问题，增大了企业资金成本，但若成为一种市场的选择，实质上是把金融交易嵌入了实体交易之中。延收延付、预收预付跟实体交易紧密融合，融资租赁或者租赁融资行为越来越多，这表明金融交易的独立性特征在不断淡化。而实体企业的资产负债表中，金融资产的占比在上升。可见，交易金融化、资产金融化在不断凸显。如果说，在过去视野中的价值运动和实物运动是两条河流，那么，在当下这两条河流已经难以分别，而且以价值运动为主导。

在这种情况下，要将金融和实体经济截然分开，已经越来越难。经济金融化涉及传统经济学里的一些基本概念，这些概念需要重新理解，甚至重新定义。比如，什么是货币，传统的定义就是经济学所讲的五大职能：价值尺度、流通手段、贮藏手段、支付手段和世界货币。但现在的货币不仅仅是履行这些职能，自身也已经成为了一种资产。对于央行发行的货币到底是形成对持有者的负债还是形成资产，现代货币理论已形成了一种颠覆性的看法，当然这还要靠实践去检验。此外，资产和负债等内容在会计准则里进行确认变得越来越难，并且越来越模糊，而且对资产的估值现在是越来越模型化、主观化。比如，独角兽企业的估值既不是按会计准则，也不是按资产评估，实际上是按市场形成的一个看法。这种估值是基于未来潜在价值来进行的。

一个物品、财产或资产，要确认估值计量，过去是按历史成本法计算，这种方法尽管很客观，但脱离现实，不真实。现在普遍是按公允价值去估值，但是公允价值不考虑未来，只考虑现在，虽然很真实，但也不客观、更不准确。这时就需要考虑未来因素，即资产未来的潜在价值和风险。所以在资产计量上，实际上就出现了类似量子力学中“测不准”这类不确定性的问题，即客观性、真实性和准确性是不可兼容的。这就涉及如何理解企业的资产负债表，而资产负债表的变化又涉及宏观经济。2008 年国际金融危机被认为是资产负债表的危机，曾经一度认为公允价值这种顺周期的计量方法有问题。现在很多资产的估值越来越偏向于准确性，而不是真实性、客观性，基于未来去考虑，而不是眼前该资产的公允价值，更不是过去的历史成本。

可见，新经济跟工业经济中“以商品生产商品”的逻辑完全不同。现有经济形态的内在逻辑发生了根本变化，即金融化。金融化不仅表现在企业，也表现在个人，表现在每个人的财富，广义上都变成了金融资产。在这种情况下，资产、负债、个人财富，都面临着越来越大的不确定性，价值上可能增值，也可能蒸发。但价值是如何增值的，又是如何蒸发的，很难用实体经济的逻辑去回答，实际上是变成了一种虚拟的逻辑。

数字化和金融化相互叠加在一起，新经济就呈现出它的一个最大的特征——不确定性。基于一个基本的理念：世界的本质是不确定的，那么，人们所看到的确定性都是人类自己构建的结果，并非先天的存在。按照原有的知识、规则，依据原有的经验、既定的规则，发现原有的确定性已经在"解构"，这个时候就需要新的理论、新的知识、新的规则，才能构建出新的确定性，否则就会走向一种无序的状态。所以说，新经济的基本特征是不确定性，这是其本来属性，需要通过人类的创造性活动，去构建一种新的确定性。当这种新的确定性构建起来以后，不确定性就大大降低了，风险也降低了。

二、 新趋势下如何构建科学的财税体制

面对新经济数字化、金融化趋势叠加后的不确定性挑战，科学的财税体制成为构建新经济确定性的一个基础性制度，或者说是非常重要的一个途径，甚至是一个构建发展确定性的前提条件。财税体制的定义在2013年党的十八届三中全会上有一个非常经典的表述，即财政是国家治理的基础和重要支柱，首先强调财税体制是基础、支柱。接着则是，科学的财税体制是优化资源配置，维护市场统一，促进社会公平，实现国家长治久安的制度保障。这里所提的制度保障，其内容包含了经济的内容，也包含了社会的内容，构成基础性的制度。科学的财税体制承担的职能，一要促进经济效率的提高，二要促进社会的公平。财政就像一根扁担，一头挑着效率，一头挑着公平，决不能出现"一头沉"。如果出现了"一头沉"，那就像人挑担子一样走不远。所以，效率与公平是否融合，决定着一个社会是否健康，能走多远。这实际上要靠财政去实现，这对于构建新经济发展的确定性具有基础性的作用。

构建确定性就是要注入确定性去对冲风险。就像2020年新冠疫情期间一样，财政迅速调整预算，提高赤字率，扩大债务的发行，去对冲疫情风险以及由此引发的经济社会领域的风险。我国由此构建了疫情防控的确定性，给经济社会的恢复发展，创造了一个相对确定的国内环境，尽管全球的疫情还

在进一步的扩散，但是国内的疫情防控已得到控制，并率先实现了复工复产，率先实现了经济的正增长，表明财政发挥出了基础性支柱性作用，构建了发展的确定性，给国家长远发展赢得了先机。

通过这些年不断的努力，特别是党的十八届三中全会以来，我国财税体制改革取得了明显进展。比如，预算改革透明度提高，预算绩效在加强，“营改增”税制改革取得重要成绩，中央与地方事权和支出责任划分等改革在推进，转移支付制度在逐步完善。但是面对新经济，现行财税体制改革还需进一步提速，因为新经济产生了新的问题，可能会引发新的不确定性，带来新的风险。面对新的形势，在新经济隐含巨大不确定性的情况下，财税体制原有的一些设计规则、政策工具，包括原有的一些制度都已经变得与新经济的要求不相适应。

（一）在预算制度方面

通过预算制度改革，国家财政预算的透明度提高了，预算的法治化程度也提升了，特别是预算的完整性达到了前所未有的程度。但是，从预算功能来看，仍有很大的发展空间。尤其是在宏观上配置资源的能力，还需要进一步增强。党的十九届五中全会强调，对财政资源要加强统筹。财政资源包括预算资金，还包括资产，甚至还包括了国有自然资源，因为这些资源都会带来收益。那么问题是，如何把这些财政资源进行统筹？现有的预算资金配置更多考虑的是流量，而流量与存量如何进行匹配，这方面还有不少空白之处。在全口径预算体系下，一般公共预算支出资金规模大概是 24 万亿元，再加上国有资本经营预算、政府性基金预算，这三本预算加起来的预算资金规模就达到了 30 多万亿元。这 30 多万亿元的资金如何优化配置？现在通过加强预算绩效管理，来提升资源配置的效果。现在尽管有进展，但还是有诸多不足。项目层次的微观绩效考核强化了，但这不等于宏观绩效。30 多万亿元的公共资金，更需要通过预算的宏观配置功能来优化使用到经济、教育、卫生健康、就业社保、生态环境等各个领域，实现宏观绩效的提升。新经济发展带来整体不确定性扩大，公共风险水平上升，预算的宏观配置功能实质就是对冲公共风险，统筹资源、讲究绩效，内在的标准就是防范化解公共风险。

在市场领域，市场资源毫无疑问是由市场去配置，并发挥决定性作用。那么在公共领域公共资源的配置，预算应当发挥决定性作用，但是目前预算的决定性作用没有发挥出来。所以30多万亿元资金的分配，基本上还是按照基数加增长，这就导致支出结构固化，要调整起来非常困难。一方面，国家财力很紧张，全国上下过紧日子。另一方面，这种资金使用效果不高，甚至浪费的现象仍然存在。这是预算制度改革面临的一大挑战。

（二）在税收制度方面

从税制来说，面对新经济的数字化、金融化这两个趋势，怎么样去摆脱原有工业化基础上形成的一整套税制，这在未来是一个大的挑战。因为现有的税制是基于工业化而形成的一整套制度，现在的税制理论也是在工业化基础上形成的。那么现在基于数字化、金融化，需要建立怎么样的一套新税制及其理论？例如，国家针对碳中和、碳达峰提出了“3060”目标，这对税收也提出了新的要求。那么如何征收碳税？碳税问题以后可能在国际上形成一种新的税收壁垒，这种趋势已经开始显现。比如说某产品是不是绿色的，不是绿色的就可以向其征收碳税。碳税和虚拟的碳市场、碳金融的构建是紧密联系在一起的。再如，现在法国不顾美国反对已经开始强制征收数字税，数字税以后会是一种什么样的税收？会对经济、金融的全球化带来什么样的影响？显而易见的是，随着数字贸易的不断扩大，其影响会非常大。国内很多的数字巨头企业要走出去，在这个过程中他们将遇到很多困难。国外的数字巨头，如果要到中国来，需要国内进一步扩大开放，那么，如何针对他们的数字服务来征税？在数字经济全球化条件下，税收转移、税基侵蚀呈现出新特点，国际税收的分配规则将要重新制定。

传统的税收理论和以增值税为主体的税制，实际上已经很难适用快速发展的新经济。先要有新的理论，然后构造出新的税制，实现征管转型，这些都面临着新的挑战。

（三）在央地财政关系方面

中央与地方的关系问题也很重要。国家要推进以人为核心的城镇化，实质就是农民的市民化，即人的流动。而人流动的过程中，流入地和流出地的公共服务怎么跟流动的人口进行匹配？原有的思路是根据地域、户籍人口去匹配的。而现在人口在区域之间是流动的，在城乡之间是流动的，怎么样让资金、转移支付、公共服务跟着人走。这对我们来说也是一个新的挑战。

如果资金、转移支付、公共服务不能跟人匹配起来，不能跟变化流动的新的人口布局相协调一致起来，那也意味着很多财政资金将被浪费，一些公民该享受的公共服务也没有享受到。所以，从一个静态社会变成动态社会，不仅仅是劳动力作为生产要素在流动，而是人口、家庭在迁徙的时候，财政资金的分配，公共服务的提供，怎样去跟上人的变化，这也是当前条件下面临的一个新难题。这涉及中央与地方的事权和支出责任划分问题。比如说流入地人口增加，那么教育、医疗等这些公共服务就要提供更多。那么到底由谁来承担支出责任？是完全交给人口流入地，还是中央也承担一部分责任。在城镇化推进过程中，这个问题一直都没有完全解决好。这就导致一个庞大的农民工群体子女在当地上学难，流入地的农民工就医难等问题，基本公共服务的同城待遇问题迟迟难以解决好，这给社会公平以及人力资本积累产生了负面影响。财政要促进社会公平，这种群体化的基本待遇不平等，基本权利不平等，都需要加以解决。面对数字化革命，如何避免数字鸿沟带来的不平等，是面临的新挑战。

发展到新的阶段，面对新经济的发展，最重要的资源配置是人力资源的配置。如果人力资源不能配置好，给每一个人提供平等机会，可能对长期经济增长，对全要素生产率都会带来很大的拖累。从这点来讲，急需优化人力资源的配置，促进人口、家庭式迁徙。财政方面，要加快推进中央与地方关系改革。

三、结语

科学的财税体制，事关效率、经济增长，事关经济的可持续发展，同时也事关社会公平、共同富裕，事关整个国家的发展，能不能顺利地实现“十四五”的目标以及2035的远景目标，最终实现第二个百年奋斗目标。财税体制在其中的作用是基础性、支柱性的，也是隐性的。

财税体制的改革，它既是经济问题，也是社会问题，更是法治问题。财政改革非常复杂，牵扯到各方面的利益，每一小步可能都会牵涉到各个方面敏感的利益神经，哪怕一个“芝麻”税种的改革都会引起社会上的广泛关注和讨论。财政改革在新经济形势下变得越来越艰难，需要形成一种社会共识来推动财政改革，既能促进效率的提升，同时也促进社会的公平，使经济和社会的发展更加融合，使效率与公平更加融合。这将是保持国家可持续发展、构建国家发展确定性的基础所在。

（此文发表于《地方财政研究》2021年第4期，作者：刘尚希）

数字金融将引领亚太经济新未来

阅读提示：数字经济是全球未来的发展方向，金融是现代经济的核心，数字技术和金融活动相互融合形成了数字金融这一崭新业态，它既是金融演变的一种现代趋势，也在推动经济与金融深度融合。近年来，亚太各国准确把握绿色发展、数字经济等机遇，不断加强宏观经济政策协调，积极推动区域全面经济伙伴关系协定（RECP）等区域自贸协定的达成，其目的就是加速打造亚太统一大市场、推动区域经济一体化。在此过程中，数字金融化能够突破时空限制、提高交易效率，更好地促进区域经济深度融合，符合亚太和世界经济的发展方向。得益于数字经济、数字贸易巨大需求的牵引，亚太地区的数字金融得以快速发展，并已引领亚太金融市场的创新。目前来看，由于各国发展阶段以及体制机制的差异，加快推进金融数字化转型仍面临不少障碍，必须创新合作方式，深化合作领域，共同构建亚太命运共同体，持续推动亚太地区经济与金融发展的平衡、安全、可持续。

在数字技术的强大赋能以及快速发展的数字经济应用场景的驱动下，亚太地区的金融迎来了前所未有的发展机遇，初步构建起了全球的数字金融高地。

数字经济是全球未来的发展方向，而金融又是现代经济的核心。近年来，数字技术的快速迭代，极大改变了全球经济的运行逻辑与治理规则，也催生出以数字金融为代表的新型金融业态。在数字技术的强大赋能以及快速发展的数字经济应用场景的驱动下，亚太地区的金融迎来了前所未有的发展机遇，初步构建起了全球的数字金融高地。

一、 亚太数字金融发展方兴未艾

数字技术的快速发展，在创新增长模式、提高劳动生产率、培育新市场和新产业、实现包容性发展和区域经济一体化方面发挥着越来越重要的作用。数字化转型已经渗透到电信、交通、能源、投资、贸易、金融以及政府治理和民众日常生活之中。

2020 年 6 月，新加坡、新西兰、智利三国签署了数字经济合作伙伴协议（DEPA），该协议成为全球首个国际数字经济协定，其合作领域主要集中在数字包容、中小企业发展、跨境数据流动和网络安全等 16 个方面，这个高水平高标准的数字贸易规则为全球提供了新样式。中国已经申请加入这个高标准的数字协定。此外，截至 2020 年 11 月《区域全面经济伙伴关系协定》（RCEP）签订之时，亚太地区共有约 60 项自由贸易协定（FTA）不同程度地涉及数字贸易，占全球含有数字贸易规则的 FTA 总数的 1/3。由此可见，亚太地区多数国家已就共同发展数字贸易达成了共识。

正是得益于数字经济、数字贸易巨大需求的牵引，亚太地区的数字金融得以快速发展，并已引领亚太金融市场的创新。所谓数字金融，顾名思义，就是由数字技术和金融活动相互融合而形成的崭新业态，它既是金融演变的一种现代趋势，也在推动经济与金融深度融合。

当前，5G 通信、物联网、数据聚合、人工智能、区块链等新兴数字技术，不断与信贷、保险、信托和资本市场深度融合，打造数字金融基础设施和新的金融业态，推动数字经济高质量发展。各国金融机构在主动地运用科技赋能业务，在丰富金融产品和工具、提升金融服务效率和包容性、持续推进金融机构数字化转型等方面取得了诸多进展。更重要的是，金融数字化还将促进更大容量和更多以本币计价的金融产品市场以及交易效率更高的货物市场的形成，从而更好满足资产海外配置和全球交易的需求，促进人民币的国际化进程，为金融全球化提供新动力。

作为现代金融的重要策源地和数字贸易的主要先行者，亚太地区的金融合作日益频繁、经贸往来成果丰硕，现已成为全球范围内发展最快的金融中心和推动全球经济增长最重要的驱动力。

二、数字金融是经济数字化、经济金融化相互融合的产物

从农业革命、工业革命到当前的数字革命，人类社会的财富创造方式再次发生了颠覆性的变化。

在金融化、数字化的趋势下，经济不断突破物理世界的规则，变得越来越以虚拟化为引领。农业、工业、服务业等传统行业，逐渐沉淀为新的发展基础，而未来的发展潜力和增长空间聚集在以虚拟化引领的新经济领域。如同工业社会以农业为基础一样，进入数字革命时代，工业、制造业作为国民经济的基础，虽然依旧重要，但可能不再是增长的主导者和新潜力。未来价值链的高端可能不再是实体制造等实体环节，而是具有虚拟性特征的研发、设计、虚拟制造、智能检测、智能营销和服务，人、机、物互联形成的虚拟空间或将成为新的价值高地和经济增长极。

在传统观念里，金融交易、金融部门、金融行业都是存在产业边界或行业边界的。但随着数字化与金融化的深度融合，不仅实体经济的行业边界变得模糊，实体交易和金融交易也在不断融合、相互渗透，从而产生“金融经济”新形态。在此过程中，社会财富的性质、状态以及积累方式都将随之发生改变。

三、数字金融成为亚太地区构建发展新优势的增长点

由于历史背景、区域条件以及资源秉赋等不同，亚太地区各国在经济实力、科技水平、金融开放以及制度开放等方面存在较大差异，这虽然有利于各国实现互补式发展，但会妨碍相互之间的资源共享和互联互通。比如，作为亚太地区最大的两个发展中国家，中国和印度的金融开放程度有待于进一步提升。在全球经济一体化背景下，亟待进一步加强金融资源的有效配置与

发展安全的统一。各国数字金融的协同发展，将有助于消除跨境金融市场的堵点，构建起链条更加完整、合作更加紧密的区域发展共同体。

近年来，亚太各国准确把握绿色发展、数字经济等机遇，不断加强宏观经济政策协调，积极推动区域全面经济伙伴关系协定（RECP）等区域自贸协定的达成，其目的就是加速打造亚太统一大市场、推动区域经济一体化。在此过程中，数字金融化能够突破时空限制、提高交易效率，更好地促进区域经济深度融合，符合亚太和世界经济的发展方向。

目前来看，由于各国发展阶段以及体制机制的差异，加快推进金融数字化转型仍面临不少障碍，必须创新合作方式，深化合作领域，积极寻求发展与安全利益最大公约数，共同构建开放包容、创新增长、互联互通、合作共赢的亚太命运共同体，持续推动亚太地区经济与金融发展的平衡、安全、可持续。

四、 发展数字金融关键在于深化合作与持续创新

新冠疫情的冲击叠加全球经济持续下行，给亚太经济复苏带来严峻挑战。但这同时也给数字经济和数字金融的发展带来了新机遇，坚定了亚太地区进一步开放以及各国取长补短、共克时艰的信念，数字贸易与数字产业链的合作日益频繁。相应地，深化区域数字金融合作已经成为亚太金融发展的一大任务。

当前，APEC 各成员国的资本市场正在有序开放，旨在推进区域金融市场互联互通、增强供应链产业链韧性、恪守金融信用和防范化解商业风险。另外，亚太各国正在全面落实 APEC 互联网和数字经济路线图，积极促进新技术传播和运用，加强数字基础设施建设，消除数字鸿沟，促进数据跨境自由流动和共商共治共建共享，增进各参与主体在数字金融活动中的互信与互动。

与此同时，在亚太地区经济复苏的过程中，现代金融及其创新始终发挥着基础性、引导性作用。根据《2040 年亚太经合组织布特拉加亚愿景》，金融创新具有丰富而广泛的含义，既包括金融业态创新，也包括产品创新、机

制创新等。其中，业态创新主要与数字经济和科技金融相联系。产品创新主要与区域经济一体化与金融开放相联系。数字技术的嵌入，不仅改变了传统金融的商业模式、运作流程和场景生态，还将金融服务和产品推向了更为广泛的群体，包括过去未能触及的小微企业、个体工商户以及落后地区人群，实现了数字金融的“万物互联”。机制创新主要与环境生态和绿色金融相联系，需鼓励和推动亚太地区各国积极开展绿色债券、保险、信贷和基金等机制创新，促进财政金融协同，完善环境产品降税清单，推动能源向高效、清洁、多元化发展，实现绿色增长。

作为数字金融的主要倡导国和推进国，中国目前的数字经济占国民经济比重已经超过 1/3，近几年的年均增速超过 20%。其中，金融作为经济的“血液”，已成为数字化转型的重要引擎。数字金融与工业互联网、数字贸易等产生的共振效应，也进一步推动了数字金融经济的发展。

五、 以不确定性思维审视数字金融的新风险

在看到数字化与金融化为世界经济尤其是亚太地区经济注入巨大潜能的同时，我们也应关注到，二者的深度融合令现代经济呈现出一个显著特征——不确定性。

如果仍按照原有的知识、规则和经验来认识数字金融，可能会发现原有的确定性已被“解构”，也无法适用数字金融的新业态、新模式和新趋势。因此，亟待构建新的理论、新的知识和新的规则，为包括数字金融在内的现代金融注入新的确定性，否则很可能走向一种无序的高风险状态。

以金融数字化为表征的现代金融发展可能衍生出我们无法预见的新风险，需要人们通过一系列数字基础设施和长效合作机制来共同防范化解，以构建发展的新的确定性。比如，亚太各国应全面平衡落实亚太经合组织互联网和数字经济路线图，加强数字金融基础设施建设，促进新技术传播和运用，努力构建开放、公平、非歧视的数字金融服务环境。为积极应对气候变化，推动亚太地区有序实现“碳达峰、碳中和”目标，亚太地区的数字金融必须紧

紧围绕绿色发展这一主题，达成一系列涉及碳税、碳汇、碳市场交易的制度安排，并推出与之相适配的数字金融产品。

另外，我们既要看到数字金融带来的诸多收益，也要清楚数字金融本身及其在实际应用过程中可能存在的各种风险，比如隐私泄露、网络攻击以及数字鸿沟等。这需要导入一种不确定性思维来审视数字金融发展过程中存在的各类风险，并通过持续的创新与合作，重新构建新规则，给亚太区域持续稳定发展注入新的确定性。

（此文发表于《中国财经报》2021年11月23日第005版，作者：刘尚希）

数字财政或将重构财政体系

阅读提示：新冠疫情冲击之下，数字技术应用范围进一步拓展，向生产生活领域和公共治理领域广泛渗透，这给国家治理体系和治理能力提出了新命题、新要求、新任务。

随着人工智能、大数据、云计算等新一代数字技术的快速发展和推广应用，“数字化”逐步取代“信息化”。过去以“金财工程”为代表的财政信息化，主要侧重于业务流程的线上化，通过信息化改造大幅节省人工成本、时间成本，而数字化则关注业务流程的智能化。数字化可以大幅提高决策的科学性，在关注数据生产的同时，更关注数据的流通、交易，以及政府的数据能够让社会使用。

数字化可以更好地实现政策的有效性和公平性，让财政资金的供求错配的概率大幅度下降。数字技术有着渗透性、外溢性和互补性等特征，其应用范围和潜在价值显著大于传统的信息技术。同样，数字化也要求有不同的思维方式和治理模式。新冠疫情冲击之下，数字技术应用范围进一步拓展，向生产生活领域和公共治理领域广泛渗透，这给国家治理体系和治理能力提出了新命题、新要求、新任务。

一、 数字化时代必然选择数字政府

现代社会是一个风险社会，我们正处于百年未有之大变局，且疫情全球大流行使这个大变局加速变化。工业化时代盛行的确定性思维，在应对普遍性风险和不确定性挑战方面显得力所不逮。伴随风险社会，人类社会同时进入到数字化时代。

数字化催生了众多新的生产、交换、分配、消费模式，很多传统的生产与消费边界日趋模糊，劳动者的身份更加多元化，跨界趋势更加明显，这些新模式给政府治理带来新的挑战。和基于实体空间的工业化时代不同，数字化提升了人类生存发展的维度，各种各样的虚拟空间场景成为我们过去未曾感受到的新现象——虚拟现实。实体空间与虚拟空间、实体现实与虚拟现实的融合，颠覆了人类构建确定性的既有规则，风险和不确定性将会进一步加剧。如果国家治理继续按照传统的基于实体空间的治理理念、治理手段来推进，则治理效能将难以提升，原有的治理方式会逐渐失灵。

问题与解决问题的办法往往相伴而生。数字化在增加扩大新风险的同时，也提供了防范风险、应对风险的新的手段、新的方法、新的模式，除了防范实体空间的公共风险，还可以对冲虚拟空间的公共风险。数字政府，将是数字化时代政府建设的必然选择。建设数字政府，是支撑数字经济、数字产业高质量发展必不可少的基础设施。我国虽然在数字经济规模上高居全球第二，但是经济的数字化率显著低于美国、德国等发达国家。根据中美之间的比较数据，中国的 GDP 相当于美国 GDP 的 2/3，但是我国的数字经济比例只相当于美国的 1/3。从经济规模上看，我国跟美国的差距在明显缩小，但是从数字经济、数字产业来看，我国跟美国的差距比经济的差距还要更大。要进一步推进数字经济发展、挖掘数字化的潜力，政府数字化转型以及政府数据的开放共享至关重要。

同时，建设数字政府也是推进国家治理体系和治理能力现代化、促进数字中国发展的必然要求。在数字化时代，依靠大数据、云计算和人工智能等数字技术，数字平台企业比以往更懂企业和居民、更懂市场和社会，甚至在市场监管等方面也可以发挥或替代部分传统政府职能，为政府创新治理模式、提升治理能力提供了新的方向。政府依托于公共部门和企业所搭建的数字平台，拥有了比以往更多、更精准的政策设计和实施场景，实体空间的传统管理将让位于虚拟空间与实体空间相融合的智能化管理。信息更加对称、政策更加透明、服务更加高效，相应的公共风险也能更有效地加以控制。

二、 数字财政是数字政府建设的基础和重要支柱

财政是国家治理的基础和重要支柱，数字财政也是数字政府建设的基础和重要支柱。与数字化转型重塑了企业的生产与组织方式一样，数字财政也将重构财政体系，也将重构财政收入、财政支出的组织方式、运作流程以及使用的效能，重塑整个财政的组织架构。

与信息化时代相比，数字化时代具有数据可获得、指标可量化、过程可实时监测和动态评估、信息与行为可追溯等特点，这为公共财政向精准化、差异化转变奠定了基础，为全面实施预算绩效管理创造了条件。在数字财政的支撑下，各级财政部门的统筹、组织、协调、监管等能力将大幅度增强，公共资源的配置效率和使用效益将显著提高，财政运行的安全性、效率性、公平性将被全面重构。相应地，财政的数字化转型也意味着工业化时代建立的财政体系难以适应现实需求，财政收入制度、财政支出制度、收入分配制度、预算管理体制、财政政策机制等都必须进行数字化优化调整，甚至是重构，这样才能更好地契合数字经济、数字社会、数字治理的需要。

突如其来的新冠疫情，给我国经济社会带来了前所未有的冲击与挑战，公共风险骤然上升。中央提出了统筹做好疫情防控和经济社会发展的战略部署，提出了做好“六稳”工作、落实“六保”任务的整体要求。各地政府因地制宜采取了一系列政策措施，积极推动复工复产、复商复市，全力稳定市场和社会预期，助力经济社会复苏发展。从第二季度开始，我国经济增速已由负转正并保持平稳增长势头，成为全球经济的中流砥柱。其间，地方政府发放数字消费券、中央建立特殊转移支付机制和全国县级财政库款监测机制等，都是数字财政的实际应用，充分展现了注入数字化之后财政提质增效的巨大潜力。同时，财政部正在统筹推进预算管理一体化改革。这是数字财政建设的一个重大举措，这将进一步加快现代财政制度重构的进程，有效减少疫情全球大流行背景下公共风险扩散和外溢，推动经济社会高质量发展。

当然，与市场和社会相比，财政的数字化转型明显滞后。财政关联着所

有的市场和社会主体，数字财政建设至关重要，但很多基础还不牢固。数据标准不统一、数据共享不足、政务平台分散等，这些问题是数字财政建设系统推进过程中亟待破解的障碍。加快数字财政建设，是政府、市场和社会的共同需求，也是正确处理政府与市场、政府与社会关系的一个基础设施，需要多元主体在制度建设、平台建设、标准建设、政策体系建设等方面齐心协力、共同推进。

作为我国财政领域的最高智库，中国财政科学研究院必须顺应数字化浪潮，在完成自身数字化转型的同时，为加快推进数字财政建设提供更多的智力支持。用友集团是数字政府的早期探索者，在与地方合作开展数字财政建设方面成绩非常突出。我们双方在产学研用方面紧密合作，能够实现数字技术、数字资源和数字思维的有机对接，为数字财政建设作出更大的贡献。

在双方领导的指导下，研究团队首先围绕收入、支出、绩效管理等核心主题进行深入研究。经过多次交流，深入讨论，反复修改后，形成了《2020年数字财政年度报告》。

这本报告对数字财政建设及其应用情况进行了初步梳理。通过总结各地实践过程中的成功经验和现有不足，发掘提出数字经济加快发展数字财政的方向和优化的路径。

数字财政是一个新的研究领域，需要更多的科研工作者、政府职能部门、企业共同参与，通过产学研用一体化来形成更高质量的研究成果，为数字财政建设和财政治理现代化贡献更多的智慧，提供更好的支撑。

（此文发表于《新理财（政府理财）》2020年12期，文章根据中国财政科学研究院院长刘尚希在“2020中国数字财政高峰论坛”上的演讲内容整理而成。作者：刘尚希）

经济数字化和金融化中的金融税制转型分析

阅读提示：经济数字化和经济金融化从根本上颠覆了传统经济的基本特征，使经济运行从实体状态逐步转向虚拟状态，风险与不确定性大大增加，进而对工业经济时代构建的税制理论提出了挑战。税制面临的挑战主要包括纳税主体模糊化、计税依据不确定、纳税时点和环节难以确认及税收征管难度加大等问题。在经济数字化和经济金融化时代，需要以降低不确定性和增强金融税制的弹性为着眼点，对金融税制要素进行再设计，包括：构建以自然人为纳税人主体的税制体系，征税环节逐步转向价值实现环节，完善金融资产公允价值计量机制、明确计税依据，结合交易发生与收入实现、区别确认纳税义务时间以及利用大数据提升税收征管的确定性。

税收是影响经济社会运行的基础制度变量、环境变量和政策调控引导变量。金融税收被誉为“金融之鞭”，对金融机构行为、金融资本的流向与配置、金融市场运行效率、金融稳定均会产生重要影响。在当前“新发展阶段、新发展理念、新发展格局”的背景下，迫切需要深化金融供给侧结构性改革，重塑金融体系。与此相应，税制与金融之间的适配性成为新的重大课题。经济数字化和经济金融化时代的到来，给税制与金融之间的适配性提供了新的参照系，也带来了更大的挑战。我国必须更新观念，跳出传统理论，立足于新阶段的国情变化、着眼于国际竞争趋势，以改革提升我国税制与金融之间的耦合性，明确改革理念和方向。

一、 经济数字化与金融化的发展逻辑和发展趋势

与工业经济时代相比，当前经济运行的基础发生了很大变化，一个是经

济数字化，另一个是经济金融化。两者叠加在一起，相互影响、相互融合、相互推动，从根本上颠覆了传统经济的基本特征，使经济运行从原有的实体状态逐步转向虚拟状态，风险与不确定性大大增加，进而对包含财税金融体制在内的传统经济制度及其背后的理论提出了挑战。

现代通信技术发展带来的数字革命，深刻重塑了人类社会，经济数字化已是大势所趋，新技术、新产业、新业态、新模式不断出现。经济数字化颠覆了传统工业经济的基本特征，也颠覆了工业时代所构建的规则和秩序以及组织形式，使得经济社会发展的不确定性大大增加。

与此同时，金融交易与实体经济也在不断融合，相互渗透，金融和实体经济已经越来越难以分开，并日益呈现出明显的经济金融化趋势。一方面，金融在经济运行中发生了量的变化。金融资产规模迅速膨胀，金融交易方式被广泛使用，金融交易额与利润额迅速增长。另一方面，金融在经济运行中也发生了质的变化。金融机构突破了金融服务提供者的角色，转而成为资本市场中的直接参与者；大量金融创新不断涌现，金融活动在经济活动中的比重日益提高，各市场主体之间的经济联系从以投入产出的技术联系为主转变为以债权、债务和资产、负债的金融联系为主，市场主体生存发展受到的金融约束位置前移，而传统的市场约束和技术约束位置后移。更为重要的是，随着金融工具的普及，市场行为、市场定价规则、一般商品与社会财富日渐金融化，产品消费与金融交易不断融合，实体产品与金融资产不断融合，金融像空气一样成为所有市场主体的第一要素，整体经济运行逐渐呈现金融化的特征，具体表现在以下四个方面。

（一）市场主体行为金融化

在微观层面，经济金融化的深刻变动首先反映为市场主体行为的金融化趋势。随着资本积累由贸易生产转向金融，金融活动逐渐支配贸易生产，经济各部门都更加深入地卷入金融交易与活动，市场交易、经营、消费等行为都呈现出明显的金融化特征。首先，在市场交易行为中，大量金融工具得到使用，实体交易与金融交易糅杂在一起，使交易行为发生了变化，购买行为演变为融资行为。其次，市场主体在经营活动中，广泛使用金融杠杆工具，杠杆化经营成为金融市场盈利的主流模式，而且杠杆率越来越高。最后，消费者负债消费行为越来越普遍，消费金融化程度随着财富金融化程度不断升高，金融财富的资产效应往往会提高居民的边际消费倾向，而高度发达的金融体系则使负债消费成为金融化背景下居民消费的主要形态。更进一步地，消费金融化的结果导致收入金融化，表现在金融从业人员收入的普遍提高与居民收入结构中源自金融领域的比重不断升高，说明金融体系凭借其优势地位对其他产业利润的分配程度不断加强，同时社会财富金融化程度与居民参与金融市场活动积极性普遍升高。

（二）一般商品金融化

经济金融化下，指数交易兴起、投资基金介入以及流动性过剩的经济大环境改变了商品市场传统的价格形成机制，商品市场愈发呈现出金融投资属性。价格形成除了受实物市场的供需关系影响外，还受到来自金融衍生产品市场的冲击，并且由于基金、银行和各类投资者的资金大量进入使得金融市场的交易量远超过了实物市场交易量，金融市场对商品定价体系和价格走势的影响不断增强。

（三）社会财富金融化

随着经济形态逐渐向金融经济演进，资产升值和贬值波动的随机性不断加大，金融资产凭借其防范化解风险的能力逐渐获得青睐，社会资本逐渐向金融资产领域集中，社会财富结构中金融资产比重不断上升，金融化进程不断加强。当经济发展到满足消费之外而变得富裕起来之后，社会财富的金融化是不可逆转的趋势。当社会财富越来越多以金融资产存在时，经济的金融化也就相伴而生了。

（四）经济运行金融化

从宏观层面看，债务逐渐成为经济运行的基础，经济关系主要表现为债权债务关系随着金融交易规模的扩张而扩张，金融活动逐渐成为一国经济增长的主导，负债逐渐成为现代经济运行的常态。经济金融化使整个社会经济结构产生了深刻的变化，在向经济运行注入新动力的同时也使经济体系对金融体系的依存度不断提高。随着经济金融化进程不断深入，以金融自我循环为主导的新积累方式逐渐形成，社会财富金融化程度和经济关系债权债务化程度不断升高，经济循环与波动的机制逻辑已经逐渐被金融循环与波动所主导，并且这一趋势已逐渐蔓延至社会生产全过程与国家治理的各个环节。在此背景下，金融危机已逐步成为经济危机的主要表现形式，并借助全球化的传导机制，使全球性金融危机成为切实威胁。

二、 经济数字化和金融化对传统税收制度的冲击

在经济数字化、经济金融化的发展趋势下，需要摆脱传统的理论框架来审视经济运行规律，基于新经济的运行特征，思考、构建与之相适应的财税制度。传统税收制度体系诞生于工业化背景下，并围绕现代化工业生产的发展而逐步建立完善，工业化的经济模式是现行税制有效运行的前提条件和逻辑起点。而经济数字化和经济金融化颠覆了传统的工业经济的基本特征和运行逻辑，传统税制理论和税制模式已经越来越难以适应经济数字化和经济金融化的现实与发展趋势。经济数字化和金融化使得价值创造模式发生了质的变化，基于传统经济形态和行为性质而界定的税制要素越来越难以适应新经济业态和新模式，纳税主体、计税依据、征收环节越来越难以准确界定。经济数字化和金融化也对传统的基于实物商品、主要针对固定业户的税收征管制度造成了冲击，互联网技术的普及使得越来越多的交易双方处于不同地域的税收管辖范围，交易的无形化使得交易双方很容易隐瞒真实身份及地点和行为，同时还减少了中介环节，税基侵蚀和税收收入流失现象日益严重。这种冲击具体表现在以下几个方面：

（一）纳税主体模糊化

税制的有效运行首先要以纳税人的清晰界定为前提。传统工业经济下，

市场交易活动发生频数相对有限，纳税人往往有迹可循，易于追踪和确认。而在金融经济下，金融市场的活跃和信息技术的普及使得市场交易活动大大突破时空条件的限制，交易次数以几何数量倍增，产品销售和服务提供的网络化和金融化使得纳税人更加“虚拟”，交易活动更加复杂，纳税人的确定变得复杂且操作困难。

以所得税为例，所得税的纳税人是所得的所有人或拥有人，通常所得（不论是投资所得还是普通所得）只有在所有权转移时才算实现。法律上一般认为享有所有权意义上的经济负担和利益的人是一项资产的所有人，从经济学角度分析，所有人是指获取利益并承担风险的人，二者的定义基本上是一致的。在传统金融商品交易中，所有人也是有权处分金融资产并承担损益的人。然而，日益复杂的金融创新却对传统税法上的所有人概念构成了严重的挑战。金融创新形成的创新性金融产品，使得持有人可以将特定资产的部分或全部收益与风险转移给他人，而不论是否向对方转移了法律上该资产的所有权。换言之，创新性金融产品可将经济上的风险收益因素与法律上的所有权分离开来，从而给所得税纳税人的认定造成了障碍。比如，融券交易和附回购协议的交易，尽管在表面上具有买卖的形式，但相关资产的所有权仍在原所有人手中，也就是说，融券交易和附回购协议的交易并未转移法律意义上的所有权，然而，这些交易也确实转移了所有权项下的经济风险和收益，由此给税收制度提出了应恪守传统税法上的所有权概念还是根据经济要素来确定所有权的难题。

（二）计税依据不确定

计税依据的确认是税制的核心问题，它关系到所得的征税或免税，以及损失的扣除等诸多税收事宜。金融交易与实体交易的不同在于，它不是简单的钱货两清，而是存在复杂的合约交易，不一定有现货交割。另外，还存在准确计量的困难，浮盈浮亏只在金融交易中存在。总的来看，金融交易充满了不确定性与风险，金融活动比传统经济形态下由产业资本主导的金融活动更为复杂。金融交易的产品或资产价值具有虚拟性和不确定性，资金流动复杂难辨，资产金融化、不确定性提高使得无论直接税还是间接税都面临着计税依据难以确定的问题。数字化催生的新经济中，数字平台企业新的盈利模式也产生了类似的不确定性问题。

以增值税为例，对金融交易课征增值税的最大难题在于其增值额难以确定，这主要是因为金融服务的产品价格的特殊性。以贷款服务为例，贷款利息不仅包括了金融服务的增值部分，而且包括了资本价值、通货膨胀率、风险补偿金和金融机构作为中间媒介的成本费用等因素。要从理论上区分金融服务收入的性质，并在实际操作中准确计算出增值额异常困难，因此大多数实行增值税的国家都对存贷款等核心金融业务实行免税。传统金融服务已是如此，对创新性金融产品交易来说，由于交易者参与交易的目的复杂、多样，其收入是否属于或者有多少部分是属于提供服务所带来的增值额在理论上更加难以说清。而且在实践中，很多创新性金融产品交易的结果要在未来时刻才能确定盈亏，交易者的收益具有极大的不确定性，相关成本也难以确定，这导致创新性金融产品交易的增值额计算异常困难。在所得税上，由于金融产品价值的虚拟性、不确定性和交易的跨期性，对金融产品课征所得税同样面临着如何确定其所得额的难题。

（三）纳税时点和环节难以确认

工业经济下税制的纳税时点的确认标准不再适用于经济金融化时代，这主要是因为经济金融化背景下，交易直接、快捷、少环节、多渠道，交易对象不易认定，因而使原有的纳税时点和环节的确定规则难以适用。

就一般的市场交易行为而言，所得数额和时点是以权责发生制和收付实现制来区分的。而对日益复杂的金融产品和交易来说，在特定的情况下应适用哪种方法却成了难题。首先，不同的金融产品交易发生时点差异很大，就算是同一产品交易发生的时点也有很大的随意性。比如，期货交易，既可以在到期日前平仓，也可以选择到期用实物交割。期权交易，可以选择执行也可以选择不执行，因此不同金融产品的交易时点具有不确定性。其次，很多金融产品交易具有跨期性，从合约开始到最后清算交割可能相隔很长时期，而在这期间，交易双方的账面上可能有损益发生，但却不会产生实际的资金流动，且损益的数额是不断波动变化的，因此难以合理地界定其损益的确认时间。最后，某些金融产品本身的性质模糊难辨，在时点规则的适用上容易出现漏洞，存在税收套利的可能性。

（四）税收征管难度加大

经济金融化给税收征管带来的挑战主要体现在以下三个方面：首先，税收的征收管理难以覆盖所有的交易行为。随着现代通信和信息处理技术的进步，金融交易信息的处理、传播更加便捷，使得场外交易、远程交易和无纸化交易盛行，大量交易行为相互渗透，交易信息模糊化，加剧了金融交易的虚拟性和隐蔽性，导致税收征管难以覆盖所有的交易。其次，避税和税收套利行为难以识别。由于金融产品的复合性和运用方式的灵活性，纳税人很容易就可以通过改变产品类型、调整收入性质或记账时间、构建复杂的资产组合等手段，来获得税收减免或者延期纳税乃至税收套利。最后，金融交易的国际化还带来了税收的国际协调问题。不断创新的金融产品，可将法律上的所有权与经济上的风险和收益分离，从而出现同一资产多个持有人的事实，同时在所得性质上混淆了股权和债权的界限，可能会出现国际间双重征税或者双重不征税的后果。在国际税收协定中，税收优惠政策和优惠范围，也是按照所得来源的不同和所得性质的不同而定的，包括股息所得、利息所得和其他所得。金融交易的创新和金融产品性质的模糊化，也为纳税人的国际避税提供了新的手段。

总之，经济数字化和经济金融化相互叠加而成的新经济模式呈现出的最大特征就是不确定性。原有构建的税收规则越来越难以适应新的经济运行模式，加大了经济运行的风险和不确定性，由此迫切需要构建新的税收制度体系，为经济运行注入新的确定性。

三、 经济数字化和金融化时代完善金融税制的两大理念

基于当前经济发展呈现的新特征和未来发展趋势，以及金融供给侧结构

性改革的需要，在对传统税收理论进行扬弃的基础上，有必要以新的理念指导未来金融税收改革，以提高我国税制的灵活性和弹性，提升其与金融发展之间的适配性。

（一）以降低不确定性为着眼点，构建基础性的金融税制

稳定的税收制度体系是确保金融稳健发展的必要条件，也是市场经济运行的内在要求。基于金融业以及未来经济发展的客观现实，以及我国金融供给侧结构性改革的需要，金融税制的完善应着眼于构建稳定的基础性税收制度，降低不确定性，稳定金融市场预期。这就要求：一是推进基础税制建设，明确金融市场和主体适用的增值税、个人所得税、企业所得税等基本的税制理念和规则，稳定金融市场预期；二是以系统观理念，改造现行金融税收体系，将目前碎片化、临时性金融税收政策制度化、长期化，提升金融税收制度确定性，降低税收政策变动风险；三是将税收制度作为防范化解金融风险的重要制度安排中的一环，建立税收制度及相关金融法律制度之间的配套协调机制，促进金融稳定；四是考虑金融业态的复杂性合理制定征管制度，提高征管的确定性，提升征管的电子化和数字化水平，降低金融业市场主体的遵从成本。

（二）增强税收规则弹性，满足金融市场主体需要

工业经济时代形成的税制理论首先要对应税商品（服务）进行性质界定，以反映该商品（服务）的经济实质和法律所有权，并据以确定征何种税、怎么征税等问题。因此商品（服务）的性质界定和分类是确立税制要素的关键，而金融产品本质上属于交易避险工具，其有别于一般商品和服务，且经济金融化也使得未来经济更远离现货交易，金融交易主体更加广泛、组织方式更加多样、交易手段更加隐蔽，从而限制了传统税收理论对金融业以及经济金融化的适用性。过于刚性的金融税制下，纳税人没有选择余地，容易造成金融市场主体的行为扭曲。为此，金融税收应跳出传统过于刚性的课税理念，以更加柔性、灵活的制度安排提升金融税收的适配性。

未来要打破工业时代税制的刚性制度安排，根据金融业模式、收益确认

时间和方式，按照实质重于形式的原则区分不同市场主体，灵活、柔性安排税制要素，形成更多元的税制要素组合模式。在构建明确的税收规则后，将更多选择权交给纳税人，纳税人可根据自身业务性质，事先确定想要适用的税收规则，一经选择后在一定年限内不再更改，以此增强金融税制的弹性及其与金融市场主体的适配性。

四、面向经济数字化和金融化的税制要素再设计

从本质上看，经济金融化是金融交易与实体交易的高度融合，其基本功能是促进所有权的结构化和社会化，为所有社会财富和资源的流动、交换和使用提供金融手段，使不可交易变得可交易、不可使用变得可以共享，提高社会财富的使用效率。经济金融化促使资源资产化、资产证券化，财富、资源、知识产权和创造性劳动的金融化使得劳动所得和资本所得的边界不再清晰，从而更新了征税对象、纳税人以及税基等税制要素的原有定义，需要重新设计税制。

（一）构建以自然人为纳税人主体的税制体系

在经济金融化背景下，经济活动日益国际化、平台化、个性化，生产者和消费者的边界日益模糊。工业时代以生产流水线和管理科层制为主要特征的层级式、链条式经济转化为分布式经济，对企业的过程式管理日趋复杂，将纳税人主体聚焦为自然人，对其收入和消费进行征税，在数字化背景下更可行，也更合理。

（二）征税环节逐步转向价值实现环节

与纳税人主体向自然人转换相呼应，征税环节应从价值创造的生产环节逐步转向价值实现的分配和消费两个环节，从而可以有效规避生产流通快速变化以及产业融合而带来的行业边界模糊导致适用税率难以界定和交易繁复的问题。从经济视角来看，自然人的活动分为两类：生产和消费。通过生产获得收入，即分配，自然人在分配环节取得的收入相对确定且易于把控；通

过消费满足其物质和精神需求，消费支出较为显性、确定、易管控。

（三）完善金融资产公允价值计量机制，明确计税依据

金融资产金融交易的本质在于实现货币的时间价值。对金融收益课税，实际上是对金融资产的增值征税，因此税法在确定金融收益的计税依据时，要集中处理金融资产的所得与扣除，以及衍生品交易的资本利得和资本损失的相互关联。同时，需要明确金融合同的收益在交易人行权即基础资产转移、合同出售、终止且确定的交易结果出现时才能追溯计算。

（四）结合交易发生与收入实现，区别确认纳税义务时间

金融经济下，收益的确认不应采用单一的发生主义原则或时间主义原则，而应当区分类型，区别对待。首先，对于征收印花税等非所得类型的税收，纳税人的实际所得并非纳税的必要条件，应以发生主义为原则；其次，对于所得课税时，应按照不同类型区别对待：对于纳税人所得不易在短期内确定的，因其所得确定实现可能需要较长时间，可遵循发生主义原则；对于非积累所得收益，因其收益较易确定，可遵循时间主义原则。

（五）利用大数据提升税收征管的确定性

信息技术和网络化为降低某些方面的信息不对称和不确定性提供了可能。税收治理中信息不对称源于涉税信息的不完整、不及时和不真实，导致了税收治理的风险。当前税务部门取得纳税人信息来源渠道较为单一，主要源自纳税人的自主申报。金融经济下，活跃的金融活动产生大量数据，同时借助信息与网络技术的进步，能够实现税务机关数据与企业、金融机构、其他政府部门的信息共享，拓展涉税数据的即时性与可得性。相应地，涉税信息的采集分析能力也将逐渐取代涉税信息的获取能力，成为税收治理的核心。税收征管工作更聚焦于纳税人行为、税源信息等个性化特征，因地制宜实施征管，从而降低税收治理中的不确定性。

参考文献：

1. Leonard E. Burman, William G. Gale, Sarah Gault, Bryan Kim, JimNunns and Steve Rosenthal, "Financial Transaction Taxes in Theory and Practice", National Tax Journal, 2016, 69 (1): 171 –216.

2. Howell H. Zee, *Taxing the Financial Sector: Concepts, Issues, and Practices.* Washington, D. C.: International Monetary Fund, 2004.

3. 廖岷：《全球金融体系何处寻求再平衡》，中信出版社 2010 年版。

4. 廖岷、孙涛、丛阳：《宏观审慎监管研究与实践》，中国经济出版社 2014 年版。

5. 廖岷、许臻：《危机后我国金融衍生产品发展路径选择》，浙江出版集团数字传媒有限公司 2017 年版。

6. 刘尚希：《公共风险论》，人民出版社 2018 年版。

7. 刘尚希：《"十四五"时期提高税收制度适配性的几点思考》，《税务研究》2021 年第 5 期，第 13 –16 页。

8. 刘尚希：《摸索建立基于数字化的新税制》，见 https://baijiahao.baidu.com/s?id=1693757730045590539&wfr=spider&for=pc。

9. 王毅、宋光磊：《中国金融业税收制度及国际比较研究》，中国金融出版社 2020 年版。

10. 尹音频、王晓慧：《金融产品税收制度优化探析》，《税务研究》2020 年第 1 期，第 20 –24 页。

11. 赵全厚：《论促进金融业发展的税收政策完善》，《税务研究》2020 年第 1 期，第 14 –19 页。

12. 杜爽、岳树民：《金融服务增值税的理论、实践与中国选择》，《国际税收》2019 年第 12 期，第 49 –56 页。

13. 汤洁茵：《原则还是例外：经济实质主义作为金融交易一般课税原则的反思》，《法学家》2013 年第 3 期，第 24 –39 页，第 176 页。

14. 汪彤、李万峰：《金融创新的税收政策取向》，《中国金融》2018 年第 20 期，第 92 –93 页。

15. ［美］本·伯南克：《金融的本质：伯南克四讲美联储》，巴曙松等译，中信出版社 2014 年版。

（此文发表于《财政科学》2021 年 11 期，作者：刘尚希、梁季、施文泼）

论高质量发展与税收制度的适应性改革

阅读提示：现行税收制度与当前经济社会高质量发展的要求存在诸多不适应之处，需要进一步深化税制改革。主要表现为：我国税收营商环境有待优化、税收收入分享体制亟待完善、纳税人分类制度有待改进、税收法定原则的落实仍任重道远、税收收入制度与税收征管制度的匹配性有待加强。对待以上问题，税制改革要以高质量发展为导向，围绕国家治理现代化改革总目标，推动税制中性、简便、稳定、透明。具体而言，要优化税收营商环境，推进友好型税收制度建设；深化税收收入分享体制改革，促进地方治理能力提升；激发创新主体活力，为高质量发展培育新动能；适应经济全球化下高水平开放，提升税制竞争力。

党的十九大报告中明确提出，我国经济已由高速增长阶段转向高质量发展阶段，正处在转变发展方式、优化经济结构、转换增长动力的攻关期。2019 年《政府工作报告》再次对推动经济高质量发展提出要求，明确要继续坚持以供给侧结构性改革为主线，在“巩固、增强、提升、畅通”八个字上下工夫，巩固“三去一降一补”成果，增强微观主体活力，提升产业链水平，畅通国民经济循环。进一步深化财税体制改革，是推动高质量发展的必然要求。现行税收制度与当前高质量发展的要求存在诸多不适应之处，需要进一步完善。

一、 高质量发展的科学内涵与动力变革

（一）高质量发展的科学内涵

现有文献对高质量发展的内涵进行了不同的界定（金碚，2018；郭周明

等，2019），也对发展质量指标进行了一定程度的研究。例如，郭庆旺等（2005）、何强（2014）等以全要素生产率作为衡量经济发展质量的指标；徐瑞慧（2018）从增长基本面、社会维度以及环境保护等方面综合构建了衡量经济发展质量的指标；任保平等（2018）制定了高质量发展的评判体系，包括指标体系、统计体系、政策体系、绩效评价体系、政绩考核体系等。

我们认为，高质量发展是经济发展质量不断优化的状态。从理论上看，高质量发展是以创新、协调、绿色、开放、共享这五大发展理念为指引的经济发展质量状态。趋向新发展理念的国民经济状态即为符合高质量发展评判标准的状态，而任何单一理念或指标都无法对经济发展质量作出科学评判。从实践上看，我国高质量发展是要推进供给侧结构性改革，提高全要素生产率，加快产业转型升级，逐步形成实体经济、科技创新、现代金融、人力资源协同发展的现代化产业体系。从当前政策导向上看，推动高质量发展的着力点在于巩固供给侧结构性改革成果，以增强和激发微观主体活力为重点，稳定预期、为发展注入确定性，从而畅通国民经济循环。

从狭义上看，高质量发展涉及数量增长和质量改善两个方面。在生产力落后的“短缺经济”里，把“蛋糕做大”是经济发展的首要目标；随着传统产业的大规模扩张，“产能过剩”成为一种明显的经济现象，经济发展就须从以往“铺摊子”为主转向“上台阶”为主，其前提和基础是提高资源配置效率、提升产业链水平。从广义上看，高质量发展有多维、丰富的内涵，是以数量增长为基础、质量改善为重点、国民福利增进为根本的协调和统一，其终极目标是满足人民日益增长的美好生活需要。从这个角度看，推动经济高质量发展就不能从单一的经济视角观察，而是要从社会、人本等多维视角进行观察。诸如全要素生产率、产业结构合理性、创新能力、可持续发展能力、发展成果的共享程度、生态环境改善程度、居民生活质量等指标，都是综合衡量发展质量的不同维度。

（二）高质量发展的动力变革

在推动高质量发展的“三大变革”中，动力变革是关键，即要以动力变革来推动效率变革，进而促进质量变革；以动力变革形成质量、效率明显提高，稳定性、可预期性、可持续性明显增强的发展新局面。动力变革意味着实现经济新旧动能转换，而新旧动能转换的过程，就是不断矫正供给响应机制偏差的过程，在恢复供给响应机制灵敏性的同时，形成供给响应需求的动态平衡机制（刘尚希等，2018），进而实现高质量发展。高质量发展动力变革的启动过程就是供给结构优化的过程，这需从原有要素投入结构、经济结构、产业结构和区域发展结构等方面实现突破。

第一，从要素驱动转向创新驱动。后发国家产业转型往往经历“劳动驱动—资本驱动—技术驱动—创新驱动”的主动升级过程。当前世界产业分工和竞争格局深度调整，我国在向全球产业链中高端跃进的过程中面临诸多挑战。能否跨越中等收入陷阱、提升产业链水平、推动发展迈上更高台阶，关键在于经济发展能否从以往的要素驱动及时切换到创新驱动上来。

第二，从投资驱动转向消费驱动。按照国民生产总值支出法进行核算，2017 年净出口对国民生产总值的贡献率为 9.1%，资本形成的贡献率为 32.1%，最终消费的贡献为 58.8%①。消费对经济发展的基础性作用已经有所体现。然而，消费驱动作用还应进一步体现在消费升级对经济发展质量的影响上。消费升级蕴含着消费结构转变、消费品质提升和消费渠道变革，这些都对产业供给能力和供给质量提出了新的要求。

第三，从“中国制造”转向“中国创造”。当前我国制造业大而不强，尚处在产业价值链中低端，产品质量不高、国际竞争力不强，出口产品 56% 是中低端技术含量（薛薇等，2019）。在我国传统优势减弱、国际竞争更为激烈的背景下，从“中国制造”向“中国创造”的转变是我国面对百年未有之大变局的必由之路。一方面，在于通过低端制造转向高端制造，攀登全球价值链中高端；另一方面，要通过大力研发核心技术和关键技术，建立原创性的、有主导权的价值链，提升产业、产品的附加值。

第四，从非均衡发展转向均衡发展。以往非均衡的发展战略注重快速推

① 根据国家统计局公布的《中华人民共和国 2017 年国民经济和社会发展统计公报》计算得到。

进重点地区和重点部门的发展，强调政府和产业政策的导向作用，试图用产业关联效应和“先富带动后富”拉动其他区域和部门发展。其带来的消极后果就是产业间、区域间出现重大结构失衡，最终导致国民经济循环不畅。实现高质量发展动力变革的重要宏观基础就是要对这些重大结构性失衡进行纠偏，更好地发挥政府的作用，以要素市场化配置为重点推进经济体制改革，在基本公共服务、基础设施、生态环境等方面补齐短板，使区域间、产业间供需关系实现新的动态均衡。

二、 税收制度对高质量发展的支撑作用

财税体制改革需准确把握高质量发展动力变革的要求，适应经济增长和质量改善的重大趋势性变化，不断提高财税政策对经济社会发展的牵引能力。

从国内实践看，党的十八届三中全会以来，我国围绕现代税收制度建设，加快推进以“六税一法”为主要内容的税制改革进程，使税制改革成为财税体制改革乃至整个经济体制改革的重要支柱。例如，我国深化增值税改革的系列举措，既彰显了政府实质性减税降费的决心，又将从宏观、微观不同层面推动经济迈向高质量发展。2018 年、2019 年中央两次降低增值税标准税率，并通过扩大进项税抵扣范围、期末留抵退税制度、部分行业进项税额加计抵减等一系列配套改革，确保所有行业税负只减不增。这不仅有助于增强微观主体活力、提升产业链水平，还有助于畅通国民经济循环、扩大消费需求、推动消费升级和改善消费者预期。

从国际经验看，近年来世界主要国家普遍重视税收制度在一国经济提质增效、产业转型升级中的重要作用。实现更高水平的经济发展依赖于多样化和复杂的生产结构，对现有产品进行多样化改造、生产结构进行升级、产业进行智能化联通便成为了高质量发展的重要途径。政府为实现高质量发展的目标，需要引导市场经济主体行为，促使微观主体着眼中长期发展来安排其经济活动。20 世纪经历了经济停滞的日本采取了一系列扩张性的财政政策，

在税收层面主要采取降低企业所得税、调高消费税等措施，以期促进企业投资。日本税收政策的实施效果十分明显。有研究表明，其企业所得税降低1个百分点，能够拉动投资约0.4个百分点（Mooij et al.，2014）。同样作为发达经济体的德国，在21世纪初曾面临较严重的经济困难，呈现出失业率高和国际竞争力弱的特征，在此背景下实施了一系列的税收改革，如减少对劳动者征税而增加消费税等（Gadatsch等，2016），推进了劳动力市场改革和财政改革。

三、 高质量发展： 税收制度的不适应之处

（一）我国税收营商环境有待优化

税收营商环境是营商环境的重要组成部分，良好的税收营商环境对提升微观经济主体活力、增强纳税主体获得感具有重要意义。近年来，税务部门不断深化“放管服”改革，缩短纳税时间、减少纳税次数、优化纳税服务水平，特别是国税地税征管体制改革为税收共治提供了基础，对优化税收营商环境产生了积极影响。然而，根据2019年版世界银行《营商环境报告》，我国营商环境改革虽然成效显著，但“纳税”指标仍处于世界中下游水平（国家税务总局湖北省税务局课题组，2019），与主要发达经济体差距明显，这表明我国税收营商环境还有较大优化空间。

（二）税收收入分享体制亟待完善

近年来，以营改增和深化增值税改革为重点，以“减税”为主线的税制改革不断深入推进，同时实施了与此对应的税收收入分享体制改革，但更多表现为临时性的“见招拆招”，尚未形成较为稳定的税收收入分享体制。而税收收入分享体制不完善，不仅使地方财政具有不稳定性和不可预期性，而且使作为新一轮财税体制改革重头戏的中央与地方财政关系改革受阻。从分税制改革的目标导向上看，政府间财政关系改革的总体原则应是中央与地方

权责清晰、稳定，税收收入分享可预期。营改增后，地方政府的主体税种不复存在，地方税体系更加脆弱，地方财政越来越依赖于共享税收入和转移支付。减税降费背景下，地方财力重建机制、央地间留抵退税的分担机制、共同财政事权分担机制等都有待明确或改进。下一步，健全地方税体系、完善税收收入分享机制，是深化中央与地方财政关系改革的前提和基础，也是为地方政府行为注入确定性的重要保障。

（三）纳税人分类制度有待改进

从所得税角度看，我国纳税人包括法人纳税人和自然人纳税人。两者在缴纳所得税时有较大差异。企业所得税一般按期预缴、年度汇算清缴，且能扣除相关成本费用；个人所得税劳动所得综合征收，其他所得一般按次征收，扣除比例有限。在法人税制框架下的“纳税人”，除了企业法人外，还包括行政法人、事业法人和社团法人。这些具有明显社会属性的行政、事业、社团法人若要享受税前扣除优惠政策，一般要符合较严格的资格条件，尤其是公益性社会组织税收优惠政策覆盖面较窄。可以说，纳税人的分类分层不规范，客观上导致对纳税人区别对待。

从增值税角度看，我国现行增值税制度按企业销售额与会计核算健全与否，将增值税纳税人分为一般纳税人和小规模纳税人，并实行不同的征收管理办法。现行小规模纳税人的简易计税方式造成增值税抵扣链条的中断，客观上造成不同纳税人增值税税负率的差异。小规模纳税人到税务机关代开专用发票又一定程度上增加了纳税成本。2018 年、2019 年分别扩大了小规模纳税人自行开具增值税专用发票的行业范围，对增值税纳税人分类管理制度改革进行了有益尝试。在信息管税加税源专业化管理的现代征管条件下，已有人建议取消小规模纳税人，直接以减免税的方式给予小微企业一定的照顾。

（四）税收法定原则的落实仍任重道远

税收法定原则是指一切税种的设立、税率等税制要素的确定、税收征收管理等基本内容都由法律规定，如果没有相应的法律依据，征纳关系就不能成立。与之对应，纳税人权利应当受到保护，税务机关非经法定程序，不得随意减免税或增加税。近年来，在全面依法治国精神的指引下，我国税收法定取得了明显进展，制定了《环境保护税法》《烟叶税法》《船舶吨税法》《耕地占用税法》《车辆购置税法》，修改了《企业所得税法》和《个人所得税法》，《增值税法》《资源税法》《关税法》等都已列入了立法规划。然而，我国税收立法仍然存在着税收基本法缺失、税法操作性不强等多个层面的问题。我国税法在制定时往往仅作原则性规定，具体实施办法留给法规、部门规章甚至是司法解释作出补充，这就导致我国税制整体的规则感和稳定性不强，不仅在相当程度上损害了税法的权威性，而且不同地区之间、部门之间掌握标准差异较大，使纳税人难以形成稳定的预期，不利于形成高质量发展所要求的公平竞争的市场环境。

（五）税收收入制度与税收征管制度的匹配性有待加强

税收收入制度与税收征管制度的相互促进、协调匹配是税收制度建设的重要内容之一。如果两者出现不匹配，则会带来税收收入流失，或损害税制的公平和效率。

一方面，税收征管制度改革与税制改革的适应性不足。例如，我国个人所得税改革的推进需要不同部门间信息整合、共享，没有这些基础性铺垫，税制改革很难达到预期效果。近年来，虽然税务部门涉税信息获取能力不断提升，但其在大数据治税等方面仍有较大提升空间。税收征管制度改革如果仅仅被认为是税务部门的事情，单纯在税务部门内部进行改革，而没有从国家治理能力现代化的高度去谋划，整个税收制度建设也难有实质性推进。另一方面，新经济、新业态、新模式对传统税收征管制度带来冲击，与之相应的税制创新有待加强。以数字经济为代表的新兴商业模式模糊了商品和服务之间的界限，对国际税收管辖制度带来了明显的挑战；共享经济、共享服务等活动存在一定的税收真空地带，相关税制要素尚未纳入税收法定的轨道。

四、面向高质量发展：税收制度改革重点

面对经济社会发展的不平衡不充分以及产业转型升级中的诸多困难，税制改革既要着眼国际税收变化趋势提升税制国际竞争力，又要从国家治理现代化的高度推动税制中性、简便、稳定、透明。在战略目标多元化前提下，发展全面性和政策协调性是引领高质量发展的重点和难点所在。只有从整体观出发，破除改革推进中的“碎片化”问题，通过稳妥的制度安排，才能分步推进并达成高质量发展的目标。

（一）优化税收营商环境，推进友好型税收制度建设

一是落实高质量发展理念，深化“放管服”改革，提升纳税服务质量。树立以“纳税人为中心”的理念，注重加强税收征管与提升服务效能相结合，注重税收法治建设与制度保障相结合，注重大数据治税方式应用与提升纳税人满意度相结合。二是树立集成管理理念，将优化税收营商环境与改善国家营商环境通盘考虑。税收营商环境是国家营商环境的组成部分。既要发挥税务部门内部改革与政府部门外部参与的联动效应，又要坚持将纳税服务与税收征管、税制改革紧密结合，从推进国家治理能力现代化的高度推进税收营商环境的改善，使其对我国整体营商环境改善起到重要推动作用。三是优化税制结构。以“简税制、低税率、宽税基”为基本原则，推进增值税税率合并、增强增值税抵扣链条的完整性、取消小规模纳税人制度、完善增值税留抵退税制度，对直接税和间接税的比例进行结构性调整。注重整体谋划，在所得税、货物劳务税与财产税改革的过程中，进行税负的合理调整与分配，既要降低实体经济的税负，又要考虑做宽税基、加强税源管理，取消一些泛化的、临时性的税收优惠政策，减少不必要的税收损失。四是落实税收法定原则，加快推进现代税收制度建设。落实税收法定原则不仅要加快立法进程、提高立法质量，而且要注重税制要素的明确、清晰，增强税法的可操作性，提高税制整体的规则感和稳定性。

（二）完善税收收入分享体制，促进地方治理能力提升

一是结合新经济下税源变化，改进增值税“五五分成”的过渡方案，建立基于各省份常住人口、消费水平、基本公共服务支出需求等为标准的指标体系，既一定程度上体现消费地原则、缓解税收和税源背离，又引导地方政府行为偏好从“重投资”转向“重消费”。二是将地方税体系建设与提升地方治理能力相结合。对增值税和所得税，不允许实施地方税收优惠和先征后返等政策，保障税制的区域一致性；同时对明确属于地方税的资源税、房地产税等税种，适当扩大地方税收管理权限和税制要素选择权限，建立地方政府的激励约束机制，增强民众的责任意识和获得感。三是将税制改革、税收收入分享体制改革与中央地方公共产权制度改革通盘考虑。我国法律规定，属于国家所有的公共资源由国务院行使所有者权利，即国家所有权代表是中央，地方无法律资格来行使国家所有权。但现实的情形却并非如此。中央与地方之间没有进行所有权权能分解并建立相应的公共产权制度，这使得中央与地方财政关系不完整。下一步，需以中央对地方确权为主线，构建财产权与行政权分开运行的制度框架，形成要素市场化配置的产权制度基础，进而依据市场契约挖掘税源，完善地方税体系，使产权制度改革、税制改革和税收收入分享体制改革在时空上无缝衔接。

（三）激发创新主体活力，为高质量发展壮大培育新动能

创新驱动发展是实现高质量发展动力变革的关键。税制改革必须顺应创新驱动的要求，促进创新要素协同发力，激发创新主体活力。第一，针对研发人员加大创新激励。充分发挥企业所得税和个人所得税在创新人才激励中的协同作用。例如，将研发费用加计扣除政策从企业所得税扩大到个人所得税，从法人企业扩大到合伙企业、个人独资企业；对个人的知识产权转让所得以及技术性、智力密集型劳动所得，加大个人所得税减免力度。第二，提高部分激励创新税收政策的普惠性。如允许创业投资机构在实际投资于高新技术企业的额度占其总投资额的比例超过一定门槛后，可以按15%的税率缴

纳企业所得税。第三，加大对企业从事基础研究和基础性、先导性产业的税收支持力度。第四，加大对科技类非营利组织的税收减免。第五，进一步加大对小微企业的扶持。考虑增值税中人力成本抵扣、进项留抵优化、纳税人分类制度改进等问题。

（四）适应经济全球化下高水平开放，提升税制竞争力

一是加强对跨境电商、平台经济等新兴商业模式的税收征管模式创新，深化对数字经济征税权划分问题的研讨。二是关注国际税制改革的动态，强化对我国税制改革风险的预判和分析。在经济全球化背景下，须将国际税收竞争视为我国建立现代税收制度的外部约束条件，科学、合理地进行税收决策。同时注重加强国际税收合作，建立国际税收合作平台。三是审慎评估主要国家税制改革对我国实体经济、制造业升级等方面的影响，特别需要避免创新资本和创新人才外流的风险。四是加大我国税制的确定性和可预期性，避免对国际投资活动造成障碍，进而影响贸易和经济增长。

参考文献：

1. 金碚：《关于“高质量发展”的经济学研究》，《中国工业经济》2018 年第 4 期。

2. 郭周明、张晓磊：《高质量开放型经济发展的内涵与关键任务》，《改革》2019 年第 1 期。

3. 郭庆旺、贾俊雪：《中国全要素生产率的估算：1979—2004》，《经济研究》2005 年第 6 期。

4. 何强：《要素禀赋、内在约束与中国经济增长质量》，《统计研究》2014 年第 31 卷第 1 期。

5. 徐瑞慧：《高质量发展指标及其影响因素》，《金融发展研究》2018 年第 10 期。

6. 任保平、李禹墨：《新时代我国高质量发展评判体系的构建及其转型路径》，《陕西师范大学学报（哲学社会科学版）》2018 年第 47 卷第 3 期。

7. 刘尚希、苏京春：《供给侧结构性改革、新动能与供求新平衡》，《中共中央党校学报》2018 年第 4 期。

8. 薛薇、刘志芳、李心：《由特朗普税改及影响看中国税制》，《中国科技论坛》

2019 年第 1 期。

9. Mooij D R, *Saito I. Japan's corporate income tax: facts, issues and reform options*, . IMF Working Paper, 2014, 138 (14).

10. Gadatsch N, Stähler N, Weigert B, "German labor market and fiscal reforms 1999 to 2008: can they be blamed for intra – euro area imbalances?", Journal of Macroeconomics, 2016 (50).

11. 国家税务总局湖北省税务局课题组:《世界银行营商环境报告纳税指标及我国得分情况分析》,《税务研究》2019 年第 1 期。

12. 刘尚希、樊轶侠:《践行创新发展理念构建创新友好型税收制度》,《税务研究》2016 年第 10 期。

13. 樊轶侠:《助推居民消费升级的税收政策优化研究》,《税务研究》2018 年第 12 期。

(此文发表于《税务研究》2019 年第 5 期,作者:刘尚希、樊轶侠)

第四篇
论央地关系与财税体制改革

中国财政体制：探索与展望

阅读提示：财政体制的基本要素包括能力、事权、财权、财力，在能力基础上形成体制要素的多种组合，即形成不同的财政体制类型。在不同国家的不同历史时期，财政体制是随着国家职能及其履行方式的变化而调整的。在法治比较健全的国家，财政体制相对稳定。在体制转轨国家，尤其像中国这样的新兴市场大国，财政体制随着改革的深化而不断调整优化，至今仍未完全定型。财政是国家治理的基础，财政体制则是国家纵向治理结构的基础。国家治理体系和治理能力的现代化，离不开财政制度的现代化，尤其是财政体制的规范化、法治化和现代化。中国构建的分税制财政体制体现了财政分权的思想，但并未照搬“财政联邦主义”理论，而是具有中国特色的财政分权实践。随着国家治理现代化的推进，与之相匹配的财政体制也需要加快理论创新和实践创新。为此，本文通过梳理已有文献，着力全方位呈现财政体制的理论探索、实践变迁及其作用，并结合中国的实际以及发展趋势，提出了深化中国财政体制改革的理念认识。

一、财政体制的意涵

财政是国家治理的基础和重要支柱，科学的财税体制是优化资源配置、维护市场统一、促进社会公平、实现国家长治久安的制度保障。财政体制是国家纵向治理结构的基石，是央地关系的支柱。不言而喻，财政体制的意涵，需要放在央地关系中来考察，并从财政是嵌入国家权力结构的枢纽和作为国家的基础性制度来认识。

（一）央地关系

央地关系，即中央和地方关系，是国家中央权力机关与地方权力机关之间的职责、权力与资源分配的关系。央地关系是一个多层面、多角度的体系，是现代国家治理领域最为重要的关系链条之一（刘尚希，2015；高培勇，2018）。央地关系对于政治稳定、经济运行、社会治理等方面都具有重大影响，是政治、经济、社会、法律等学科的重要研究对象（吕冰洋，2019）。中西语境中的“地方”，含义有别，西方国家的地方（local），多指基层政府，比如美国是指联邦、州、地方三级关系中的地方；中国语境中的地方，则指中央以下的权力机关（subnational）。

央地关系研究基于关系主体、关系实质及关系内容（领域）有不同侧重。就央地关系的主体而言，学界有不同认识，有的仅指中央和地方政府，有的仅指中央和地方的政权机关，有的仅指党中央国务院和地方党委政府，还有更宽泛的理解，包括政权机关和政权机关之外的人民（嵇雷和巨英，2009）。认识不同反映了关于国家权力范围的不同理解，广义国家权力包括立法、行政、司法在内的权力，中国特色的权力结构还包括监察权；狭义的国家权力则仅指国家行政权力。从央地关系的实质看，有利益关系（国家利益和地方利益之间的关系）、权力关系（一定的国家权力组织形式下的央地间权力分配及统属关系）和权利义务关系（具有隶属关系或监督指导关系的央地国家机关主体，在行使国家权力和地方权力时依法形成的权利义务关系）等不同研究视角（嵇雷和巨英，2009）。从央地关系内容或领域看，包括中央与地方政治关系、经济关系和法律关系，三者是相辅相成、不可分割的，经济关系是央地关系的基础，政治关系是央地关系的核心，法律关系是央地经济政治关系的规则形式（即法制化）。平常语境中的央地关系，多从关系内容或领域展开，并兼顾关系主体和关系实质。

央地关系也可从公共管理或公共治理维度来认识。在中国转轨过程中，有学者从政府管理层级来探讨，如立足中国五级政府、五级管理基础上的扁平化改革思路（贾康和白景明，2002）。随着实践中认识的深化和财政定位为国家治理的基础和重要支柱，也有学者从治理角度提出“两级治理、五级管理”的新认识，基于中国宪法和历史传承，纵向的国家治理结构是中央、地方两级，国家的公共权力不是均匀地在各级政府之间划分，有些权力只在中央与地方之间划分，在地方的省市县乡之间不能再继续划分，如立法权、司法权等（刘尚希，2015）。因此，从管理的角度，央地关系也称为政府间关系，是指中央、省、市、县、乡之间的关系；从治理的角度，政府间关系则分为两个层次：一是央地关系，二是地方省、市、县、乡之间的关系，第一层次是全国层面的关系，第二层次是地方层面的关系，地方拥有一定的可以因地制宜的自主权。

央地关系的内容包括政治、经济和法律关系。央地政治关系，涉及国家主权问题，包括立法权、行政权、司法权、监察权，在中国呈现为党统一领导下的四权并立。在立法权层面，国家立法权由民意代表权力机关行使，包括制定和修改基本法律，以及授权政府制定行政法规。行政权是指由国家或其他行政主体担当的执行法律，对行政事务实施主动、直接、连续、具体管理的权力。司法权属于检察、审判机关。监督权则由相应监督主体根据职责对相应事项进行监督。央地经济关系，指税源、债务、转移支付、灾害救援和支出责任的划分关系，以及基于国家或政府所有权及其资源占有、使用、处分和收益归属等方面的财产关系。央地财政关系与之最为直接、最为紧密，也可以说，央地经济关系是以财政关系为载体的。财政是国家赖以存在的物质基础，由此延伸来看，央地经济关系直接体现在财政资源的配置上。中国作为公有制为主体的社会主义国家，央地经济关系与国家所有的资源、资产、资金以及国企紧密联系在一起，涉及所有权权能和国企管辖层次的划分关系。这种复杂的央地经济关系只有以公有制为主体的国家才独有。“土地财政”问题就是由此衍生出来的央地财政关系，成为中国市场化、工业化和城市化过程中国有资源资本化、金融化的典型样本，也成为央地财政关系中的重大问题。财政资源配置承载着央地经济关系，其理念逻辑既遵循经济学，也超越经济学，需要基于国家治理效能来实现央地之间的有效配置，其基准不是单一维度的经济效率，而是公共风险最小化，基于公共风险的对冲来配置财政资源（刘尚希等，2018）。央地法律关系是指规范央地政治关系、经济关系中的主体资格及其权力（权利）和责任（义务）关系的一种法律形式，这既是央地政治关系的延伸和拓展，体现政治主张和国家意志，也是对公共权力央地划分、行使的制衡和约束，其中自然包括了央地财政法律关系。从世界范围来观察，不少国家的央地财政法律关系都通过位阶较高的法律作出规定，甚至在宪法中直接体现。

央地关系是一个古老的主题，处于不同历史阶段和文化社会背景下的国家，形成了不同的央地关系。不管什么样的国家，央地关系都体现在央地职权和央地财权、财力和支出责任的划分上，即通常我们说的“事”和“钱”的组合关系（刘尚希等，2021）。

（二）央地财政关系

央地财政关系是央地关系的基础，也称财政体制，指事权、财权财力等要素在央地之间配置的制度安排及相应机制，是财政学的重要内容，也是财政改革的重要方面。在不同时期，学界对财政体制作了广泛探索，较早期的看法认为，财政体制是国家组织财政收支，进行财政管理，划分各级政权之间的权、责、利关系的制度（戴园晨和徐亚平，1992）。分权意义上的央地财政关系，如中国 1994 年实行的分税制财政体制，则是指在合理划分各级政府事权范围的基础上，主要按税收来划分各级政府的预算收入，各级政府预算相对独立，负有明确的平衡责任，各级政府间的财力差别通过中央政府向地方政府以及上一级地方政府向下一级地方政府通过转移支付制度进行调节（楼继伟，2013）。

事权、财权、财力要素划分及其组合是央地财政关系的核心。中国理论界从经济视角广泛研究央地财政关系，始于改革开放后“分级财政”的改革探索，财政管理的集中与分散问题从根本上说也是正确处理责权利关系问题，具体包括财政责任、财政权力、财政利益三个方面的内容（何振一，1985）。随着“放权”（行政性分权）转向“分权”（经济性分权），中国财政体制改革引入分税制，政府间财政关系有了比较稳定的制度性框架，央地财政关系的改革原则经历了“事权与财权相匹配”“财力与事权相匹配”“事权与支出责任相适应”三个阶段，每个阶段都体现了我们对体制改革认识的深化。

事权，是指管理事务的权力，学界关于事权的认识，可归纳为两种立场：一是将事权解释为政府的职能或职责，“事权是指各级政府的职权”（楼继伟，2013）；第二种立场，则不再局限于事权本身的概念描述，而是试图通过核心的概念类比和转换来明晰相应的内涵，认为“事权等于支出责任”。有的学者解释道，“通常来讲，当述及财政活动和政府公共收支时，多使用‘支出责任’（expenditure responsibility）；当论及政治统治和政府强制时，多使用‘政府权力’（government power）”（冯兴元，2010）。我们认为，事权是一级政府在公共事务和服务中应承担的任务和职责，支出责任是政府承担的运用财政资金履行其事权、满足公共服务需要的财政支出义务（见2016年中国国务院文件）。对于委托性事权而言，支出责任和事权执行主体则不自然对应。

事权范围，基于国家权力而言，广义的事权包括立法权、行政权、司法权，在中国还强调监察权，这是从应然的角度讲的；但是，从实然角度讲，关于央地财政关系的讨论，多聚焦在狭义的事权概念，即聚焦在行政权上。事权的具体形态，从央地关系来看，则指国家权力在央地间的配置，对应着中央事权、地方事权和共同事权，三者按照一定理论原则进行划分。

财权是各级政府为履行公共服务职能而拥有的财政资金的筹集权与支配权，包括税权（费权）、产权和债权。财力是一级政府在一定时期为履行公共职能拥有的全部可支配财政资金，是财政资源分配的最终结果（财政部干部教育中心，2017）。财权和财力是一对既相互联系又相互区别的概念。财权对应着财力，但是，财权在内涵上不等同于财力，财权强调“各级财政筹集、支配和使用资金的权力”，其中筹资的权力，包括征税（费）权、财产转让权和发债权，本质上是获取财力的权力；而财力强调“经济力量（多指资金）”，本质上是一种支付能力。财产转让权、发债权、征税权可带来多少财力，呈现一定的不确定性和不可预期性，可获取的财力取决于一定区域的经济增长潜力及其税源变化，并不表明与履行一定事权所需的财力相等同。所以，财权与事权不匹配是常态，而匹配是非常态。发达地区与欠发达地区拥有的财权并无多大差异，而获取的财力则是相差甚远。

财权和财力在体制的安排中各有不同的功能，不能简单地替代。财权的安排有助于发挥地方的主动性和积极性，促进区域经济增长，涵养财源和税源，有助于提升地方的努力程度。但是，地方再努力，各个地方之间的财力差距因经济发展环境、条件的不同而凸显，这就需要在体制安排中通过转移支付来平衡各地方之间的财力。这从结果上保障了地方各级财政能力大体上均衡。因此，在央地财政关系的安排上，财权划分和财力分配需要统筹协同，过于强调财权或者财力在央地财政关系中的地位和作用，都是不可取的。

央地财政关系有集权和分权两种模式。中国历史上高度集权的计划经济条件下，计划指令只有国家一个主体，企业、政府部门甚至地方政府都只能是国家统一计划生产体系中的一个环节和部分（苏东斌，2009）。但这种模式面临着计划信息和个人需求脱节的局限问题（哈耶克，2016），相关主体的积极性不高。为调动积极性，中国在计划经济框架下不断尝试“放权”“收权”改革，后来适应建立市场经济体制改革的要求，理论界提出了从“行政性分权”到“经济性分权”的看法（赵人伟，1987；刘吉瑞，1988；贾康，2013；刘尚希，2015），一直到分税制财政体制。然而在所谓的“行政性分权”阶段，并没有实质上的“分权”，地方政府的主体地位不明确，责权利不清晰，只能称之为“放权”；分税制改革才是真正的“分权”改革，地方政府成为利益主体（刘尚希，2019）。

（三）财政体制的多维认识

财政体制内嵌于一国的政治、经济、法律等基本制度，其意涵会随国体、政体不同而相异，也会随财政定位的变化而调整。如财政联邦主义一度流行，甚至奉为圭臬。在西方国家也随着一次次的经济金融危机而走向财政集权，中央财政收支的占比远高于中国。再如，在理论上，财政的定位超越经济学（许毅和沈经农，1987）上升到国家治理（刘尚希，2015；高培勇，2018），央地财政关系意涵也随之超越了经济学范畴和经济关系，蕴含并协同整合了经济、政治、法律等多维关系。

1. 经济关系

财政体制中的经济关系是指各级政府作为公共资源配置主体之间的关系。政府间收入划分、支出划分以及转移支付制度，决定了各级政府在国家财政收支中的占比、权力和责任关系，对地方政府行为产生直接影响，并传导到市场、社会，分配、再分配等各个领域和各个方面。

从传统的经济视角观察，财政关系是经济体制的重要内容。在中国改革开放过程中，财政改革是作为经济改革突破口来看待的。财政改革离不开放权、分权。在计划经济向市场经济转轨过程中，理论界曾一度提出行政性分权（实质上是“放权”）和经济性分权。行政性分权是指在保持指令性计划体系下政府内部分层次计划协调（吴敬琏等，1986；楼继伟，1987），是调动中央与地方两个积极性的一种分权战略（《社会主义产权制度与产权理论》课题组，1991）。经济性分权是指国有企业不再是国家行政机关的附属物，成为自主经营、自负盈亏的经济实体，国家对企业的经济活动不再进行直接控制，而是通过各种市场参数（经济手段）进行间接引导（赵人伟，1987）。体现在央地财政关系上，则强调不是以行政权力协调而是以市场机制为基础，让地方成为相对独立的利益主体，由此形成地方区域之间的经济竞争和财政竞争。20 世纪 90 年代市场化改革之后，政府和企业、中央与地方之间的关系才开始成为主体之间的关系，多元主体的“分权”改革启动，与市场经济发展逻辑相契合的制度安排开始形成。

财政体制改革的主要目标是促进经济增长（福利提升）和公平分配。具体来看，一是宏观经济有四大目标：经济增长、物价稳定、充分就业和国际收支平衡，实现这些目标离不开央地两个积极性。这就需要科学合理的央地财政关系。二是促进公平、实现基本公共服务均等化，健全财力与事权相匹配的财税体制，科学界定各级政府的基本公共服务支出责任（楼继伟，2013），促进财力协调、区域均衡，缩小地区、城乡发展乃至群体收入差距，避免各地经济社会发展发生“马太效应”和两极分化，以增强整个国家发展的包容性与和谐性。三是提升公共资源配置效率，让中央和地方政府更好发挥各自比较优势、加强各自薄弱环节，更好地履行各自职能，提升公共资源配置效率（朱之鑫，2013），一方面要促进各级政府分工履行好各自的公共财政职能，做好政府范围内的事，发挥好政府作用，另一方面要保证市场更有效发挥资源配置的决定性作用，提高公共资源配置效率。

2. 政治关系

财政体制中的政治关系是指各级政府作为公权力主体之间的财政权力、财政责任配置关系。不同的国体和政体，就有不同的权力和责任配置关系。中国作为“主权在民”的人民共和国，具有单一制国家的显著特征，地方权力来自于中央授权，但这并不妨碍地方是一个相对独立的公权力主体，并承担相应的公共责任，维护公共利益。公权力主体之间的财政关系包括央地之间的事权、财权、财力等财政体制要素，通过它们的协同组合，为国家整体职能的有效实施提供基础条件。

从历史变迁来看，央地政府间财政关系本身就是作为政治关系来看待的，其政治属性是不言而喻的。“从理解一般国家权力受到国家筹措资金为自己付账的能力的限制这个角度，黎塞留（财政是国家的命脉）无疑是正确的”（詹姆斯·B. 柯林斯，2016）。中国宋代苏辙在《上皇帝书》中所言“财者，为国之命脉而万事之本”也是这个意思。这意味着财政能力是政治能力的表征，央地财政关系是央地政治关系的集中反映。从世界范围看，央地财政关系处理得好，国家就会长治久安，相反，就可能分崩离析，如苏联，在央地关系上疏于财政关系的把握，是解体的直接因素。

从作为一个整体的国家来观察，长治久安是古今中外所追求的目标，财政体制的构建就是实现这个目标的手段或基本途径。保持中央权威和政治控制力，是央地财政关系设计首先要考虑的。通过分权让地方有活力，发挥地方不可替代的作用，同样是不可或缺的。控制力与活力两个方面的兼容只有置于央地财政关系中才能得以实现，正是在这个意义上，央地财政关系与财政和市场关系、财政和社会关系一起构成国家治理的基础。一方面，央地财政关系需要把中央权威和调控能力内置其中。财权、财力与事权以及央地能力优势如何匹配组合就成为央地政治关系的关键，成为政权组织形式的内核。

另一方面，央地财政关系应当有效调动地方发展经济、主动治理的积极性。地方积极性的调动对发展至关重要，中国经济在过去几十年中实现高速增长的奇迹，与地方招商引资的积极性以及地方之间经济竞争是分不开的。推进国家治理的现代化也需要地方作为治理主体的积极性充分发挥出来。

3. 法律关系

法律是行为规范和治理规则。财政体制中的法律关系是指各级政府作为法律主体之间的财政权力、财政责任和财政利益关系，简称为权责利关系。财政法律关系的客体包括公共利益中的国家整体利益、地方局部利益和央地行为及其筹资权力和支出责任。政府间财政关系的法治化，也就是对各级政府财政权责利的划分以宪法或法律的形式加以明确，有利于提升国家的整体治理能力，从国家制度建设层面维护中央权威，形成既有秩序又有活力的地方治理（封丽霞，2020）。发达国家普遍以宪法和法律的形式，对各级政府的职责等事务作出明确甚至详细的规定，由此确立起央地财政关系的基本框架（楼继伟，2013）。中国政府间财政关系的法定框架由宪法、宪法相关法、法律、行政规定组成，目前中国宪法和法律对中央与地方职权的划分并不详尽，尤其是财政权责的划分主要借助于行政规定，政府间财政关系的法治化仍有待进一步推进。

法既是规范约束，也是认可和保障，特别是对于地方政府的财政权责。中国仍有待于制定财政基本法如《中央和地方财政关系法》等法律，这有利于明晰中央和地方之间在决策、执行、支出责任和监督等事权要素上的权限，以降低地方行为预期的不确定性（刘尚希和赵大全，2013）。单一制和联邦制的国家财政权力、责任配置都通过宪法法律做出规定，从世界范围来看，中国的相关规定法律位阶偏低，财政集权和分权关系处理多依赖于行政规定，且稳定性较低。

二、 大国财政体制

任何国家都有权力的组织结构问题，但只有大国才会凸显政府间关系和政府间财政关系。因此，一般语境中的政府间财政关系，就是指大国的政府间财政关系，特别是央地财政关系居于中枢地位。

（一）大国财政体制的影响因素与分级治理

1. 大国财政体制的主要影响因素

国家规模决定央地关系，或者说地方政府是否有必要存在。一般来说，越小的国家，其央地关系就越是简单，甚至设立一级政府就够了；相反，越是大国，央地关系就越是复杂，地方政府就显得越是重要。这里的国家规模要从地理、人口、经济、政治等多个维度综合考虑。地理面积不大、人口不多、区域差异不大的国家，基本上没有设立地方政府的必要。而大国区域差异显著，政府履行职责所需处理信息较为复杂，单一层级政府无法对国家进行有效管理，多层级政府结构是大国有效管理的必要条件，必然涉及如何处理央地财政关系问题，其核心内容是如何在各层级政府中合理而有效地分配职责和财政资源（楼继伟，2013）。

资源配置方式是影响央地财政关系的重要因素，不同的资源配置方式决定不同的政府职能和央地财政关系。计划经济条件下，财权高度集中在中央，地方财政作为中央财政计划的执行者，不具有实际意义上的法律主体资格，也不具备对自身行为负责的权力，财政上吃“大锅饭”。市场经济条件下，央地间职责的划分、税权与财力的分配等都要遵循市场经济的内在逻辑，公共资源配置应促进市场资源合理配置，至少应不起妨碍作用。

财政体制具有路径依赖性。由于各国的历史、文化、政治、地理以及经济发展水平各异，在央地财政关系的制度安排上都体现出各自的特色。在中国，从计划经济向市场经济转轨，所表现出的路径依赖更为显著。无论是财政包干制取代传统体制，还是分税制代替财政包干制，都是在保持地方既得利益的前提下，共同分享改革所产生的增量收益。因此，中国财政体制受计划经济影响很大，在一些方面仍然带有旧体制的印记，存在新旧体制转化过程中的“路径依赖”问题（楼继伟，2013）。

要注意的是，财政上分权并非意味着政治上的分权，中国特殊的“政治集权、经济分权”模式就是典型的例子。中央统一决策体现在政治上，把握大方向；授权地方执行，其相当的自主决策权则体现在经济上，地方对于公共资源配置具有相当的自主权。

2. 中央地方分级治理框架

央地关系是公共部门内部的纵向关系，对应的财政模式应是“分级财政”。分级财政有两种方式，分级管理和分级治理。治理与管理不是相互替代的关系，而是互补的。国家管理是随着社会的分工复杂化和公共化而产生的，管理需要科学精神与人文情怀，是在一定治理结构下来展开的，国家治理也是国家的“再组织化”和“再结构化”，使经济社会主体的权力、权利、责任和义务处于一个更合理的结构之中。治理与管理有共同的基础和功能，即公共权力和秩序，管理是通过外在力量维护秩序，而治理强调的是共治，是多元主体共同来参与，是一种内生的秩序（刘尚希，2015）。

传统语境中的央地分级，多聚焦在经济领域的财政分级管理，在分税制之后，有学者提出“一级政权、一级事权、一级财权、一级税权、一级预算、一级产权、一级债权”的省以下分税制改革思路（贾康和白景明，2002），突出了五级政府、五级财政，通过政府层级扁平化解决主体税种与政府层级不匹配的问题，但这种看法难以适应国家治理现代化的要求。

分级治理成为国家治理改革的取向。分级财政与分级治理需要保持内在的一致性，不能错位。从国家治理角度来看财政体制，中国实行的是两级体制：国家财政体制和地方财政体制（刘尚希，2015）。中央地方分级治理框架下，国家财政体制即中央与地方之间的财政关系坚持分税制，地方财政体制因地制宜，有利于充分发挥中央和地方两个积极性。从世界范围来看，有的治理级次与政府级次吻合，而有的则不一致，尤其是大国的政府级次与治理级次往往不一致。比如，从政府级次来看，中国有中央、省、市、县、乡（镇）五级政府；而从国家分权治理级次来观察，中国是两级治理架构，即中央、地方两级分权的治理架构。在两级治理框架下，地方是一个整体，省级、地市级、区县级、乡镇级之间的权限划分属于地方内部的事务性分权。财政体制的设计首先要考虑的是治理级次，而非政府级次。

西方财政联邦主义是研究中央与地方财政关系的主要理论基础，但与中国财政改革的现实存在诸多不一致，单纯使用财政联邦主义的分析框架对中国当前的财政体制缺乏足够的理论解释力。地方公共品的供给是财政联邦主义的重要出发点，而中国财政分权的首要目的是调动地方发展经济的积极性，推动市场化改革，处理好政府与市场关系。中国财政分权的理论逻辑、实践逻辑与西方财政联邦主义有根本性的区别。

（二）集体主义模式下的财政体制理论

1. 高度集中背景下的“放权”

从历史发展趋势和方向来看，西方发达国家在央地财政关系划分上都在向财政集权发展，即中央收入、支出占比都是上升的；而中国是从高度集中的计划体制转向市场化改革，央地财政关系逐步向分权发展，公共资源配置的分权程度甚至超出许多西方国家，中国地方财政收支占比之高在世界大国中独一无二。中国的事权划分更多地体现了单一制转轨国家的事权结构特征（刘尚希等，2018）。中国纵向层级结构中，行政压力从上而下传递，在县乡之间表现尤为明显（荣敬本和赖海榕，2000），地方政府的运行是对各种来源不同的发展压力的分解及其应对（周飞舟，2009），也有学者将中国上下级之间关系定义为糅合了行政权分配、经济激励和内部控制的行政发包关系（周黎安，2014）。

2. 从“放权”到“分权”

改革开放以前，中国实行计划配置方式，财权高度集中在中央，地方财政作为中央财政计划的执行单位加以考虑和设置，财力分配上实行平均主义（楼继伟，2013）。1956 年，毛泽东提出社会主义建设和改造的十大关系，处理“中央和地方的关系”要在巩固中央统一领导的前提下，扩大一点地方的权力，让地方办更多的事情。中央要注意发挥省市的积极性，省市也要注意发挥地、县、区、乡的积极性（毛泽东，1976）①。此后，中国的财政体制步入“放权”“收权”循环的探索之中。放权是在原有的集中体制框架内下放部分财力的支配权，企业、地方政府的主体地位并没有明确，只是赋予企业和地方政府一定的决策权和财务权，自身努力与物质利益适当挂钩，以调动企业和地方政府的积极性（刘尚希，2019）。在改革初期，放权对打破体制僵化，调动各方面积极性发挥了重要作用，但也面临“放乱收死”的困局，改革深化是在市场化之后的事情。

中国改革开放初期，央地财政关系上的放权，逐步增加了地方财力，扩大了地方自主权，调动了地方当家理财、增收节支的积极性，促进了地区经济发展，但也存在“诸侯经济”等负面作用（戴园晨和徐亚平，1992），地方相互之间、地方与中央各部之间出现互相封锁的现象（许毅，1980）；同时，由于在具体实施过程中过分强调了地方的利益，致使地方财力增加过猛、中央财力相对匮乏，影响了中央财政调控的能力（邓子基，1992）。

市场化改革使“放权”转变为“分权”。市场经济条件下，政府间职责的划分、税收权力与收入的分配等都要遵循市场经济的内在逻辑、促进资源合理配置。中央集中的基本是宏观经济管理责任和调控权，地方在最适合于地方政府行使社会经济管理能力的领域应有更为明确的自主管理权（楼继伟，2013）。与放权中的单一主体不同，分权有助于多元主体的形成。或者说，分权的过程实质也是多元主体渐渐形成的过程，而多元主体的形成又为进一步的分权创造了条件。

分税制改革后，央地财政关系形成了更清晰的中央与地方两级主体，中央决策、地方执行。中央在事权、财权、财力划分上具有决定权，维护中央权威，确保法治统一、政令统一、市场统一。同时，对经中央决定属于地方的事权、财权和财力，地方依法依规履行和享有，地方有了明确的利益预期，

① 1956年4月25日，毛泽东在中央政治局扩大会议上作了《论十大关系》的讲话。之后，中央政治局连续讨论了3天。根据讨论中提出的意见，毛泽东进行修改补充，于5月2日向最高国务会议作了报告。《论十大关系》在很长时间内没有公开发表，只在党内高中级干部中作过传达。1976年12月26日，经毛泽东生前亲自审定的《论十大关系》在《人民日报》公开发表，随后收入《毛泽东选集》第五卷。1999年6月，收入中央文献研究室编辑的《毛泽东文集》第七卷。

其主动性和积极性得到极大释放。

分税制既要分税，也要分产。构建公共产权制度，是实现公有制与市场经济相结合的唯一途径，处理好中央与地方关系不可或缺的基础。西方社会私有产权为主导，其财政收入主要是税收，而中国目前的社会产权结构是以公共产权为主导，但中国的财政收入忽视了以公共产权为基础的其他收入形式，由此导致公共产权未能在财政上得到充分实现。1994 年的财税改革更多是“分税”，而没有“分产”，公共资源特别是土地自发无序地成为地方的“第二财政”（刘尚希和吉富星，2014）。

3. 从“分权”到“治权”

由“适应市场经济体制”到“匹配国家治理体系”，从建立“与社会主义市场经济体制相适应的财税体制基本框架”到“建立与国家治理体系和治理能力现代化相匹配的现代财政制度”，标志着中国的财税体制改革迈上了一个新的更高的平台（高培勇，2014）。全面深化改革的总目标是实现国家治理体系、治理能力的现代化，治理的基本内涵是基于权力和权利的多元共治，与此相适应，“分权”改革转向多维度的“治权”改革，即对权力、权利进行治理，包括保障民权和约束公权（刘尚希，2019）。

市场决定资源配置是市场经济的一般法则，政府的职能作用主要是弥补市场失灵、提供公共物品、满足公共需要，这是财政收支运行必须遵守的规律性；同时，财政又必须制定符合市场经济要求的现代财税制度，推动国家治理体系和治理能力现代化，这就是财政学有机组成的两个方面（陈共，2015）。但仅从市场失灵出发推导政府作用和财政职能难以匹配财政“国家治理的基础和重要支柱”的定位（郭庆旺，2017），只有继续推进分权改革，同时又进行超越分权的治权改革，才能满足国家治理现代化的需要。

建立与国家治理能力现代化相匹配的现代财政体制，央地财政关系应在坚持“分权”的基础上走向“治权”，才使分权改革找到新的方向——从调动地方发展经济的积极性转向激发地方治理的主动性，以公权来保障民权，以公共服务来保障民生和使所有人获得基本的能力和平等的机会，并通过治权来保障分权的稳定性。财政能力不等于政府能力，收入能力也不等于财政能力，因此，不能认为只要财力充足，地方能力就会“水涨船高”。当前存在的地方“小马拉大车”（基层政府履行的事权超出了自身的能力）现象与此相关。就会形成这样一种循环：能力不够造成问题—抽鞭子（加强监督）—问题更多—监督加力，最终导致财力浪费、事情办不好，治理风险加大。完善财政体制框架，体制要素需要从事权、财权、财力三要素扩展为四要素：能力、事权、财权、财力，形成新的体制框架，加强横向和纵向的财政统筹，体现发展的整体性和约束性。纵向统筹主要是提高上级政府（中央、省）在规则、标准和口径等方面的制定能力，数字化的宏观指导以及事权、支出责任的适当上移。统一市场、区域外溢性、碳交易等虚拟市场增多、数字经济的跨时空特点、智慧公共管理、公共服务的规模化、人口流动、产业链供应链全球化条件下的安全性、稳定性等都要求事权、支出责任上移。

4. 两级治理框架下的地方财政体制

地方财政体制即省以下财政体制，是大国央地财政关系的重要组成部分，是地方治理的基础。“省直管县”和“乡财县管”是地方财政体制改革的曲折探索，与城市化趋势并不吻合，真正称之为县”的区域政府日渐减少，县改市或县改区的越来越多，城市政府日渐成为地方治理中的主体部分。地方作为一个相对独立的治理主体，其体制应当因地制宜，地方设几级政府不应“一刀切”，只有这样才能适合于国家区域之间地理环境、经济社会、历史文化差距差异很大的现实状况，有效的地方治理也才可能真正形成（刘尚希，2015）。改变仅对本级负责的“层级财政”，实行“辖区财政”责任制，也就是每一级财政都负有对辖区范围内财政的纵向均衡责任和横向均衡责任，使每一层级政府和各区域政府的权力与责任对称，实现治权与中国政治架构的逻辑内恰。

（三）不同的分权模式

无论是什么样的分权模式，其目标都在于调动地方的积极性，形成激励相容的机制。分权总是能充分调动地方的主动性和积极性，且能持久有效。

与分权不同，放权虽然也能调动积极性，但是容易出偏差且不持久，很难把握放权的“度”，总是陷在“一放就乱，一收就死”的循环之中（刘尚希，2019）。唯有分权才能从这个循环中彻底跳出来。

1. 基于不同事权划分的两种分权模式

纵观世界，央地事权划分有“事项法”和“要素法”两种，前者主要在发达国家，后者主要在中国。

事项法体现为央地事权按照事项来划分，即将事项的决策、执行和支出责任等完整地界定为中央事项或地方事项，谁决策，谁执行，谁承担支出责任。中央和地方按事项管辖各自特定的领域，并对该事项有完整的财政权责。央地事项分工明晰，在分工范围内相对独立地运行，央地的职责任务是分开的，互不承担责任。一旦出现财政危机，各自独立解决，地方可采用破产机制，重整财政。按照事项来分权，并不表明分权程度大，相反，在发达国家，中央财政的集中度越来越高，其收支占比均在50%以上。这保障了中央的政治控制力和国家的凝聚力。

要素法是按事权要素在央地之间进行划分，即将决策、支出责任、执行、监督等不同的事权要素在央地之间进行划分与配置，一个事项的决策、执行、支出责任和监督可分别由中央或地方来承担。从整体来看，除了少数事项纯属中央与地方之外，多数的国家公共事务都是“中央决策，地方执行”，这与中国党的统一领导体制是相匹配的。这种分权方式也并不意味着地方权限小，中央集中程度高。从中国一般公共预算收支来看，中央占比很低，其收入占比为长期以来不足50%，而支出占比长期来不足15%。若是把基金预算、国有资本经营预算考虑进来，中央占比更低。这表明财政资源的配置权主要是在地方，中央主要是在方向、原则上提出指引和要求，并对地方进行监督。

要素法划分事权体现央地共治的特征。1994年中国分税制改革所形成的中央与地方事权划分格局，由中央或地方单独行使的财政事权较少，绝大部分事权都是由中央与地方共同承担的。在机构设置、政府职能与支出责任方面，则越是基层政府越多。在事权划分的具体操作中，还结合中国的国情，将其按照要素分为决策、执行、监督等，决策与监督一般属于中央事权，而执行一般属于地方事权，部分事权也可以表现为中央与地方决策和执行上的共担（刘尚希等，2018）。中国的分权模式是以上两种模式的混合，偏重于要素法。西方国家的分权模式也在向着混合模式演变，典型的如美国联邦政府也开始干预州和地方事务。

骤然一看，中央与地方在相同领域都拥有权责，分工上存在交叉重叠，似乎要素法这种分权模式不如事项法清晰。其实，这是从不同视角观察得出的印象。事项法分权模式是基于制度主义的，而要素法分权模式是基于行为主义的。制度主义以“界域”划分为基础，追求楚河汉界的分治，行为主义以行为“规则”区分为基础，以不同主体行为之间的协同合作成效为目标。从分权模式的演变趋势来观察，基于行为主义的分权模式与人类风险社会的到来更具有契合性。

2. 中央对地方的激励和考核

基于行为主义的分权模式，中央的治理策略是“标尺竞争”，即将地方的经济发展关键指标，设计为可度量、可考核的标尺，用来取代以前更习惯使用的对地方政府的政治说教，从而激励地方官员为比拼“政绩”展开激烈的横向竞争（张军等，2007）。然而，地方发展经济的激励不仅有经济和财政激励（Jin 等，2005；李学文等，2012）、政治激励（Maskin 等，1997；周黎安，2004），还有中央为地方保留的自主筹集财力的制度空间。未来央地财政关系改革，除了明确央地事权与支出责任关系外，仍需着重考虑央地财政关系在激励和约束地方财政行为中的作用（吕炜等，2019）。在完善基于行为主义分权模式基础上，央地财政关系中的治权改革日趋重要，风险社会和数字革命的到来，更凸显了治权的重要性。

（四）财政体制的作用

财政体制对国家治理具有举足轻重的作用和整体性的影响。一是通过事权、财权、财力等要素的安排，为央地公共资源配置奠定基础，让公共资源配置和市场资源配置形成合力，促进经济效率提升；二是通过政府与市场关系的耦合，明确政府行为规则，促进形成全国统一市场和公平竞争市场环境；三是促进基本公共服务均等化，为区域协调发展和社会公平提供基础条件；四是保障国家长治久安。在不同历史时期，财政体制发挥的作用也有所变化。

1. 改革开放前财政体制：集中财力办大事

新中国成立初期，中国经济发展面临着百废待兴、财力薄弱的困境。为了集中一切力量恢复和发展经济，平衡财政收支，稳定市场物价，安定人民生活，中国实行了以“统收统支、高度集中”为特点的财政体制，缓解了百废待兴和国家财力薄弱之间的矛盾（吕冰洋和台航，2018）。

2. 改革开放之后的财政体制：调动地方积极性

改革开放后中国开始实行的“分灶吃饭”的财政体制，打破过去统收统支或者统支不统收、“吃大锅饭”的局面，充分发挥了中央和地方两个积极性。政府间财力的分配由“条条”为主转向“块块”，大大增加了地方的财政权限，有利于因地制宜地发展地方生产建设事业，为日后地方财政成为独立的一级财政和财政预算的统筹安排奠定了基础（刘尚希等，2018）。

3. 分税制财政体制：规范央地财政行为

1994 年分税制财政体制改革构筑了社会主义市场经济体制运行之基，促进了市场主体发展，营造了公平竞争环境，搭建了市场经济所需的宏观调控体制框架，有助于全国统一大市场的形成。政府间财政关系实现了从行政性分权向经济性分权的跨越，基本告别了按企业行政隶属关系划分财政收入的历史，保证了企业无论与中央政府还是与地方政府无亲疏之分，实现法律意义上的平等稽征（刘尚希等，2018）。此次改革促进了中国经济持续高速增长（Jin 等，2005；张晏和龚六堂，2005），提升了区域创新效率和增长质量（李政和杨思莹，2018；高春亮和李善同，2019），有利于财政资金的跨区域配置和财政能力的地区间均等（李永友和沈玉平，2010）。

4. 与国家治理相匹配的财政体制：推进分级治理

2013 年中共十八届三中全会所作出的“科学的财税体制是优化资源配置、维护市场统一、促进社会公平、实现国家长治久安的制度保障”这一论断，赋予了财政体制新的历史使命，财政体制由经济体制的组成部分提升为国家治理体系中具有基础性和支撑性意义的组成部分。其所牵动的纵深，已经不限于初次分配与再分配，而是跨越包括政府与市场关系、中央与地方关系、国家与社会关系在内的所有国家治理环节。由财税体制改革破题，从构筑基础和重要支柱做起，为国家治理体系和治理能力现代化提供强大的制度保障，成为全面深化改革的战略选择（高培勇，2018）。

三、 中国财政体制的具体安排

（一）财政关系处理的原则

1. 基于“效率”的原则：外部性、信息复杂性、激励相容

合理划分各级政府职能，明确各自的收入和支出责任，使不同层级的政府各司其职，高效提供相应的公共服务，同时避免相互之间的恶性竞争和推诿，需要遵循外部性、信息复杂性、激励相容三项原则（楼继伟，2013）。第一，地方政府活动要与其受益范围相对应，若其活动使其他地方受益或受损，即产生了外部性，则该活动应由上级政府负责，以避免地方政府行为扭曲（吕冰洋，2014）；第二，与中央政府相比，地方政府更接近本辖区的民众，从而对于所辖居民的需求和效用更为了解（Stigler，1957），因此信息越复杂的事项，越应该让地方政府管理；第三，在事权划分时需注重激励相容原则，即各级政府只要按照划定的职能尽力做好自己分内的事，在客观上就能够实现全局利益最大化，如果激励相容不能实现，那么职能划分在处理外部性和复杂信息上所带来的效益会由于相应政府层级缺乏激励而不能实现（李俊生等，2014）。效率原则是基于经济学视角提出的，固然很重要，但难以满足国家治理的需要，诸如区域公平、主体行为的不确定性、风险的无界传递、社会数字化等治理问题，仅仅依靠效率原则难以解决。

2. 基于“风险”的原则：风险决策、风险分担、风险匹配

风险原则有两个基础：一是行为主义，超越界域和理性假设；二是不确

定性，超越是与非、真与假的二值逻辑，以及结果与制度的确定性关系。基于风险原则的事权划分应当遵循风险决策、风险分担、风险匹配的要求。第一，风险决策原则是指哪级政府决策更有利于实现公共风险最小化的目标，公共事务的决策权限就应归于哪一级政府；第二，风险分担原则是指合理界定风险责任主体、风险类型以及分担方式，按照主体性质和风险属性来界定风险责任主体，针对不同类型的公共风险确定不同层级的责任主体，并确定相应的支出责任；第三，风险匹配原则指根据各层级政府风险识别、风险防范及风险处置能力的不同，对于不同风险进行有效匹配（刘尚希等，2018）。随着风险社会的到来，按照风险原则来重塑央地财政关系更具有包容性和适用性。

（二）中国财政体制的具体安排

1. 事权和支出责任划分

（1）合理确定国家行为准则。市场经济体制存在两种资源配置系统，一是市场，二是国家。二者的关系在经济理论中争议不断。市场机制是资源配置的有效方式，但是，市场配置资源无法覆盖社会的所有领域。“看不见的手”不是万能的，国家这只“看得见的手”必须与之协同作用，就像一个人，只有左手或右手，那是残缺不全的。如何确定市场和国家的行为准则，一直是中国经济转型过程中关注的重点。传统的理论是从政府职能边界入手来思考的，例如，从交易费用角度看，为交易寻找合适的交易结构，以此来确定市场和国家的边界。这是基于制度主义的逻辑，与现实背离越来越远，市场领域国家不能介入，公共领域市场不能介入的理论禁区早已被打破。国家与市场的关系不再是基于界域来划分作用范围和确定国家职能，而是转向了行为主义和公共风险防范化解，基于行为准则来分工协作。在不确定性条件下，无法事先通过制度来界定各自的活动范围。公共风险是无界的，往往需要跨界的行为合作。国家行为准则一旦确定，央地事权和支出责任也就有了划分的基础。

（2）事权（支出责任）划分。在传统理论和实践中，讨论央地分权问题，都是基于事项法来展开的。由于观察视角的绝对化，一度认为基于中国实践形成的“中央决策、地方执行”是一个问题，需要按照西方国家的分权模式进行改革。随着中国进入发展新阶段，国家治理现代化需要财政超越经济属性而全方位支撑国家治理，过去的理论表现出明显的局限性，这需要基于治理效能或公共风险控制来进行新的探索。

无论是单一制国家还是联邦制国家，央地事权划分方面都有大致的框架，主要是：中央政府是国家安全、经济稳定和收入再分配的主要承担者；资源配置（提供公共服务）主要由地方政府提供，但是一旦涉及全国性公共产品以及具有大范围规模经济和空间外溢的活动仍然需要中央承担或者参与（楼继伟，2013）。中国划分央地事权的混合模式与政治体制的内在逻辑更融洽。基于两级治理、五级政府的基本格局，中国的地方财政体制安排应突出省市县的辖区责任。

（3）基于风险原则的划分路径。在风险频发的风险社会，划分央地事权和支出责任需要风险思维和风险意识，根据风险决策、风险分担和风险匹配的具体原则进行优化，把效率最大化内嵌到风险最小化之中。风险预期与效率内在关联，风险责任的界定是否合理，从根本上影响效率高低。承担不适合承担的风险，往往导致行为收缩，就会降低效率。事权划分不是消除风险，而是明确风险责任、合理控制风险。具体包括以下五个方面：第一，识别基本公共服务提供中的风险。第二，根据风险决策原则，适度强化中央财政事权。第三，根据风险分担原则，适当减少并规范中央与地方共同财政事权。第四，根据风险匹配原则，赋予地方政府充分的自主权。第五，根据公共风险的变化，构建事权划分的动态调整机制（刘尚希等，2021）。

2. 财权划分

一般认为，财权是指一级政府为满足一定的支出需要而筹集财政收入的权力以形成自筹的财力，包括税权、产权、举债权等。

（1）税权划分。Mursgrave（1983）从理论上提出税种划分的七个标准：第一，收入再分配作用较大的累进税归中央；第二，具备稳定经济功能的税种归中央，相对平稳、收入波动不大的税种归地方；第三，税源区域分布不均的税种归中央；第四，以流动性要素为征税对象的税收归中央；第五，依赖于居住地的税收归地方更加合理；第六，以非流动性生产要素为征税对象的税收归入地方；第七，受益性税收还有收费可以满足各级政府的需要。但现实情况与此有较大的差距，因为税权划分还涉及立法权、征管成本、区域差距等因素的影响。

（2）产权划分。与私有制国家不同的是公有制国家有大量的资产资源，因此，只分税是不充分不完整的，还需要分“产”，即确权。公共产权涵盖国家和集体所有的自然资源、经营性资产、非经营性资产等。明晰产权，是在所有权的各项权能上进行划分或设置共享模式，明确每一项权能的权利与义务。例如，国有资源所有权属于国家，但收益权可划给地方或者中央与地方分享，但前提是中央必须给地方“确权”。在中国，中央与地方关系中除了公共权力之外，还有一个重要方面，即国家所有权，这是一项财产权。中国法律规定，属于国家所有的公共资源由国务院行使所有者权利，即国家所有权代表是中央，地方无法律资格来行使国家所有权。公共资源在中央与地方之间如何界定权限，也就是国家所有权的各项权能——占有权、使用权、处分权和收益权等如何在中央与地方之间分解并明确界定长期悬而未决（刘尚希和吉富星，2014），作为以公有制为主体的国家，央地财政关系中亟待确权，明确产权归属及其收益关系。

（3）举债权划分。举债权包括公债的发行权和公债的使用权。地方举债权在不同国家有不同的规定，在单一制国家多是由中央审批或者限额授权。中国的地方举债权体现为地方在全国人大批准的限额内自主发行债券和使用债券资金。按照两级治理的模式，目前中国政府举债权划分为两级，省以下没有举债权。

3. 转移支付制度

（1）转移支付制度类型。财政转移支付是指政府间通过预算安排的无偿资金拨付。从资金转移方向划分，包括自上而下的纵向转移支付和同级政府之间的横向转移支付，以及纵横结合转移支付。从资金用途是否限定划分，包括不规定资金用途、旨在促进各地方政府提供均等化基本公共服务和保障国家重大政策实施的一般转移支付和规定资金用途、专款专用的专项转移支付。从目标和功能划分，包括以均等化为目标的转移支付、解决辖区间外溢性问题的转移支付、中央委托地方事务引致的转移支付、以增强国家政治控制力为目标的转移支付（刘尚希和李敏，2007）。

（2）设计原则和方法。一般而言，有效的转移支付制度应当融合公平与效率。一方面，实现地区财政均衡，促进基本公共服务均等化；另一方面，通过基本公共服务均等化促进人力资本积累及其均等化，提升区域经济效率。转移支付制度设计蕴含短期目标与长期目标。实现地区财力均等化是转移支付的短期目标，这主要是缓解地方财力差距。从长期来看，转移支付制度目标是促进公共服务均等化，加快经济欠发达地区的人力资本积累，从根本上增强自我发展能力。

随着人类进入风险社会，应该加入风险原则，坚持“以人为本”的理念，提高转移支付对冲风险的功能，避免一些地区陷入“资源诅咒”陷阱之中，从而对转移支付产生依赖。有必要调整转移支付瞄准农村、中西部等特定地域的静态倾斜，转向基于人口流动的动态倾斜，让转移支付“跟人走”，避免与人脱节（刘尚希，2021）。

4. 地方财政体制

从中国两级治理架构出发，财政体制分为两个层面：国家层面的财政体制，与国家治理架构相适应；地方层面的财政体制，与地方治理架构相匹配。国家财政体制改革，即中央与地方之间的财政关系仍要坚持分税制，有利于调动地方的积极性。地方财政体制不一定要照搬国家分税制，在中央和地方分税制的原则框架内，遵循完善政府间财政关系的基本原则，可因地制宜。地方内部不具有同质性，分税制无法从国家层面贯穿到地方内部的各级政府之间。因此，地方财政体制可以有地方特色，在中央统一领导下，让地方有充分的自主权和责任约束，这是调动地方积极性、让国家充满活力的前提，也是保障国家稳定统一、“活而不乱”的条件（刘尚希和武靖州，2019）。

完善省以下财政体制，需要强化省级的辖区财政责任，适度增强省级的调控能力，坚持省负总责、各负其责，尊重地方的自主性和首创精神，鼓励各地区因地制宜采取差异化措施，激励与约束并重，充分调动省以下各级政府积极性；同时，优化转移支付结构，围绕“兜底线、促均衡、保重点”目标，优化横向、纵向财力格局，建立健全权责配置更为合理、收入划分更加规范、财力分布相对均衡、基层保障更加有力的省以下财政体制，促进加快建设全国统一大市场，推进基本公共服务均等化，推动高质量发展，为全面建设社会主义现代化国家提供坚实保障。①

参考文献：

1. 财政部干部教育中心：《现代政府间财政关系研究》，经济科学出版社 2017 年版。

2. 陈共：《财政学对象的重新思考》，《财政研究》2015 年第 4 期。

3. 戴园晨、徐亚平：《财政体制改革与中央地方财政关系变化》，《经济学家》1992 年第 4 期。

4. 邓子基：《深化财政改革理顺分配关系》，《经济研究》1992 年第 11 期。

5. 封丽霞：《国家治理转型的纵向维度——基于央地关系改革的法治化视角》，《东方法学》2020 年第 2 期。

6. 冯兴元：《地方政府竞争》，译林出版社 2010 年版。

7. 高春亮、李善同：《财政分权、人力资本与高质量增长》，《财政研究》2019 年第 9 期。

8. 高培勇：《由适应市场经济体制到匹配国家治理体系——关于新一轮财税体制改革基本取向的讨论》，《财贸经济》2014 年第 3 期。

9. 高培勇：《新时代中国财税体制改革的理论逻辑》，《财政研究》2018 年第 11 期。

10. 国务院：《国务院关于推进中央与地方财政事权和支出责任划分改革的指导意见》（国发〔2016〕49 号），中华人民共和国中央人民政府网站 2016 年 8 月 24 日。

11. 郭庆旺：《以习近平新时代中国特色社会主义思想指导新时代中国财政理论创新和财政制度建设》，《财政科学》2017 年第 11 期。

12. ［英］哈耶克：《通往奴役之路》，冯克利，等译，中国社会科学出版社 2016

① 参见《国务院办公厅关于进一步推进省以下财政体制改革工作的指导意见》（2022）。

年版。

13. 何振一：《财政的集中与分散数量界限的研究》，《财政研究》1985 年第 1 期。

14. 嵇雷、巨英：《论我国中央与地方关系的内涵、特征与原则》，《法制与社会》2009 年第 36 期。

15. 贾康、白景明：《县乡财政解困与财政体制创新》，《经济研究》2002 年第 2 期。

16. 贾康：《中国财政体制改革之后的分权问题》，《改革》2013 年第 2 期。

17. 李俊生、乔宝云、刘乐峥：《明晰政府间事权划分，构建现代化政府治理体系》，《中央财经大学学报》2014 年第 3 期。

18. 李学文、卢新海、张蔚文：《地方政府与预算外收入：中国经济增长模式问题》，《世界经济》2012 年第 8 期。

19. 李永友、沈玉平：《财政收入垂直分配关系及其均衡增长效应》，《中国社会科学》2010 年第 6 期。

20. 李政、杨思莹：《财政分权、政府创新偏好与区域创新效率》，《管理世界》2018 年第 12 期。

21. 刘吉瑞：《论行政性分权和经济性分权》，《经济社会体制比较》1988 年第 3 期。

22. 刘尚希：《分税制的是与非》，《经济研究参考》2012 年第 7 期。

23. 刘尚希：《财政与国家治理：基于三个维度的认识》，《中国财经报》2015 年 7 月 7 日。

24. 刘尚希：《新中国 70 年发展的财政逻辑》，《中国财政》2019 年第 22 期。

25. 刘尚希：《推进城镇化要学会“打飞靶”》，《经济日报》2021 年 1 月 4 日第 5 版。

26. 刘尚希、傅志华等：《中国改革开放的财政逻辑（1978—2018）》，人民出版社 2018 年版。

27. 刘尚希、吉富星：《公共产权制度：公共资源收益全民共享的基本条件》，《中共中央党校学报》2014 年第 5 期。

28. 刘尚希、李敏：《论政府间转移支付的分类》，《财贸经济》2006 年第 3 期。

29. 刘尚希、赵大全：《辖区财政：财政体制改革的构想》，《地方财政研究》2013 年第 10 期。

30. 刘尚希、石英华、武靖州：《公共风险视角下中央与地方财政事权划分研究》，《改革》2018 年第 8 期。

31. 刘尚希、武靖州：《从国家治理视角进一步推进财税体制改革》，《国家治理》2019年第40期。

32. 刘尚希、唐虎梅、傅志华、赵福昌、程瑜、郭丰、陈龙：《我国审判领域财政事权与支出责任划分改革研究》，《财政研究》2021年第5期。

33. 楼继伟：《借鉴和改造“分权制”——政治经济体制综合改革思路探索》，《经济社会体制比较》1987年第1期。

34. 楼继伟：《中国政府间财政关系再思考》，中国财政经济出版社2013年版。

35. 吕冰洋：《现代政府间财政关系的构建》，《中国人民大学学报》2014年第5期。

36. 吕冰洋：《“顾炎武方案”与央地关系构建：寓活力于秩序》，《财贸经济》2019年第10期。

37. 吕冰洋、台航：《从财政包干到分税制：发挥两个积极性》，《财贸经济》2018年第10期。

38. 吕炜、张妍彦、周佳音：《财政在中国改革发展中的贡献——探寻中国财政改革的实践逻辑》，《经济研究》2019年第9期。

39. 中共中央马克思恩格斯列宁斯大林著作编译局《马克思、恩格斯文集》第1卷，人民出版社2009年版。

40. 毛泽东：《论十大关系》，《人民日报》1976年12月26日第1版。

41. 荣敬本、赖海榕：《关于县乡两级政治体制改革的比较研究——从村到乡镇民主制度建设的发展》，《经济社会体制比较》2000年第4期。

42. 《社会主义产权制度与产权理论》课题组：《矛盾与前景：行政性分权与市场取向相结合的改革战略》，《改革》1991年第6期。

43. 苏东斌：《当代中国经济思想史断录》，社会科学文献出版社2009年版。

44. 孙开：《财政联邦制的理论与实践——发达国家各级政府间财政关系探析》，《财政研究》1994年第11期。

45. 吴敬琏、周小川、李剑阁：《关于各级政府职能和分层管理的思考》，《经济管理》1986年第12期。

46. 许毅：《论财政分配结构与国民经济结构的关系》，《江西财经学院学报》1980年第1期。

47. 许毅、沈经农：《经济大词典·财政卷》，上海辞书出版社1987年版。

48. 杨其静、聂辉华：《保护市场的联邦主义及其批判》，《经济研究》2008年第3期。

49. 詹姆斯·B. 柯林斯：《君主专制政体下的财政极限》，上海财经大学出版社2016年版。

50. 张军、高远、傅勇、张弘：《中国为什么拥有了良好的基础设施?》，《经济研究》2007年第3期。

51. 张晏、龚六堂：《分税制改革，财政分权与中国经济增长》，《经济学（季刊)）》2005年第1期。

52. 赵人伟：《作为改革的方向和目标应是经济性分权和行政性分权的结合》，《经济研究》1987年第4期。

53. 周飞舟：《锦标赛体制》，《社会学研究》2009年第3期。

54. 周黎安：《晋升博弈中政府官员的激励与合作——兼论我国地方保护主义和重复建设问题长期存在的原因》，《经济研究》2004年第4期。

55. 周黎安：《行政发包制》，《社会》2014年第6期。

56. 朱之鑫：《全面正确履行政府职能》，《求是》2013年第22期。

57. Jin, H., Y. Qian, and B. R. Weingast, "Regional Decentralization and Fiscal Incentives: Federalism, Chinese Style", Journal of Public Economics, 2005, 89 (9-10), 1719-1742.

58. Lin, J. Y., and Z. Liu, "Fiscal Decentralization and Economic Growth in China", Economic Development and Cultural Change, 2000, 49 (1), 1-21.

59. Maskin, E., Y. Qian, and C. Xu, "Incentives, Scale Economies and Organizational Form", Social Science Electronic Publishing, 1997, 41 (3-4), 122-128.

60. McGuire., "Private Good Clubs and Public Good Clubs: Economic Models of Group formation", Swedish Journal of Economics, 1972, 84—99.

61. Musgrave, R. A., "Who Should Tax, Where, and What?", in Charles E. McLure, Jr. (ed.), Tax Assignment in Federal Countries, Chapter 1, Canberra: Centre for Research on Federal Financial Relations, Australian National University, 1983, 2-19.

62. Stigler, G., "Federal Expenditure Policy for Economic Growth and Stability", Subcommittee on Fiscal Policy, 1957, 213-219.

（此文发表于《经济研究》2022年第7期，作者：刘尚希、赵福昌、孙维）

当前央地财政关系的根本问题

阅读提示：分税制基本解决了当时阶段地方收入的不确定性问题，解决了地方收入可预期的问题。当前这个阶段地方面临的最大问题是支出责任的不确定性问题，随着社会性支出比重快速上升，地方支出不确定、难以预期带来的压力越来越大。降低地方支出责任的不确定性，就当前来说是最重要的事情。

一、 财力而非财权与事权相匹配

财政体制有三个基本要素，分别是财权、事权、财力。任何一个国家的财政体制，无非就是三个基本要素的匹配和组合，不同的匹配组合形成了不同的财政体制，这是学术理论上的理解。但现在在这三个要素之外，出现了一个“支出责任”的概念，这是怎么回事？

其实支出责任的问题涉及两个要素，一个是事权的问题，一个是财力的问题。1994 年实行分税制改革时，财政体制的基本原则是“财权与事权相匹配”，慢慢在现实中发现财权与事权相匹配根本做不到，要强制继续实行下去，可能会导致区域之间的差距越来越大，尤其是财政能力的差距越来越大，而且会导致基层政府的财政非常困难。2005 年之前很多基层政府发不出工资，就是上述原则在现实中难以为继的反映。我们简单地以为只要赋予了地方财权，地方自然就会有财力。其实，各地发展的条件，包括自然资源、自然地理、人力资源等是不平衡的，有的地方给了财权，也难以产生相应的财力，而政府要履行其事权，靠的是财力，这是一个很现实的要求。所以在区域发展很不均衡的条件下，必须是财力与事权相匹配，这样任何一级政府才有可能去履行其事权。划分财权是必要的，但最终要满足财力与事权相匹配，如果做不到这一点，就不能作为一条普遍原则来实施。

现在的原则实际上就是财力与事权相匹配，这样就打破了原有的财权与事权相匹配的一个基本假设——同质化假设。原来是假设各个地方只要赋予了财权，自然就有财力，但放在非同质化假设的条件下，那就只能按照财力与事权相匹配的原则。而财力与事权相匹配的过程，实际上就是支出责任确定的过程。倒过来说，支出责任确定的过程，就是财力与事权相匹配的过程。什么是支出责任？就是拿钱办事的责任，由哪一级政府来拿钱办事，实际上就体现为这一级政府的支出责任。从法律意义上讲，这个支出责任类似于偿还债务的责任。至于这个钱是来源于当地自身的财力，还是上级的转移支付，都没有关系，最重要的是你花钱办了这个事，也就是履行了你的事权，这就是你的支出责任。所以，支出责任的落脚点是在办事的责任上，它更偏向于事权的划分和确定。实际上，支出责任就是财力和事权两者的一种结合，其划分既包含了财力的分配，又包含了事权的划分，就是你拿多少钱来办什么事，涉及办什么事自然就涉及事权如何划分了。

二、 根本问题在于事权以偏好履行

大家都说我们的事权划分得不清楚，什么叫清楚，什么叫不清楚，清楚的定义是什么？很多人以美国举例，认为美国联邦、州、地方的事权划分得很清楚，法律规定得很明确，这是一种清楚。这是按照事权的项目来划分的，法律规定是谁就是谁的，这项事权归你，那么从决策、执行、掏钱到监督全是你的。

还有另一种定义的清楚，是按照事权的要素来划分的。任何一项完整的事权的履行包含四个基本要素——决策、执行、掏钱、监督，这四个基本要素可以全部交给一级政府履行，也可以把这些要素拆分开来，由不同层级的政府履行。在我们国家更主要地体现为按事权的要素拆分，因为我们是统一领导，所以是统一决策，表现出来的一个基本特征就是中央决策、地方执行，这种方式也可以划分得很清楚。

站在美国的方式来看中国，会觉得不清楚，你中有我中有你，但是站在中国的角度来看美国，其实也不清楚，因为美国各级政府之间的事权是在变化的。从时间维度看，美国联邦也在决策，让州、地方去执行，只是程度不同罢了，美国的各种专项转移支付就体现这一点，不过是通过财政方式来指挥地方。从中央财政支出占全国财政支出的比重来看，美国的集权程度是提高的，而且现在要远大于我国。

我们面临的问题是什么？其实不在于事权重新划分，当然这个问题也还存在，但更紧迫更重要的是事权履行的方式。事权履行有两种基本方式：一种是基于法律来履行事权，无论事权怎么划分，如果有法律规定就很清楚，各是各的责任，中央决策了，地方去执行。这个可以划得很清楚。另一种是基于偏好来履行事权。我们当前最大的问题是法律基础薄弱，在以“中央决策、地方执行”为主的事权划分方式下，法律没跟上，在这种情况下，事权主要是按照偏好履行。无论决策还是执行，都受偏好的影响很大。

偏好有各种类型，中央各个部门都有自己的偏好，换一任部长，其偏好就不一样，这就形成了“上面点菜、下面买单”的情形。中央决策定了的事，在偏好的影响下，弹性空间很大，那么地方就受不了。再者，每个部门的偏好也不一样。为什么政府各个部门都要发文件，都要手里头抓一把米？实际上这是要履行其职责，但职责中法定的成分少，更多的是部门的偏好，根据对中央文件精神的理解，比如中央强调民生，各个部门都要搞民生，没有这个事项也得找一个事项出来，与中央的要求大体能挂上钩，然后要钱，要来钱就分钱。

各个部门的偏好加在一起，上面千条线、底下一根针，地方财力的增长是比较稳定的，相对来说是比较确定的，而上面的偏好、上面的点菜形成的地方买单是高度的不确定，由此导致财力与事权不匹配，以及地方政府在履行事权过程中高度的不确定性，不知道哪个部门在什么时候又出一个文件需要地方掏钱。按照这么一种偏好来行事，地方就很难办，而且上面点的菜点多了，地方也买不起单，一系列问题就来了。

到省一级，也照葫芦画瓢，如此这般办理，市里、县里就更受不了了。而且偏好中不仅仅是上面的偏好，地方也有自身的偏好，比如到了地方这级政府，每一任行政长官都有自己的偏好。还有一个偏好，就是社会的偏好、社会舆论的偏好。在社会舆论的压力下，地方政府必须要考虑这种社会偏好。

上面的偏好、自己的偏好，再加上社会舆论的偏好（老百姓的偏好），多重相加，就形成了更加的不确定性，不确定性叠加，还有什么确定性可言？没有预期，行为就会迷茫，就会一天一天去“应付”，公共风险就会接踵而至。

我们说要分清楚政府与市场、政府与社会的边界，在偏好的支配下，边界全是模糊的。按照各自的偏好去行事，财政的支出范围、支出标准是不确定的。这样，做出来的预算也就是个样子，其约束性更是谈不上。在财政支出范围不确定的情况下，自己的钱不够，上面给的钱也不够，财力与事权的匹配就出问题了。本来就不确定，再加上各种偏好，就导致更加不确定。在这种情况下，地方的财力和事权就存在高度的不匹配性、高度的不确定性，就只好借助于举债融资来应对这种不确定性，由此又产生了新的不确定性和风险。这是当前财政体制运行中的根本性问题。

政府各个部门的偏好如何统一协调，是一个难题。从法律上怎么去约束偏好，更加强调以法治的方式来履行事权，才是当前的关键问题。事权怎么重新划分，这个问题当然也需要探讨，探讨这个问题的意义，一是共同事权多与少的问题，即独立事权划分的问题；二是共同事权如何划分的问题。按照美国的方式划分，它也有共同事权，如美国联邦有专项转移支付；按照我们这种方式，就是共同事权多，但不是所有的都是共同事权，外交、国防等都是中央事权。所以，我们探讨事权划分改革很重要，而更重要的是怎么样以法治的方式来履行好中央地方各自现有的责任，包括共同事权，减少随意性。否则，即使事权重新界定了，也不一定管用。

只有这样，才能降低财力与事权匹配的不确定性，才能稳定企业、民众的预期，也包括地方各级政府的预期，尤其在教育、医疗、养老、就业、收入、环保、福利、救助等方面，不能各部门攀比承诺，随意提高支出标准、吊胃口。重点在中央各个部门的职责要通过法治化方式来减少不确定性，要提高中央各个部门行动的协调性、可预期性，并与地方的分工与责任明确稳定下来，避免想起一出就发一个文件，不能把履行事权的责任层层往下推，随意地加大地方支出责任。

（此文发表于《新理财（政府理财）》2018 年第 1 期，作者：刘尚希）

央地财政关系改革的理论解析

阅读提示：1994 年实施的分税制改革和后续相关改革，初步搭建起了适应社会主义市场经济体制要求的财政体制。进一步深化财政体制改革，处理好中央与地方财政关系问题，需要统筹推进财政事权、支出责任、收入划分和转移支付这四个核心环节的有序改革。其中，财政事权划分是这项改革的起点，支出责任划分是这项改革的基础。2018 年发布的《基本公共服务领域中中央与地方共同财政事权与支出责任划分改革方案》，是落实中央与地方财政事权与支出责任划分改革决策部署的重大举措，标志着我国财政事权和支出责任划分改革又迈出了重要一步。

一、 共同财政事权的历史合理性和现实必要性

按照建立现代财政制度的要求，应根据外部性、信息处理复杂性及激励相容原则，合理划分中央与地方财政事权和支出责任。共同财政事权的存在，在我国有其历史合理性和现实必要性。

（一）财政体制变迁衍生出一系列共同财政事权

改革开放以来，中央与地方财政关系经历了从高度集中的统收统支到“分灶吃饭”、包干制，再到分税制财政体制的变化，财政事权和支出责任划分也随之发生变迁。在 1994 年分税制改革之前，中央地方财政收支划分频繁地调整。政府之间的事权与支出责任均是跟随机构、企业隶属关系变化而调整，“谁的孩子谁抱”，事权和支出责任划分相对清楚。

1994 年实施分税制改革后，基于社会主义市场经济的财政体制初步确

立。出于市场统一的需要，收入划分打破了按照企业隶属关系的传统，改为按照税种来划分。这样，既有独享税，也有共享税，而在共享税中，中央与地方你中有我、我中有你。与此同时，事权和支出责任划分也不再仅仅按照机构，还按照活动或事项。随着以活动为导向的事权和支出责任划分增多，中央与地方事权、支出责任划分也日渐体现为你中有我、我中有你。这种基于职能或活动的事权和支出责任划分，同时也产生了许多共同事权。

（二）中央制定政策、地方组织落实的治理格局形成了大量的共同财政事权

我国幅员辽阔，人口众多，各级各地情况千差万别，为保证重大方针政策的统一，做到全国一盘棋，维护中央权威，中央决定重大方针政策，地方按照中央精神因地制宜履行其职责，主要体现在执行上。对于因地制宜的事项，地方拥有一定范围内的决策权，以调动地方的积极性和主动性。

与此相适应，我国财政事权划分把决策、执行、拿钱与监督等环节分离开来，由不同层级政府承担。中央和地方的独立事权相对较少，共同事权较多，形成你中有我、我中有你的格局。

（三）区域发展不平衡也会形成大量共同财政事权

财政体制改革不能忽视我国区域间经济社会发展差距较大的现实。把大部分基本公共服务事权直接由中央来履行不现实。我国幅员辽阔，由中央向全体国民提供基本公共服务需要一个庞大的中央政府，几乎无法实施。但若把基本公共服务事权完全划归地方承担，区域财政能力差距会导致基本公共服务均等化的目标难以实现。

当前来看，基于机构的事权划分边界相对清晰，因而其支出责任划分相对容易。与之相比，当前中央、地方基于职能和活动的事权划分缺乏明确的规则，比较模糊，因此而形成的共同事权缺乏清晰的行为规则，与之相应的共担性支出责任划分成为当前改革中的难点问题。综合历史和现实情况看，这次发布的改革方案，从基本公共服务领域共同财政事权以及相应的支出责

任划分入手，来深化财政事权与支出责任划分改革，是一个正确的选择。

二、 底线公平是中央的责任

此次改革以与人最直接相关的教育、医疗卫生、社会保障等领域基本公共服务财政事权与支出责任划分为突破口，体现了中央关于兜住基本民生底线的要求。现代社会，个体要生存下来，需要基本的营养、基本的教育、基本的医疗卫生服务、基本的居住条件、公共安全及生态环境。公共安全属政府的社会管理职能，生态环境属政府的环境保护职能，前四项则属于政府公共服务职能，分别对应政府的低保与养老、基础教育、基本医疗、基本住房保障等事权。这几个“基本”是人得以生存的“底线”，这个底线的保障，也就是底线公平，也是最低限度的公平，是社会公平正义所不可或缺的。

由于我国幅员辽阔、区域差异较大，把涉及底线公平的事项作为地方财政事权，会受制于区域间财力的差异而不能实现；若作为中央财政事权，由中央全部兜底和直接履行，则存在巨大的操作性问题。因此，把与“底线公平”相关的财政事权作为中央与地方共同财政事权，由中央确定基础标准，中央与地方在基础标准之内根据区域财力状况差别化负担，是符合我国现实、可操作的低成本改革路径。

三、 有关事项的中央支出责任履行情况更加清晰

支出责任是政府履行财政事权的支出义务和保障。中央与地方共同财政事权的共担性支出责任划分作为改革中的难点，在于中央、地方政府之间支出责任如何分担，中央、地方各承担多大比例。此次改革以财政事权清单的形式，明确了与人直接相关的主要基本公共服务中，中央与地方共同财政事权的基础标准及支出责任，在一般性转移支付下，设立共同财政事权分类分档转移支付，整合改革前一般性转移支付和专项转移支付中的基本公共服务共同财政事权事项，更加完整地反映了中央承担的基本公共服务支出责任。

四、突破区域财政的地理维度

现行中央与地方支出责任分担比例主要是按东、中、西地域划分的。但随着经济社会的发展与人口流动性的增强，经济活动越来越多元化、差异化，所呈现的特征与传统的行政隶属关系、行政区划的背离越来越明显。从人口分布看，东部省份常住外来人口占总人口比重最高的达40%以上，最低的为－2%以下；西部地区最高的为2%以上，最低的为－22%以下。即使从传统的东、中、西部来看，其内部的差异也很大。从人均财政收入来看，个别西部地区甚至超过了东部地区，东、中、西三地区内部也很不均衡。继续沿袭传统的划分方式，对于解决发展不平衡矛盾的局限性越来越大。

此次改革，突破了传统的财力分配格局，依据地区经济社会发展水平、财力实际等因素把全国分为五个档次，根据各档次的实际情况确定基本公共服务支出责任分担标准，并根据经济社会发展进行动态调整。这一突破，也为省以下转移支付制度改革提供了参照，对于建立权责清晰、财力协调、区域均衡的中央和地方财政关系，解决发展不平衡不充分问题意义重大。

五、促进财政管理的标准化、规范化

党的十九大强调，建立全面规范透明、标准科学、约束有力的预算制度。约束主要靠制度来实现，但规范透明、标准科学则不仅需要制度保障，也需要技术支撑。中央与地方财政关系的规范化与法治化是现代财政制度的重要组成部分，但法制一般是实践的总结，没有改革实践的推动，法治化也难以实现。此次改革在若干领域实现的突破，有助于完善财政管理的技术支撑，推动中央与地方财政关系的规范化与法治化。

（一）通过制定并适时调整国家基础标准，实现基本公共服务提供的标准化与预算管理的科学化

当前，我国区域间基本公共服务水平差异较大，且一定程度上存在基本

公共服务预算编制准确性不足、预算执行存在滞后性等问题。主要原因在于基本公共服务预算管理标准不够明确。标准科学，是预算管理科学化、基本公共服务均等化的前提条件。此次改革提出，由中央制定和调整基本公共服务国家基础标准，保障人民群众基本生活和发展需要，并根据经济社会发展逐步提高，所需资金按中央确定的支出责任分担方式负担；地方在确保国家基础标准落实到位的前提下，因地制宜制定高于国家基础标准的地区标准，报上级备案后执行，所需资金自行负担。

这一改革思路，是我国构建财政支出标准体系迈出的关键一步。有了明确的标准，基本公共服务就可按标准提供，避免个别地区低水平提供或超越经济社会发展阶段的高水平提供；有了明确的标准，预算便可按标准管理，按标准测算需求，依标准编制预算，循标准执行预算。

（二）通过建设基本公共服务大数据平台，推动财政管理的科学化

此次改革提出，要建立规范的数据采集制度，统一数据标准，加快基本公共服务大数据平台建设，为测算分配转移支付资金、实现基本公共服务便利可及、落实各方责任提供技术支撑。

（三）通过分类分档明确支出责任及分担方式，促进中央与地方财政关系规范化、法治化

党的十九大把“坚持全面依法治国”作为十四条新时代坚持和发展中国特色社会主义的基本方略之一。党的十八届四中全会提出，要“推进各级政府事权规范化、法律化，完善不同层级政府特别是中央和地方政府事权法律制度”。实现中央与地方财政事权法治化，是建设社会主义法治国家的重要组成部分。

此次改革，是我国中央与地方财政事权与支出责任划分改革迈出的重要一步，通过把主要基本公共服务确定为中央与地方共同财政事权，并分类分档明确支出责任与分担方式，在部分基本公共服务领域实现了中央与地方财政关系的规范化。遵循这一改革思路，再持续推进其他领域的财政事权与支

出责任划分改革，并在改革中积累经验，把实践证明有效的制度上升为法律，是推进实现中央与地方财政关系法治化的可行路径。

（此文发表于《债券》2018 年第 4 期，作者：刘尚希）

论嵌入国家治理的财税体制改革

阅读提示：嵌入国家治理现代化进程的财税体制改革，需要整体观、风险观和协同观的观察视角。形塑国家治理结构、构建国家发展的确定性，应作为财税体制改革的重要目标所在。新的财税体制改革应在中央和地方两级治理框架下循序推进，进一步明晰地方作为一级治理主体的定位和央地财政事权，基于预算与约束公共权力的融合来完善国家治理方式；应着眼创新驱动发展战略要求，构建创新友好型的税收制度。国家财税体制改革应作为国家行政体制改革的切入点，推动国家治理转型。社会主要矛盾变化意味着新的风险挑战，迫切需要提升国家财政权衡、判断风险的能力，并以数字化为基础强化现代财政制度的技术支撑。

2013 年 11 月，党的十八届三中全会提出了“财政是国家治理的基础和重要支柱”的重要论断，明确了财政制度现代化的改革方向。与 20 世纪 90 年代把财税体制改革作为经济体制改革的中心环节不同，党的十八届三中全会把财税体制改革作为全面深化改革的重点，期待以此来带动经济、政治、文化、社会等方面改革的全面深化。2014 年 6 月，中央全面深化改革领导小组第三次会议审议了《深化财税体制改革总体方案》，习近平总书记在讲话中指出：“财税体制改革不是解一时之弊，而是着眼长远机制的系统性重构”①。当前，我国正面临世纪疫情与百年变局叠加、风险全球化与公共化不断加剧的新形势，国内社会主要矛盾转变，重大风险挑战前所未有。我们依靠改革开放大大增强了国家综合实力，物质现代化跟上了时代步伐，而治理

---

① 习近平：《在中央全面深化改革领导小组第三次会议上的讲话》，《人民日报》，2014 年 6 月 7 日。

现代化、人的现代化依然在艰难的征程中。党的十九届四中全会提出，到2035年全面实现国家治理体系和治理能力现代化。国家治理现代化离不开财政制度现代化，财税体制的系统性重构是财政制度现代化的先决条件，也是推动国家治理现代化的必要条件。不言而喻，新时代的财税改革须超越过去的经济思维，嵌入到国家治理体系现代化进程之中来思考和设计。

一、新时代的财税体制改革需要整体观、风险观和协同观

新时代全面深化改革的总目标是国家治理体系和治理能力的现代化。围绕这个总目标，财税体制改革需要更新观念，超越传统思维，用整体观、风险观和协同观来思考、设计和实施。

（一）整体观

我国发展的整体性特征日渐显著。除经济增长外，社会发展和人的发展变得越来越重要。从大循环的角度看，经济、社会和人的发展相互影响，互为条件。这意味着新时代的改革也需要整体推进。财税体制改革具有牵一发而动全身的特点，只有具备整体观，才能能动地推进各方面的改革，促进国家治理方式的完善和国家治理效能的提升；也只有用好整体观，才能搞好财政自身的改革，加快财政制度的现代化进程。

1. 在“五位一体”总体布局中谋划财税体制改革

过去，我们一直把财税体制改革作为经济体制改革的重要环节，相关文件中亦将财税体制改革与市场化改革、金融体制改革、国有企业改革等放到一起。这种认识上的滞后性，可能是导致财税体制系统性重构难以落地的一个重要原因。国家治理视角下的财税体制改革，须突破单纯作为经济体制改革一部分的旧框架，把财税体制置于“五位一体”总体布局中来谋划，并与经济、政治、文化、社会及生态文明体制改革关联在一起协同推进。

2. 把“一体两翼”作为有机整体来推进财政制度现代化

财政体制（主要指中央政府与地方政府间的财政关系）、预算制度、税

收制度是财政制度的基本框架，应当系统设计，以财政体制为“体”，以预算制度、税收制度为“两翼”来整体推进。若把三者分开设计，分别出台、各自推进，将会导致财税改革的“碎片化”，带来改革实施中相互掣肘的风险，妨碍财政制度现代化进程。不仅如此，从国家治理的基础角度看，可能还会对其他方面的改革和宏观政策实施带来消极影响。

3. 厘清财税改革的轻重缓急与先后顺序

财税体制改革需要整体推进，并不等于各项改革具有同等的系统重要性、齐步走。党的十九大对财税体制改革的顺序作出了重要调整，将财政体制改革放在前面，其后为预算制度改革和税收制度改革，更加突出了作为形塑国家治理结构的财政体制改革的牵引作用。财政体制、预算制度与税收制度的改革存在轻重缓急和先后次序问题。央地间财政关系如不清晰则会制约税收制度改革，导致税制设计的“靶向”不够清晰。而税制改革不落地，央地间的事权、财权和财力的匹配组合也难以实施。预算制度透明性、完整性、规范性的提高，也有赖于央地财政关系的改革。在地方越来越依赖于转移支付、预算框架上下一般粗的情况下，预算在公共资源配置中的“决定性”作用将难以发挥。新时代的财税体制改革不宜再坚持先易后难、成熟一项改革一项的策略，应整体谋划、分清主次，以前续改革为后续改革创造条件，加强各项改革的衔接性。

（二）风险观

从国家治理的视角审视财税体制改革，应突破经济理性假设与确定性思维的束缚，以公共理性重塑改革的逻辑框架。推进国家治理体系与治理能力现代化的目的在于实现国家的长治久安和建成现代化强国。“长治久安”旨在防范化解公共风险，避免经济社会危机。在这个意义上，国家治理就是风险治理。风险是现代公司治理的中心，也是现代国家治理的核心，其区别仅在于风险类型不同，前者是个体风险，后者是公共风险。

1. 明晰政府间风险责任主体

风险并不可怕，关键在于能够及时识别、预警与处置。然而，在风险责任主体不清的情况下，即使有识别、预警与处置机制，也会导致风险扩散。我国过去的改革打破了计划体制的“利益大锅饭”，使得市场主体有了越来越强的自我利益意识，但由于风险责任主体还相当模糊，甚至部分领域尚没有界定，仍在吃“风险大锅饭”①，这一点在事权与支出责任划分方面更为明显。尤其在事权划分上具有“中央决策、地方执行”的特征，地方政府对风险责任主体的自我意识模糊，没有明确的风险预期，应承担什么样的风险也无清晰规则，中央各部门的要求不一样，强调的风险也不一样，导致在风险博弈中最终由中央政府兜底。尽管强化了追责、问责机制，但在风险责任主体不清晰的情况下，“风险责任”（地方财政风险、地方金融风险、区域经济社会风险的防范化解）往往是央地共担的，风险责任模糊不清。这就迫切需要按照风险逻辑重塑央地财政关系。

2. 以风险为导向划分央地间事权

与联邦制国家“独立事权多、共同事权少”的事权结构不同，我国现行的事权结构呈现“独立事权少、共同事权多”的格局，而共同事权往往演变为“上面点菜、下面买单”或“上面给点钱、下面担全责”的履行方式。涉及风险辖区外溢、国家安全的事权（暂称之为A类事权），地方实质上是无力承担的；涉及可转移风险和隐匿风险的事权（暂称之为B类事权），地方可承担但不宜由地方全承担。一般来说，越是基层政府，风险驾驭能力越弱，即使勉强承担了A类事权，最终也会转化为中央的风险。地方承担B类事权，有N种方式可以规避，在央地风险博弈中导致风险扩散，从而转化为中央风险。不考虑风险特征的事权下移，风险上移将是迟早的事情，而且上移的风险往往会加倍放大。强化地方各级政府驾驭风险的能力，应以“风险与能力匹配”“风险特性与风险主体相适宜”为前提条件。凭经验以行政命令方式让地方承担的风险，最终都会转化为中央的风险。

3. 形成有助于公共风险收敛与出清的体制机制

风险不可能凭空消失，但可以分散、转移和转化，现代商业保险制度就

---

① 刘尚希：《中国财政风险的制度特征：“风险大锅饭”》，《管理世界》2004年第5期。

是个人和企业风险分散、转移和转化的市场机制。新时代的财税体制改革，应把更多的资源用于培育市场机制和社会治理，使得市场、社会具有更强的自组织能力、自我约束能力和自我防范化解风险的能力，从而使得大量的私人风险不转化为公共风险。当前及今后应坚持继续推进政府向市场、社会分权的改革，以行为主体规则的界定替代政府、市场和社会活动范围的界定，突破“楚河汉界”的界域思维，构建不同行为主体之间的合作机制；政府、企业、社会组织按照各自行为规则行事，跨界合作，实现市场无形之手、政府有形之手和社会内生动力的有机结合，形成治理合力。通过深化市场分权改革，完善经济微观基础，提高市场配置资源的能力；通过加快社会分权改革，构建社会微观基础，培育社会自治能力。市场有效性、社会自律性增强了，就可从源头减少个体风险的公共化，实现防范公共风险的目的，降低公共风险水平，减轻政府化解公共风险的压力。

（三）协同观

政府各部门都是政府的一部分，政府的各项改革都是全面深化改革的一部分，各项政策都是公共政策体系的一部分。如果部门、改革与政策间不协调，一个踩油门、一个踩刹车，就容易出事故。财税体制改革也是如此，需要部门间、政府间、政策间协同推进。

1. 中央与地方协同推进，避免“中央热、地方冷”

改革开放初期，我国的很多改革都是“自下而上”的，即地方先行试点，取得效果后，从中央层面推进。新一轮的改革更加注重顶层设计，由中央层面出政策、定方案，地方政府落实执行。从现实来看，一些改革方案“一刀切”的特征比较明显，也有些改革方案较为笼统，不具有操作的指导性，或与地方迫切需要解决的问题不契合，尤其是涉及改革引发的风险谁来承担的问题，尚不清晰，导致一些改革停留在文件上，地方推动改革的热情不高。新时代的财税体制改革，应进一步强化中央与地方协同、上下联动的原则，在深入调查研究与论证的基础上，中央层面设计原则性、框架性方案，允许地方政府进行创新探索，推进“更接地气”的改革，让地方政府有热情、有意愿推动改革措施的落实落地。

2. 部门间及部门内部协同推进，避免“各扫门前雪”

大部分改革都不可能由一个部门或机构来单独完成，央地财政关系改革不是财政部门单独能推动的，它需要中央与各级地方政府、各政府部门的联动；预算管理改革更是涉及作为预算部门（单位）的所有公共部门。如果“各扫门前雪”，各部门推动本领域的改革就会五花八门、前后不搭，最终使改革流于形式。新时代的财税体制改革应打破领域间、行业间、部门间的壁垒，在明确牵头单位的同时，让相关部门和单位都参与进来，形成跨部门的协同机制。

3. “一体”与“两翼”协同推进，避免各项改革相互脱节

目前，从财税体制改革总体方案，到预算管理制度改革、税收征管体制改革、中央与地方财政事权与支出责任改革方案均已出台。从政策文件的发布来看，改革力度无疑是巨大的。新时代的财税体制改革，不宜再采取成熟一项发布一项的模式，应按照党的十九大的相关部署，以“一体两翼”的思路和框架协同推进。

二、 通过财税体制改革形塑国家治理结构

（一）财税体制改革不是被动适应而是形塑国家治理结构

国家治理结构是国家治理体系之中各个系统的组织方式，主要包括中央政府与地方政府、政府与市场、政府与社会、市场与社会四大关系。这四大关系中，央地政府关系是基础，没有央地政府关系的明确，各级政府间关系就难以理顺，政府与市场、政府与社会关系的理顺更难以谈起。财政活动、财政规则都嵌入上述四大关系之中，并具有基础性、支撑性、牵引性作用。因此，财税体制改革不是被动地适应国家治理结构，不是在既定的国家治理结构下改革财税体制和推进财政制度现代化，而是以自身的改革形塑国家治理结构，通过财政的基础性作用牵引上述四大关系调整，促进治理结构的边

际改进。因此，应把财税改革目标融入治理改革目标之中，实现“目标相容”。

通过推进财税体制改革，形成稳定、清晰、高效的央地财政关系，就为理顺政府间关系打下了基础；政府间关系明晰了，各级政府在国家治理中的角色与定位就确定了，随着预算制度和税收制度的进一步完善，就为进一步改进政府与市场、政府与社会、市场与社会的关系提供了条件，国家治理结构框架就可在财税改革与治理改革的互动中不断调整完善、成熟定型。在央地关系改革中，财政体制改革居于基础地位；在政府与市场关系的理顺中，财税体制改革是重要的前置性条件；在政府与社会关系优化中，财政发挥着牵引、激励和保障的作用。而在市场与社会关系中，财政对营利组织与非营利组织、社会与市场的互动等方面的规制和激励作用也不可或缺。

（二）财税体制改革推动国家治理方式完善

国家治理方式是指政府以什么样的模式和方法使用公共权力，对公共资源进行统筹配置以对冲公共风险。党的十九届四中全会提出了系统治理、依法治理、综合治理、源头治理等现代国家治理条件下的治理方式。系统治理的提出，旨在克服过去存在的分散治理、碎片化治理的弊端；依法治理则对应传统社会的人治与法治，克服因法治不健全造成的法律面前不平等的问题；综合治理是要增强政府各部门在公共风险管理中政出多门、缺乏协同的问题；源头治理则是在现代经济社会发展面临诸多重大风险挑战的情况下，基于不确定性与风险思维，重视风险源的治理，而不仅仅是事后处置。

在现代国家治理框架下，无论是何种治理方式，都与财政有内在联系，有赖于公共资源如何安排。治理的指向是构建经济社会运行和发展的确定性，这需要通过防范化解各类公共风险来实现，而不同的治理方式就是针对公共风险扩散、分担、转移、转化等变化过程而采取的应对之策。治理方式不同，说明风险状态不同。无论是从风险源头来进行综合防范，对个体风险公共化的依法分担，还是化解公共风险的系统协同，都与财税体制改革关联在一起。利益与风险是硬币的两面，公共利益、公共风险与个体利益、个体风险并没有泾渭分明的界限，财税体制改革就是通过优化利益结构达到公共风险最小化。各种治理方式都离不开国家、企业、个人等不同主体的利益和风险这两个基本问题，不同主体参与治理过程，无非就是利益与风险的规则博弈。无论何种博弈结果，都离不开税收、财政支出和公共服务这些财税手段的运用。在这个意义上，财税体制改革的过程实质上蕴含了各种治理方式的本质——以协调利益关系促进公共风险最小化，其他各项改革都不过是达到这个目标的形式和路径而已。

（三）财税体制改革助推国家治理效能提升

国家治理效能最终体现在公共风险最小化上。财政在防范化解公共风险中的基础性作用，也是旨在通过公共资源的优化配置来促进公共风险最小化。在这一过程中，一般理解认为财政是提供财力支持的，处在“后勤”位置。这显然是一种简单化、机械化的认知。其实，个体风险的公共化与财政规则直接相关，财政是否为个体冒险行为“埋单”的预期，对风险防范的有效性有直接关系。从行为主义视角来观察，风险预期决定了行为风险及其风险的公共化程度，这恰恰需要财政规则来发挥作用。“预算约束软化”“养懒人”等财政体制弊端，都不利于公共风险最小化。

三、 嵌入国家治理的财税体制改革路径

（一）在中央—地方两级治理框架下推进财税体制改革

我国虽有五级政府，但从治理构架上看是两个层次：中央和地方。财税体制改革不宜基于五级政府的管理体系，而是应基于两级政府治理体系来推进。

1. 地方是与中央相对应的治理主体

大国治理需要处理好集权与分权的关系，过度集权容易造成管理成本高昂和管理效率损失，过度分权则容易造成区域差距过大、中央对地方管控力

弱化。对于像我国这样的大国，国家治理现代化的目标追求更需要处理好集权与分权的关系。作为单一制国家，显然不能过度分权；但中央政府管得太宽、太深也不是好的选择。“横到边”的管理会弱化市场与社会，与“治理”的“多中心”理念不符；“纵到底”的管理既会降低地方政府的积极性，也会由于中央与地方间的信息不对称导致中央政策难以落地。把两级治理结构作为财税体制改革的基础，首先需要界定中央政府的权责，关键在于把省以下各级政府当作一个整体来看待。界定中央权责相对容易，强化地方治理需要有新的思路。党的十九大提出，要赋予省级及以下政府更多自主权，意味着向地方放权是强化两级治理结构的重要方向，但如何在地方治理中实现主体功能区战略和基本公共服务均等化的目标，仍需要在制度上进行更加合理的设计。

2. 明确央地财政关系是财税体制改革的核心

两级治理架构下，地方政府是一体的，不再分层级对待，地方各级政府之间是地方内部事务关系。因此，理顺政府间关系，首要的是央地间关系。只有中央与地方政府间关系明确了，地方政府间关系便可在国家治理的大框架下因地制宜进行，可以参照中央与地方关系确定，也可以根据实际情况创造性地明确地方各级政府权责。政府间关系理不清，就难以理清政府与市场、政府与社会之间的关系。特别是在公共资源领域，由于中央与地方间的权责不明晰，各级政府在管理和使用公共资源方面存在不规范性，导致部分公共资源（如土地、矿产资源）的市场化配置出现了一定程度的扭曲。

3. 理顺央地财政关系应以产权改革为基础

改革是一个有机系统，没有前续改革，后续改革便难以推进。就央地间财政关系来说，收入划分的基础是支出责任的划分，支出责任划分的前提是财政事权的划分，财政事权的划分要与政府事权相匹配。在公有制占主体的基本经济制度下，政府事权的划分还要考虑政府间的产权关系。以生态环境保护为例，土地和自然资源是国有的，如果不理清土地和自然资源在中央与地方政府间的财产权利，行政管理权限就难以明确；行政权不明确，财政事权也难以确定；财政事权不确定，支出责任就无法划分；支出责任划分不清，收入归属便无法确认。因此，应按照“产权—事权—财政事权—支出责任—财政收入”的改革路径，逐步完善央地财政关系。

（二）完善与现代国家治理相适应的财政体制

深化财政体制改革是全面深化改革的突破口，是关系国家治理体系和治理能力现代化的深刻变革，是立足全局、着眼长远的制度创新。这一制度创新既要有先进的观念，又要与国家治理的基本架构相契合。

1. 从明晰中央财政事权入手确定央地财政事权划分

现阶段应以问题导向统筹推进财政事权、支出责任、收入划分和转移支付四个核心环节的有序改革来完善有中国特色的社会主义财政体制。财政事权划分是整体改革的起点，支出责任划分是改革的基础，收入划分是实现改革目标的手段，转移支付改革是整体改革落地实施的保障。政府间财政关系改革是一项复杂的系统工程，不同环节的改革需要互动、连贯。财政事权划分不清晰的问题不仅存在于中央与地方之间，还存在于地方各级政府之间，根源在于中央事权不明晰，因而解决问题的切入点也在中央层面。明晰中央事权需要从一级预算单位逐级梳理工作职责范围，把分解到各单位的“事权”做实、做准，并结合行政体制改革、编制制度改革最终实现事权划分法治化。

2. 依据财政事权范围明确政府间支出责任

中央财政事权应由中央承担相应的支出责任，中央与地方共同财政事权要区分情况划分支出责任。体现国民待遇和公民权利、涉及全国统一市场和要素自由流动的事权，应研究制定全国统一标准，并由中央与地方按比例或以中央为主承担支出责任。对受益范围较广、信息相对复杂的事权，在科学评估事权外溢程度的基础上，由中央和地方按比例或中央给予适当补助的方式承担支出责任；对中央和地方有各自机构承担相应职责的事权，中央和地方各自承担相应支出责任；对中央承担监督管理、出台规划、制定标准等职责，地方承担具体执行等职责的事权，中央与地方各自承担相应支出责任。省级政府应根据省以下财政事权划分、财政体制及基层政府财力状况，合理确定省以下各级政府的支出责任，避免将过多支出责任交给基层政府承担。

3. 根据财政事权与支出责任相应调整央地财政收入

一方面，应科学设定中央、地方收入比的目标值。现阶段一般公共预算中中央本级支出占比明显低于西方发达国家，也低于发展中大国，这阻碍了中央政府宏观管理职能的有效发挥。应把已经明确具有基础性、战略性、全国性等基本公共服务的支出责任上划中央政府，把中央与地方共同承担事权的支出责任重心适度上移。在增加中央支出责任的同时，适当调整省以下事权和支出责任划分格局，扭转县级财力与支出责任不匹配的状况。另一方面，应构建地方税收体系。在财政事权和支出责任清晰的基础上，结合税制改革，考虑税种属性，在保持现有中央和地方财力格局总体稳定的前提下，科学划分中央税、共享税和地方税，理顺中央与地方的收入划分。

4. 完善转移支付制度

在事权划分清晰，支出责任层次适度上移，收入划分逐步完善的基础上，调整转移支付的规模与结构，建立有中国特色的转移支付制度。一是考虑央地间收入与支出的目标值，逐步减少转移支付的总体规模。二是优化转移支付结构，将涉及基本公共服务的专项转移支付纳入均衡性转移支付。三是规范中央对地方转移支付。无论是从规模还是结构上，现行的中央对地方转移支付制度与财政事权和支出责任划分改革要求还有很多不相适应之处，需要逐步调整和完善。

（三）构建更加科学高效的预算管理制度

党的十八大以来，预算管理改革全面深入推进，我国现代预算制度主体框架基本成形，预算治理格局不断优化。但预算管理改革是全面深化改革的有机组成部分，与行政体制、财政体制等领域的改革相辅相成，不可能“单兵突进”。受多种因素制约，我国预算管理尚存在一些突出问题，特别是受预算权责配置未完全理顺、传统预算理念与模式仍发挥主导作用、绩效管理系统性不足等因素制约，需在国家治理的整体观视角下循序渐进推进改革。

1. 把“财政治权”融入预算制度改革之中

回顾新中国70多年财税体制改革发展的历史，基本是沿着集权—放权—

分权的路径推进的。作为国家治理基础与重要支柱的财政，在新时代国家治理能力与治理体系现代化的改革目标下，应当充分发挥其“治权”的功能，即通过建立现代财政制度约束公共权力。央地财政关系的法定主要体现的是财政权力的集中与分散，而税收和预算的法定则主要是对政府收入与支出权力的约束，体现的是“财政治权”理念，即在约束政府公共资金的筹集与运用权力的同时，约束政府的公共权力。政府不具备营利性，意味着其收入必定通过吸纳公民或企业的收入来实现；除去筹集收入的活动，政府的一切其他活动都包含着公共收入的运用，故而政府的一切活动都与公共资金有关。约束政府公共权力的途径和手段有很多，但根本上是要约束住政府运用公共资金的权力，管住了“钱”，就等于牵住了权力的“牛鼻子”。

2. 按照国家治理现代化的要求理顺预算权责与行政权责的关系

预算权责包括预算的编制、审查、批准、执行、调整和监督权力与责任，纵向在中央与地方政府间划分，横向在立法机构与政府各部门间划分。改革开放以来，经过多轮改革，我国已初步形成了与社会主义市场经济体制相适应的预算权责配置体系，但与“系统完备、科学规范、运行有效”的要求仍有差距。应进一步理顺立法机构与政府的预算权责，即优化宏观权责；适当上收预算部门的预算权责，即收紧微观权责；充分发挥财政、审计、监察等部门的约束权责，即强化中观权责；建立健全社会公众行使预算约束权限的平台与渠道，即畅通社会参与和监督。

3. 完善政府预算与公共政策的衔接机制

预算是政府基于公共服务需求所做出的“花钱”安排，形式上是“花钱”，实质上是满足公共服务需求的公共政策。传统的预算管理更加关注过程管控，重视收支平衡。在税收规范化与法定化的条件下，财政收入预算是相对稳定和可预期的，现代预算管理应更加关注支出本身，并与公共政策相衔接。把财政支出政策与公共政策衔接起来，不是根据各预算部门申报的预算来安排，而是根据各领域的公共政策来安排预算。公共需求是巨大的，公共政策因此存在无限扩张的可能，而财政资金是有限的，不可能满足无限的公共政策需求。公共政策应当区分轻重缓急，财政支出政策应当有保有压、量力而行。这就要求把预算规模与结构作为设计、优化与调整公共政策的重要依据。

4. 形成“需求—标准—绩效”三位一体的预算管理模式

现代财政制度下，财政资金分配需要考虑的因素因时因地因需求而异，但应体现“需求—标准—绩效”的逻辑，反映现实需求，遵循科学标准，体现实际效果。首先，预算安排应最大程度反映现实需求。各级政府部门的预算编制应在充分的需求调研与论证的基础上进行，各级人民代表大会应在了解宏观需求的基础上审核预算，各级财政部门应把更多资源与精力用于中微观层面的需求调查、确认与核实。其次，预算安排应有细致、精确、科学的标准体系。标准明确了，需求与标准相乘便是预算规模。这就要求财政部门和主管部门应加快预算支出标准体系的建设，并形成动态调整机制。最后，以财政支出效率与效益作为考核各级预算部门的重要标准。现代预算更加关注“结果”，应把财政支出的效率与效益作为评判各级预算部门的重要标尺。需求与标准管住了预算编制与执行环节，绩效管住了预算监督环节，同时为预算编制与执行提供支撑，这样“需求—标准—绩效”三位一体的预算管理就能够体现“规范透明、标准科学、约束有力”的现代预算制度要求。

（四）构建与高质量发展阶段相适配的税收制度

税收制度深刻影响经济社会运行和发展。当前，我国已进入新发展阶段，贯彻落实新发展理念、构建新发展格局需要构建与之相适配的税收制度。应坚持税收法定和系统观念原则，整体设计，谋定而动，积极推进税收制度改革。

1. 对税收制度改革进行关联性系统设计

税收制度是财政体制的重要内容，也是现代国家治理制度体系的有机组成部分。改革开放后，通过“利改税”“费改税”和分税制改革，我国已经基本建立起与社会主义市场经济相适应的现代税收制度体系。当前，我国税制改革的焦点及难点集中在“完善地方税体系”和“提高直接税比重”这两个方面。不但在财政改革中，即使在国家治理现代化整个体系中，这两方面都占据着“牵一发而动全身”的地位。“完善地方税体系”关系到我国地方政府特别是基层地方政府的财政可持续性问题。因此改革中应着眼于经济社会大局，综合考量各方面需求，形成一揽子方案。从实践看，增值税由中央与地方分享实施成本较高，在税源与税收日益背离的趋势下，给区域协调发展带来越来越大的挑战。故而从中长期看增值税作为中央税是更恰当的方案。地方税应以消费为税基，如此能够更好地激励地方政府完善治理结构，提供更加优质的公共产品，也有利于形成流动人口税收负担与公共品受益的适配性。“提高直接税比重”涉及各个税种之间的搭配问题，在改革中不应局限于当前情况下税种间的静态关系，而是应做好趋势性的动态关联设计，形成税制要素之间较好的耦合性。具体来说，就是要对税制体系进行结构性完善，在总体不增加全社会税收负担的前提下实施渐进式调整，“小步快跑”实现税改预期目标。

2. 合理把握税收的调节功能

社会上有一种倾向，遇到什么问题，首先想到的就是通过减税或者增税来调节。其实，税收的调节功能是从收入功能中衍生出来的，不能独立存在，其调节功能大小取决于收入功能强弱。如面对收入分配差距大这个热点问题，有观点认为是税收调节不力的结果，主张用高的边际税率来调节高收入，这是一种认识误区。我国个人所得税占税收收入比重不到 10%，即便个人所得税占比高达三成以上的美国，也没有解决贫富差距扩大的问题。累进税率仅仅是一整套分配体系的有机组成部分，其作用机制主要是向社会传导抑制收入分配差距的信号，以此来调节利润分配行为，这种作用机制总体上是温和、渐进的。因此，促进共同富裕需要从初次分配环节的起点公平、机会公平和规则公平入手，从人的能力和群体性鸿沟的缩小入手来综合施策。

3. 提升税收制度的适配性

应打破税制改革只能减不能增的观念，通过拓宽税基来保障社会公平，特别是着力解决劳动与资本税负不公问题。增值税与工业经济实体性特征的适配性较好，而与数字经济的非实体性特征难以适配。可考虑扩大消费税征收范围，同时弱化增值税的收入功能，两者实行联动的替代性改革。把个人所得税与法人所得税改革联动起来，解决劳动与资本所得边界模糊、生活成本与企业成本难以分辨条件下的税负差异问题，进一步把个人所得税改革与延迟退休、第三支柱养老保险结合起来。考虑我国公有制为主体的特征，应以使用权为基准设计资源税、城镇土地使用税等税收制度，通过针对财富存量征税，充分发挥税收的收入分配调节作用。同时，应综合考虑碳税、碳关税、数字税等新型税种设计，以及反税基侵蚀和利润转移国际税收规则等，推动解决全球化条件下的税收制度内外协调问题。

4. 着力构建创新友好型税收制度

高水平科技自强自立，是高质量发展的基础支撑。科技创新的三要素不外乎人才、资金与机制。创新友好型的税收制度就是有利于人力资本积累、科技创新投入、科技创新环境优化的税收制度设计。构建创新友好型税收制度，应通过科学合理的制度设计，充分发挥税收制度的激励作用。在分配激励方面，应保持合理的宏观税负水平，以稳定的税收环境引导创新主体预期。应在税收政策上释放长期性、一致性的信号，在全面落实税收法定原则的基础上，降低市场主体创新成本，稳定市场主体创新收益。在市场激励方面，应构建促进公平竞争的税收制度，把公平的税收环境摆在比税负高低、轻重更加重要的位置，同步发挥税收制度与税收征管两方面的公平竞争促进作用。在行为激励方面，应基于创新行为改革税收制度，减少特惠性税收激励，让创新行为得到普遍性激励，推动全社会形成浓厚的创新氛围。在社会激励方面，要推动形成有利于人力资本的税收制度，以税收制度设计促进人力资源再生产、人力资源向人力资本转化、简单人力资本向复杂人力资本转化、普通人力资本向高级人力资本转化。

四、 健全与现代财政制度相匹配的组织、 管理与技术保障

合理的央地财政关系、先进的预算制度、优化的税收制度要在国家治理中协同发挥作用，需要与之相适应的财政组织、管理与技术支撑。

（一）财税改革与行政体制改革的联动

1. 系统推进行政体制改革

财税体制改革既是经济改革，也是治理改革。从治理改革角度分析，财税改革需要统一国家财权。统一财权涉及具有资金审批权、分配权的各个部门机构职责的调整。应把财税体制改革与行政体制改革联动起来，通过预算部门职能转变与优化推动财政政策与资金统筹，通过预算部门职责的整合与规范配合预算管理体制改革。

2. 强化财政的政策统筹职能

在将财政定位为国家治理基础与重要支柱的新形势新要求下，财政事实上具备了一定的统筹、协调甚至引领经济政策、社会政策的功能。从传统财政观点看，政府的所有活动都与财政收支相关，故而财政收支活动体现为公共政策的有机部分。但从现在的财政观点看，财政本身是国家治理的一条主线，公共政策与财政体制运行的契合度更高了。这种情况下，在财政管理工作中不宜把财政收支业务作为主线，而是应把财政收支融入整体的国家治理之中，以国家治理的要求配置财政职能，以国家治理的目标作为财政职能的依归。融入和服务国家治理的要求，不仅不是对财政收支管理职能的弱化，反而有助于更加高效、协同、高层次地履行财政收支管理职能。

（二）着眼社会主要矛盾与公共风险变化提升财政宏观管理能力

1. 强化财政宏观管理功能

一是提升预期管理能力。基于防范化解公共风险的目的，现代财政应当着力为经济社会运行注入确定性，特别是提升预期管理能力。管理预期，需要系统化的、一以贯之的规则，而不是碎片化的、时常变化的规则。应通过制度设计，引导并约束市场主体和地方政府的行为。二是重视财政政策与公共政策协同。与家庭管理、企业管理相比，公共管理涉及面巨大，更需要制度、规则与标准，三者组成了公共政策。公共领域的人力、事务、财力安排是为公共政策服务的，财力安排是公共政策的基础要件，也需要与人力、事务相匹配。财政管理表面上是收支管理，其实与人力管理、事务管理相辅相成，与公共政策紧密相关。因此，财政管理应以收支管理为纽带，用收支管理来影响、统筹公共政策。三是弱化过程管控，强化目标管理。应在国家治理体系的框架下优化财政政策制定与实施的流程与方式，更加关注政策的战略目标导向，适当放松政策本身的设计与实施过程。对部分自上而下的政策，可探索中央设目标、省级定政策、市县出方案的模式。对于需要全国统一实施的政策，在成本收益分析的基础上，制定多套方案供地方选择。

2. 融入风险管理思维

财政不仅是政府危机管理的基础保障，更是政府风险管理体系的重要组成部分。随着我国迈向现代化，现代社会所面临的一系列公共风险也不可避免地形成。从风险视角看，财政税收体制实质上是一个国家或共同体防范或应对公共风险的成本分担机制。因此，新时代的财政改革理应融入更多的“风险管理”理念。在财政体制改革过程中，既要注重为国家和社会应对风险提供强大的财力保障，也要注重运用财政支出以及税收政策来化解潜在的社会风险。

3. 注重利益调节

进入新时代后，我国经济社会发展水平显著提高，已迈进中等收入国家行列，人民日益增长的美好生活需要和不平衡不充分的发展之间的矛盾成为现阶段我国社会主要矛盾。这种情况下，仅靠财政政策的总量调节难以解决发展不平衡和不充分的问题。解决区域、城乡之间发展的不平衡，减少群体间的收入分配差距，推动共同富裕，都需要政府在利益平衡方面作出抉择，这需要财政发挥好再分配职能，在政策、资源、资金分配方面，适当向经济社会发展水平偏低的地区、乡村地区和低收入群体倾斜。

4. 转向综合平衡

综合平衡是现代财政制度的要义，也是难点所在。改革开放后的相当长时期内，我国财税改革的关键词是“分权”与“分利”。一方面通过放权让利，使企业真正成为市场主体；另一方面通过分权激励，调动中央和地方两个积极性。这一改革路径切中了当时的社会主要矛盾，解放和发展了生产力，促进了人民生活水平提升。但在改革进入“深水区”后，放权让利式的“帕累托改进”已经少有空间，解决发展不平衡和不充分问题，需要在一系列重要领域啃下改革硬骨头。因此，新时代的财税改革应当从“分权”“分利”向“综合平衡”转变，通过财政政策的安排，平衡区域、城市、市场主体间的利益，实现更加平衡、充分、全面的发展。

（三）以数字化为基础强化现代财政制度的技术支撑

先进制度的落实往往以先进技术作支撑。现代财政管理应充分吸收现代科学技术，以数字化为基础，把信息技术、大数据、云计算、人工智能等先进技术与财政管理结合起来，以科技进步促财政管理水平提升。

1. 提高财政管理的数据信息“生产”能力

现代社会，数据信息正在成为企业的核心资产。财政连通着各级政府，连通着政府与企业、居民，连通着政府与社会，是极其重要的数据信息交汇点。依托财政政策与资金链条，搜集、分类、存储海量数据信息，就是财政数据信息的“生产”过程。现代财政管理要跟上经济社会发展的步伐，助推国家治理现代化，须重视财政数据信息的生产，着力提高数据生产能力。一是搭建财政数据信息生产平台，沉淀和积累各部门、各行业、各领域汇集的数据信息。二是构建财政政策与资金运行监测体系，生产财政系统的动态数据信息。三是依据各级财政部门及驻地机构，形成完善的财政调查与统计体系，生产更加有针对性的财政数据信息。四是研究与应用先进的监测、调查与统计技术方法，提高财政数据信息生产效率，降低数据生产成本。

2. 改进财政管理数据信息的“加工”能力

传统的分析技术已不适用于海量数据信息的加工。要借助现代大数据、云计算技术，从各类数据信息中获取有价值的信息。要匹配相应的数据信息“加工”技术，使生产出来的财政数据信息对财政乃至公共管理发挥应有的作用。一是在前台进行财政数据生产的同时，在后台构建财政数据信息加工处理平台，加工有价值的信息，分门别类供财政乃至其他部门及全社会使用。二是鼓励数据信息使用单位及个人对加工过的数据进行再加工，并形成畅通的数据信息反馈或回流机制。三是根据财政数据信息加工处理需要，研发适用性强的大数据及云计算技术。

3. 促进财政数据信息的共享

数据信息具有网络效应，其规模经济性特别显著，随着用户的增加，其价值可呈几何级数增长。数据信息共享是降低财政数据信息生产与加工成本、提高财政数据信息使用效益的便捷途径。为此，应提升财政系统内外部、各层级之间的数据信息共享程度，最大化地发挥财政数据信息服务经济社会发展、服务国家治理的作用。一是打通财政系统内部的信息共享壁垒，逐步使内部信息共享成为常态。二是根据国家治理需要，逐步打通政府部门数据信息壁垒，实现部门间信息共享。三是根据经济社会发展及市场主体需要，向全社会公开必要的财政数据信息。四是研究与应用适用于财政数据共享的信息技术与人工智能技术。

参考文献：

1. 刘尚希：《“十四五”时期提高税收制度适配性的几点思考》，《税务研究》2021 年第 5 期。

2. 刘尚希：《中国财政风险的制度特征》，《管理世界》2004 年第 5 期。

3. 刘尚希、石英华、武靖州：《公共风险视角下中央与地方财政事权划分研究》，《改革》2018 年第 11 期。

4. 刘尚希、武靖州：《从国家治理视角进一步推进财税体制改革》，《国家治理》2019 年第 40 期。

5. 刘尚希、武靖州：《风险社会背景下的财政政策转型方向研究》，《经济学动态》2021 年第 3 期。

6. 武靖州：《防范化解重大风险前提的积极财政政策转型》，《改革》2017 年第 11 期。

（此文发表于《税收经济研究》2022 年第 2 期，作者：刘尚希、武靖州）

从国家治理视角进一步推进财税体制改革

阅读提示：财政是国家治理的基础和重要支柱。在两级治理框架下，积极推进以中央和地方财政关系为主体和以预算制度、税收制度为两翼的财税体制改革，建设中国特色社会主义财税制度，对于更好发挥财政在国家治理中的重要支柱作用、推进国家治理体系和治理能力现代化有着重大意义。

国家治理体系与治理能力现代化是我国经济社会发展到特定阶段，实现国家长治久安和民族复兴的必然要求。财政是国家治理的基础与重要支柱，财税体制现代化是国家治理现代化的先决条件。国家治理视角下的财税体制改革应有新的观念和新的路径，特别是应在两级治理框架下整体协同推进以中央和地方财政关系为主体和以预算制度、税收制度为两翼的财税体制改革，避免改革陷入“碎片化”；先进的制度需要先进的管理手段、工具与技术为支撑，因此，财税体制改革须重视基础设施建设，避免陷入“小马拉大车”、先进制度难操作的境地。

一、在“中央—地方”两级治理框架下推进财税体制改革

我国虽有全国、省、市、县、乡（镇）五级政府，但从治理构架上看，则可以分为两个层次：中央和地方。财税体制改革不能基于五级政府管理体系，而应基于两级治理体系来推进。两级治理框架下，地方是一个整体，省级、地市级、区县级、乡镇级之间的权限划分属于地方内部的事务性分权，不同地方划分情况可能会有所不同；地方立法权属于地方省级人民代表大会，省市级以下政府一般不能分享。因此，财税体制改革要分两个层次来进行：国家层面的财税体制要与国家治理架构相适应；地方层面的财税体制要与地

方治理架构相匹配。

国家层面的财税体制改革，即中央与地方之间的财政关系改革仍要坚持分税制，其基本框架依然要适用于中央与地方之间行政分权的要求，符合“激励相容”原则，有利于调动地方的积极性。地方层面的财政体制改革，不一定要采用国家层面的分税制，可因地制宜，主要原因在于地方内部不具有同质性，如行政体制上有省、自治区、直辖市、特区等不同形式，在人口规模、区域面积、经济发展水平及发展条件等方面更是差距甚大，分税制无法从国家层面贯穿到地方内部的各级政府之间。因此，地方财政体制可以有地方特色，因地制宜而不必“一刀切”。在中央统一领导下，让地方有充分的自主权和责任约束，这是调动地方积极性、让国家充满活力的前提，也是保障国家稳定统一、“活而不乱”的条件。

二、“一体两翼”统筹推进财税体制改革

理顺现代国家治理条件下的中央和地方财政关系，是财税体制改革的“一体”。现阶段必须以问题导向，统筹推进财政事权、支出责任、收入划分和转移支付四个核心环节的有序改革，建立中国特色社会主义财政制度。财政事权划分是整体改革的起点，支出责任划分是改革的基础，收入划分是实现改革目标的手段，转移支付改革是整体改革落地实施的保障。政府间财政关系改革是一项复杂的系统工程，不同环节的改革需要互动、连贯。

构建与国家治理能力现代化相匹配的预算制度，是财税体制改革的“两翼”之一。首先，应理顺预算权力结构，在国家治理层次上，理顺立法机关与行政机关的预算权力划分情况；在政府治理层次上，要统筹政府部门间的预算权力划分。其次，完善预算决策机制，提高预算分配决策的层次，通过部门职能、机构设置合理化保障资金统筹的高效到位。最后，全面实施预算绩效管理，解决办事和花钱“两张皮”的问题。

优化与国家治理体系相适应的税收制度是财税体制改革的另一“翼”。一是循序渐进地落实税收法定原则，做到税收有法可依、有法必依。二是保

持合理的宏观税负水平，激发社会活力。三是构建有利于促进公平竞争、创新驱动和人力资本积累的税收制度，以先进的税收制度促进经济社会高质量发展。

三、 重视财税体制改革的基础设施建设

先进的制度需要与其先进性相匹配的基础条件。合理的中央与地方财政关系、先进的预算制度、优化的税收制度想要在国家治理中协同地发挥作用，需要落实到具体财政政策之中，需要高水平、更宏观的财政管理，需要现代科学技术的支撑，更需要与之相适应的财政管理组织。

按照党的十九大所提出的“加快建立现代财政制度”的改革要求，应结合新时代的特征、新的社会矛盾，在财政改革中融入更多的时代特征。

四、 强化公共风险管理

国家治理现代化不仅要求政府有着强大的危机处理能力，更要求政府要具备“公共风险管理”的意识和能力，将风险防范于未然，避免风险转化为危机。因此，应在制定更加适应“公共风险管理”体系财政政策的同时，为构建和应用风险管理体系提供更强大的财力保障；同时，凸显公共风险最小化的价值追求，既要维护社会公平与正义，又要避免使财政本身成为风险或危机的源头。

五、 突出综合平衡

发展不平衡不充分已成为社会主要矛盾的主要方面，应通过财政资源配置与政策安排，平衡区域间、城市间、市场主体间的利益，实现更加平衡、更加充分、更加全面的发展。发挥好财政的综合平衡职能，通过政策、资源、资金分配等举措，综合平衡经济、社会、环境等各种类型的公共风险，避免风险叠加扩散。

六、聚焦政策管理

基于现代财政制度目标的改革，应以微观层面的收支管理为基础，进一步聚焦宏观层面的政策管理，更好地体现和发挥国家治理基础与支柱的作用。

政府部门是国家治理体系中最为重要的组成部分，政府机构与职能配置在一定程度上决定了财政资源的配置。政府机构与职能配置的现代化是国家治理体系现代化的关键，而财政部门机构与职能配置的现代化则是现代财政制度得以形成和实施的关键。因此，以建立现代财政制度为目标的财税体制改革，离不开财政部门机构与职能配置的改革。财政部门机构与职能配置改革也应体现整体观、风险观和协同观，与“中央—地方”两级治理框架相适应，在有效支撑“一体两翼”现代财政制度的同时，也要为财政政策转型、宏观管理能力提升、现代科技应用等创造组织条件。

现代财政制度需要现代科学技术支撑。制度再先进，如果缺少相应的先进技术支撑，制度的有效性也无法得到保障。现代财政管理应充分吸收现代科学技术，以数字化为基础，把信息技术、大数据技术、云计算技术、人工智能技术等与财政管理结合起来，形成系统的财政科技，以财政科技进步推动财政管理提升。一是运用现代监测、调查与统计技术，提高财政管理的数据信息“生产”能力；二是运用现代大数据、云计算技术，改进财政管理数据信息的“加工”能力；三是运用现代信息技术与人工智能技术，促进财政数据信息的共享；四是运用现代科学研究及科学决策方法，推动数据信息在财政管理中的应用。

七、固基础、强支柱，切实发挥财政在国家治理中的重要作用

传统视野下，我们把财政管理作为公共管理的一部分，融入其他公共政策之中，却又与其他公共政策并行；把财政部门作为政府的下属部门之一，

发挥为国理财的职责，但同时又易于被其他部门职责所牵扯，导致政策间衔接性、匹配性存在问题。党的十八届三中全会提出，财政是国家治理的基础和重要支柱。“基础”和“支柱”的定位为财政改革指明了方向，“固基础”需要财政适度下沉，“强支柱”需要财政适当拔高。

具体而言，一方面，财政要在国家治理中发挥基础作用，渗透和下沉到公共政策与管理之中，以资金管理为主线，统筹和协调公共政策与管理，使公共管理中的人、事、钱更加有效地匹配；另一方面，财政要在国家治理中发挥支柱作用，需要财政政策上升为国家综合政策，以财政管理统筹公共管理，以财政政策协调公共政策。

国家治理现代化是系统性的重构与改革，任重而道远，国家治理现代化的进程与中华民族伟大复兴之路相伴，这也意味着，现代财政制度的构建不可能一蹴而就。服务于国家发展与改革的财政，也必将随着国家治理的进步而逐步变革与完善。

参考文献：

1. 刘尚希、武靖州：《财政改革四十年的基本动力与多维观察——基于公共风险的逻辑》，《经济纵横》2018 年 11 月 10 日。

2. 刘尚希、石英华、武靖州：《公共风险视角下中央与地方财政事权划分研究》，《改革》2018 年 8 月 15 日。

3. 刘尚希、程瑜，等：《十八届三中全会以来财税体制改革的进展及评估》，《新金融评论》2018 年第 2 期。

4. 刘尚希：《用友好型税制激励社会创新》，《北京日报》2016 年 12 月 5 日。

（此文发表于《国家治理》2019 年第 40 期，作者：刘尚希、武靖州）

公共风险视角下中央与地方财政事权划分研究

阅读提示： 中央与地方财政事权划分是我国财税体制改革的关键环节。在社会主要矛盾发生重大变化的条件下，基于国家治理现代化目标的财政事权划分应当充分考虑公共风险因素。现阶段财政体制改革应以基本公共服务领域财政事权划分改革为突破口，在识别财政事权风险的基础上，强化中央财政事权，规范并减少中央与地方共同财政事权，赋予地方政府充分的自主权，并根据公共风险的变化，建立中央与地方财政事权划分的动态调整机制。

中央与地方财政事权划分是我国财税体制改革的关键环节。党的十八届三中全会提出，要“建立事权和支出责任相适应的制度”。2016 年 8 月发布的《国务院关于推进中央与地方财政事权和支出责任划分改革的指导意见》提出，“财政事权是一级政府应承担的运用财政资金提供基本公共服务的任务和职责，支出责任是政府履行财政事权的支出义务和保障”。党的十九大报告进一步提出，要“加快建立现代财政制度，建立权责清晰、财力协调、区域均衡的中央和地方财政关系”。与以往财税体制改革的相关表述相比，党的十九大报告把中央与地方财政关系改革放在了首位，更加突出了中央与地方财政事权划分的重要性。财政是国家治理的基础与重要支柱，财政体制改革在全面深化改革中具有“牵一发而动全身”的作用，由于其涉及政府间利益与责任的分配，因而是全面深化改革中最难啃的“硬骨头”之一。理论界对政府间财政事权划分的研究成果较多，实践中中央及部分省级政府也出台了财政事权与支出责任划分的意见与实施方案。然而，现实操作中，财政事权划分遇到了较多困难。本文试图突破现有财政事权划分研究的思路，从公共风险的视角审视中央与地方财政事权划分问题，以期能给正在进行的中央与地方财政事权与支出责任划分改革提供一些新的思路与启示。

一、 我国中央与地方财政事权划分的历史演变与基本特征

政府间财政事权的配置服务于国家的发展与治理目标，也随着经济社会发展及国家治理目标的转换而调整。改革开放以来，与经济体制的市场化改革方向相适应，我国财政体制先是通过“分灶吃饭”在高度集中的统收统支体制上打开了突破口，又通过多种形式的财政“包干制”调动了地方政府的积极性。党的十四大确立了建立社会主义市场经济体制的改革目标，随后的分税制改革基本明确了中央与地方政府间的财权与事权关系，形成了沿用至今的中央与地方财政事权划分框架。这一框架虽然也进行了渐进式的优化调整，但大的格局并没有发生变化。

（一）新中国成立以来我国中央与地方财政事权划分的历史演变

1. 改革开放之前高度集中的财政体制

新中国成立后，我国逐步建立起了高度集中的计划经济体制，与此相适应，形成了统收统支的财政体制。1950—1978 年，虽然财政体制进行了多次调整，但财政管理权限主要集中在中央，只是中央集中程度有所不同。“一五”期间，为了调动地方政府的积极性，曾实行“划分收支、分级管理”的财政体制；“大跃进”时期，实行了“以收定支、五年不变”的财政体制；国民经济调整时期，实行了“总额分成、一年一变”的财政体制；1968 年，恢复为新中国成立初期高度集中、统收统支的体制；1969—1970 年，实行“总额分成”的财政体制；1971—1975 年，调整为“收支包干”的体制；1976 年起，改为“收支挂钩、总额分成”的办法。总体来看，改革开放前我国财政体制的特点是：在中央统一计划下实行分级管理，地方政府作为统一计划下的执行单元，财政收支及其管理权限较小。在这种体制下，地方政府虽然承担了一部分财政事权，但由于财力与财权均集中在中央，并没有形成稳定的、现代语境上的财政事权划分格局。也就是说，高度集中统一的计划经济体制下，并不完全具备分权体制下划分政府间财政事权的体制基础。

2. “分灶吃饭”与“分级包干”财政体制

高度集中的计划经济体制，不利于调动地方政府、企业和劳动者的积极性，不利于社会主义初级阶段生产力的解放与发展。党的十一届三中全会作出了把党的工作重心转到社会主义现代化建设上来的重大战略决策，同时提出财政改革要先行一步。1980 年 2 月 1 日，国务院发出《关于实行“划分收支、分级包干”财政管理体制的通知》，决定从 1980 年起实行“划分收支、分级包干”的财政管理体制。这种体制的核心在于明确划分地方财政收支范围、上解数额。补助数额确定以后，由地方包干使用，收支节余不上缴，收支不足不补助。“分灶吃饭”是与过去统一分配收支指标的“一灶吃饭”办法相对而言的，实行这种体制以后，地方有了统筹安排财政收支的自主性，这与过去的财政体制大不相同。从 1985 年起，在两步“利改税”改革的基础上，又实行了“划分税种、核定收支、分级包干”的财政管理体制。1988 年 7 月，国务院发布《关于地方实行财政包干办法的决定》，在全国 37 个省、自治区、直辖市和计划单列市分别实行不同的包干办法，并根据各地区的具体情况，采取了六种包干形式。此后，财政包干体制一直执行到 1993 年。这一时期，我国政府间财政事权划分并不稳定。“财政包干”在调动地方政府发展区域经济积极性的同时，也强化了地方保护与无序竞争，束缚了企业活力，不利于统一市场的形成和中央宏观调控能力的提升。

3. 分税制财政体制

为进一步理顺中央与地方的关系，构建与社会主义市场经济体制相适应的财政体制，国务院于 1993 年 12 月发布了《关于实行分税制财政管理体制的决定》，决定分税制从 1994 年 1 月 1 日起在全国实行，主要内容有：一是根据财权与事权相统一的原则划分中央税、地方税和中央与地方共享税种。中央税为维护国家利益和实施宏观调控所必需的税种；地方税为适合地方征管、与地方经济社会发展密切相关的税种；与经济发展直接相关的主要税种则为中央与地方共享税。二是根据中央政府与地方政府事权划分各级财政支出范围（见表 1）。三是建立中央对地方的税收返还和转移支付制度。

表1 1994年分税制改革所确定的中央与地方支出划分

中央财政支出	地方财政支出
国防费	地方行政管理费
武警经费	地方公检法支出
外交和援外支出	部分武警经费
中央级行政管理费	民兵事业费
中央统管的基本建设投资	地方统筹的基本建设投资
中央直属企业技术改造和新产品试制费	地方企业技术改造和新产品试制费
地质勘探费	支农支出
中央财政安排的支农支出	城市维护建设支出
国内外债务的还本付息支出	地方文化支出
中央本级负担的公检法支出	地方教育支出
中央本级负担的教育支出	地方卫生补贴
中央本级文化支出	价格补贴支出
中央本级负担的卫生支出	其他支出
中央本级负担的科学支出	

（二）现行中央与地方财政事权划分的基本特征

1994年分税制改革所形成的中央与地方财政事权划分格局，由中央或地方单独行使的财政事权较少，绝大部分事权都是由中央与地方共同承担。从表1财政事权大类中可以看出，除国防、外交、地质勘探为中央独立财政事权，民兵、城市维护建设为地方独立事权外，其他财政事权尤其是基本公共服务事权基本上都是中央与地方共同事权。

1. 反映了单一制转轨国家的结构特征

单一制国家地方政府的事权是由中央政府授予的，中央与地方之间是上下级的隶属关系，中央政府在事权划分方面具有决定权，在共同事权中主要履行决策职能。我国《宪法》规定：中央和地方的国家机构职权的划分，遵循在中央的统一领导下，充分发挥地方的主动性、积极性的原则；授权国务院规定中央和省、自治区、直辖市国家行政机关的具体职权划分。我国事权划分一定程度上体现了单一制的国家结构，但在央地关系的处理方面与其他单一制国家存在很大不同。2017年，我国中央政府集中了全国一般公共预算收入的47%，但中央一般公共预算支出占全国的比重仅为14.7%，中央对地方税收返还和转移支付高达65218.1亿元①。可以说，我国的事权划分既不同于联邦制国家，也不同于一般意义上的单一制国家，更多地体现了单一制转轨国家的事权结构特征。

2. 形成了“正三角形”的财政事权划分格局

财政联邦主义条件下，事权按项目划分，一级政府一级事权，事权含决策权、执行权与监督权。这种模式下，地方政府与中央政府间不具有严格意义上的隶属关系，根据外部经济性、信息处理复杂性及激励相容性原则，该是哪级政府的事权，决策、执行、监督权限就归哪级政府，事权划分呈现“倒三角形”的格局，即联邦政府独立事权较多，地方政府独立事权次之，联邦政府与地方政府共同事权较少。财政集权条件下，事权集中在中央政府，地方政府仅是中央政府的执行单位，不具备事实上的财政事权与支出责任，由中央政府承担绝大部分事权就能够达到效率与风险控制的要求，这种模式主要存在于人口少、政府层级少的国家。这种模式下，事权划分呈现“一头大、一头小”格局。

我国事权划分体现出“财政共治”特征，是一种“三角形”的事权划分格局，地方政府的独立事权较少，中央政府独立事权也不多，绝大部分为中央与地方政府共同事权。在机构设置、政府职能与支出责任方面，则越是基层政府越多。在职责履行方面，公共服务事权主要集中于基层政府。在支出责任方面，地方政府财政支出占全国财政支出的比重达80%以上。

二、 公共风险视角下中央与地方财政事权划分面临的问题

20世纪90年代，我国仍处于改革开放深化、经济高速发展时期，当时

---

① 《关于2017年中央和地方预算执行情况与2018年中央和地方预算草案的报告》，《人民日报》2018年3月24日。

的社会主要矛盾是人民日益增长的物质文化需要与落后的社会生产之间的矛盾，公共风险主要表现为人民群众的生存与发展的风险，国家治理能力与治理体系与当时的生产力发展水平基本相适应。在这种背景之下，我国中央与地方财政事权的划分，不可能考虑到当前社会主要矛盾及风险变化下的国家治理问题，不可能充分考虑到经济社会发展到一定程度后公共风险问题日益突出的现实。在当时看来，相对合理的事权与支出责任划分，与当前基于防范重大风险的国家治理目标越来越不匹配。理论与实践中，对现行中央与地方财政事权划分问题的分析，大致体现在四个方面：一是中央与地方财政事权重叠使得共同事权过多；二是财政事权下沉导致基层政府负担沉重；三是新增事权缺乏规范的协调机制，“属地化”原则进一步加重了基层政府负担；四是财政事权划分缺少必要的法律依据。这些突出问题，使得财政事权划分本身成为风险的重要来源。

（一）财政事权划分不够清晰不利于提高地方政府的风险意识

我国的改革打破了原有的“利益大锅饭”，使得企业与居民都有了越来越强的风险意识，但由于风险责任的界定还较为模糊，甚至部分领域尚没有界定，仍在吃“风险大锅饭”①，这一点在财政事权划分方面更为明显。地方政府在执行中央决策时往往缺乏风险意识，存在中央政府兜底的预期。“谁决策、谁负责”是现代管理中的一项基本原则，由于大部分财政事权中，中央政府都具有决策权，地方政府只是政策的执行者，按照这一原则，中央政府理应对政策执行的结果负责。这一逻辑是形成地方政府存在公共风险由中央政府兜底预期的主要原因。地方政府尤其是基层政府基于属地责任，不仅承担了大部分公共服务的供给责任，还包揽了很多应急性、突发性的公共服务供给，并履行了相应支出责任，但由此带来的财力缺口，多寄希望于上级政府解决。

---

① 刘尚希：《中国财政风险的制度特征：“风险大锅饭”》，《管理世界》2004 年第 5 期，第 39－44 页。

（二）财政事权划分相对分散弱化了政府应对公共风险的能力

由于造成公共风险的因素众多，风险责任往往是一种由多个环节组成的责任链的形式，每个环节都是风险责任的一部分，且相互联系，共同构成风险责任整体。对单个的公共风险，风险责任主体可能并不唯一，而是由多个主体共同承担，各自负责一定比例的风险责任，由此导致风险责任主体的分散化。风险责任主体的分散化是由于风险本身的特征造成的，现代社会风险具有高度复合性与复杂性，风险涉及的对象由传统的单一主体转变为多重主体。公共风险涉及的利益相关者众多，且相互之间关系密切，每个利益相关者都可能对风险负有一定的责任。当责任主体增多时，每个责任主体感受到的责任越少，并倾向于把责任推给别人，导致责任的分散。风险责任主体的分散化会演变成多主体不负责，责任难以落实，客观上导致了风险的暴露和风险损害的发生。

我国现行的财政事权结构呈现“正三角形”的格局，即中央及地方政府的独立事权较少，共同事权较多。共同事权又由中央及地方各级政府共同承担，特定事权分散在多级政府，由多级政府履行支出责任。理论上来讲，中央与地方政府在各自事权范围内履行公共服务供给职责，都是在防范和化解风险。但由于现行财政事权划分没有有效地实现“激励相容”，特定时期特定情况下，公共风险越大的地方反而越能得到中央政府的支持，一定程度上造成了逆向激励。与东部地区相比，当前中西部地区正处于工业化与城镇化快速推进的阶段，举债需求非常大，而近年来地方债务管理的规范化限制了地方政府举债需求，一些地区甚至为没能抓住地方债务管理疏松期大规模举债来推动地方经济快速发展而感到惋惜。另外，在逆向激励下，地方政府仍然倾向于以扩大财政风险来应对公共风险，并在“中央兜底”的预期下以扩大财政风险作为与中央政府博弈的因素。

（三）现行财政事权与支出责任划分格局下地方政府没有成为完整的风险责任主体

在计划经济体制下，政府几乎包揽了经济社会生活的一切事务，同时也为企业和居民包揽了公共风险和大部分的私人风险。中央政府作为计划的制定者和指令的下达者，事实上也兜底了所有公共风险。市场经济遵循风险与收益对称的原则，在明确收益权的同时也必须明确风险责任。经过渐进式的改革，政府与市场的关系逐步理顺，企业、居民和政府都成为了真正的市场主体，同时政府也成为了公共产品的供给主体。市场经济条件下，大部分私人风险由企业和居民承担，政府承担公共风险也在情理之中，但由于中央与地方政府间的财政事权关系不十分明确，政府间的风险责任分配不平衡。地方政府财政支出责任较大，但很多领域的风险责任由中央政府兜底。近年来，随着地方政府债务的膨胀，地方财政风险积聚，但由于存在中央政府兜底的预期，中央与地方对于地方政府债务的风险管控的积极性存在较大差异。政府、企业与家庭三大部门持续地加杠杆，使得我国的金融风险日益凸显。在对待金融风险方面，也存在中央与地方政策松紧尺度不一的现象。而在经济下行时期，地方政府风险责任主体的不完整，使得一系列防范风险政策措施难以充分发挥其效用。

三、 公共风险视角下财政事权划分的主要原则

主流财政学理论中关于政府间事权划分的原则主要是基于“效率”的价值追求确定的，即公共产品与服务由哪级政府提供效率更高。然而，现代风险社会条件下，“效率”固然重要，国家治理的“长治久安”目标下，风险意识也应当引起重视。因此，财政事权的划分原则中，应当在传统“效率”维度中加入“风险”的维度。

（一）传统事权划分原则的局限性

理论与实践中，政府间事权划分主要遵循外部经济性、信息复杂性、激励相容性三项原则①。但这三项原则存在一定局限性，主要反映了事权划分

① 楼继伟：《中国政府间财政关系的再思考》，中国财政经济出版社2013年版，第37页。

的效率维度，即哪级政府提供公共服务效率更高，就把公共服务确定为哪级政府的事权。其中，外部性主要考虑公共服务的受益范围，信息复杂性主要考虑获取公共服务信息的成本，激励相容主要考虑调动各级政府提供公共服务的积极性。总体来看，这三项原则主要反映了财政联邦主义条件下的事权划分要求，对于统一领导、分级治理的“财政共治”模式不完全适用。

1. 按项目而非要素确定事权与我国国家治理模式不完全匹配

与西方国家先将事权分类，再将事权按类别在中央和地方政府间进行划分的模式不同，我国是单一制国家，国家权力的行使经过多重委托代理、层层授权。上级政府是委托人，下一级政府是受托人，各级政府实际上存在一种委托代理关系。因此，我国的事权划分在实践中并不是以西方的事权划分理论和原则为指导，财政体制中上下级之间的行政隶属关系对事权划分的实际操作影响较为突出。在事权划分的具体操作中，还结合我国的国情，将其按照要素分为决策、执行、监督等，决策与监督一般属于中央事权，执行一般属于地方事权，部分事权也可以表现为中央与地方决策和执行上的共担。

2. 基于“效率”的事权划分原则一定程度上会引致政府失灵问题

传统的事权划分原则主要是基于“效率”的追求，即由哪一级政府提供公共产品成本更低、收益更大。外部经济性原则根据受益范围来确定公共产品供给主体，是成本—收益理念的体现。全国性公共产品受益范围为整个国家，理应由代表全国纳税人的中央政府来提供；区域性公共产品受益范围为特定地区，作为区域内纳税人代表的地方政府就应履行供给责任。显然，由于成本与收益不对称，由地方政府提供全国性公共产品是低效的。外部经济性的成本与收益对等理念，在追求效率的同时，其实也暗含着公平的价值观，谁受益谁承担成本就是公平的资源配置方式。信息有效性原则更加强调效率，哪级政府对辖区居民的需求了解更多，提供的公共产品就更能够贴近需求，进而节约信息搜寻成本，等量公共产品供给条件下追求成本最小化，就是追求公共产品供给的效率最大化。激励相容性原则主要体现了对收益最大化的追求，各级政府在追求辖区利益最大化的同时实现整体利益的最大化，实际上就是强调等量公共产品供给条件下的收益最大化。由此可见，传统事权划分三原则主要体现的是对“效率”的追求，与市场配置资源的机制相吻合，是在事权划分中借鉴市场机制的原理。然而，借鉴市场机制的效率原则来划分政府弥补“市场失灵”的职责，市场失灵的诱因必然也会在事权划分中发挥作用。垄断、外部性、信息不对称是市场失灵的主要原因，这些因素在公共产品供给中也存在。政府作为公共产品的供给主体，具有必然的垄断性；公共产品在满足大部分社会公众需求的同时，也可能会对少数人产生负外部性；在公共产品的供给信息方面，公众的信息是与政府不对称的，在对公共产品的需求方面，政府的信息与社会公众不对称。

3. 忽视了风险责任的分配

传统农业与工业社会中，财富的生产与分配是经济社会运行的主导逻辑。但后工业化时代，技术进步、全球化等因素已使人类社会进入“风险社会”，虽然财富的分配依然主导着经济社会的运行，但风险分配的重要性日益强化①。如果仍然按照传统社会的财富分配逻辑来指导经济社会发展，而忽视现代社会的风险分配逻辑，就可能导致经济危机、政治冲突、环境污染、生态失衡等风险进一步强化，最终使人类文明在财富分配的逻辑中迷失自我。现代社会，日益增加和转化的公共风险越来越成为人类效率与福利追求的阻碍，人类效率与福利的追求本身也造成了越来越多的公共风险。重大公共风险的演变遵循着量变到质变的过程，一旦公共风险积聚，达到临界点后爆发，就会对人类的生存和发展造成重大的影响。传统的事权划分三原则是基于工业化时代的经济理论与实践形成的，是与工业化时代的效率与福利追求相匹配的，它与日趋进步的现代社会差距越来越大，突出表现为其对公共风险的忽视。

（二）基于国家治理现代化目标的财政事权划分应当充分考虑公共风险

与传统农业、工业社会中国家治理面临的战争、自然灾害等风险相比，

---

① ［德］乌尔里希·贝克：《风险社会》，何博闻译，译林出版社2004年版，第15－57页。

现代社会的公共风险更多是“人造”风险，即由人的需求衍生出的公共风险，最突出的表现就是“福利陷阱”。个体及国家对福利最大化的需求，超过了自然及社会的可承受能力，并演变为生态和经济、社会危机。一些新兴国家因在中等收入阶段追求过度福利且没有处理好经济社会风险而陷入“中等收入陷阱”。“中等收入陷阱”只是一种经济表象，其背后的根本原因是“社会福利陷阱”①。一些发达国家的经济金融危机也多因过度社会福利而引起。可以说，“福利陷阱”已成为现代国家治理面临的重大风险。

社会福利最大化的目标追求，其实是为防范公共风险而设计的，社会保障制度的设计初衷就是防范私人风险及其向公共风险的转化，但过度的社会福利带来了新的风险。要避免现代福利国家的危机，必须改变以社会福利最大化为目标的国家治理模式，把社会福利当作国家治理的手段，把公共风险最小化当作国家治理的目标。社会福利一旦提高，便成为刚性需求。对社会福利的依赖所造成的财政收支矛盾使得不能减少的社会福利与日益沉重的财政负担成为不可调和的矛盾。基于政府社会福利最大化目标的假定，事权划分一方面要体现社会福利的“公平”原则，另一方面也要体现公共产品提供“成本 - 收益”的“效率”原则。外部经济性、信息有效性和激励相容性三原则，体现的是“效率”，社会福利最大化体现的是“公平”。公平与效率是在政府公共管理目标与事权划分的原则上分别体现的，并不能天然地实现统一，二者的统一仍需要政府在公共政策的设计上予以体现。

与世界上大部分国家从农业社会向工业社会的发展路径不同，我国除了要实现农业国家向工业国家转变外，同时还在进行着从计划经济体制向市场经济体制的转型。双重目标之下，我国社会主要矛盾和公共风险与其他国家存在差异。这种复杂性意味着，在事权划分中既要考虑传统的效率因素，又要结合我国国情，关注现实中的公共风险。利益之所在，也是风险之所在，这是市场经济的普遍规律。效率、福利在一定程度上是与风险成正比的，追

---

① 黎安：《“中等收入陷阱”还是“社会福利陷阱”——基于“后发外生型”转型国家的视角》，《学术研究》2015 年第 3 期，第 53 - 57 页。

求效率意味着在更高层次的不确定性中决策，福利水平的提高意味着抵御风险能力的增强，会促使追求更高层次需求的满足，进而衍生出新的风险。财政事权的划分是一种利益与责任的分配，在利益分配背后更应当有风险分配的逻辑。因此，我国中央与地方财政事权与支出责任的划分，应当在借鉴传统“效率”三原则的基础上，更加突出“公共风险”的因素，把公共风险最小化作为事权与支出责任划分中“效率”与“公平”相统一的基点。

近年来，我国在公共产品供给中出现的新方式，如供给主体多元化、PPP 模式、政府购买服务等，在传统三原则的框架下难以得到充分解释。引入市场机构、社会组织参与公共产品供给，很大程度上是基于分散风险的要求，以 PPP 模式或政府购买服务形式提供公共产品，也不完全是基于外部经济性、信息有效性和激励相容性的原则，而是基于防范和化解财政风险的目的。

（三）公共风险视角的财政事权划分原则

与“效率”维度的财政事权划分三项原则相对应，“风险”维度的财政事权划分应当遵循风险决策、风险分担、风险匹配原则。“效率”维度的三项原则基于效率最大化的价值追求且兼顾公平，“风险”维度的三项原则基于风险最小化的目标追求且兼顾效率。

第一，风险决策原则。依据风险在事权要素中的来源，决策权中的风险要远远大于执行与监督中的风险。事权结构特征使地方政府有了中央政府兜底所有公共风险的预期。公共风险最小化目标下事权划分的风险决策原则，是指哪级政府决策更有利于实现公共风险最小化的目标，公共事务的决策权限就归于哪一级政府。全国性的公共事务决策，只有中央政府能够有效控制，决策权就应当归于中央；省域范围内跨地市的公共事务决策，就不能由地市分散决策，而应由省级政府负责。这就意味着，在我国单一制的国家结构下，中央政府要承担更多的决策权限，同时应根据风险的变化适当向地方政府放权。

第二，风险分担原则。只有解决了由哪些主体来共同承担风险、承担哪些风险以及多少风险，才能在风险管理中清晰划分各利益相关者的权利与职责，并建立相应的激励与约束机制，使相关各方在风险应对中找到自己的定位，从而将预防、规避、减少风险提上议程。传统风险往往是非人为和不可抗力所造成的，而现代公共风险则多与人类的决策和行为有关，其中暗含的责任和义务问题就不可避免地产生了。但要将制造风险的人与那些不得不承受后果的人彻底分开，实际上是不可能做到的，因为各种条件之间的关系错综复杂，导致制造风险的责任难以确定。从科学和法律意义上看，对风险责任主体的界定应该按照因果关系的原则来进行，如“谁污染、谁治理”，而财政事权划分是科学分配风险责任的顶层设计。风险管理的根本原则是实现风险–权力–责任三者的统一，在我国现行行政管理体制框架之下，三者的统一要求在财政事权划分时充分考虑防范和化解公共风险的需要，从根本上明确各级政府风险责任的界限。针对不同类型的公共风险，应由不同层级的政府来分担。以教育为例，基础教育、职业教育、高等教育缺失引发的公共风险是不同的，基础教育缺失引发的经济社会风险最大，应当由更高层级政府分担此项风险。分担风险是不同层级政府履行事权的过程，最终体现为相应级次政府的支出责任，支出责任划分的背后是风险分担。这一原则可进一步延伸到横向的风险分担，如 PPP 模式，就是相应级次政府与社会资本合作，通过分担风险的方式来提供公共服务。

第三，风险匹配原则。公共风险是复杂的，而现代公共风险更体现了这一特征，越来越多的公共风险不再是传统的工业化物质生产过程中所产生的，而是来自技术进步。这意味着风险管理的专业性不是减少了，而是大大增加了。现代社会分工日益精细，专业化水平不断提升，要有效控制风险，必须把风险匹配给最适宜的一级政府。从风险识别、风险防范，到风险处置，不同层级政府的能力是不同的，有效的匹配才可以最有效地控制风险。例如，教育的可获得性风险（是否上得起学），应由较高层次政府来承担；而教育的可及性风险（是否有学上），则可交给较低层次政府承担。

四、 公共风险视角下中央与地方财政事权划分思路

财政作为国家治理的基础和重要支柱，财政事权划分上应体现社会矛盾

与公共风险的变化。财政是政府驾驭风险、防控风险的基础，财政事权的合理划分则是发挥财政防控风险基础性作用的前提。应当兼顾效率与风险两个维度的原则，把风险管理作为财政事权划分的另一条主线。

（一）基本公共服务领域财政事权划分改革是我国现阶段财政体制改革的突破口

在经济社会发展格局已发生重大转变的背景下，深化财政体制改革必须寻找新的突破口。基本公共服务是与“人”的生存和发展紧密相关的，能够体现人民群众获得感与幸福感，财政体制改革应以此为突破口循序推进。

第一，在基本公共服务领域推进财政事权与支出责任划分改革，体现了“以人民为中心”的原则和“协调”“共享”的发展理念。选择与“人”相关的基本公共服务事权划分作为突破口，体现了党和政府坚持人民主体地位、执政为民、全心全意为人民服务的理念与宗旨。受制于要素禀赋的差异，区域、城乡间的协调发展难以一蹴而就，而通过合理分担基本公共服务支出责任，向不同区域的居民提供大致均等的公共服务，就等于在生存条件与发展机会上实现了一定程度的“协调”。由于人的能力与机会存在差异，个体的发展会呈现差异化，在存在利益固化的条件下，差异会出现强化的趋势。通过由中央政府明确并保障基本公共服务的基本标准，兜住底线、保住基本，才能够实现人与人之间发展水平上存在差异，而不是在发展成果上存在差别。

第二，在基本公共服务领域推进财政事权划分改革，牵住了财政体制改革的“牛鼻子”。共同财政事权，尤其是与“人”相关的基本公共服务领域的共同财政事权划分，差异较大且十分复杂，是整个财政事权划分改革的重点与难点。率先在这一领域进行突破，能够引领其他领域财政事权划分改革。

第三，在基本公共服务领域推进财政事权划分改革，易于被各方接受。财政体制改革涉及各级政府间利益的重构，是财政体制改革中最难啃的“硬骨头”，对国家治理能力会产生重大影响，应坚持稳中求进的改革方法，在深入论证、广泛征求各方意见的基础上循序推进。近年来，随着财力的增加与条件的逐步成熟，党和政府陆续在教育、社会保障、医疗卫生等与人民群众密切相关的基本公共服务领域推进了一系列改革，逐步形成了中央定制度、地方抓落实，各级财政共同保障的基本公共服务供给模式。这些领域管理体制清晰、政策明确，在事权与支出责任划分方面作出改革与调整，对现行管理体制与政策影响不是很大，改革阻力较小。

（二）理清基本公共服务的内涵

现代社会，一个“人”要生存下来，需要基本的营养、基本的教育、基本的健康、基本的居住条件、基本的人身财产安全、基本的生态环境，这六项基本生存需要与政府职能和基本公共服务存在对应关系。由于基本生存需要是“人”得以生存的“底线”，所有“人”都不能低于底线，但所有“人”都高于底线是政府支配资源所不能承受的，部分人高于底线又使得“人”的起点与机会不公平，故在基本生存需要方面政府提供均等的服务是既满足需求，又可承受，还体现公平正义的最优选择。基本公共服务均等化，是指政府要为“人”（或居民）提供与经济社会发展水平相适应的、体现公平正义原则的、满足人们基本生存需要的大致均等的公共服务。这一定义体现了四重性质：一是基本性。保障“人”的基本生存需要，“人”的发展性需要由非基本公共服务或社会、市场来提供。二是动态性。随着经济社会的发展，政府的承受能力和人的需要都会发生变化，基本公共服务的内容和标准也会相应变动。三是公平正义。市场提供的服务强调效率与竞争，政府提供的服务则要强调公平与正义。四是大致均等。均等不是整齐划一，是历史的、具体的均等，所有社会成员得到大致均等的基本公共服务，允许有差异，但差异不能冲破底线，不能造成机会或起点的不公。

（三）基本公共服务领域中央与地方财政事权的划分思路

现阶段，我国中央与地方财政事权划分改革应当以基本公共服务领域为突破口，从以下方面来推进：一是划定基本公共服务的范围。围绕“人”的基本生存需要划定基本公共服务的范围。二是确定基本公共服务供给标准。

基于基本公共服务均等化的目标，对于共同事权项目，应由中央确定基本标准，标准之内中央或中央与地方共同承担支出责任，确保所有地区均达到标准。经济相对发达的地区，可以根据当地经济社会发展水平确定高于基本的水准，由地方负责经费保障。这样，既体现全国范围内的大致均等化，又反映经济社会发展水平和合理的差距。三是划分财政事权。把基本公共服务进一步细化分解，根据外部性、信息复杂性、激励相容的原则，考虑公共风险的控制有效性及均等化程度要求，明确各项事权由中央还是各级地方政府承担。四是确定支出责任。属于中央事权的，由中央直接支出，列入中央本级支出；属于地方事权的，列入地方财政支出；属于中央与地方共担的事权，中央保基准，并为地方政府定负担系数，可以高于基准，但应限制在一定范围内；属于中央事权，但暂不具备条件由中央直接执行的，由中央委托地方承担，支出纳入中央本级，列入“委托性”支出，地方政府列“受托性支出”。五是划分财政收入。根据财政事权与支出责任，相应调整中央与地方政府间收入。

（四）基本公共服务领域中央与地方财政事权划分路径

对财政事权项目，先按照外部性、信息有效性和激励相容的效率原则进行调整，再根据风险决策、风险分担和风险匹配的原则进行优化，在效率最大化与风险最小化之间进行适当平衡。之所以有先后，是因为效率一般越高越优，而风险则存在临界效应，事权划分不是消除风险，而是明确风险责任、合理控制风险。

第一，识别基本公共服务财政事权中的风险。清晰划分政府间事权，首先要明确各级政府拥有哪些事权。应在编列各级政府基本公共服务财政事权清单的基础上，对各类财政事权项目进行风险分析和识别。风险识别是风险管理的基础。基本公共服务事权的风险识别，应当进行全面周详的考察论证，在专家咨询、公众参与、利益相关者调查的基础上进行。

第二，根据风险决策原则，适度强化中央财政事权。部分决策权在中央，又体现基本公共服务的普惠性、保基本、均等化方向的事权，执行权也上划中央，由中央财政在全国范围内综合平衡①。中央政府应在深入调查研究的基础上，根据现有的支出标准，考虑经济社会发展水平、区域间差异等因素，测算基本公共服务的“底线”标准，以及现时条件下能达到的最高标准；参考最高标准，确定等于或适当高于底线标准的数值作为基本公共服务的基准。

第三，根据风险分担原则，适当减少并规范中央与地方共同财政事权。作为单一制国家，中央与地方共同财政事权较多具有其合理性，尤其是基本公共服务财政事权由中央与地方共担，有利于促进基本公共服务均等化的实现。因此，适当减少中央与地方共同财政事权是要减少不合理的共同财政事权设置，并不是要消除共同财政事权。如武警、地理测绘、地质勘探经费等支出，其缺失所造成的风险会影响全国，地方政府就不宜与中央分担支出责任，这类财政事权应全部上收中央。对于合理的中央与地方共同财政事权，不宜采用一事一议或中央因地制宜决策的方式，而应当有规范的管理制度，在规定存量财政事权比例、标准、方式的同时，形成稳定的新增财政事权协商机制。

第四，根据风险匹配原则，赋予地方政府充分的自主权。“谁决策、谁负责”所体现的权责对等是现代管理中的重要原则。我国目前财政事权中的部分决策权限在中央，是地方政府存在大部分公共风险由中央兜底预期的重要原因。我国疆域辽阔、人口众多，各地区差异较大，在人民群众公共需求日益多元化、个性化的条件下，有些基本公共服务供给由中央全部决策，不利于高效地应对发展不平衡不充分的社会主要矛盾。基于此，党的十九大提出“赋予省级及以下政府更多自主权”的改革要求，这也意味着地方政府要承担更多的风险责任。中央与地方财政事权的划分也应当贯彻此项改革要求，在一些区域性基本公共服务的供给中，中央确定底线标准和最高标准，由地方政府根据辖区经济社会发展水平、人民群众实际需要和财政承受能力，决定辖区的基本公共服务供给标准与方式。

第五，根据公共风险的变化，构建财政事权划分的动态调整机制。经济社会在发展，技术在进步，人的需求在发生变化，这些因素意味着公共风险

① 武靖州：《防范化解重大风险前提的积极财政政策转型》，《改革》2017 年第 11 期，第 79－88 页。

也会发生变化。在基础教育需求基本得到满足的情况下，近年来我国的幼儿教育供需矛盾日益突出，在一些大城市甚至成为社会风险因素；在人口老龄化程度日益加深的条件下，当前及未来较长一段时期，养老及医疗卫生领域可能会因供需矛盾导致社会风险的聚集。理顺中央与地方政府间在这些领域的基本公共服务供给责任，有助于更加高效地提供相关公共服务，化解矛盾与风险①。因此，中央与地方财政事权划分改革不可能一蹴而就，也不可能一劳永逸。在中央与地方财政事权划分立法或制度设计时，应当考虑公共风险的变化，设计相应的动态调整机制。

参考文献：

1.《关于2017年中央和地方预算执行情况与2018年中央和地方预算草案的报告》，《人民日报》2018年3月24日。

2. 刘尚希：《中国财政风险的制度特征："风险大锅饭"》，《管理世界》2004年第5期，第39－44页。

3. 楼继伟：《中国政府间财政关系的再思考》，中国财政经济出版社2013年版，第37页。

4. ［德］乌尔里希·贝克：《风险社会》，何博闻译，译林出版社2004年版，第15－57页。

5. 黎安：《"中等收入陷阱"还是"社会福利陷阱"——基于"后发外生型"转型国家的视角》，《学术研究》2015年第3期，第53－57页。

6. 武靖州：《防范化解重大风险前提的积极财政政策转型》，《改革》2017年第11期，第79－88页。

7. 李军林、朱沛华：《防范和化解地方银行风险的两重维度：财政扩张冲击与贷款市场竞争》，《改革》2017年第11期，第114－125页。

（此文发表于《改革》2018年第8期，作者：刘尚希、石英华、武靖州）

① 李军林、朱沛华：《防范和化解地方银行风险的两重维度：财政扩张冲击与贷款市场竞争》，《改革》2017年第11期，第114－125页。

建设统一大市场，财政体制设计需要新思路

阅读提示：完善地方财政体制，需要地方区域政府承担起区域财政的纵向平衡和横向平衡的责任，区域之间的横向平衡要依赖于这种纵向平衡去解决问题，两者是相关联的。

区域问题实际是个空间问题。区域财政和区域经济，都涉及区域经济社会形态的变化，在不同的发展阶段，区域经济社会发展的形态是不一样的，特别是随着城市化的推进，产业和人口的聚集，经济、社会的空间形态都发生了很大变化。区域财政也随之变化，财政的区域分化日渐明显，财政体制面临着经济社会空间形态变化带来的挑战。

财政学里很少涉及空间维度，一般都是在假设空间是均质的条件下来考虑财政问题，以此为前提来设计财政体制。但从现实来看，经济社会空间不是均质的，而且在进一步分化。我国在 1994 年推出分税制改革方案时，当时提出的基本原则“财权与事权相匹配”，其潜在的假设条件就是经济社会空间的均质性。

由于潜在假设脱离我国的实际情况，故而财权与事权相匹配的原则在实施中呈现出越来越多的问题，在党的十七大报告中明确更改了这个原则，改为“财力与事权相匹配”。从这点来看，我们从空间的维度来探讨财政体制的改革，在新发展阶段是非常必要的，也是很紧迫的，这也是全国统一大市场的建设无法绕开的问题。

一、 多元目标下如何实现激励相容

从全国统一大市场的角度来看，当前面临着如何在多元目标下实现激励相容的问题。这与央地关系直接关联，其中的核心问题或基础性体制是财政体制。统一大市场是区域之间的横向分工与协作的问题，而其中存在的各种各样的障碍，却与纵向制度安排有直接关系。在纵向的制度安排里，中央与地方的财政关系处于核心地位。

大家知道，在过去发展的阶段，我国以经济增长为核心，只有单一维度的目标，就是围绕 GDP 做文章。当时中央对地方的考核很简单，也很直观。而现在我们到了新发展阶段，深化改革的目标变成了国家治理体系和治理能力的现代化，从经济改革到全面改革；发展的目标也从过去追求经济高速度变成了追求发展高质量，从一维的“增长”转向多维的“发展”。改革的目标、发展的目标都发生了重大变化，也就是说由过去的单一目标变成了多元目标。在这种目标多元的情况下，中央对地方怎样进行激励，怎样实现激励相容，就成了一个复杂的问题。

在单一目标下促进经济增长，做大 GDP 蛋糕，这种激励机制的设计相对来说比较简单。而到了新发展阶段，发展目标更为多元，不仅仅有 GDP 的增长，还涉及社会的公平，其中也包括了区域的公平。低碳绿化、资源节约，遏制气候变化等，也成为重要的发展目标。由此，激励相容的复杂性成倍地增加。此外，由于人口流动和家庭迁徙，公共服务成本的区域分摊日渐显现。数字平台企业的发展、税收与税源的背离也日渐凸显。如此等等，这些都成为财政体制中需要去考虑的重大问题。

在中央各部门针对地方设定的每一个考核目标都可能存在一票否决的情况下，地方的行为选择有时候就可能会陷入一种困境。这恐怕是我们当前面临的一个十分复杂问题。随着经济发展水平不断提高，国家发展的整体性特征在上升，这意味着辖区之间外溢性的问题在增多。辖区之间的外溢性既包括正的外溢性，也包括负的外溢性。这种正的外溢性带来的收益如何内部化?

负的外溢性导致的成本如何内部化？毫无疑问，这需要新的制度安排。这离不开纵向的中央与地方财政关系。如果中央与地方的财政关系不能消除这种辖区间正的外溢性和负的外溢性，那么区域市场之间就很难统一，它会存在各种隐形壁垒。当前现实当中已经发现了不少这样的问题。

所以，当前财政体制的设计需要新思路。过去是单一目标，现在是多元目标。多元目标怎么同时实现激励相容，这是财政体制需要考虑的首要问题。

二、 动态社会公共服务成本的区域分摊

过去是一个静态的社会，现在变成了一个动态的社会。市场化、工业化推动了劳动力的流动，城市化吸引了社会人口的流动和家庭的迁徙。人户分离成为当下的普遍现象，至今有5.04亿人处于人户分离的状态。流动儿童、老人成为当下的常态。这给公共服务的提供如何实现“随人走”带来了极大挑战。还有空巢老人的照顾、留守儿童的抚育也成为公共服务要面对的问题。青壮年劳动力在外地打工，医保、养老在户籍所在地，公共服务在人的生命周期不同阶段处于不同的区域，它的成本如何在区域之间分摊？一旦这种区域协商变得成本极高或不可能的情况下，就需要上一级的政府来解决和承担。这也就是后面要谈到的事权、支出责任要上移。

过去的财政标准收支，以及转移支付都是可以在假设人不流动的情况下去设计。而现在动态社会的来临，不只是作为生产要素的劳动力在流动，更重要的是家庭迁徙在日渐扩大，人口分布发生了很大变化。2.9亿农民工工作生活在城市，户籍在农村，其公共服务也在农村，在当地难以享受同城待遇。尽管一般性转移支付已经考虑到了常住人口因素，也有专项转移支付与农业人口市民化挂钩，但处于流动状态的人口，在上学、养老、廉租房等方面依然难以享受平等待遇。所以，怎样转变到从动态社会角度去完善财政体制，事关城市化能否以人为核心、事关社会公平和人力资本积累。

三、解决辖区间外溢性问题需要事权、支出责任上移

经济社会发展带来的辖区间外溢性问题不断增多。而外溢性问题的解决要靠区域之间去谈判，成本非常高。在久拖不决的情况下，区域效率、区域公平都将受损。一个有效的办法就是通过更高一级政府来解决。这意味着事权、支出责任要上移。而从现实来看，恰恰是反向的，中央财政支出占全国财政支出的比重不是在提高，而是在下降，目前中央支出占比是14%多一点，地方支出比重越来越高，接近86%了。

在这种情况下，意味着越多的事情交由地方，辖区外溢性问题就越难以解决，这导致区域之间的博弈趋于非良性发展，国家治理效能也难以提升。过去单一的目标下，区域之间是竞争的，竞争的目标是怎样做大蛋糕，这种竞争可能是良性的。而现在多元目标下，辖区之间的外溢性问题，本来应该由上级解决，上级把这个事权压到地方，要地方自己解决，实际上形成了多元目标之间、区域之间的博弈，带来了极高成本。各种有形无形的障碍不但导致全国市场难以真正统一、区域间资源配置难以优化，而且各个地方也在强调所谓的产业链安全，以邻为壑的现象也不时出现，在疫情防控中这种现象时有发生。

由此看来，财政体制应当考虑随着改革目标、发展目标多元化，事权、支出责任怎么上移。而这在地方还涉及一个风险责任和责任风险问题。随着宏观不确定性扩大和公共风险水平的上升，经济社会发展成本不断提高，支出责任上移势在必行。这体现在中央的本级支出占比要上升，当前的这个占比，是新中国成立以来的一个历史最低点。从横向比较来看，放在世界上来比，也没有一个大国的中央政府本级支出占比低到如此程度。在发达经济体中是找不出来的，大的发展中经济体也没有。

这意味着国家治理体制需要进行调整优化，财政体制在这方面发挥基础性作用，在一定意义上，它具有决定性作用，决定了治理效能的高低。可以说，财政改革其实也是国家治理的基础性改革。对这个问题应该深化研究，

仅仅在横向上、在地方找问题是远远不够的，横向问题、地方问题的根源往往是在纵向体制安排上，可能在事权、支出责任层层下移上。如果看不到这一点，那横向的问题实际上都难以解决。

四、 地方政府的辖区财政责任需要更加明确的制度安排

正因为事权上移，对地方财政体制又提出一个问题，那就是区域财政与辖区责任的问题，或者辖区的财政责任问题。省作为区域政府，市作为城市政府，这两级政府对它辖区之内的财政能力的纵向平衡和横向平衡负有责任，而从现实来看，辖区财政责任是不清晰的。县乡财政出现困难，不是首先体现在辖区责任上，而是中央财政一竿子插到底。这导致财政责任缺少排序的规则，会淡化省市两级财政的责任，在信息不对称、成本高、效率低的条件下，易衍生风险。所以，完善地方财政体制，需要地方区域政府承担起区域财政的纵向平衡和横向平衡的责任，区域之间的横向平衡要依赖于这种纵向平衡去解决问题，两者是相关联的。从这点来看，地方的辖区财政责任实际上是区域财政研究的一个大问题。当然，在这里面有横向转移支付问题，也是需要中央纵向地去协调，比如省与省之间横向的转移支付（如对口支援、生态补偿等），没有中央的协调就很难实行。

我们研究过一些案例，比如跨省的上下游的生态补偿问题，两个省之间谈判能解决一些问题，但不能从根本上解决问题。类似于这样的区域之间的横向转移支付其实是需要中央政府的制度性安排，而现实的做法是一事一议，不可预期，在横向转移支付上没有构建制度性安排。当然，广义的转移支付不仅仅是这种跨区域河流上下游之间涉及的横向转移支付，还包括现在发达地区对欠发达地区各种各样的支援，比如对新疆、西藏、东北等地的常年对口支援以及发生重大自然灾害时的对口支援，等等，这是我国的一种政治优势，实际上也是一种横向的转移支付，但没有体现到财政制度上，不如财政上比较规范的纵向转移支付那么显性化。

现在没有一个横向转移支付的统计，数据要统计出来才可以看到，这种

横向之间资源的转移规模其实并不小，但不透明。怎样形成一种激励机制，这个问题还没有研究到位。横向转移支付需要在制度上有更加明确的安排。实践中已经有一些做法，也是在探索，在摸着石头过河，在理论上对这个问题没有非常清晰的描述，在制度上也没有形成很清晰的制度路径。这就导致了不确定性、不可预期性，尤其在多元目标情况下，激励相容出现很大的不确定性。

具体表现在行为上，地方不像以往那样有积极性了。单一目标下，地方很积极，在分税制财税体制下地方抓生产促发展的积极性、主动性非常高，区域之间的良性竞争被解读为中国增长奇迹的密码。而在多元目标下，地方在选择组合上都存在不确定性，收益、风险难以预期的情况下，地方的选择组合偏向于零风险，没有文件依据的事情不敢干，更谈不上因地制宜大胆去闯。如何激发地方积极性，这是我们现在面临的且迫切需要解决的问题，这是防范化解区域风险全国化的治本之策。

（此文发表于《中国经济评论》2022 年第 9 期，作者：刘尚希）

第五篇
论宏观经济政策与财政政策

宏观经济政策目标应转向不确定性与风险

——基于反思经济周期的思考

阅读提示：2017 年以来关于“经济新周期”的争论，显示社会各界对中国经济走势存在重大分歧，经济运行中的不确定性增加。经济周期理论力图通过各种长度不同的确定性周期组合来解释和说明经济波动，是以过去确定性的经济运行周期来推演不确定性的未来，测不准是其常态。在不确定性强化，各类风险叠加的情况下，宏观经济政策应以不确定性思维和方法，把防范化解风险放在首要位置。

2017 年以来，中国宏观经济运行情况整体好于预期，下行压力之下经济运行中的诸多亮点，使得市场对于中国经济的触底反弹产生了良好期望。基于此，有市场人士提出了中国进入“经济新周期”的观点，并引发了激烈争论。这场被双方认为是“史诗级”“教科书级”的争论，显示社会各界对未来经济走势的重大分歧。改革开放以来，我们从来没像今天这样，对经济的前景感到如此不确定。美国金融危机爆发以来，各国的救市政策一定程度上减缓了危机的冲击，但也进一步放大了经济运行的不确定性。中国经济运行进入“新常态”，并不意味着经济运行中的不确定性变小了，而是经济运行中的不确定性与风险更大了，因为现阶段我国的经济体量更加庞大、经济结构更加复杂、与外部的经济联系更加紧密。经济运行中不确定性的增加，更加考验我们对经济形势的把握与判断，也要求我们的宏观经济政策更加灵活、精准和有效。

一、“经济新周期”的争论存在对“经济周期”本身认识的差异

经济周期是宏观经济研究中极其重要而又充满争议的领域，也是当代宏观经济学中成果最丰富、发展最快的理论，甚至是20世纪初期宏观经济学的中心问题（杨灿，2010）。经济大幅波动引发的经济运行不稳定，经济危机导致的严重社会风险，吸引着经济学家去探究经济周期性波动的规律。而由于经济运行本身的复杂性，经济学家围绕经济周期的产生原因、测度方法、典型特征及政策应对等展开了长期的争论，使得这一领域流派众多。针对同一种现象，各流派从不同的角度进行解释，得出的结论却大相径庭。也有很多学者把西方经济周期理论用于分析中国经济，得出的结论也不尽相同。不同的国情下，一些在特定国家不起作用的因素可能对另一国家十分重要，经济周期理论的核心假设在各国也存在偏离程度上的差异。忽视前提条件的变化及影响因素的不同简单地套用理论，难以得出符合客观实际的结论。如果按照理论套用的结论指导政策制定，可能会造成严重的后果。

（一）“经济新周期”争论双方的主要观点

2017年上半年，我国宏观经济运行情况整体好于预期，经济增速比去年有所提升，消费增长平稳，民间投资回升，进出口扭转了负增长的态势，工业企业效益好转，CPI稳定，PPI涨幅较快。宏观经济运行相对较好的态势，反映到股市上，形成了自2015年“股灾”以来罕见的“结构性牛市”。基于此，有市场人士提出了中国进入“经济新周期”的观点，引发了市场热议。争论双方观点鲜明、针锋相对，显示出对中国经济前景的高度分歧。认为中国经济进入“新周期”的一方认为，企业资产负债表修复及供给侧结构性改革推动了企业效益的改善，发达经济体经济复苏扩大了中国的出口贸易，加之全面深化改革的功效逐步显现，中国经济已经企稳，进入了“L型”的下半程，进入了改革开放以来的第五个“产能周期”（任泽平，2017）；但巨大

的悲观惯性和拐点的脆弱性，导致需要约两年时间才能得到决策层和公众的认同（钟伟、陈骁，2017）。另一方则认为，经济回暖是全球经济复苏和前期政策刺激的结果，仍是传统动能在发挥作用，难以进一步引导中国经济增速进入上行轨道：经济回暖是前期政策刺激效果的时滞（李迅雷，2017）；基于宽松货币政策的基建投资和房地产繁荣是经济回暖的主要贡献（姜超，2017）；开启新的经济周期，需要深化重大结构性改革，改善实体经济与金融市场的扭曲与错配（张明，2017）；仅靠供给侧的出清无法造就“新周期”，“新周期”需要需求的支撑（王涵、王轶君，2017）。

（二）争论双方对“经济周期”的理解不完全一致

争论双方的观点虽然针锋相对，但分析过程却在一定程度上处于两个体系之中。一是经济周期的内涵不同。一方强调是“产能周期”甚至是“产能出清新周期”，另一方强调的是经济全面复苏的周期。二是对“新”的理解不同。一方认为“新周期”不是改革和转型，只是产能的循环，另一方则认为新周期要有新的增长模式与动力机制。三是侧重点不同。一方强调是供给侧产能出清带来的新周期，另一方则认为没有需求的复苏谈不上新周期。四是时间维度不同。一方主要是从短期的经济指标中寻找中长期经济运行的轨迹，另一方则主要从中长期的经济结构演化来分析当前经济所处的态势。

中国经济进入“新周期”的观点主要立足于“产能周期”，“新周期”的“新”在于一个“新”的“产能周期”循环，认为受外部需求改善及供给侧结构性改革的影响，中国工业企业产能得以出清，进而引发价格、工业企业利润乃至经济增速的回升；中国经济已处于产能出清的尾声，虽然企业预期仍然谨慎，不愿大规模扩张新产能，但随着长时间持续的盈利改善和资产负债表修复，产能会开始扩张并引致需求和供给的增加，新的产能周期开始。

反方的观点主要立足于国民经济的“景气循环”，不仅在于“产能出清”的供给侧，而是整个宏观经济的全面复苏，“新周期”的“新”在于“新”的增长方式与动能；2017 年上半年经济数据的好转仍是传统动能在发挥作用，不稳定且不可持续，即使出现经济的短期复苏，也是“旧周期”的延续，新周期的出现有待于全面深化改革的持续推进。

争论双方对宏观经济形势的判断事实上形成了两个极端。从“经济新周期”论的提出、论证到反驳，支持的一方忽视了对大部分经济风险的分析，专注于经济“好”的一面，似乎产能周期不受任何政策、外部环境影响，只受时间影响，时间到了自然就来。反方对经济领域的各类风险从不同的角度进行了分析，却也掩盖了经济运行中的一些亮点，过于专注经济“不好”的方面。总体来看，乐观者过于乐观，忽视了风险，对长期不利；悲观者过于悲观，忽视了经济运行的改善因素，不利于对短期经济形势的判断。

（三）“经济周期”概念辨析

经济周期（Business Cycle），又叫商业周期、景气循环，是经济运行中周期性出现的经济扩张与经济紧缩交替更迭、循环往复的现象。美国经济学家 Arthur Burns 和 Wesley Claire Mitchell（1946）在《Measuring Business Cycles》一书中给出了至今仍在广泛运用的经济周期的经典定义。商业周期是一种基于一国总体经济活动的波动（在这些国家中企业经营基本上是自主的）：一个周期包括许多经济活动的同时扩张，然后同时衰退、收缩和复苏，复苏是下一轮周期扩张阶段的前奏；这一变化次序是重复发生的，而不是阶段性的；从时间上说经济周期从 1 年到 10 年或 12 年不等，它们无法划分成具有同样特征和同样波幅的若干个短周期[①]。该定义表明：经济周期出现的前提是企业经营的自主性（即隐含完全市场的前提假定）；经济周期是一个国家经济总量的波动，而不是局部地区或部门的波动；经济周期一般包括繁荣、衰退、收缩和复苏 4 个阶段；经济周期的 4 个阶段是重复发生，但时间不等。

理论研究与现实表述中，经常有把经济周期与经济波动相混淆的现象。“波动”和“周期”都是物理学的名词，前者是某一物理量扰动或振动在空

---

① 杰弗里·萨克思、费利普·拉雷恩：《全球视角的宏观经济学》，费方域，等译，上海三联书店、上海人民出版社 2004 年版，第 447 页。

间逐点传递时形成的运动形式，后者是指振动物体完成一次振动所需要的时间。在物理学意义上，各种形式波动的共同特征是具有时空上的周期性，即同一点的物理量经过一个周期后完全恢复为原来的值，沿波的传播方向经过某一空间距离后会出现同一状态。在经济学意义上，波动是经济活动变化，周期则是经济活动遵循一定规则变化的过程；与物理学上物理量机械的周期性波动不同，经济波动是带有趋势性的。因此，经济波动是比经济周期更加广泛的一个概念。只要有经济活动，必然会有波动的现象，但呈现出有一定规律的变化，则主要是在市场经济条件下。

经济周期与经济危机存在关联。一方面，在经济周期的衰退阶段，往往伴随着经济危机的爆发，危机过后进入萧条阶段，但经济周期并不必然经历经济危机的爆发，尤其是在现代市场经济条件下，由于政府干预的广泛存在，没有“经济危机”的经济周期越来越普遍。保罗·萨缪尔森就指出：“在凯恩斯以后的时代，经济周期并没有像恐龙那样绝迹于世。然而，严重的萧条却已不再出现”①。另一方面，经济危机也不一定是经济周期性运行的必然结果，突发性的事件也有可能导致经济危机。

应用最为广泛的经济周期分类是根据时间跨度的划分：一是康德拉季耶夫周期，即基于技术创新等因素的50—60年的经济周期；二是库兹涅茨周期，即基于人口流动等因素，在建筑业反映较为明显的20—40年周期；三是朱格拉周期，即基于企业设备投资因素的7—11年的周期，但由于二战后资本折旧的加快，西方发达国家这一周期的持续时间缩短到5—7年；四是基钦周期，即基于工商业存货的2—4年周期。熊彼特认为技术创新是经济周期的主要驱动力量，根据创新程度把经济周期分为大周期、中周期和小周期，分别对应康德拉季耶夫周期、朱格拉周期和基钦周期，并判断每个康德拉季耶夫周期包括6个朱格拉周期，每个朱格拉周期包括3个基钦周期。关于经济周期的分类远不止这些，如还有基于农业生产的1—12个月的“蛛网周期”等。保罗·萨缪尔森就指出：“经济周期有多长？这就取决于你想在其中包括

① 保罗·萨缪尔森：《经济学（上册）》，商务印书馆1979年版，第357页。

多少个次要周期"[①]。因为有波动就会有"峰""谷"，不管是按照"峰—峰"法还是"谷—谷"法，理论上可以把经济周期设定为无数的时间阶段。

还有学者根据运行特征与模式的变化把经济周期分为古典周期和增长周期。古典周期是直接研究各经济变量本身的变化，从经济波动的绝对值和显著性便可测量的周期。但二战后西方各国经济增长率长期保持在较高水平，经济收缩主要表现为经济活动水平的相对下降而不是绝对下降，古典周期的分析方法便失效了，经济学家开始以经济增长率的"拐点"来判断周期，即增长周期。

凯恩斯主义之前的周期理论主要有：纯货币理论，即经济周期是一种纯货币现象；投资过度论，即生产结构的失调是由繁荣走向萧条的原因；成本变动论，即企业生产成本的变化是导致繁荣与萧条交替的原因；消费不足论，即收入分配不公造成"储蓄过度"，消费不足导致经济萧条；心理因素论，即由经济主体的心理变化对经济运行产生重要影响，进而导致经济的周期波动；农业周期论，即气候影响农业生产，进而影响企业生产；创新周期论，即创新是决定经济从繁荣到萧条的周期性变化的主要因素；等等。现代经济周期理论则包括凯恩斯主义经济周期理论、理性预期经济周期理论、真实经济周期理论、新凯恩斯经济周期理论、新新古典综合学派等。

二、 经济周期理论的局限性

经济是在波动中成长的，经济周期理论则随着经济发展而不断深化。不同的理论在不同的历史阶段对经济波动作出了合理的解释，又在经济运行的变化中不断更新换代。但是，再完美的理论都难以对复杂的现实作出全面、准确的解释。现在来看，传统经济周期理论的缺陷是明显的，经济运行从来都不是受单一因素影响的，现代经济周期理论虽然在复杂的经济发展中不断

---

① 保罗·萨缪尔森：《经济学（上册）》，商务印书馆1979年版，第355页。

修正，对其的质疑与争论也始终存在。

（一）假设条件与现实的偏离

尽管古典周期理论并没有严格限定完全市场的假定，但所有的经济周期理论都是以市场经济为前提的。因此，一些利用经济周期理论分析资本主义以前社会的经济周期，分析计划经济时期的经济周期显然是无意义的。现代经济周期理论则多以完全竞争市场为理论基础，而现实中的不完全竞争、外部性以及非均衡等现象也对经济运行有着重要的影响。无论是理性预期周期理论还是真实经济周期理论都是建立在经济行为人完全理性的假设之上，但理性预期假设与观察到的现实并不相符，大量的实证研究也证明了这一点。经济周期分析的载体一般是一个完整的经济体，这个完整的经济体可以是一个国家或一个地区，但应当是具备完整的经济活动，因此那些以经济周期理论来分析一个省、一个地市的经济周期的论述或文献显然是对理论的滥用。

与其他周期理论相比，新凯恩斯主义周期理论考虑到了垄断竞争的因素。垄断竞争市场的特点是：有大量的企业生产有差别的但彼此间有替代性的产品；市场上存在大量企业，每个企业都认为自己的行为对市场的影响较小；企业生产规模不大，进入和退出市场比较容易。这种垄断竞争的市场在现实中也在发生着变化。以互联网为代表的新经济发展演变往往是从完全竞争到垄断竞争，再到寡头垄断式“赢者通吃”的市场格局。以中国当前蓬勃发展的“互联网+”产业为例，某个行业一旦形成了行业龙头，由于互联网经济的边际成本递减、网络效应的特点，弱者甚至行业第二位的企业都再难有机会。该理论也提出了“理性疏忽”的概念，认为由于市场主体处理信息的能力有限，会理性地选择疏忽某些相对不重要的信息。但在已有的分析中，“理性疏忽”只分析了厂商的非理性行为，尚未把消费者的非理性行为纳入分析框架。而随着消费在经济增长中的作用不断增强，消费者行为的变化对经济运行的冲击也会越来越明显，如：在电商冲击之下，现场体验式的消费模式日渐式微，但餐饮业、娱乐业、幼儿服务业等行业反而逆势繁荣，就反映了消费者行为的变化；随着具有全新消费理念的年轻一代消费者成为社会消费主体，也必将对社会消费结构产生深远的影响。

（二）总量分析对微观层面的忽视

除理性预期周期理论对市场主体的行为作出局部分析外，其他的周期理论都缺少对微观市场主体行为的分析。凯恩斯经济周期理论建立在国民收入理论基础之上，货币主义经济周期理论建立在现代货币数量论基础之上，都是从总量出发分析经济周期。然而，经济波动表面上是总量经济指标的变化，背后却蕴含着公共风险的积聚、爆发与消散，而公共风险不是凭空而来的，主要源于市场主体的风险叠加（刘尚希，1999）。股票集中抛售、银行挤兑会引发经济风险的爆发进而导致总量经济指标的大幅波动，就是市场主体预期发生变化后个体行为叠加的结果，忽视个体行为什么发生变化，仅从经济指标的波动中寻找规律难以触及根本。

没有任何一个经济周期模型预测到了2008年的次贷危机，就是因为由经济数据因果关系组成的模型，难以准确反映次级贷款发放机构与持有人的行为模式及行为临界点。中国CPI大幅上涨时期出现的“炒土豆”“炒大蒜”“炒绿豆”的现象，以及近年来广泛存在的“炒房”现象，虽然是市场主体的个体行为，却能够叠加为公共风险，进而引发经济波动。这些现象在经济数据及经济周期模型中往往只能看到表象，而难以深入其中。按照一般的经济周期理论，在中国当前的经济下行期，失业率应该是上升的，但事实上近年来中国就业增长一直比较稳定；随着新生代农民工在农业转移人口中占主导地位，未来中国的就业结构、就业形势乃至其他经济指标都会发生变化，这些微观层面的变化在总量分析中难以全面兼顾。现代宏观经济管理中，在依靠数据指标分析的同时，也越来越多地采用问卷调查的方法，如企业家信心指数、消费者信心指数，央行的企业家、储户和银行家问卷调查等，通过对个体行为、意愿的抽样调查，能够反映出经济数据分析中所得不到的微观主体行为信息。

传统条件下，市场主体是经济运行结果与经济政策的被动接受者。但市场主体是具备学习能力的，技术进步与信息公开化强化了市场主体的学习能力。现代社会，市场主体对经济运行与经济政策的分析越来越透彻，大量的企业拥有专门从事宏观经济、行业发展研究的机构与人员。市场主体基于已有信息及分析结论所做出的决策对经济波动也会产生影响。决策者在公开场合做出模棱两可的表态，宏观经济管理部门选择在周末或节假日发布重大政策信息，就是在避免自身行为影响市场主体预期进而产生市场套利行为，影响经济正常运行。市场主体的学习能力与套利行为会影响经济波动，但作为相对不重要的因素难以反映在经济周期的分析框架之中。

（三）确定性分析方法与经济运行的不确定性

现代自然科学的发展越来越多地证明了世界运行的“不确定性”特征，20 世纪的思想史就是从确定性向不确定性转变的历史。传统牛顿力学认为，物质的质量是确定的，运动方向是确定的，确定性形成了物质世界的秩序与规则。1927 年，德国物理学家海森堡基于量子力学的研究提出了“不确定性原理”，揭示了微观世界的粒子与我们所处的宏观物质世界不完全一样。尽管微观世界粒子的运动法则不一定代表整个宏观世界，但却说明我们所面对的不确定性要远比我们所预想的要多。我们在当下的不确定性中寻找确定性十分困难，去把握未来的确定性则更加困难。

在不确定性条件下作出抉择意味着存在风险，风险无时无处不在不仅意味着静态的不确定性环境，而且不确定性也是在动态变化的，因此，在不稳定的不确定性环境中，对于风险的计算很难得出最优解。德国社会学家沃尔夫冈·波恩斯（2017）指出：风险问题并没有明确、终极的解决办法，已经想到的解决办法总是与最优解相差很远，因为它们还会遇到新的不确定性。经济越是发展，经济运行越是复杂，不确定性因素就会越多，关注不确定性的思维方式与分析方法，分析不确定条件下市场主体的行为，应是未来经济学科发展的重要思路与方向。勒内·帕塞（2017）指出：当正统经济学大谈均衡之时，关于宇宙、自然和生物的科学发现了进化现象；自然界不是静止的或循环的，而是在不确定性中不断进化的；经济学不能满足于把数学导数作为时间表象，而应当置身于事件史的具体现实之中。

经济周期理论往往把经济波动解释为某种具体的规则性周期，力图通过各种长度不同的确定性周期的组合来解释和说明经济波动。但现实影响经济运行的因素比经济周期理论所反映的要复杂得多，经济波动很大程度上是不确定的，很难用所谓的“规律”来总结。在经济波动之中寻找周期性的规律，实际上就是在不确定性的经济运行中寻找确定性的因子。基于历史数据的经济周期分析，是以过去确定性的结果为基础的，过去的不确定性已经成为不可能，自然不在分析之列；基于历史经验对未来的预测，则是以确定性的方法，选择部分确定性的变量，去推测不确定性变量的确定值，这种推测必然是线性的，把所有非线性的冲击都考虑在内，预测模型本身便是不确定的，必然无法得到确定性的结果。从当下的不确定性中去寻找确定性已是风险重重，从不确定的未来中寻找确定性结果更是小概率事件。

（四）理论模型的修正跟进而不能超越风险的迭代

在不确定性中的决策会产生风险，不确定性的变化会导致风险的变化。作为历史经验分析的经济周期理论模型的修正与更新只能是尽量跟进风险的变化，而永远难以跟上甚至超越风险的变化。因为一种确定性的量值准确地匹配到理论上存在无数可能的不确定性变量的概率是极其渺小的。

再精致的经济周期模型也不会预料到，现代发达国家的经济波动会与以往有如此大的不同。二战后，受生产和消费全球化的影响，发达国家的就业和财政状况出现了积极变化，经济趋向稳定，大的经济起伏已成为过去，传统经济周期理论中所表现出的衰退—萧条—复苏—繁荣四大阶段已经不再像过去那样泾渭分明，经济周期更像是一种“涟漪”，使发达国家经济出现了“周期微波化”倾向。即使经济周期没有消失，但其严重性也已经大大削弱了（Steven Weber，1997）。基钦周期的主要影响因素是企业库存，但在现代信息技术条件下，一些新经济、新业态的库存已经与传统企业大不一样。中国某手机企业靠按需求定制的“零库存”、互联网直销和“零费用营销”模式，在短短几年内就进入了手机市场世界前五位。朱格拉周期的主要影响因素是企业设备投资，设备的使用寿命一般为10年左右，到期后大规模集群式更新会通过固定资产投资影响总供给与总需求，进而导致经济波动。但信息技术时代的“摩尔定律”说明，集成电路上可容纳的元器件数目，每隔18—24个月便会增加一倍。高科技设备的更新速度越来越快，不是到设备报废期才更新，而是技术推动更新，如没有人会用到报废才换手机，而是基于对新功能与新时尚的追求更换手机，2014年“360”发布的《旧手机回收价值调研报告》就显示，用户更换手机的周期平均只有18个月左右（叶丹，2014）。

在世界分工格局的变化中，美国逐步形成了以金融业为主导的经济结构，制造业向发展中国家转移，美国以工业发展为因素的经济周期开始让位于金融周期，美国的金融周期又外溢到其他国家，影响其他国家的经济波动。基于近代以来危机总是在金融领域爆发的现实，有别于以往经济周期理论的“金融周期论”开始进入研究视野。该理论认为，金融经济活动在内外部冲击下，会通过金融体系传导而形成持续性波动和周期性变化。金融市场缺陷而产生的金融摩擦会放大金融冲击，即“金融加速器”效应；即使一个外部冲击趋于零，由于金融摩擦的存在，这一冲击将被金融加速器无限放大，从而导致经济出现剧烈波动；银行信贷渠道和资产负债表渠道是金融经济周期两个最重要的传导机制，其发生作用的前提是借贷双方信息不对称和金融摩擦（宋玉华、李泽祥，2007）。但在政府的干预之下，历次金融危机都没有出现传统经济危机造成的经济严重衰退、产出下滑、失业严重、价格高涨等现象；即便被认为自“大萧条”以来最严重的2008年的美国金融危机，也没有使美国经济出现负增长。一些经济周期理论认为的政府的“不合理”干预，事后看来是十分必要的。

凯恩斯主义为政府提供了干预经济的方式，政府可以利用这些政策为自己再次当选服务，通过人为地选择政策及其实施时间所造成的经济波动被称为政治经济周期。根据选民和政党的不同行为特征，经济学家们发展了4种主要的政治经济周期模型：诺德豪斯机会主义模型、罗格夫和赛伯特的理性机会主义模型、希布斯的党派模型和阿莱西纳的理性党派模型（董理，2006）。但影响政治的因素也是在发生变化的。政治经济周期理论仅从传统的选民和政党的博弈中寻找经济周期的因素，而在现代政府普遍债务高企的情况下，作为政府支出重要提供者的债务人的因素要不要考虑？债务人与选民之间的冲突与博弈会不会影响经济波动？2011 年发生的旨在抗议华尔街无节制的贪婪、政府和监管当局对金融机构放纵的“占领华尔街”运动实际上就是选民和债务人之间利益的冲突，这种冲突的扩大化以及冲突后政府倾向哪一方的利益，都会对经济运行产生深远的影响；希腊主权债务危机爆发后，欧盟与国际货币基金组织达成了救援贷款协议要求，希腊政府要实施新的紧缩措施，包括将私营部门的最低工资标准降低 22%，当年减少 32 亿欧元的政府开支并裁减 1.5 万名公务员等，这引发了希腊国内民众的示威和骚乱。希腊政府是满足选民的要求，还是满足债务人的要求，也会对经济运行产生影响。

综上所述，不管是经济、政治，还是社会领域，都在发生着变化，产生新的或升级的不确定性因素。在新的不确定性之下的选择意味着风险的迭代，风险的处置方式形成影响经济运行新的变量。经济周期理论可以对已出现的变量进行分析，但难以对新变量的出现进行预测。未来的技术进步、社会分工以及由此决定的经济、政治、文化、社会等方方面面都会发生变化，新的不确定性频繁出现，公共风险加速迭代，经济周期理论已经难以适应。

（五）经济周期理论只是解释过去，难以解释现在，更难预测未来

经济波动是由多种因素造成的，即使按照谷—谷或峰—峰来定义的经济周期，也不存在两个完全一样的，每个经济波动周期都有着不同的特点，其影响因素也不完全一样。农业占主导地位时期，可能“蛛网周期”更明显；工业占主导地位的时期，可能“基钦周期”和“朱格拉周期”都有所反映；房地产业占主导地位时期，库兹涅茨周期就比较明显。现代信息产业的发展、虚拟经济的膨胀、经济全球化的深化，使得经济波动又有了不同于以往的特征。

关于经济周期理论的研究大体可分为两个方面：基于历史经验总结经济周期性波动的规律，并预测未来；分析经济周期性波动的原因。在总结历史

规律方面，经济周期理论的成果相对确定，争议不是很多；在分析原因方面，成果很多，观点各异，争议很大；而在预测未来方面则基本上是失败的。纵观经济周期理论史，没有哪一次危机是经济周期理论准确预测出来的。2008年次贷危机前，新凯恩斯主义动态随机一般均衡模型成为经济周期的主流分析范式，但由于它对金融危机的预测不成功受到了各方的质疑。该模型主要以拟合过去来预测未来，过去没有发生过就无法预测未来。事实上，任何经济周期模型都是建立在稳定的经济环境中，有别于以往、突发式的金融危机不在其分析之内，经济学家所能做的就是在模型中添加摩擦和冲击，让它在事后模拟实际数据时表现更好（张金昌，2017）。

经济周期理论的发展与经济危机的演变紧密联系，每次经济危机爆发后都会迎来经济周期理论研究的热潮，经济周期理论的演变总是跟随实践的发展。经济危机的周期性爆发都是当时处于世界经济主导地位的国家，然后向其他国家辐射，先是英国，后是美国，近年来新兴经济体、欧洲也先后发生经济危机；经济周期理论则是发源在英国，并在美国得到充分发展。“大萧条”后凯恩斯主义兴起，国家对经济的干预力度越来越大，政府行为对经济运行的影响越来越强，经济周期的长度与波幅越来越具有不确定性，经济周期理论就出现了一段时期的蛰伏，直到20世纪70年代“滞胀”的出现，经济周期理论再次兴盛，2008年以来经济周期理论的研究成果就出现了爆发式增长。

三、 现阶段中国宏观经济政策目标应转向防范化解风险

西方经济周期理论的局限性及其在中国的不完全适用性，意味着宏观经济政策的制定不能完全依据经济周期理论的分析。依据经济周期理论，市场界有人认为中国已经进入了新周期，也有人认为现在仍是繁荣的顶点（姜超，2017），是经济周期的萧条期。进入了新周期意味着财政与货币政策的适度转向，进入了萧条期意味着要继续扩大和放松宏观经济政策，显然在现实条件下都不可取。在不确定性强化，金融风险、财政风险、社会风险叠加的情况

下，不宜以确定性的思维模式来理解经济数据从而作出决策，而是应在宏观经济政策目标上把防范风险放在首位，以识别、预警和化解公共风险为政策内容。稳住了社会风险，化解了金融与财政风险，经济数据的表现就不可能太差，经济新常态下，能有效遏制公共风险，就是宏观经济政策的成功。

（一）基于西方国家历史经验总结的经济周期理论在中国并不完全适用

任何一种理论都有它应用的前提条件、历史背景与发展阶段。经济周期理论是一些经济学家在分析和总结西方发达国家过去经济发展历史的基础上提出的，对预测西方发达国家的未来都不一定有效，对中国的情况更不能完全适用。完全市场、理性预期的假设在西方国家都不完全成立，与中国的现实偏离更大；不同的文化环境与发展阶段下，中国政府、企业和消费者的行为模式与西方国家也存在差异；而“摸着石头过河”式的转轨过程更是充满了不同于西方国家的不确定性与风险；中国近40年的经济高速增长与社会进步，是在应对快速变化的风险中实现的，宏观经济政策并无定则。因此，不考虑历史与现实，滥用“经济周期”的概念与分析方法，结论可能“谬之千里”。改革开放前的计划经济条件下即使有经济周期，也不可能是西方市场经济条件下的周期；改革开放后中国一直处在由计划经济向社会主义市场经济的转轨过程之中，市场机制发挥作用是逐渐强化的，也不能完全套用西方的经济周期理论。即使现在，中国仍是以公有制为主体的国家，国有经济在国民经济中仍占较大比例，市场经济运行的机制与西方国家不完全一样，完全套用经济周期理论也不合适。

改革开放以来，中国宏观经济整体呈现出高速增长、大幅波动的特征，连续近40年的高速增长与大幅的波动，在西方国家的发展过程中没有先例。按照西方经济理论，经济周期是“复苏—繁荣—衰退—萧条”的循环往复。从改革开放以来中国经济的增长速度看，至今似乎确实存在若干峰、谷，也存在明显的波动性特征，但绝不能简单地以西方经济学意义上的“朱格拉周期”来概括。

首先，有衰退、萧条、有复苏、有繁荣，才有经济周期，中国经济增长有大幅的波动，但改革开放以来尚无真正意义上的萧条。除 20 世纪 80 年代末、90 年代初受政治因素影响外，中国经济增速基本没有低于过 6%，如果 6% 左右的增速是萧条，那世界各国岂不长期处在萧条之中？即使利用增长型周期的分析方法，中国经济增长率也存在“拐点”，但经济增长率的下降，尚没有哪一次是西方经济周期理论中的“衰退”，实际上只是“回落”。没有衰退、没有萧条，仅靠经济增速的“拐点”可以测得经济的波动，难以判定为经济的周期。

其次，中国经济波动的内因是改革与政策冲击，外因是世界经济的波动。1984 年前后经济增长的“峰”主要是农村改革推动的，1990 年前后的“谷”主要是政治原因；1993 年前后的“峰”主要是“南巡讲话”后的改革热潮导致的；1998 年前后的“谷”主要是治理经济过热政策、东南亚金融危机和国企改革所导致；2006 年前后的“峰”主要与加入 WTO 后的出口猛增有关；当前制约中国经济增长的主要是内部的体制机制障碍和外部的需求疲弱。

再次，影响“经济周期”的农业生产、工商业存货、设备投资、住房建设等因素尽管是影响中国经济波动的重要因素，但却是大趋势下的小趋势，能够影响中国的经济波动但不能决定“周期”。中国 1998 年开启住房货币化改革以来，还没有经历一个完整的建筑业周期，即便在一个不完整的周期内，房地产市场的波动对经济波动的影响也特别显著，而密集的调控政策则是房地产市场波动的主要因素。

（二）风险叠加、转化与渗透条件下，基于确定性思维的传统宏观经济政策效应递减

国家治理本质上是应对公共风险（刘尚希等，2018），宏观经济管理本质上是应对经济风险。长期来看，技术进步与市场主体需求个性化、多元化，风险一直在变化，各类风险的叠加、转化与渗透形成了风险的迭代效应，即

复合型变化（武靖州，2017）。传统宏观经济政策的效应在迭代变化的风险中递减，这在西方国家更加明显，凯恩斯主义、供给学派和新自由主义“各领风骚”数十年。政策效应递减不在于政策本身，而在于固定的政策框架跟不上风险的迭代变化。另外，社会学习能力的增强与信息技术的应用，虽然一定程度上降低了市场间的信息不对称，但风险的迭代变化又产生了新的信息不对称问题，使宏观经济政策效应在市场套利行为中消解。“去库存”政策本意是通过降房价、降购房成本来“去库存”，却被市场解读为“房价上涨”，形成了新一轮的“炒房”热。经济周期理论也一样，风险迭代变化情况下，经济运行不会呈规律的波动；如果真的存在可预测的经济周期，也会在市场套利行为中趋于发散。跟踪风险的变化，把握市场主体的行为，是发挥宏观经济政策效应的关键。

（三）分析中国宏观经济形势应重点关注3个方面

一是公共风险的演化。公共风险包括经济、社会、政治、生态等风险。经济风险是与经济波动密切相关的，与经济波动相伴的是经济风险的演化。判断中国经济是否进入新阶段，可以从经济风险的视角进行分析。当前，中国经济领域的诸多风险并没有有效地化解，部分领域甚至进一步积聚，金融、房地产市场、地方政府债务等领域都已引起高度关注，其风险的化解仍需要一个长期的过程。

二是经济结构的变迁。近年来，中国总需求结构、总供给结构、产业结构等有所改善，为防范化解公共风险打下一定基础，但经济结构变迁的内生动力不足，这显然是一种深层次的公共风险。消费持续稳定增长但对经济增长的贡献依然薄弱；传统产业去产能效果显著，但高端产业的发展非一朝一夕之功；房地产去库存政策效果初现，但房价进一步上涨压缩了未来的政策空间；政府和企业杠杆率未降的情况下，居民部门杠杆率有所上升；大宗商品价格上涨，弱化了实体经济企业降成本的政策效应。总体来看，经济结构变迁仅靠原有产能的循环往复是不可持续的。

三是深化改革的进展。直观地看，2017年“超预期”的经济数据也从另一方面反映出了经济运行的不确定性。2016 年大幅地去产能、去库存，货币投放的增长，各种政策一齐发力，扭转了通货紧缩，PPI 结束了 50 多个月的负增长，经济下行风险警报暂时解除。当前，中国经济发展已经进入了新旧动能转换的新阶段，而“新动能”只能是来自于供给侧结构性改革推动的技术进步与生产要素市场化配置效率的提高。

综上所述，轻言中国经济进入“新周期”的依据并不充分。只有加快改革，才能跟上风险变化的步伐，才可能塑造以全要素生产率提升为核心的经济发展新动能。

（四）防范化解风险是中国经济“稳中求进”的关键

当前及今后一段时期，中国经济发展面临的“拦路虎”还不少，各类风险挑战依然严峻。防范化解风险与长期的经济增长并不矛盾，但短期内会影响经济增长的速度指标。笃信所谓的经济周期理论，坐等经济繁荣的到来，将会在理论认识上遮蔽公共风险，而看不到、看不清中国发展过程中的风险，也会麻痹改革的决心，进而延滞改革。坚定不移地全面深化改革，防范化解风险，促进发展新动能的形成，是中国实质性跨越“中等收入陷阱”，实现“两个一百年”奋斗目标的关键。这意味着改革政策也需要转型，转向以公共风险防范化解为中心的目标，并以公共风险状态来检验改革政策的成效。随着不确定性日渐成为经济社会发展的基本特征，防范化解公共风险就成为改革政策的第一要务，这是过去我们从来不曾遇到的新情况。党的十九大把“防范化解重大风险”作为全面建成小康社会决胜期的“三大攻坚战”之一并放在首位，说明在实践中已经意识到了风险的重要性与紧迫性。

参考文献：

1. 董理：《西方政治经济周期理论及其启示》，《世界经济情况》2006 年第 13 期。

2. 姜超：《繁荣的顶点——17 年 2 季度经济和资本市场展望》，新浪财经，http：//finance. sina. com. cn/stock/t/2017 - 03 - 09/doc - ifychavf2148518. shtml，2017 - 03 - 09。

3. 勒内 · 帕塞：《偶然性在经济中的三种表现》，《国际社会科学杂志（中文版)》2017 年第 2 期。

4. 刘尚希:《论公共风险》,《财政研究》1999 年第 9 期。

5. 刘尚希、李成威、杨德威:《财政与国家治理:基于不确定性与风险社会的逻辑》,《财政研究》2018 年第 1 期。

6. 李迅雷:《可怕的时滞:很多人正在误判中国经济》,搜狐财经,http://www.sohu.com/a/134785312_313480,2017-04-18。

7. 任泽平:《产能周期的基础理论和规律特征——正解新周期之一》,搜狐财经,http://www.sohu.com/a/165701199_467568,2017-08-19。

8. 宋玉华、李泽祥:《金融经济周期理论研究新进展》,《浙江大学学报(人文社会科学版)》2007 年第 4 期。

9. 王涵、王轶君:《历史总是惊人的相似——1998 年供给侧改革回顾》,搜狐财经,http://www.sohu.com/a/163984339_420070,2017-08-11。

10. 沃尔夫冈·波恩斯:《风险与应对现时代的不确定性》,《国际社会科学杂志(中文版)》2017 年第 2 期。

11. 武靖州:《防范化解重大风险前提的积极财政政策转型》,《改革》2017 年第 11 期。

12. 杨灿:《中国经济与金融周期的统计研究》,中国统计出版社 2010 年版。

13. 叶丹:《周期已缩短到 18 个月用户勤快换手机为哪般》,中国经济网,http://www.ce.cn/xwzx/kj/201407/10/t20140710_3138373.shtml,2014-07-10.

14. 张金昌:《经济周期理论的失灵及其对新理论的呼唤》,《中国经济学人(英文版)》2017 年第 4 期。

15. 张明:《中国周期之辩:有重大改革,才有全新周期》,中国金融网,http://www.financeun.com/News/2017818/2013cfn/92026917000.shtml,2017-08-18。

16. 钟伟、陈骁:《不再悲观,站在新周期起点的中国经济》,《21 世纪经济报道》2017 年 3 月 21 日。

17. Arthur Burns, Wesley Claire Mitchell, 1946, Measuring Business Cycles, National Bureau of Economic Research.

18. Steven Weber, 1997, The End of the Business Cycle? Foreign Affairs, No. 4.

(此文发表于《管理世界》2018 年第 4 期,作者:刘尚希、武靖州)

宏观经济、资产负债表与会计计量

阅读提示：资产负债表、会计计量为我们从微观层面理解宏观经济动态与运行提供了基本信息。宏观经济主要是由众多企业细胞组成的。企业资产负债表整体情况反映了整个宏观经济的变化，在经济金融化的背景下，金融工具在资产负债表中的作用日益重要。资产负债表计量（包括金融工具的计价）、经济行为的决策以及宏观经济变化趋势的反映等都与会计计量紧密相关。会计计量方法的选择是一种基于现实的理性选择，经济金融化的趋势使公允价值计量被世界主要经济体广泛采用。

一、 宏观经济运行与宏观经济理论

观察宏观经济形势，比较流行一般都是从“三驾马车”的角度，即从“消费、投资、出口”三个方面去分析判断，并在此基础上提出相应的对策。“三驾马车”源于凯恩斯短期静态分析框架，该框架一直被不少国家视为政府宏观调控的重要理论基础。经济不景气时，政府一般会从投资、消费或进出口等一个或几个方面着手刺激经济，其中最主要的措施是调节投资，用政府投资带动民间资本的投入。采取措施刺激消费、鼓励出口等，也是从这一角度去认识宏观经济问题而提出的措施，这种做法已成为当下比较流行的分析范式之一。

随着我国全面深化改革进程的发展，人们对宏观经济的认识也在发生变化，比如我国提出了供给侧结构性改革，就是因为仅仅从“三驾马车”、从需求的角度去分析和认识它，客观上存在一定的局限性。“三驾马车”分析框架是一种短期的静态分析方法，在遇到大量的结构性矛盾和结构性问题时，或者说，经济问题主要不仅仅是需求问题而是结构问题时，用“三驾马车”分析框架就无法为经济问题的解决开出正确的处方。

所以，现在转向供给侧的分析。实际上，供给侧分析并不是一个独立的分析方法，而是与需求侧分析紧密关联。因为无论从宏观角度还是微观角度，供给和需求都是一体的两面，讲到需求就涉及供给，讲到供给就涉及需求，不能离开需求谈供给，也不可能离开供给谈需求。因此，从整体来讲，宏观经济调控总的目标是社会总供需的平衡。

我们发现，从需求侧入手已经无法解决问题，因此需要转向从供给侧角度来采取措施，实现社会总供需的平衡。近些年来，“再平衡”已成为国际上比较流行的一个概念。从经济运行的角度，“再平衡”概念最重要的一点就是供需的再平衡，既包括总量的平衡也包括结构性平衡，其中，国家与国家之间的这种结构性平衡，或者说国际经济的结构性平衡，是国际经济治理所涵盖的一个重要内容。

二、 宏观经济与资产负债表

无论是需求侧还是供给侧，它们都是从宏观的角度来看待与分析问题。现在出现了一种新的认识宏观经济的视角——资产负债表。1998 年发生的金融危机导致很多国家尤其是一些发达国家的经济长期不振，一些会计学者开始从资产负债表的角度提出一个分析认识宏观经济的新视角，认为当前的经济衰退是一种资产负债表式的衰退。也就是，在经济繁荣的时候，大家都信心满满，所以就大量举债，导致杠杆率上升。如果这个时候经济上升了，投资回报就会相对较高，杠杆率也会越来越高。但是，如果经济发生逆转，经济下行，资产负债表就会发生显著变化：经济上行时，资产可能会产生各种各样的溢价，资产负债表反映的信息趋于乐观，不容易导致负面问题；但经济下行的时候，资产可能会大幅缩水，资产减值准备大幅增加，导致净资产明显减少。这个时候因为资产缩水的约束，企业往往只能从扩张转向收缩，一种可能是不再举借新债，另一种可能是拿钱还债，企业的资产负债率（杠杆率）也就开始下降。这一过程可称为“资产负债表的修复”，这无论是在实体经济还是金融部门都是如此。

资产负债表的修复过程在一定程度上反映了经济收缩的过程，大家都不去投资了，挣了点钱就去还债了，同时，银行也不敢轻易放款了。从银行的数据可以看出，银行放款进入企业形成资金来源的比较少，几千亿的新增贷款里只有很少一部分进入企业，大部分成为家庭购房的贷款，结果是家庭部门的杠杆率急剧上升。企业不借钱或者很少借钱，投资规模收缩，一方面，经济下行导致资产回报率低，企业难以找到好的项目来投资。另一方面，企业为了避免资产负债率进一步上升、净资产减少、变零甚至变负，企业即使自己有钱也不敢投资。资产负债表中净资产变成负数时，企业可能就要宣布破产了。为了避免这种情况的发生，挣到钱的企业也不再投资了。一两个企业、少数几个企业这么做，可能问题不大；但是，当大多数企业都这么做的时候宏观经济就出问题了，就会出现衰退，导致整个宏观经济出现一种螺旋式的下行，一旦形成一种趋势就像雪崩一样严重。

因此，从这个角度来解释宏观经济是有道理的。因为整个宏观经济是由众多企业细胞、企业行为结合而成的。大多数企业都基于资产负债表数据，在经济下行时采取收缩的对策，那就会演变成一种趋势，整个宏观经济运行就会发生很大的变化。显然，从资产负债表角度的解释和从“三驾马车”角度的解释是不一样的，这说明从资产负债表、从微观层面来解释宏观经济可能是一个新的视角。就像现在的自然科学研究，比如天体物理到量子物理再到量子力学，研究到一定程度时，越来越微观化，最后发现宏观、微观的问题是一体的。而原来认为宏观和微观是两个东西，宏观是宇宙的大尺度研究，是几亿光年以外的东西，后来研究量子力学以后，发现它可以重新解释宇宙。这就是宏观和微观。可见，量子力学、自然科学的这种研究思想也反映了社会科学的一种变化趋势。

实际上，在社会科学领域这种趋势确实普遍存在。比如会计学和金融学，很多部分都在融合。过去，金融和财务被认为完全是两码事，但从微观来看，也可以说是一码事，公司财务和公司金融的内容看上去差别很小，两类教科书讲的大部分内容，包括一些基本理论，基本上都是一回事，实际上反映了学科之间的一种融合。

为什么从资产负债表的角度、从微观的角度可以解释宏观经济问题呢？这个问题与经济的金融化有关。经济为什么金融化？经济本身一直在不断地发生变化，呈现出两个趋势，一个是工业的服务化。过去人们总说“我销售的产品，我经营的产品……”，后来说“我不是销售产品，我不是经营产品，我经营的是企业……”。实际上企业也好，产品也罢，消费者需要的是服务。比如，人们说“看电视”而不是“看电视机”，需要的是电视机的功能发挥出来所提供的服务。消费者买汽车，一般不是为了搁在那儿，而是享受汽车提供的服务。就是说，消费者的需要从工业产品本身转化成了工业品所提供的服务。第二种趋势是经济金融化。过去说到金融，主要就是指贷款，是一种间接金融；现在出现了直接金融，即企业通过发债或发行股票的方式融资。过去经营产品，后来变成了经营企业，实际上产生了融资投资行为，这一过程高度抽象和简化后，所有企业就是融资投资，然后管控风险。这个过程实际上跟金融的过程越来越接近。

现在从市场的角度来分析，金融市场发挥的作用越来越大，远远超出了商品市场。过去我们谈市场主要就是讲商品市场或者产品市场，后来很多都是讲金融市场；过去说到危机基本是说经济危机，现在所说的危机几乎都是指金融危机；过去谈资本一般是指产业资本，现在谈得更多的是金融资本。现在融资实际上变成了一个广义的概念，以致西方国家把税收当成一种融资手段，比如，税收融资、债务融资，等等。所以，从整个经济运行来看，实际上可以高度抽象成为从融资到投资的过程。从融资到投资的过程符合金融的本质和定义：金融就是转化储蓄，把储蓄变成投资。整个国民经济储蓄转化成投资靠的就是金融，研究储蓄到投资的转换过程，就是金融学。储蓄变成投资可以通过银行贷款，也可以通过资本市场，通过债务融资、通过股权融资，实际上就是金融化。经济金融化也在不断发展变化：过去基本上是基础性的金融产品，现在新增了很多衍生金融产品，或者叫作衍生金融工具。在资产负债表中，这些金融工具发挥的作用越来越大，这对企业甚至宏观经济的影响也就越来越大，最终表现出经济金融化。经济金融化在过去被认为是一个客观的经济发展过程，现在看起来它越来越像是一个主观化的过程，因为这个过程越来越取决于人们的评级。在美国，三大信用评级公司基本上处于垄断地位，信用评级也是美国控制世界的一大秘密武器。形象一点地说，美国不必出动军队，仅仅使用信用评级这一武器就可以让其他国家发生危机。因此，经济金融化发展程度越来越高，资产负债表，特别是其所反映的负债率、信用情况对企业的影响也越来越大。在经济下行的情况下，主要由企业细胞组成的宏观经济出现类似的“资产负债表的修复”也就不难理解了。

三、 宏观经济与会计计量

在虚拟经济获得发展之前，在实体经济为主的时代，资产评估的主要方法是历史成本法——以市场实际交易的价格为基础进行资产估值；经济金融化的发展扩大了虚拟经济的影响，一方面，经济运行高度依赖于资产的估值，另一方面，以资本化定价方式为基础进行估值成为资产评估的主要方法，估值的主观因素影响非常突出。比如，过去买的一栋房子现在值多少钱，需要资产评估来确定。评估的方法有多种，比如如果能够满足必要前提条件，往往会优先使用现行市价法确定其市场价值。但是，在经济不景气的时候，整个经济处于一种“半冰半水”的状态，市场交易频率大幅下降，甚至很多资产都不再有市场交易，此时就需要依靠评估模型来确定资产的价值。资产价值越来越依赖于评估模型的参数选择、依赖于专业人员的职业判断。因此，职业判断水平在某种程度上决定了资产评估的结果。伴随着资产评估主观性的增强，整个经济都会表现出一种主观化的过程，相应的不确定性也明显增加。

资产估值与会计计量密切相关。在会计产生以来的漫长历史时期，历史成本法曾经是唯一的会计计量属性，因为历史成本法在实体经济中具有很强的适用性。但自从 20 世纪 70 年代开始，经济金融化使得公允价值开始被世界上越来越多的国家所采用。公允价值这一计量属性在我国的运用也经历了一些波折。最初，我国会计标准体系中并不认可公允价值，主要原因是我国不存在一个健全成熟的市场。后来，我们发现国际上都在采用公允价值这一计量方法，我们要与国际接轨，因此，必须采用公允价值计量方法。实际上，这并不是与国际接轨，这是与经济金融化趋势接轨，这种经济金融化趋势要求我们必须采用公允价值计量方法。

反映宏观经济运行情况的信息主要来源于两个方面，一个是统计，另一个是会计。正如从量子的角度解释量子通信如何改变通信方式并对信息革命产生决定性影响一样，会计就是从最微观层面影响和反映整个宏观经济。会计计量属性的变化也会深刻影响我们对整个经济状况的认识。从公允价值会计准则的角度来看，会计学者们一般从企业会计准则基本准则和具体准则的各种规定来研究公允价值问题。但是，我认为，公允价值计量并不仅仅是会计准则层面的问题，在经济金融化背景下，它与宏观经济运行密切相关，而且显得尤为重要。所以，1998 年席卷全球的金融危机爆发后，业界曾反思公允价值的顺周期问题是否加剧了经济的波动，因为资产缩水会导致公允价值螺旋式下降，市场的估价会越来越低。但顺周期这种现象到底是不是公允价值计量本身所带来的？公允价值计量还要不要继续使用？我认为危机时期的经济波动加剧并不是公允价值计量本身的问题，在经济金融化趋势下，公允价值计量已经不是“要不要用”的问题，而是“不得不用”。因此，宏观经济运行无法回避带有主观因素的资产评估、公允价值计量，过去经常说的客观经济规律现在越来越具有主观化的色彩。而且，这种主观化的过程不仅表现在社会科学方面，自然科学也是如此。正如前面谈到的量子力学问题，我们的世界到底是主观的还是客观的？科学家们也在进行新的反思，一些物理学家甚至开始质疑我们所看到的世界是否就是真实的世界。

可以说，过去哲学上所说的主观客观等基本概念，现在受到了严重的挑战，需要对这些概念进行重新思考。我认为，会计计量也面临着同样的问题，其中会计计量与宏观经济如何联系就是一个非常值得深入研究的重要问题。因为其他所有的投资问题、资产负债表问题、各类经济行为问题以及宏观经济变化趋势问题可能都取决于会计如何计量，没有会计计量就没有我们现在所看到的数据和信息。总之，会计学中的一些基本理论问题，与国家宏观经济以及四个“全面”战略布局的一些政策之间的联系越来越紧密。会计在经济社会发展中如何更好发挥新的更大作用，需要基于一定的原理、构造一定的理论、提出可行的方法。这是一个基础性的课题。

（此文发表于《会计研究》2016 年第 11 期，系中国财政科学院院长刘尚希 2016 年 8 月 26 日，在“中国会计改革与发展 2016 年学术论坛”——中国会计学会、中国财政科学研究院以及中国财经出版传媒集团联合举办——上的演讲整理稿。作者：刘尚希）

积极财政政策的变迁

阅读提示：最近一段时间，市场非常关注积极财政政策，这并非仅由前一段时间的争论引发，还由大家对当前形势如何应对的看法引发。我国当前经济形势非常复杂，亟须积极财政政策进行应对。我国实行积极财政政策的时间跨度非常之长，其演变过程可分为三个阶段：第一阶段，1998 年至 2004 年，积极财政政策主要在支出方面发力，并未采取减税手段，且中央积极，地方不积极。第二阶段，2009 年至 2012 年，此次实行了结构性减税，且不仅中央积极，地方政府更为积极，我国地方债问题在此期间出现。第三阶段，党的十八大至今，积极财政政策在收入侧、支出侧同时发力，赤字率不断攀升，政策扩张力度尤为显著。从这三个时期的不同特点来看，我国财政政策已经发生转型：其一，从单纯的需求管理转型到推动供给侧结构性改革；其二，从单纯的经济政策转型到包括社会政策的综合性政策。十八届三中全会以来，国家提出“财政是国家治理的基础”，财政政策的制定需考虑经济、社会、政治、文化、生态文明等各个方面，财政风险与公共风险的平衡逐渐变为财政政策制定和调整的依据。当前，面对不确定性的现实世界，我们更需采用不确定性的决策思维和常态化的风险意识制定财政政策，有效平衡财政风险和公共风险。

一、 中国不同时期积极财政政策的特点

从学理意义上来看，积极财政政策就是一种扩张性的财政政策，这一概念在 1998 年被提出。那时亚洲金融危机爆发，需要出台相应政策以稳定需求、拉动经济增长。因此，1998 年出台的积极财政政策以“保增长”为目

标，主要在需求侧发力。当时财政部所采用的财政政策更多体现在支出方面，例如发行长期建设国债。此外，那时的财政政策表现为“中央积极，地方不积极”。2008 年，国际金融危机爆发，我国再次启用积极财政政策，并实行至今。1998 年到 2008 年这十年中，我国除了 2005 年至 2008 年上半年这一阶段实行中性稳健的财政政策，其他时间均实行积极财政政策，由此来看，我国实行积极财政政策的时间跨度非常之长。

在不同的时间段，我国的积极财政政策呈现出了明显不同的特点。换言之，虽然都称为积极财政政策，但从政策的手段、措施、目标、任务来看，不同时间段的政策有显著差别。从积极财政政策在不同时间段的不同特点可以看出，我国财政政策实际上正在转型，处于变化之中。因此，我们必须在认识上做到与时俱进，对不同时期的财政政策作出不同理解。如果按照教科书上的理解方式以不变应万变，恐怕就会出现认识上的偏差，以至于在对现实财政政策进行判断时出现较大分歧。

（一）1998 年至 2004 年的积极财政政策的特点

我国在 1998 年实行的积极财政政策具有两个基本特点：第一，主要在支出方面发力，例如发行长期建设国债；但在收入侧，财政方面并未采取减税手段。第二，此时的财政政策表现为“中央积极，地方不积极”。具体而言，中央政府通过发行国债扩大总需求，并主要通过扩大投资需求保增长；而地方政府仅仅通过转贷中央长期建设国债的一部分资金，投资基础设施建设。上述模式的积极财政政策一直实行到 2004 年，其间我国的公共预算支出规模持续上行（见图 1）。

对于这一阶段的赤字率，我们不必纠结于表面数字。赤字率的统计口径不同，也会导致结果不同，此处主要计算了两种口径。第一种口径的计算方式是：（全国一般公共预算支出 - 全国一般公共预算收入）/国内生产总值，这与我们的惯常理解方式相同。第二种口径的计算方式是：[（全国一般公共预算支出 + 补充中央预算稳定调节基金）- 收入总量（全国一般公共预算收入 + 全国财政使用结转结余及调入资金）] /国内生产总值，这种统计方法考

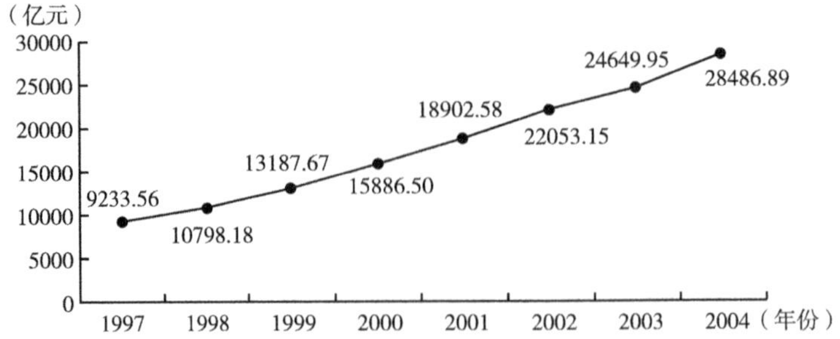

图1　1997—2004年中国一般公共预算支出规模变动情况

资料来源：国家统计局。

虑了预算稳定调节基金这一因素。预算稳定调节基金的概念在2006年被提出，从那一时间点开始，我国的赤字口径发生变化，赤字率出现下行。也因此，如果仅通过赤字率来衡量财政政策的积极水平，那么当时的财政政策看上去似乎不太积极，但事实上当时的政策已经非常积极，确实是在保增长，主要通过政府投资来发力（见图2）。

（二）2009年至2012年的积极财政政策的特点

2004年之后，我国经济状态发生了变化。在2005年至2007年期间，我国经济出现过热，政府提出把“双防”作为宏观调控的主要任务，即防经济过热、防通货膨胀。然而，2008年时情况发生了逆转：国际金融危机开始显现，国内经济形势受到波及，态势急转直下。因此，我国在2008年上半年时的宏观调控政策还是“双防”，到了年底就再次开始实行了积极财政政策。

从2009年开始，我国重启积极财政政策。与上一次相比，这一次财政政策不仅中央积极，地方政府更为积极。总计4万亿元的投资规模中，中央出资1.18万亿元救市，其他部分交给地方政府想办法。在这种情况下，地方政府利用地方国有企业、国有资产、国有资源，组建了大量地方融资平台进行贷款、扩张及投资，我国地方债的问题就在此次实行积极财政政策的过程中出现。此外，此次积极财政政策的另一个特点是实行了结

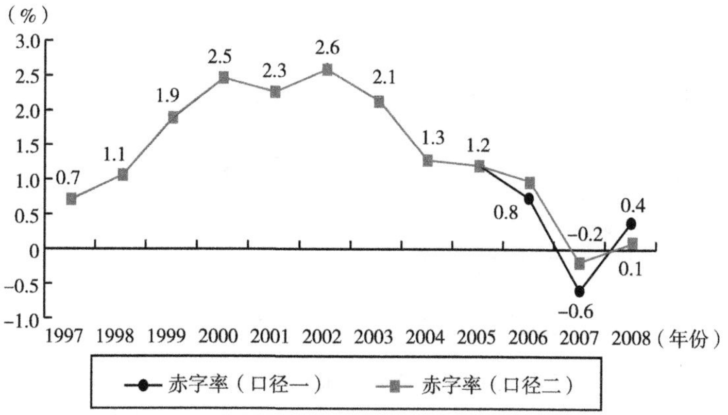

图 2 1997—2008 年中国赤字率变动情况

资料来源：根据国家统计局数据、1998—2009 年各年《中国财政年鉴》数据计算得到。

构性减税。

第二次实行积极财政政策期间，我国一般公共预算支出整体上行，说明当时的财政政策确实是扩张性的。但是，这一时期我国赤字率不断下降，从 2009 年到 2011 年，不论哪个口径的赤字率都是下行的。很显然，仅从赤字率来看，很难看出财政政策是积极的，但事实上那时我国财政政策的积极程度在国际上都有评价，具有非常明显的扩张性。由此可知，很难仅从赤字率清晰判断财政政策到底积极不积极（见图 3、图 4）。

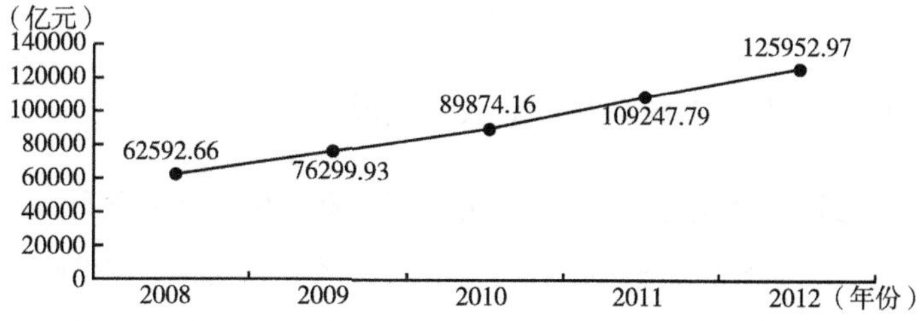

图 3 2008—2012 年中国一般公共预算支出规模变动情况

资料来源：国家统计局。

另一方面，虽然在此阶段我国采取阶段性减税，但我国的宏观税负（国家税收收入占国内生产总值的比重）还是在慢慢攀升：2008 年我国宏观税负

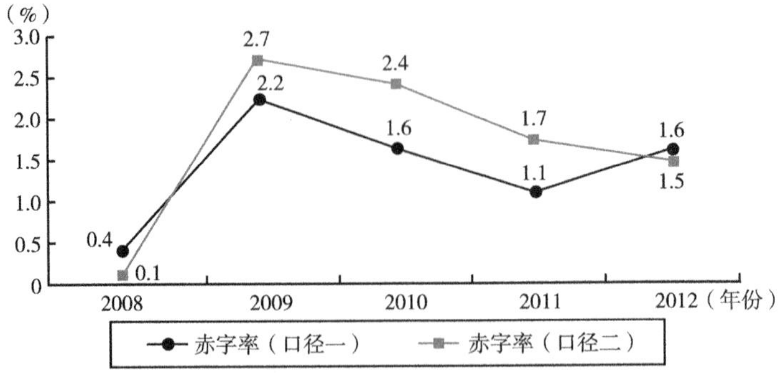

图4　2008—2012 年中国赤字率变动情况

资料来源：根据国家统计局数据、2009—2013 年各年《中国财政年鉴》数据计算得到。

为 16.97%，而 2012 年时我国宏观税负已增至 18.62%。在此之后，我国经济发展进入了一个新阶段，经济增速慢慢下降，不再像以往一样强劲（见图 5）。

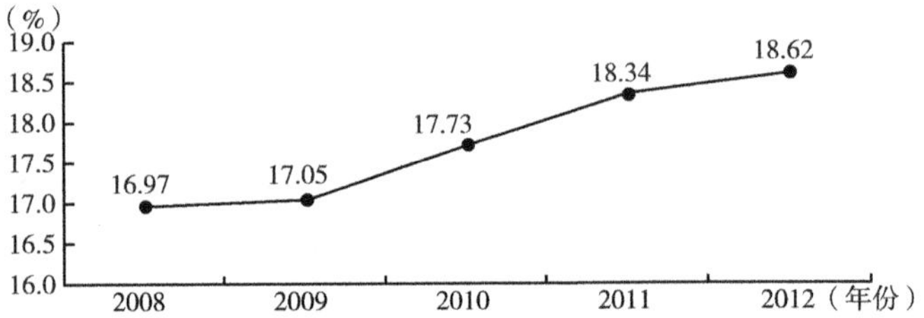

图5　2008—2012 年中国宏观税负变动情况

资料来源：根据国家统计局统计数据计算。

（三）十八大以来的积极财政政策的特点

积极财政政策在党的十八大以来进行了调整变化。支出方面，财政政策保持了力度，公共预算支出不断爬升。同时，两个口径的赤字率均呈现上调趋势。与以往不同的地方在于，从 2012 年到 2017 年，我国宏观税负明显下行，说明在这一阶段，我国财政不仅在支出方面处于扩张状态，减税的力度也在不断加大。总的来说，十八大以来，积极财政政策在收入侧、支出侧同时发力，赤字率不断攀升（见图 6、图 7）。

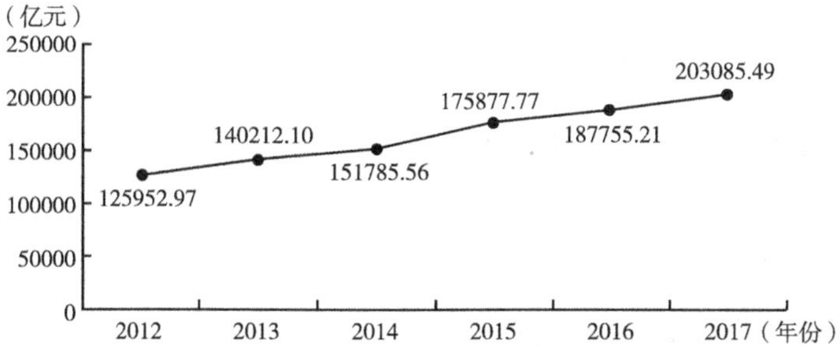

图 6　2012—2017 年中国一般公共预算支出规模变动情况

资料来源：国家统计局、《2017 年全国一般公共预算支出决算表》。

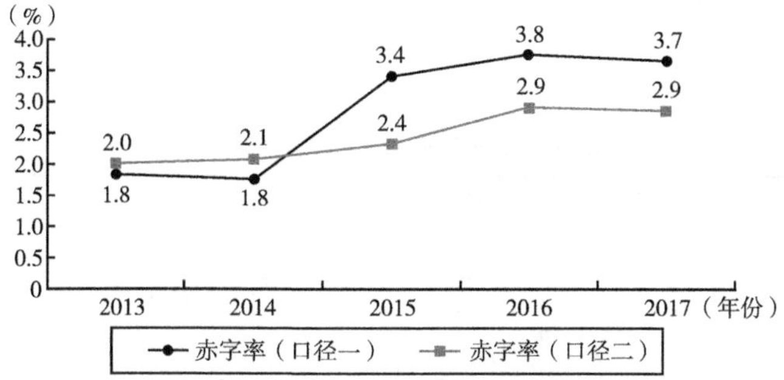

图 7　2013—2017 年中国赤字率变动情况

资料来源：根据国家统计局数据、2009—2013 年各年《中国财政年鉴》数据、《2017 年全国一般公共预算收入决算表》数据计算得到。

从成熟理论来看，如果财政部门并不减税，而把征收的税费变为支出投放出去，也可产生扩张效应，乘数为 1。但自党的十八大以来，我国财政不仅减税，同时还采取扩张性的支出，导致赤字率上升，说明此次扩张的力度比之前两次要大得多。由此可得到基本结论：十八大以来积极财政政策的扩张力度更加显著。

二、 中国积极财政政策的转型

从此前三个时期的积极财政政策来看，我国财政政策已经发生转型。

一方面，财政政策从单纯的需求管理转型到推动供给侧结构性改革。

1998 年与 2008 年出台的积极财政政策均更加注重需求侧，而 2015 年底国家提出了“三去一降一补”的供给侧结构性改革，并于 2016 年开始实施，财政政策也随之发生了转变及调整，不仅在需求侧发力，也在供给侧更加发挥作用。同时，财政政策也转向结构性政策（见表 1、图 8）。

另一方面，财政政策也从单纯的经济政策向包括社会政策在内的综合性政策转型。从财政支出结构来看，社会性支出占比较高而且正在不断攀升，这部分支出是与教育、医疗等大家最为关注的民生问题相对应的。这一期间的财政支出也实现了教育经费占 GDP 的比重达到 4% 这一目标。由此可见，此时的财政政策已经不仅仅注重扩大需求以实现保增长和稳增长，更多的是要应对社会领域的诸多风险。

表 1　2012—2017 年财政社会性支出项目增速　（单位：%）

财政支出项目	2012 年	2013 年	2014 年	2015 年	2016 年	2017 年
教育	28.8	3.6	4.7	14	6.9	7.8
科技	16.3	14.2	4.5	10.3	12	11
文体	19.8	12.2	5.8	14.3	2.8	7.2
社保	13.3	15.1	10.2	19.1	13.5	14.9
医疗	12.7	14.3	22.9	17.5	10.1	11
环境	12.2	15.9	11.1	25.9	-1.4	19.8
城乡	19.1	23	16.1	22.6	15.8	15.6
住房	17.2	0	12.6	14.9	16.9	-3.3
扶贫	26.7	21.7	12.8	29.3	86.3	42.2

资料来源：根据国家统计局、2013—2017 年各年《中国财政年鉴》、《2017 年全国一般公共预算支出决算表》数据计算。

财政政策的转型反映了一个深刻变化：如果仅作为经济政策，那么财政政策制定的依据就是经济形势，宏观政策可只依据经济增速制定。一旦经济增速放缓，通过扩张投资需求等措施稳定增长即可。但十八届三中全会以来，国家提出“财政是国家治理的基础”，财政政策应跳出纯粹的经济学框架，不能再完全依据经济学原理去制定政策，而需综合考虑经济、社会、政治、文化、生态文明等各个方面的问题。换言之，仅仅依据凯恩斯宏观分析框架

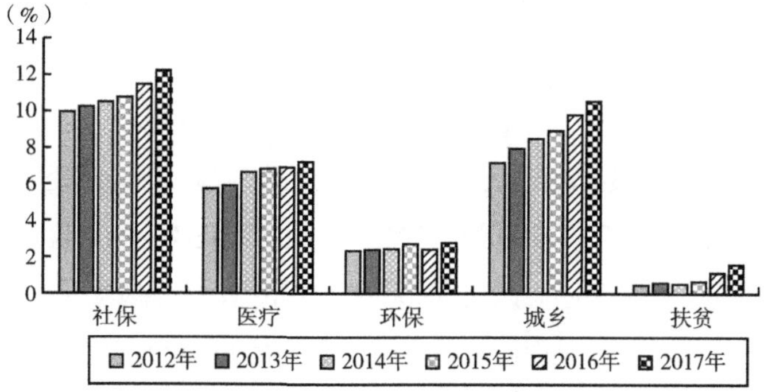

图 8　2012—2017 年财政社保、医疗、环保、城乡、扶贫支出增长情况

资料来源：根据国家统计局、2013—2017 年各年《中国财政年鉴》、《2017 年全国一般公共预算支出决算表》数据计算。

等经济学原理进行财政政策的制定与调整已远远不够，我国需要新的制定政策的依据。

三、财政政策制定新依据：公共风险

事实上，目前还没有关于制定政策的新依据的明确表述。经过研究，我认为经济领域、社会领域等方面的问题都可以归结为四个字：公共风险。经济下行，是经济领域的公共风险；民生问题凸显，是社会领域的公共风险；生态破坏、环境污染，是生态环境领域的公共风险。一旦上述公共风险出现，就需要财政采取相应的政策措施进行应对。但是这种涵盖了经济、社会、生态环境等方面政策内容的综合性财政政策，在教科书中是没有相应的理论和原理来支撑的。在书本中，目前我们所能看到的财政学都是财政经济学，都只是从经济学视角解读财政政策，并没有从国家治理的角度或从社会、经济、文化等方面来看待财政问题、观察财政政策；但在现实中，财政不能只管经济领域的事，其还需应对各个方面。

从“财政是国家治理的基础”这一新定位出现以来，公共风险逐渐变为财政政策制定和调整的依据。比如，我们现在常说的“三大攻坚战”，其实就是三个领域的风险：防范化解重大风险主要是金融领域的公共风险，脱贫攻坚是社会领域的公共风险，污染防治很显然是生态环境领域的公共风险。这三大风险的挑战，财政政策都得去面对。因此，当前财政政策的制定，必须依据公共风险的变化，而不能仅仅依据经济形势的变化。

目前中国社会最显著的特征就是不确定性和风险。中央对经济形势的最新判断为“稳中有变”，其中这个“变”字说的就是风险。风险包含微观风险与宏观风险，微观风险应该交给微观主体去承担，宏观风险即为公共风险，需要政府去应对。无论是财政还是金融，都是管理风险的手段。金融，或说银行，替老百姓管理财富，是管理微观风险的最有效手段；而财政管理国家财富，毫无疑问是应对公共风险的最有效手段。公共风险由微观风险转化而来，但是在政策制定上国家必须作出明显区分：从风险的角度来看，只有公共风险才是财政的责任，不属于公共风险的，是市场主体或其他相关部门的责任。由此，财政的责任就是要防范化解公共风险，财政政策调整的依据就是公共风险的变化。对财政政策的考虑，其实就是对公共风险与财政风险的平衡。

财政政策应该积极到什么程度，就取决于公共风险与财政风险的权衡。毫无疑问，我国社会的公共风险越来越大，经济风险、金融风险、社会风险、老龄化等问题都正在转化为公共风险，亟须财政应对，所以实际上财政风险也在加大。但财政风险不是无底线的，财政风险受财政承受能力的限制。从风险的角度来看，所谓的财政政策就是把公共风险转化为财政风险，比如说把银行的金融风险转化为财政风险、把企业的经营风险转化为财政风险、把社会居民的个人风险转化为财政风险。财政的手段就是减少税负，让企业、老百姓负担更轻，也就承担更少的风险；同时财政还可再增加支出，承担更多的风险。所以，财政风险实际上由公共风险转化而来，财政政策的扩张、收缩或转型也都取决于公共风险的状态。一旦公共风险的状态发生变化，毫无疑问财政政策就要进行相应调整。从这一点来看，财政风险是在防范、化解、对冲公共风险的过程中形成的，财政是整个社会最后一个买单的部门。

其实最后买单的部门有两个：央行是最后一个为社会流动性买单的，社会流动性不够，就需要央行发行货币，除此之外央行没有其他办法；财政是最后一个为社会风险买单的，其他部门买不起单时就需要财政买单，财政买不起单时就会出现财政危机，最终由全社会承担。所以，财政政策实际上是把公共风险转化为财政风险，让风险不再扩散，即保持收敛并集中到财政身上，然后通过降低、缓解公共风险使整个经济社会状况好转，进而保持财政的可持续性。

但如果没有把握好财政政策的度，财政风险很可能演变为财政危机，反向加剧经济风险、金融风险、社会风险甚至演变成政治风险，引发政治危机。国际金融危机爆发时，欧洲一些国家就出现了因应对经济风险和金融风险而引发财政危机的情况。意大利、希腊等国家又增税又减支，引发了社会公众的不满，使得政治家频繁更换，整个国家变成了另外一种状态。所以财政风险问题本质上从公共风险问题转化而来，财政是管理公共风险的一个工具，其通过对公共风险的防范化解以及转化，使各个社会领域中的公共风险保持在可控水平、可接受的程度。当前财政风险较大，也是因为目前公共风险较大，二者是同向的。

过去，财政政策宏观调控的手段就是需求管理的相机决策，是一种短期、应急式的干预；现在，财政政策应当转向公共风险治理，转向短期、中期、长期综合的整体式治理。所以，绝不能将财政政策简单片面地理解为经济政策，这将导致我们对财政及财政政策的理解出现偏差。尤其需要注意的是，我们国家发展到当前阶段，经济问题和社会问题是交织在一起的，经济下行、经济潜在增长率的下滑与我国社会改革没有跟上这一现实紧密相关。经济这条腿往前走，社会这条腿没跟上，才形成了当前的劈叉状态，很难行走。

财政政策应更加积极、更加有效，这既有经济含义也有社会含义，绝不仅仅是传统理解中的经济方面的赤字率或债务的问题。当然，应对社会领域和经济领域的公共风险，可能会在经济指标上体现为赤字率、债务的增长，但是赤字率、债务的增长所应对的风险很可能并不一致。因此，我们不能再按照过去教科书中的方式或凯恩斯的分析框架来看待、认识和评判我国的财政政策，而需要用一种新的分析框架和评价方法来准确看待。

总而言之，面对不确定性的现实世界，我们需要采用不确定性的决策思维和常态化的风险意识，这样才有可能达到预想的目标。只有科学权衡财政风险和公共风险二者的关系，才能获得我们想要的确定性，规避我们不想要的风险。

（此文发表于《新金融评论》2018年第6期，作者：刘尚希）

风险社会背景下的财政政策转型方向研究

阅读提示：防范化解公共风险是财政的基本职能，而公共风险由私人风险转化而来。二战后西方经济学家们构建了一个以调节经济总量为中心的相机抉择财政政策模型，其初衷是防止经济波动可能导致的公共风险。这种政策虽缓和了经济危机带来的社会伤害，但也使得政府财政自身成为公共风险的重要源头。一定意义上，这导致了“处置风险的风险”。随着人类进入后现代的“风险社会”，公共风险形态和特点都发生了深刻变化，财政政策应顺势求变。在风险社会背景下，财政政策应转向行为调节和引导预期，突出对市场机制和社会发育的促进，使市场主体和社会主体形成自我防范化解风险的机制，从而避免大量私人风险转化为公共风险。

一、引言：面对风险形态变化，财政政策应否求变?

受凯恩斯及马斯格雷夫等构建的经典财政学的影响，二战后西方国家多把财政政策看作是政府调节宏观经济运行的主要手段之一。财政政策与货币政策配合，根据经济周期性波动和就业率变化进行相机抉择，以实现经济增长、社会稳定、充分就业等目标。因此，“扩张的”“收缩的”“积极的”“稳健的”等这些表达不同背景下财政政策取向的形容词，背后都被赋予了相当丰富的含义。

随着世界主要国家政府债务不断攀升，越来越多的人开始反思经典财政学中关于财政政策的定位。布坎南和瓦格纳（1977）认为，凯恩斯主义破坏了财政收支平衡原则，也使政府失去了“审慎的美德”。在凯恩斯主义财政政策支配下，每当有经济衰退迹象时，政府就通过扩大公共支出规模来保增长、保就业，结果正常的市场出清过程被政府干预强行打断。财政扩张政策不但没有解决市场上本已存在的产能过剩与供需失调，反倒以高昂的政府债务为代价，把市场上“分散的”危机变成了政府背负的“集中”危机，这无疑是在用财政支出来“购买时间”（施特雷克，2014）。

凯恩斯主义与其批判者之间关于财政政策定位的分歧，源于两者基本假设的差别。前者基于边际消费倾向递减与资本边际效率递减的假设，认为社会有效需求不足是造成经济危机的主要原因，因此政府应在经济萧条或衰退期通过扩张型财政政策来拉动社会需求。批判者基于不同的假设认为，经济危机并不是自由市场失灵或经济自由化导致的结果，而是与政府不当干预及市场信号传导机制不完善有关。因此，凯恩斯主义提倡政府干预市场的目的虽然是为了防范经济危机，但客观上把市场竞争中正常的经济波动人为削平了。在一定程度上可以说，政府应对经济危机所出台的政策，与其说是在解决危机，不如说是在延缓和恶化危机（张维迎，2009）。

尽管人们对财政职能及财政政策取向存在诸多争论，但无论从历史还是现实看，财政的基本职能都是服务于执政者自身或其所代表集团的长期利益。因此，防范和应对可能对执政者地位稳定造成影响的“公共风险”，事实上应成为财政职能的定位（刘尚希，1999）。凯恩斯主义的一个潜在观点是，造成重大社会动荡的经济危机是严重的公共风险，所以必须对经济周期尽早干预以防止其发展成经济危机。批判者则认为，由于政府通过财政政策对具有市场产能出清及供求平衡作用的经济周期进行干预，结果导致了未来发生更严重经济危机的风险。显然，双方分歧在于什么才是需要财政干预的公共风险？前者看到经济危机会带来公共风险，后者看到政府试图防范经济危机的财政政策也蕴含了公共风险（刘尚希、武靖州，2018）。

在现代社会，政府是公共风险的最终承担者（莫斯，2002），人们关于财政职能定位及财政政策作用认知的分歧，在于如何定义“公共风险”。凯恩斯主义及其批判者在财政政策方面争论的背景，是资本主义时代的工业社会。在前工业社会，不存在典型意义上的经济危机，自然不存在这种争论。当人类社会从工业社会脱身而出，进入“后现代社会”或“后工业社会”，公共风险形态随之也发生了重大变化，在私人风险向公共风险的转化过程呈现全新特征时（刘尚希等，2018），人们关于工业社会背景下凯恩斯主义财政政策的争论是否已经失去了意义？随着全球化、信息化的深入，在公共风险不断迭代变化的形势下，财政政策是否应该顺势而变？

二、 理解人类社会的风险

（一）私人风险、公共风险与风险变迁

在物竞天择的自然系统中，风险对于所有生物来说都无处不在，但这些风险都是个体风险，充其量是种群风险。人类也时时刻刻面临着各式各样的风险，其中有些风险需要个体承担，比如疾病及一些意外危险。但当人类形成了团体、群体、宗族、种族等共同体和社会结构后，人们所面临的风险就不可避免地出现社会化、共时化以及系统化等特点。

从物理形态上看，人类社会的风险主要有自然风险与社会风险两大类。前者是自然界施加于人类的危险，比如因地震、洪涝、干旱等自然灾害造成的人身安全风险；后者是人类社会运行自身所产生的风险，比如战争、种群冲突、阶级矛盾、经济危机等。随着人类改造和利用自然能力的进步，自然风险与社会风险的界限逐渐模糊，出现了自然风险社会化以及社会风险自然化的趋向。前者指的是由于人类活动的影响，使得本来对人类社会影响很小的自然界的物理、化学运动，形成了对人类安全的严重伤害，比如人们在地震带上建设城市，在滞洪区形成人口密集的定居点等。后者指的是由于人的社会关系和生产关系变化，一些“人造风险”通过自然规律的形式表现出来，比如环境污染，这是人类社会“公地悲剧”在自然界的反映。

人们所面对的风险既有个体风险又有集体风险，既有自然风险又有社会风险，人类社会文明发展的过程，其实是个体风险与集体风险、自然风险与社会风险之间不断转换、迭代变化的过程。当个体风险转变为集体的、群体的甚至社会的风险时，人们凭借自我力量以及自发合作方式就无法应对，公

共性质的风险应运而生。所以，公共风险是由私人风险转化而来，是私人风险异化的结果，它是“因某项活动未来结果的不确定性对群体（或社会）产生的不利影响，依靠个人和企业无法承担而只能由政府承担的风险”（刘尚希，1999）。可见，公共风险是超出个体承担能力之外的，应当或必须由政府来承担的系统性风险。

私人风险向公共风险的转化，是一个主观判断过程，中间存在着对风险程度认知的难题。何种情况下才算“单个风险承担者难以承担”或者个人（企业）承担能力之外的风险？谁有权力、有能力完成这个判断？政府在承担转变为公共风险的私人风险时，应该承担多大的责任，多大程度地投入公共资源？不同的人针对同一种风险，基于自身利益考量会有不同的理解，政府根据自身执政理念以及对形势的研判，也会对同一类风险在不同时期作出不同的应对。

（二）古代社会、工业社会与风险社会

随着人类社会的进步，风险形态会发生变化。在古代社会，由于生产力不发达、科学技术落后，人们面对的主要风险是饥荒、瘟疫、自然灾害等。这些“马尔萨斯陷阱”[①] 式的风险过多累积，就可能影响统治者的执政稳定，从而成为执政者心目中的公共风险。统治者会为人们应对风险提供一些帮助，如赈济灾民、疏浚河道、安置流民等，但总体上看，承担风险代价的主要是个体及其所在的共同体。在封建社会形态中，从国王（皇帝）到贵族（诸侯）再到骑士（大夫）最后到农民或农奴，形成了层层人身依附的封建关系。在这种生产关系中，最高执政者不必对底层农民或农奴承担过多的公共责任，农民或农奴主要通过与上一层领主的依附关系获得庇护，同时向领主承担相应的义务。

---

① 按照马尔萨斯的观点，人口增长按照几何级数增长，而生存资料是按照算术级数增长的，多增加的人口总是要以某种方式被消灭掉，人口不能超出相应的农业发展水平，这被称为“马尔萨斯陷阱”。无论东方还是西方，在漫长的古代农业社会，都不同程度地呈现出马尔萨斯所总结出的特征。只有人类进入工业社会后，传统农业被工业化农业所替代，“马尔萨斯陷阱”才成为历史。

进入工业社会后，由于生产力发展和生产关系的变化，基本上消除了“马尔萨斯陷阱”式风险。一方面，经济发展保证了人类社会创造的物质总量足以满足整个社会的基本需要；另一方面，技术进步消除了地理隔绝及由此产生的交通和信息孤岛，使得信息和物资更加迅捷地传输到各方。更重要的是，近代以来个人权益的增长和民主政治制度的形成，使得政府构建最低保障制度成为可能。阿马蒂亚·森（1999）就认为，现代经济的富裕和增长使得总体粮食短缺成为历史，现代世界已不可能存在真正意义的饥荒，所有的饥荒都是人为的，都与特定地区一个或多个行业群体的权益丧失有关。

资本主义社会及其所构建的市场机制为跨越“马尔萨斯陷阱”提供了基本条件，但同样是市场机制，也把资本主义社会带入了另一种风险——经济危机之中。马克思把经济危机看作是资本主义制度的固有缺陷，熊彼特把经济危机看作是“创造性破坏”的过程。无论如何理解，经济危机带给整个社会以巨大杀伤，成为资本主义国家必须要面对的主要风险。对于执政者来说，经济危机未来发生是确定性事件，但何时发生、规模及程度多大则存在不确定性。人类社会风险从“马尔萨斯陷阱”向经济危机的转变，意味着风险自然属性的消弭和社会属性的增强。资本主义经济制度把传统社会的人身依附关系转变成为雇佣关系，个人的风险保护伞也由封建等级共同体缩小为“核心家庭”。[①] 对个体来说，自然风险变小了，人们不必再过度担心饥饿和瘟疫带来的人身安全危机，但失业等社会风险对个体及其家庭来说变成一种致命风险。在核心家庭中，劳动者的工薪收入是唯一的经济来源，其不可能再像封建社会那样从土地耕种中获得自给自足的口粮，也很难从过去的封建共同体中得到同族人士和邻里的帮助。传统社会公共风险碰到的是封建共同体“坚硬”的外壳，而工业社会公共风险会直接触碰核心家庭“薄弱”的外壳。从这个意义上说，工业社会背景下个体抵御风险的能力下降了。

当人类社会进入后工业社会时，公共风险形式又发生了深刻变化。首先，

---

① 按照乌尔里希·贝克（1986）的观点，工业社会的基础尽管看起来是表面上平等的雇佣关系，但其另一个基础是性别特征的分派与性别不平等。有了妇女所从事的家务劳动支撑，男人才能够投入到劳动力市场中去。这种工业社会时期的家庭形式就是“核心家庭”。

随着“全能政府”对市场和社会的深度介入及福利社会的形成，政府通过建立失业、养老、健康等保险制度以及最低保障制度，解决了绝大部分人的温饱和基本生存问题，经济危机对人们生活所造成的影响得到显著缓解。其次，随着妇女进入劳动力市场，工业社会时代的“核心家庭”与等级制逐渐解体，过去被视为家庭问题的性别不平等、婚姻、子女养育、养老等问题纷纷社会化，成为新生公共风险的重要源头。再次，随着人类改造自然的技术和能力不断提升，由此带来的社会风险自然化呈现出不可感知、难以预料以及无处可逃的特征。人们无法凭借自身感官对土壤、水和空气污染进行判断，环境污染对人身的损害在不知不觉中以长期累积的方式进行。环境污染风险扩散过程中展现出了具有社会意义的“回旋镖效应”：就算是豪门富户，也难逃风险的侵害（贝克，1986）。此外，随着信息技术的推广应用，人类社会中出现了跨越地域的互联世界，人被符号化，个体往往表现为一个 IP 地址、一个 QQ 号，甚至一长串数字。虚拟世界中的实时互联与共时性，使得“蝴蝶效应”有了用武之地。对于政府来说，互联网世界正在成为一个公共风险的策源地。

在乌尔里希·贝克（1986）看来，后工业社会或者说后现代社会，财富的社会化生产与风险的社会化生产相伴，稀缺社会的财富分配逻辑开始向发达现代性的风险分配逻辑转变。随着生产力的指数式增长，风险和潜在自我威胁的释放达到了前所未有的程度。因此，后现代社会其实就是一种“风险社会”。从根本意义上说，风险社会中的风险与瘟疫、饥荒、自然灾害等完全不同，因为后者并不是基于人们的某些决策而产生的。风险社会的风险很大程度上是一种“人造风险”，它源于人们的重大决策，且这些决策往往并不是由无数个体草率作出，而是由整个专家组织、经济集团或政治派别权衡利弊得失后作出的（贝克，2003）。“但凡风险使人忧虑的地方，危险的根源都不在外部，不在异乡，不在非人之物；相反，危险来自人在历史中获得的能力，人对地球上一切生命的再生产条件的改变、塑造或毁灭”；“危险的源头不是无知而是知识，不是缺少控制而是完美地支配自然，不是由于脱离了人的理解，而是因为工业时代建立了决策和客观限制的体系”（贝克，1986）。

而且，由于分工的细化与知识的专业化，人造风险产生的责任难以准确划分，出现了“有组织的不负责任”。比如核电站或大型水库的建设，一般都经过了代议制机构的投票通过，还经过了专业的、全面的风险评估，在整个社会上既有大量的支持者，也有一些环保主义的反对者。一旦发生危险，很难把责任归咎到任何一方。

（三）现代性与自反性现代化

风险社会、后工业社会或者后现代社会，是一个对工业社会或现代社会的否定过程，同时也是一个构建和启蒙过程。吉登斯（1991）将这一过程称之为“高度现代性”或“晚期现代性”，乌尔里希·贝克（2018）更形象地称之为“自反性现代化”①。这里的“现代性”或“现代化”，指的是在后封建时期的欧洲首先形成，在20世纪日益具有世界和历史影响的制度及行为模式，它大致可以被理解为“工业化的世界”（吉登斯，1991）。后现代化并不是要取代现代化，也不是“超越了现代化”，而是提供了一种对内在于现代性本身的反思。所以，这种对工业社会时代现代性消解的过程，是一个“自反”的过程。就公共风险来看，工业社会中风险的表现是激烈的、可观察的、对抗性的，危机、社会转型和革命是包括工业社会在内的传统类型社会变化的元素。与此对应，后现代社会中的风险可能是看不见的、难以感知的以及不确定的。

自反性现代化对公共风险的定义产生了根本性的影响。在对传统现代化的否定过程中，个体对集体范畴的依赖变得日益脆弱，人们加入劳动力市场，行使各种政治权利，社会权利不再以组织或家庭为取向，而是以个人为取向。无论是全球化还是信息化，最终都表现为个体对传统集体范畴的抽离。与此同时，从传统集体中抽离出的个体，又在全球化和信息化过程中进入了另一

① 这里的“自反性”其实指的是资本主义社会发展过程中的一种自我否定与扬弃，或可理解为工业社会自身的进化升级，所以贝克认为“经由自反性，以福利国家为保障的现代化进程瓦解了工业社会固有的生活方式之传统，这种‘传统’一度替代了前现代性”。吉登斯的“高度现代性”表达了与此相类似的意思。

个更庞大、更复杂的网络之中。在这种后现代的制度之网中，人们更依赖于市场规则、教育体系、基础设施以及社会保障政策等政府构造物，人们曾经赖以生活的传统环境（如家庭或邻里）逐渐淡化，这意味着与此相关的补充性收入来源的消失（如工作之余的务农活动），人们的所有生活领域都日益依赖于薪水和消费（贝克，1986）。自反性现代化过程带给政府最大的挑战是风险的复杂性、多变性、混合性、共时性和隐蔽性。要判断未来存在哪些风险，这些风险中哪些会成为公共风险？公共风险中哪些需要政府进行干预？这些问题变得越来越复杂。比如：妇女进入劳动力市场后的子女托育问题，传统农村社会结构被打破后的养老问题等，在传统社会和工业社会都是私人问题，但当其在现代社会反复出现以至于成为社会问题时，政府就不得不进行干预。

自反性现代化也蕴藏了解决未来公共风险的密码。乌尔里希·贝克（1986）指出，“风险成为工业社会中现代性的自我政治化的动力”，所以“‘政治’的概念、位置和媒介也在风险社会中发生了分化”。从风险变迁历史以及风险应对技能发展过程来看，人类应对风险能力的进步是由政府组织和民间力量共同完成的，其中来自民间的自发性力量扮演了主导角色，政府更多的是创造条件、提供资助、推广有效的风险防范做法。比如：商业保险公司的出现，是大航海时代冒险家们出于分散风险需要而发明的一种机制，政府将这一机制推广应用到防范失业、重疾、养老等领域；传染病疫苗的出现最早是科学家个体的发明，但大规模研制和推广疫苗并消灭困扰人类数千年的一些瘟疫，只有政府才能完成。既然自反性现代化是对工业社会传统现代化的扬弃和升华，那么自反性现代化结构中必然蕴含着一些应对其自身风险的免疫机制。传统社会中人们用封建共同体来抵御风险，工业社会中人们用核心家庭和市场机制来应对风险，在个体化进一步凸显、核心家庭及集体不断被打破的后现代社会，人们将以何种组织形式来应对风险呢？

针对这一问题，乌尔里希·贝克（1986）提出了“亚政治”的概念。“亚政治”与“政治”的区别表现在：首先，政治体系和法团主义体系之外的代理人也可以出现在社会设计的舞台上（这个群体包括职业团体和行业团体、企业、研究机构和管理阶层中的技术知识界，熟练工人、公民主动权、公共领域等）。其次，社会和集体代理人乃至个人也可能与后者相互竞争，争夺新兴的政治塑形权。吉登斯（1991）则提出了“解放的政治”与“生活的政治”：工业社会把人类从传统和宗教的教条性规则中解放出来，通过理性方法在科技领域及社会生活领域的应用，人类活动逐渐摆脱了固有束缚，这是“解放的政治”；在晚期现代性体系中，由于个体和集体极大地改变了社会活动的存在性参数，出现了在以反身性方式组织起来的环境中进行自我实现的政治；如果说“解放的政治”是一种生活机遇的政治，那么“生活的政治”就是一种人们自我选择生活方式的政治，一种在全球化背景下能促进自我实现且在道德上合情合理的政治。

后现代社会日益成为一种人与人之间无限互联的网络秩序。这一秩序中，人的进一步解放，知识的进一步专业化，使得风险迭代变化加速进行，识别风险的施加者和承受者日益艰难。市场作为一种自发的扩展秩序，本身能够提供一些防范和应对风险的手段，比如保险机制；人们通过自我学习和经验增长，也能够通过一些手段来减轻风险，比如投资者对投资方向进行多元化配置。更为重要的是，信息传递的广泛化与社会的个体化，为人与人之间通过互助合作应对风险提供了可能。后现代社会中由于人摆脱了传统的诸多束缚，能够更加无拘无束地进行选择。面对同一境遇，经历过同类风险的人们可以通过社交软件相互联系，结成“抱团取暖”的社团，比如“失独”家长群体、智障儿童家长群体、罹患罕见病的患者群体等。这种自主治理、自我应对风险的社会机制，是“亚政治”和“生活的政治”的经典表现，也是后现代社会为人们应对风险带来了更多的可能性。当然，这种无限互联的网络秩序在为人们防范风险提供便利的同时，也有可能存在其他公共风险，比如恐怖分子通过网络进行联系，谣言和煽动性言论通过网络迅速传播等。总体上看，身处后现代化环境中的人们通过自我组织、自主治理解决自身风险的程度越高，政府需要面对的从私人风险转化而来的公共风险就越少。因此，一个“精明”的现代政府，不仅要把精力放到解决和应对接踵而来的公共风险上，更应该把精力放到促进、鼓励和维护自主治理的社会结构上。

三、 财政形态变迁过程及当前的困境

根据定义、防范和应对公共风险的理念与方式不同，本文将历史上的财政形态概括为封建式财政、斯密式财政、凯恩斯式财政和新公共管理式财政。

封建式财政主要是古代社会的一种财政形态。在古代社会，执政者也会提供一系列公共产品来应对公共风险，比如根据河流的定期泛滥规律来治理河道，根据对未来饥荒的预期来兴建粮仓。但古代社会的执政者无法预测天气变化、瘟疫流行等现象，在更多情况下，执政者不得不运用财政手段来被动地应对从风险转化而来的现实危机。在古代中国，除了自然灾难诱发社会危机外，人口的不断增长、寄生阶层的繁衍、游牧民族的入侵也持续挑战国家财政体制的极限。社会生存危机与财政危机之间陷入恶性循环，并最终以刚性、激烈的战争冲突方式爆发出来，以人口大量死亡、土地大量抛荒、执政者更替为结果实现风险出清。在封建式财政制度下，执政者虽然通过宗法、宗教和封建契约等方式管控社会，但与当今相比，其对底层社会的渗透与嵌入并不算强大，以至于在古代中国有“皇权不下县”之说。在封建关系更为典型的西欧，国王与底层农奴或农民之间更是难以直接形成风险责任关系。所以在封建社会，人身依附关系虽然强烈，但封建共同体为底层群体提供的风险庇护仍然是薄弱的。封建共同体应对风险的能力极其有限，而农民和农奴为此承担的经济和道德义务却十分沉重。

资本主义时代的到来与现代化元素的出现，使得人类社会风险形态发生了转变，执政者要面对的公共风险也发生了深刻变化。一方面，医学的发展使得人们寿命延长，瘟疫传染带来的危机逐渐远去；市场机制在地理上的扩张使得物资可以运输到各个偏远角落，自然灾害带来的饥荒风险也逐渐消逝。另一方面，资本主义制度打破了封建共同体中的等级依附关系，广大底层人口在获得了人身自由的同时也失去了共同体的庇护，不得不沦为靠出卖劳动力为生的无产者。在资本主义社会初期，代表资本家利益的政府奉行“守夜

人”角色，采取了斯密式“小政府”的财政形态，没有承担起为社会中下阶层防范风险的责任。公共风险的自然色彩淡化，社会色彩越来越浓厚，经济危机这种“人造风险”及其带来的社会动荡，成为有可能颠覆资本主义制度的重大风险。

作为斯密主义革命者的凯恩斯主义的产生，为政府干预社会和市场提供了理论支持，“全能政府”应运而生。凯恩斯主义基于菲利普斯曲线、价格黏性等假设，认为财政支出具有乘数效应，是有效调节宏观经济运行的重要工具。与传统社会和资本主义社会初期被动应对危机的财政形态相比，凯恩斯主义注重运用财政手段把可能的经济危机消灭在萌芽状态。资本主义的经济危机，可以理解为生产相对过剩造成的社会危机。经济波动本身不可怕，可怕的是经济大起大落造成的大量失业以及食不果腹、无家可归等社会惨状。所以，政府一方面为劳工阶层提供社会福利保障，使其即使处于失业状态仍能够维持基本生活需要；另一方面，通过扩张的财政政策来人为熨平经济波动，防止经济衰退，减少失业现象。凯恩斯式财政最大的问题是，政府对经济危机及其造成的社会动荡存在一种“风声鹤唳”的恐惧心态。这反映出政府在判断经济危机风险时的困境。经济危机固然与经济波动密切相关，但并非所有的经济波动必然发展成经济危机。可是，又没有人能够准确预测某一次经济波动会不会演变成为经济危机。所以，政府为保险起见，不得不运用同样的手段把所有的经济波动一并防范。在现代社会中，财政支出的增长快于经济增长成为常态，对任何一个群体削减社会福利支出都会引发激烈的抗议浪潮。在人们心目中，财政不再仅仅是风险的“保护伞”或“保险基金”，而是政府必须定期派发的“蛋糕”或“红利”。财政已经远离了其防范公共风险的本质，政府对某个领域是否“高度重视”，一个重要标准就是财政拨款是不是每年递增，递增幅度是不是快于其他领域。财政工作的主要任务在一定程度上成为在各个部门、领域之间划分预算蛋糕，至于这些部门、领域中究竟存在哪些风险，这些风险有多大概率会转化为公共风险，则考虑得相对较少。

20 世纪 80 年代后，为应对凯恩斯主义和“全能政府”所导致的“滞胀”，英美等西方发达国家纷纷开始了“新公共管理运动”。政府在不推卸公共责任的同时，改变提供公共产品的方式，由过去的“划桨”改为“掌舵”，在公共服务中大量引入社会组织和市场主体，运用市场竞争手段提高公共服务效率，试图形成既跨越“小政府”局限又防止“大政府”后遗症的“企业家政府”（奥斯本、盖布勒，1992）。但这种有限改良型的财政形态不可能从根本上扭转财政制度所面临的困境，近些年来西方主要国家政府债务占 GDP 的比重不断攀升的事实证明了这一点。

当前各国财政所面临的困境，其实是政府职能定位面临的困境，也是资本主义政治和经济制度面临的困境。在后现代社会或风险社会，以信息化和全球化为特质的社会化进程和以核心家庭、邻里关系、农业社区消弭为特质的个体化进程同步进行且相互强化，使得当代社会呈现出巨大的张力。与此同时，政府在财政工作中的理念还停留在工业社会时期，以防范传统意义上的经济危机为己任，试图用财政手段对所有风险承担“兜底”责任，对导致私人风险大量转化为公共风险的社会机制是否存在问题考虑较少，对已露苗头甚至已十分严重的劳动力减少、老龄化等社会风险，以及生态危机、重大传染病危机、信息安全危机等非传统安全威胁带来的风险尚未做好充分准备。可以说，当代财政面临的主要困境是，财政手段不但没有有效化解公共风险，反倒使政府背上沉重债务，使得政府财政自身成为一种风险。因此，“新公共管理”式财政最大的问题在于，虽然改变了政府供给公共产品的方式，但没有改变政府干预市场和社会事务的逻辑。当社会风险从工业社会时期向后工业社会时期转化时，政府职能调整相对滞后，作为政府干预市场和社会重要手段的财政作用方向的调整也未同步，这是包括我国在内的世界各国财政所要面对的重大课题。

经济危机产生的基本动因是生产社会化导致的供需脱节，生产社会化主要表现为生产与消费之间的分离以及分工的不断细化。同样，在后现代社会背景下，社会危机产生的重要原因是知识分工的高度专业化与个体对传统的叛逆。“仅仅坐在家中，我就已经被卷进了我所依赖的一种或一系列专家系统中”（吉登斯，1990），专业知识编织了我们所处的整个世界，建筑师、律师、会计师、医生以及各行各业的专家几乎主宰着我们的生活，使得我们前所未有地依赖于数不清的各个系统。比如：掌握某种知识的专家们通过设定“安全标准”的方式来说服人们，食物添加剂、重金属含量等只要不超过规定标准就是安全的，水坝、排水管道可以抵御多少年一遇的洪水或者暴雨。普通人并不具备对各类食物中所含添加剂进行检测的能力，也不具备对城市排水管道质量进行判定的能力，但人们“不得不”相信专家系统所构建的每一个专业世界。专家告诉我们，每次乘飞机有几十万分之一的坠机风险，每次打疫苗有几万分之一的死亡可能，这些的确都是个体风险，可某个专家系统的可信度一旦因为某些事件而坍塌，就成为公共风险。

无论是经济危机还是社会危机，背后潜藏的都是公共化与社会化之间的不适配。生产分工的精细化、知识分工的专业化都是社会化的具体表现。政府要成功地化解这些风险，就需要把造成这种风险背后的社会机制进行重构，而不是满足于把风险本身作为公共治理对象。这就需要政府把相当多的精力放到培育社会的自我治理、自我运行能力上，让社会具备自我防范化解不断演化的风险的能力，从而降低其演变为公共风险的概率。财政政策不仅仅是政府经济政策的重要工具，也应该成为政府社会政策的关键手段，这也是理解“财政是国家治理的基础和重要支柱”的一个不可或缺的视角。

四、 基于防范化解公共风险的财政政策转型方向

与普遍进入后现代社会的西方各国相比，我国当前正处于工业社会与后现代社会元素共存交叠的时代。一方面，由于历史文化原因，我国存在现代性不足的问题，比如市场机制未充分发育，产权观念比较滞后等。另一方面，后现代的一系列特质已深度侵入社会肌理，如虚拟社会、老龄化等。工业社会的经济波动及其带来的社会风险并未因我国的社会主义经济性质而绕道而行。与社会保障制度已相当完善的西方发达国家相比，我国因经济波动导致的社会风险更加严峻。显然，我国政府所面对的风险更加错综复杂，社会多元化的挑战与政府治理模式之间的相容性问题也表现得更加突出。

与西方国家的执政者相比，我国执政者还承担了更加繁重的历史承诺和使命。西方国家轮流坐庄的“选票”政治制度，决定其执政目标飘忽不定，执政者对公民未来的生活愿景难以作出明确的承诺，而我国执政党承担着满足人们“美好生活需要”的历史责任。西方选票政治存在竞选者滥开支票以换取选票的弊端，公共财政成为政客们收买选票的“资金池”。这种制度也有其优点，一旦国家财政信用崩塌，财政危机因不可持续而爆发，整个社会不会以过度激烈的方式来“重建”。执政者的轮换可以成为“解压阀”来缓解社会矛盾，因财政紧缩而福利受损的阶层通过上街游行抗议也可以缓释部分风险。1997 年的东亚金融危机直接导致了几个东南亚国家的社会动荡和政权更迭，整个国家付出了巨大的代价；相比之下，2008 年发达国家金融危机所带来的社会代价要小得多。这说明西方社会比较习惯的选票政治尽管存在种种缺陷，但在社会风险缓释方面具有一定的弹性。不过这种风险缓释机制无法从根本上化解资本逻辑支配下的经济社会不平等。与西方政治制度相比，我国政治制度重大优势之一是“一张蓝图绘到底”，执政党不存在利用财政手段换取选票的动机，其需要面对的重大挑战是，一旦政府财政不可持续或者出现财政危机时，缺少一个能够促使社会风险缓释的“解压阀”。因此，我国政府必须更加严格地遵守财政审慎原则，坚持民生承诺与财政能力相适配的导向，不能因为民粹主义、福利主义的影响而把财政变成“福利”手段。

中国共产党长期执政的政治体制和满足人们美好生活需要的历史承诺，决定了我国财政不能照搬西方国家的财政理念和制度，而是应该根据我国现实设计与执政目的、历史阶段和人民需求相契合的财政制度。西方经典财政学理论把财政政策的目标定位为促进经济增长、实现充分就业和维持社会稳定，这种“凯恩斯式”的财政政策定位正在饱受批评姑且不论，当由公共风险转化而来的财政风险变成财政危机时，西方的政治制度能够承受这种财政政策定位所带来的代价，我国的政治制度是否具备这种能力？

改革开放后相当长时期内，我国在财政政策设计中接受了经典财政学的理论，把相当多的公共财力用在“保增长、保就业”上。一般认为，我国只要保持一定速度的国内生产总值增长，就能保证一定水平的就业率，从而保证潜藏的社会矛盾不被激化。从各主要国家的政府债务看，美国、日本、意大利等一些西方国家的政府债务占 GDP 的比重已高达 100% 以上，日本已经超过 200%；截至 2020 年末，我国政府债务余额 46.55 万亿元，其中，中央财政国债余额 20.89 万亿元，地方政府债务余额 25.66 万亿元，政府债务占国内生产总值的比重为 45.82%。[①] 从数据上看，我国的公共债务问题与西方国家相比较为安全。但考虑到政府承担着大量潜在偿付义务的或有负债，我国实际的政府债务占 GDP 的比重可能会更高。仅从政府债务指标看，与一些西方国家相比我国的财政风险并不严重。但反过来思考，西方国家的政府已经债台高筑到此种地步，竟然还保持了社会稳定，这也是值得借鉴和反思之处。其中一个很重要的因素是国家信用通过金融手段提供的支撑，如信用货币条件下的铸币税，成为弥补赤字的重要来源。政治制度、执政目的与财政目标的不同，意味着我国与这些国家之间无法进行简单比较，发达经济体的政府债务警戒线、安全线在我国的适用性需要打上问号。更应该思考的是，西方国家传统福利性财政政策与当代“分红式”财政策略，在我国现行政治体制下有没有可持续应用的时间和空间？

党的十八届二中全会提出，全面深化改革的总目标之一是“推进国家治理体系和治理能力现代化”；强调“财政是国家治理的基础和重要支柱，科学的财税体制是优化资源配置、维护市场统一、促进社会公平、实现国家长治久安的制度保障”。[②] 要把国家长治久安、可持续发展作为财政追求的最终目标，就不宜完全把财政政策的着力点放在以扩张型财政政策缓解经济波动和以“福利”式财政满足公民短期而片面的社会需求上。“福利”式的财政是西方选票政治下的执政者根据任期长短而理性选择的结果，作为长期执政者本质上不应该存在这种不可持续的、短期化的财政行为选择。因此，我国

---

① 财政部：《关于 2020 年中央和地方预算执行情况与 2021 年中央和地方预算草案的报告——2021 年 3 月 5 日在第十三届全国人民代表大会第四次会议上》，《人民日报》2021 年 3 月 14 日第2 版。

② 《中共中央关于全面深化改革若干重大问题的决定》，《人民日报》2013 年 11 月 16 日第 1 版。

财政政策目标应该定位为“防范公共风险”而不是“购买时间”。进一步说，财政政策目标应该是：把更多的财政资源用于培育市场机制和社会能力，使得市场主体和社会主体形成丰富的自我应对风险的多元路径和防范化解机制，从而使得大量的私人风险不会转化为动摇社会共同体稳定的公共风险。

市场作为一种自发扩展秩序，已经内含了一系列分散风险的工具和机制。政府要通过包括财政在内的机制和政策，完善市场机制分散、化解风险的功能，也要关注财政与市场机制耦合中可能引发的风险；同时，还要考虑与发展阶段相匹配的社会自治能力提升对公共风险的化解作用。分散、规避风险是人的本能，每个社会个体都会千方百计地把风险外部化，并寻找自己的风险庇护所。与市场机制类似，自主治理的社会也内含了分散化解风险的工具，比如宗族、邻里、同事等群体之间的互助措施。传统的封建共同体和宗族村社虽然可以提供一些庇护，但已无法适应现代社会；计划经济时代的“单位制”可以提供风险庇护，但在市场经济条件下已不具有普遍性。未来具有普遍性的风险庇护所，应是个体基于共同的风险与利益，通过协商共治构建的各类群团组织。在社会化与公共化相互推进，传统的集体结构不断被解构的形势下，政府应通过重塑公共性，为后现代社会个体提供新的公共风险庇护，并为社会个体自我应对风险提供激励相容的制度安排。

经济波动本身并不可怕，可怕的是经济波动产生的“蝴蝶效应”所引发的社会动荡。要防止这种风险情景发生，一方面，要完善社会保障体系，使得失业者在失业期也能够维持一定的生活水准；另一方面，要减轻劳动者对某一岗位、某一身份的过度依赖，这同样需要高度发达的自治社会来支撑。比如，当一个家庭只有一名成员在固定岗位就业时，就面临着较大的风险，失业会成为整个家庭的致命打击。这类单一就业的家庭结构很容易引发公共风险。假如这个家庭有两个甚至更多的劳动者就业，且在工作之余还能够兼职，此时家庭风险就大为降低。灵活就业、新就业形态的增加使劳动者对雇佣就业的依赖度进一步下降，失业风险就会大大降低，劳动者个体的风险便不会转化为公共风险。

可见，随着社会发育和市场完善，经济增长速度、失业率等政策目标就可以淡化。经济增长和就业数据是风险社会中市场和社会自主运行的结果，政府应该关注的是市场和社会运行的过程及其内在机制。政府通过财政所建构的一整套公共风险防范体系，不应该成为每个社会成员的个体风险的庇护所。财政政策的基本目标，应该是为所有社会个体和市场主体构建防范化解个体风险的制度安排，避免对政府的过度依赖。因此，在风险社会中，追求国家长治久安的财政政策应该关注以下几个要件：

1. 不断完善市场规则。政府应通过财政成为市场规则的制定者、维护者和仲裁者，通过基础设施建设来形成物资、信息、人才充分流动的格局，通过构建信息化和大数据平台来降低信息传递成本，为企业家和创业者充分获取信息、自主决策、创业创新提供制度条件。这要求政府财政保持中性，避免扭曲市场。向国成和曾祥炎（2013）研究表明，如果财政政策偏袒厂商，会引起产能过剩，严重时会导致大量产品积压、失业率上升与经济衰退；如果财政政策偏袒居民，则可能引起过度需求，严重时会导致急剧的通货膨胀、资本外逃、财政危机与经济衰退。无论过度偏向哪一方，事实上都会对市场规则构成破坏。

2. 促进社会发育。如上所述，无论是从传统社会到工业社会，还是从工业社会到后现代的数字社会，都是人类不断获得自我解放的过程。在当代全球化与个性化两个维度不断向纵深扩展的背景下，如何既要保证人的自主性与自我选择权利，又要保证社会公共风险可控，是政府面对的重大课题，也是后现代社会中“亚政治”和“生活的政治”所要解决的问题。在自反现代性的新场域中，面对新的公众议题，不论是多元化的日常生活需要，还是复杂的公众事务，都应塑造由风险承受者（公民、团体、社会组织）自下而上参与的方式；也就是说，把直接面对公共风险的政治转变为个体或集体直接解决风险的过程。这种自主治理社会发育成熟的过程，就是社会化基础上的公共化过程，既是社会化中的个体解放过程，也是政府公共责任和义务的转型过程。

3. 引导人的预期。一定意义上说，现代风险是一种虚拟现实，既是主观的，又是客观的；既是实在的，又是被社会感知和建构起来的（张广利、王伯承，2016）。或者说，很多现代风险与人们对未来情景的预期及其行为选择有关，与人们对风险事件的自我解释有关。当大量的个体陷入“羊群式”恐慌，或者当人们都“认为”不久的将来会发生某些事时，某些危机就会真的发生。因此，财政政策有必要从“实体”来调节总量、结构、利益转向从“虚拟”来构建“行为－风险－治理”的新逻辑（武靖州，2017），前者着眼于“已然”，后者更注重“未然”。关注“未然”才能防范化解公共风险，构建经济社会发展的确定性。

五、总结

进入工业社会后所发生的经济危机，其实包括了两个紧密关联又并非全部等同的部分：经济波动本身及其带来的社会影响。经济波动不可怕，它甚至是工业社会及市场经济的一种正常现象。可怕的是由于经济下滑、劳动力失业等造成的社会动荡风险。从这个角度看，运用财政手段防范经济危机，本身不仅是一个经济学命题，也是社会学命题。从 20 世纪 30 年代凯恩斯主义诞生到如今已有 80 多年的历史，其间人类社会的风险形态已经发生显著变化，政府所要面对的主要风险，不再是工业社会时期劳工阶层的生存危机，而是在“风险社会”背景下，社会化过程中的个性化程度不断加深与公共化需求持续提升之间的不匹配。一方面，从传统的核心家庭、农业社区中脱域而出的原子化个体，不断地在不确定的社会中寻找风险庇护所；另一方面，全球变暖、环境污染、重大传染病传播等涉及多区域、多国家甚至全球性的“公地悲剧”和“有组织的不负责任”问题，还没有找到切实有效的解决办法，公共化滞后于社会化。此时，如果还把眼光盯在防止生存危机和狭隘的经济利益上，试图用物质利益手段来弥补一切社会隔阂和冲突，那么，这种治理理念就忽略了公共化过程中从无序到有序的自我扩展机制。

所以，当人类进入以“自反现代化”和多中心为特征的风险社会后，政府的主要职能已不能再定位于“仁慈政府”，试图“代替”人们承担集体化的风险。如果把“长治久安”作为国家治理基本目标的话，作为国家治理基础与重要支柱的财政所要解决的，就不能仅仅是对冲眼前的公共风险，而是应该从底层构建公共风险形成的“阻断”机制。也就是说，财政理应为人们通过自己的方式解决自己所面对的风险提供激励与条件。财政政策在价值取向上不应该是后移风险，也不是去试图彻底消灭市场波动，而是通过政策设计，加快形成社会矛盾自我化解的机制，促进市场机制分散化解风险的能力提升。我国政府对满足人民日益增长的美好生活需要承担着历史责任，政府要履行这个责任，不是为每个人的生活进行具体设计，而是为人们通过自我奋斗创造美好生活提供宏观层面的确定性。

当前，我们正经历“百年未有之大变局”，国际政治经济秩序正在重构，国内正处在发展阶段跃升、发展格局重塑的关键时期，突如其来的新冠疫情更加速了这个大变局。党的十九大把“防范化解重大风险”放在全面建成小康社会“三大攻坚战”之首；党的十九届五中全会进一步强调，要“增强机遇意识和风险意识”，关于宏观经济治理的新思维、建立现代财税金融体制的新思路，都体现了基于整体的公共风险理念。

在新的时代背景下，国家治理已经凸显了对各类风险的关注，作为国家治理重要手段的财政政策也应据此转型。一是变传统“危机管理”思维为“风险管理”。现代社会各类经济社会危机冲击越来越大，危机发生后再去应对代价也越来越难以承受。应前瞻性地识别风险，准确地预警风险，科学地处置风险，在风险转化为危机之前进行分散与化解。二是变传统“社会福利最大化”价值取向为“公共风险最小化”。市场失灵是传统财政理论的逻辑起点，帕累托改进与社会福利最大化是传统财政理论的落脚点，这些理论正在经受着越来越大的挑战。“公共风险最小化”并不排斥社会福利的追求，却有助于防范过度追求社会福利所带来的国家治理困境。三是由传统的“收支管理”上升为“风险权衡”的机制。传统财政政策主要通过财政收支调整、收缩与扩张影响供给与需求，进而减缓经济波动。当前社会主要矛盾的主要方面已是“发展不平衡不充分”的问题，再有效的供需调节可能都难以达到预期目标，因为其背后是风险分配的失衡。财政政策应充分发挥公共资源配置功能，调节区域、城乡、群体间的风险分配。四是由重“已然”转向为重“未然”。经济波动带来的风险可在短期内通过政策调节来减缓，但对风险衍生中的“蝴蝶效应”无能为力。风险社会的“自反性”意味着预期利益与行为模式之间的失调越来越成为风险之源，利用公共资源与规则引导个体行为、调节引导预期才能使财政政策起到防患于“未然”的作用。

参考文献：

1. ［印］阿马蒂亚·森：《以自由看待发展》，于真译，中国人民大学出版社 2013 年版。

2. ［英］安东尼·吉登斯：《现代性的后果》，田禾译，译林出版社 2011 年版。

3. ［英］安东尼·吉登斯：《现代性与自我认同：晚期现代中的自我与社会》，赵旭东、方文、王铭铭译，生活·读书·新知三联书店 1998 年版。

4. ［美］布坎南·瓦格纳：《赤字中的民主》，刘延安、罗光译，北京经济学院出版社 1988 年版。

5. 财政部：《关于 2020 年中央和地方预算执行情况与 2021 年中央和地方预算草案的报告——2021 年 3 月 5 日在第十三届全国人民代表大会第四次会议上》，《人民日报》2021 年 3 月 14 日。

6. ［美］戴维·奥斯本特德·盖布勒：《改革政府：企业家精神如何改革着公共部门》，周敦仁等译，海译文出版社 1996 年版。

7. ［美］戴维·莫斯：《别无他法——作为终极风险管理者的政府》，何平译，人民出版社 2014 年版。

8. 刘尚希：《论公共风险》，《财政研究》1999 年第 9 期。

9. 刘尚希、李成威、杨德威：《财政与国家治理：基于不确定性与风险社会的逻辑》，《财政研究》2018 年第 1 期。

10. 刘尚希、武靖州：《宏观经济政策目标应转向不确定性与风险——基于经济周期视角的思考》，《管理世界》2018 年第 4 期。

11. ［德］沃尔夫冈·施特雷克：《购买时间——资本主义民主国家如何拖延危机》，常晅译，社会科学文献出版社 2015 年版。

12. ［德］乌尔里希·贝克：《风险社会：新的现代性之路》，张文杰、何博闻译，译林出版社 2018 年版。

13. ［德］乌尔里希·贝克：《从工业社会到风险社会（下篇）——关于人类生存、社会结构和生态启蒙等问题的思考》，王武龙编译，《马克思主义与现实》2003年第5期。

14. 武靖州：《防范化解重大风险前提的积极财政政策转型》，《改革》2017年第11期。

15. 向国成、曾祥炎：《从英国第一次经济危机到欧债危机：一致性的理论诠释》，《经济学家》2013年第2期。

16. 张广利、王伯承：《西方风险社会理论十个基本命题解析及启示》，《华东理工大学学报（社会科学版）》2016年第3期。

17. 张维迎：《理解经济危机》，《读书》2009年第5期。

18. 《中共中央关于全面深化改革若干重大问题的决定》，《人民日报》2013年11月16日。

（此文发表于《经济学动态》2021年第3期，作者：刘尚希、武靖州）

以公共风险的结构和强度重塑财政政策体系

阅读提示：随着我国社会、经济发展形态和发展目标的变化，财政政策体系目标和运行逻辑也需要超越建立在确定性思维基础上的凯恩斯主义分析框架，财政政策供给要根据风险权衡原理，视公共风险的结构和强度进行相机调整。在当前复杂的国内外发展环境下，财政须充分发挥作为国家治理的基础与重要支柱的作用，以应对各种不确定性作为财政政策体系运行的目标，与金融环境协调配合，在保证财政自身风险可控前提下，通过灵活多样的政策工具为经济社会注入确定性，降低风险、引导预期，使经济社会系统整体的公共风险最小化。

“十四五”规划提出“三新”理念，即新发展阶段、新发展理念、新发展格局，这意味着2021年的财政政策要从新发展阶段的要求出发，贯彻落实新发展理念，助力构建新发展格局。改革开放四十多年来，中国社会的主要矛盾已经转变为“人民日益增长的美好生活需要和不平衡不充分的发展之间的矛盾”，中国社会也已经从经济逻辑主导的生产型社会转变为风险逻辑主导的风险社会。财政政策体系目标和运行逻辑也需要超越建立在确定性思维基础上的凯恩斯主义分析框架，立足于广义社会的整体性、协同性、公共性，转到防范化解公共风险的逻辑上来，财政政策的制定、调整及有效性评估均应纳入基于整个社会的公共风险分析框架，突破作为社会子系统的经济局部分析，探寻财政政策的公共风险逻辑。

一、 公共风险最小化是财政政策体系运行的目标

改革开放四十多年来，我国财政改革的逻辑本质上是公共风险逻辑。改

革开放之所以取得巨大成就，就在于我们找到了一条适合国情的独特发展道路，而财政改革之所以在国家改革开放与发展中发挥了基础性和支柱性的作用，就在于比较准确地把握了公共风险的变化，从而适时牵引和支撑了国家改革开放与发展。同样，财政政策体系有效运行，必然要体现公共风险的逻辑，并以公共风险最小化为目标，才能有效地指导财政实践活动。

（一）财政政策体系运行体现公共风险逻辑

从风险社会角度来看，风险是“经济、社会的稳定与发展受到损害的一种可能性”（刘尚希，2003），它与危机发生的可能性相关，是不确定的事件。公共风险是宏观的、社会整体的损害结果发生的可能性，亦即群体性风险，个人和企业无法规避。而人们对公共风险的反应又会引致新的不确定性，并产生叠加效应。这种反馈机制一旦形成就会自我维持并强化，进而落入“发展停滞”的陷阱之中。若无外力，社会自身往往难以打破这种循环而跳出发展停滞的陷阱。因此，各种不同类型和层面的不确定性是公共风险的本源，而公共风险的防范与化解只能依靠国家力量、政府政策与集体行动来实现。

另外，风险社会中的公共风险水平全面升高已经成为常态。社会系统中经济、金融、政治等各个子系统的关联性越来越强，相互影响彼此渗透，各领域公共风险之间的相对隔离状态已经不复存在，基于传统确定性思维框架进行财政政策供给，会导致许多风险以及风险关联被屏蔽，造成财政政策的运行和评估落入“风险盲区”。财政政策必须全面考虑各个子系统之间公共风险传导演化的情况，需要从经济需求管理政策转变为公共风险管理政策。财政政策制定、调整及有效性评估的依据，需要从传统的需求管理逻辑转变为公共风险逻辑，将公共风险最小化作为财政政策的目标。

（二）防范并化解公共风险的关键是注入确定性

在经济社会中，经济主体会作出前瞻性决策（Evans 和 Honkapohja，2001）。这种前瞻性决策是基于各种既定规则来规避个体风险和扩大个体利益，即“风险—行为”模式，目的是把各种风险尽量转移给他人或社会。这种行为及其所引发的不确定性在工业化、市场化、金融化推动下不断叠加、深化，而数字技术则使风险外部化行为迅速网络化，加速并催化公共风险的传导、扩散和叠加，产生新的公共风险并迅速扩大。在网络技术支持下，个体的高度社会化为个体风险转化为公共风险创造了条件，其社会化程度越高，公共风险水平就会越高。

当前，我国疫情得以有效控制，但经济全面恢复的基础尚未稳固，经济社会发展面临来自国内国际的多重压力，经济运行中的风险因素互相交织，发展环境愈发复杂难测，财政须充分发挥作为国家治理的基础与重要支柱的作用，以应对各种不确定性作为财政政策体系运行的目标，通过灵活多样的政策工具降低风险、引导预期，使经济社会系统整体的公共风险最小化。

疫情期间，财政政策主要利用疫情防控、保产业链、保市场主体、保就业、保民生等方式去对冲相关风险，如疫情暴发风险、企业倒闭风险、失业风险、收入风险、生活困难的风险等，政策体系的整体表现具有应急性、短期性，以及碎片化特征。当公共风险的急迫性、强度与结构发生变化时，应灵活运用风险权衡原理，激发财政政策的灵活性、主动性与确定性，针对公共风险的变化趋势进行相机决策，充分发挥财政政策的引导功能，逐步降低经济中各种不确定性的扰动，稳定市场主体预期，增强社会资本信心。

后疫情时期，财政政策的制定、运行和调整要特别注重通过对公共风险的防范与化解，关键是在经济运行体系中注入确定性。企业是感受市场冷暖最敏感的末梢神经。能否坚定企业信心、释放企业活力和潜能，关乎经济发展的速度和质量，也是衡量改革成功与否的基本标志。疫情后财政政策的调整关系着经济主体和人民群众对经济增长与社会安定的稳定、良好预期，进而转化为有序的、较为确定的、可预期的经济行为。在一个可预期的、有活力的市场和社会环境中，人们就会有动力、有耐心去从事生产、消费、投资及创新活动，进而整个经济与社会系统的运行才可能达到平稳可持续的状态。

二、 公共风险结构和强度的变化是财政政策调整的依据

（一）风险权衡原理是财政政策调整的理论基础

从风险权衡原理的角度观察，2020 年我国面临的公共风险强度是最大的，疫情造成的冲击百年一遇，给经济社会各个领域带来了巨大的衍生风险。2021 年的财政赤字率从去年 3.6% 以上降到 3.2%；抗疫特别国债不再发行；地方专项债比去年减少 1000 亿元。这说明国内疫情得到良好控制、经济持续恢复，因而疫情带来的公共风险强度下降，因此，因对冲疫情冲击而产生的财政风险随之收敛。这是在财政风险和公共风险之间的一种风险权衡。继而如何合理权衡各种风险以及怎样处理多重目标之间的风险关系，成为当今财政政策面临的新课题。简单来说，就是要在财政风险和公共风险之间进行权衡，寻找一个更加合理、更加安全的风险组合方式。这个组合不是一成不变的，而是应该随财政风险与公共风险之间的权衡结果而改变。这也决定了财政政策必须根据公共风险特征、强度及其构成进行相机调整。

2020 年公共风险构成首先是疫情风险，然后是民生风险、地方运转风险，以及经济下行风险与外部风险等。2021 年公共风险结构的优先级排序明显发生了变化，在疫情风险已经得到有效控制的前提下，摆在首位的是经济复苏的风险，因为只有经济实现复苏，财政问题、民生问题、就业问题等才能相应化解。自然地，依据风险权衡原理，财政收支安排要随之进行调整，并且财政政策与支出将继续按照风险优先级顺序进行倾斜。

基于此，“十四五”期间财政政策将重点关注经济复苏，尤其是在保主体助企纾困方面，去年的扶持政策将延续甚至加强，包括一系列结构性减税降费政策的延续并落实好制度性减税降费政策等。因此，财政政策的调整方向、措施及其依据，都取决于公共风险的强度、特征及其结构的演变方向及演变方式。

（二）财政政策有效性评估应引入公共风险分析框架

依据公共风险逻辑制定财政政策，须注重从整体上防范化解公共风险，

不仅针对短期经济风险，还须注重防范化解中长期经济风险；不仅关注经济领域的公共风险，还注重防范化解社会、生态环境等领域的公共风险；同时着力避免因实施财政政策而引致新风险。以整体性、系统性、长期性为特点，形成“风险—政策”分析框架，最大限度地避免风险盲区，为可持续的发展构建确定性。

由此回溯2020年财政政策，中央政治局会议在“六稳”的基础上提出了“六保”，就是要防范化解新冠疫情给中国经济社会的六个关联性极强的基本方面带来的公共风险，着力避免公共风险相互叠加及转变为更严重的结果。只有保住市场主体，才能从整体上保住居民就业和基本民生。因此，保住市场主体和稳定经济运行成为2020年中国积极财政政策的着力点，主要包括减税降费、减租降息、扩大消费和扩大投资等。为了承担对冲新冠疫情风险以及疫情衍生的多重风险的责任，特别是在落实“六稳”“六保”任务的过程中，必须通过扩大财政自身风险，如增加赤字、扩大政府债务等途径来应对和化解一系列公共风险，从而构建起发展的确定性。从政策效果来看，在积极财政政策的坚实保障下，我国疫情得到有效控制，有力防范并化解了疫情风险大量转化和叠加而引发的衍生风险；有效遏制中小微企业“倒闭潮”出现，企业生产、居民消费与国际贸易持续恢复；人民生活和社会秩序和平安定。

三、 财政政策体系自身可持续与金融环境密切相关

在既定的制度框架下，相对于公共风险，财政风险本身就是一个政策工具。当经济、金融等各个领域出现了重大风险，都要靠财政兜底，当财政风险不可持续时将演变为财政危机，进一步蔓延为社会危机，甚至政治危机。这个意义上，财政是保持经济社会稳定的最后一道防线。2021年的政府工作报告对财政政策的一个重点要求，就是要更可持续。其实讲财政政策可持续讲的就是财政风险，财政风险越大，财政就越不可持续，因此在以财政风险对冲公共风险的过程中，财政可持续成为一个约束条件。

财政风险的度量与管理在不同条件下并不相同，但重要的一个条件是利率。现代财政理论与实践中财政赤字率和债务率安全标准的设定反映的是欧美在当时历史条件和经济发展阶段下的财政规律，是当时市场利率高达7%—8%前提下财政可持续的警戒线，但并非金科玉律。在当前国际市场利率普遍接近于“0”的环境下，许多国家财政赤字和债务扩张并未导致财政利息支出负担的加重，可见，利率高低对财政的可持续性、对财政风险的影响之大，同时表明金融市场、资本市场、债券市场的健康发育与财政可持续关系密切。

从公共风险来看，财政预算约束软化，风险通过非市场方式进行转移，例如国有机构的经营性风险，通过行政方式转移至另一个国有机构或政府；私人机构利用“大而不能倒”的地位或市场垄断地位，向政府转移风险；有的地方政府在招商引资过程中，以无风险方式吸引投资者，几乎包揽了本应由投资者承担的所有风险；以及各种纯粹以转移风险为目的的金融创新，诸如此类的“风险大锅饭”，破坏了收益与风险匹配的基本规则，劣化了资源配置，降低了经济效率，扩大了整体风险。对于这类公共风险，需要财政金融协同去解决。

总之，应对环境变化，提升财政政策效果，必须以理论创新引领财政政策体系重塑。财政政策在实践中既是微观政策，也是宏观政策；既是总量性政策，也是结构性政策；既是经济刺激政策，也是社会民生政策、环境保护政策。财政政策作为综合性政策，涉及经济、技术、社会、环境等各领域的方方面面，以及一系列复杂的经济、政治与社会变量，任何变量的微弱变化都会影响公共风险与财政风险的权衡结果。然而，世界经济的发展态势使传统财政经济理论与宏观调控理论面临严峻的挑战，首先是货币政策理论在经济金融化与金融全球化背景下的失灵，其次是凯恩斯理论在高度不确定性和高度公共化环境中的日渐衰微，短期静态均衡理论已经不能解释、指导当下经济发展中的现象与趋势，对理论创新的需求愈加急切。这为财政理论工作者、智库人提供了一个绝佳的历史机遇，当大有作为。

（此文发表于《财政科学》2021年第3期，作者：刘尚希）

论财政政策的有效性

——基于公共风险分析框架

阅读提示：本文认为基于传统分析框架评估财政政策的有效性，会导致许多风险以及风险关联被屏蔽，造成财政政策的有效性评估落入“风险盲区”。财政政策只有有效对冲经济、社会等各领域相互关联的公共风险，才能真正为经济增长注入持久的确定性。通过考察“国际金融危机时期”和“新冠疫情危机时期”中国、美国和日本的财政政策不难发现，三者在实践逻辑上都有意无意地遵循着公共风险逻辑。财政政策应跳出片面的经济系统分析，基于社会大系统中的公共风险与财政风险的权衡来制定和调整，着眼于中长期力求全社会的公共风险最小化，而不只针对经济波动，财政政策与其他公共政策的相互协调也应以此为旨归。

一、引言

1998年下半年至今，中国除2005年至2008年三季度实施稳健财政政策[①]外，皆实施积极财政政策。在不同类型的财政政策中，积极财政政策受到的关注最为广泛。由于财政政策被官方定义为“通过政府部门的收入和支出来控制经济”的政策意向与活动，是政府宏观经济政策的重要组成部分，[②] 因此积极财政政策被普遍认为是以扩大总需求为重点的需求管理政策，特别是

① 稳健财政政策仍带有一定扩张性。

② 资料来源：中国政府网，《国务院常务会议：财政政策、货币政策等名词解释》，http://www.gov.cn/jrzg/2008-11/09/content_1143762.htm，2008-11-09。

1998年和2008年两次应对外部危机冲击而实施的积极财政政策，更是提供了佐证。相应地，积极财政政策的有效性评估被学术界普遍置于凯恩斯主义分析框架①，并重点关注公共投资对私人部门投资、政府支出对私人部门消费的挤出或挤入效应（郭文轩等，2003；刘溶沧和马拴友，2001；吴俊培和张斌，2013）。然而，财政政策在实践中既是微观政策，也是宏观政策；既是总量性政策，也是结构性政策；既是经济刺激政策、研发激励政策，也是社会民生政策、环境保护政策。财政政策作为综合性政策，涉及经济、技术、社会、环境等各领域的方方面面，这已经在国内外的财政政策实践中得到了充分体现。凯恩斯主义分析框架的理论逻辑无法完整刻画财政政策的实践逻辑，现有的财政政策理论在微观和宏观上也无法相互融合。

经过数十年的发展变迁，中国社会的主要矛盾已经转化为“人民日益增长的美好生活需要和不平衡不充分的发展之间的矛盾”，中国社会也已经从经济逻辑主导的生产型社会转变为风险逻辑主导的风险社会。在风险社会中，不确定性成为经济社会运行的基本特征，以确定性思维来追求社会供需总量平衡无法与风险社会相匹配。财政政策需要超越建立在确定性思维基础上的凯恩斯主义分析框架，立足于广义社会的整体性、协同性、公共性，转到防范化解公共风险的逻辑上来。值得一提的是，虽然财政政策的非凯恩斯效应②受到了广泛关注（Giavazzi和Pagano，1990；Alesina等，2002；郭庆旺和贾俊雪，2006；王立勇和刘文革，2009），但这种关于财政政策效果基于不确定性的研究尚未形成统一的视角和完整的分析框架。基于此，本文尝试将财政政策的制定、调整及有效性评估纳入基于整个社会的公共风险分析框架，超越作为社会子系统的经济局部分析，探寻财政政策的公共风险逻辑，以期把基于各学科、领域的局部分析打通，整合到一个统一的逻辑框架中来，更好地指导作为国家治理工具的财政政策实践。

---

① 管理总需求，并通过乘数效应使产出水平成比例变化，平抑经济波动，是凯恩斯主义分析框架的核心理论逻辑。

② 非凯恩斯效应包括预期效应、信誉效应、劳动力市场效应等。

二、 财政政策有效性的公共风险分析框架

（一）相关概念界定

1. 公共风险与不确定性

《汉语大词典》对风险的解释为“可能发生的危险”，即损害结果发生的不确定性。公共风险是指群体性风险①，即产生“群体（或社会）影响”，个人和企业无法规避的风险，也就是只能通过集体行动来防范化解的风险（刘尚希，1999）。公共风险是宏观的、社会整体的损害结果发生的可能性，各种不同类型和层面的不确定性是公共风险的本源，而人们对公共风险的反应又会引致新的不确定性，并产生叠加效应。这种正反馈机制一旦形成就会自我维持并强化，并落入“发展停滞”的陷阱之中。若无外力，社会自身往往难以打破这种循环而跳出发展停滞的陷阱。

不确定性是世界的本质，故而无法通过消除不确定性来消除公共风险。人类生活在一个不确定性的世界当中，但人类可以构建自己生存发展所需要的确定性。人类历史就是人类构建自身确定性的历史，其构建的基本方法就是“思想实验”，数学是人类思想实验构建物理世界确定性的最典型成果。基于“风险”的人类思想实验日渐凸显，从感性的本能日渐转化为一种意识、思维、理性和方法，通过风险对冲来构建自身所需的确定性。从国家来看，防范化解公共风险的直接目的是为国家发展构建期望的确定性，包括期望目标的实现。不确定性是世界的本质，风险是人类社会的本质，都具有与“人”相关联的天然属性。不确定性、风险是主观与客观不可分离的统一体，是规范与实证的统一体。

---

① 是相对于“社会个体”风险而言的。个体性风险也可叫作私人风险，而公共风险也可称之为集体性风险、整体性风险，或宏观风险。与系统性风险这个常用概念的差异在于，公共风险强调风险的社会整体性特征，是相对社会共同体而言的。而“系统性风险”与“经济个体”风险相对应，强调表达的是一种风险扩散状态，在通常语境中反映风险的不可分散性、与收益的非对称性，主要用于经济金融领域的风险分析。系统性风险可以视为公共风险的一种类型。

2. 风险预期

公共风险视角下的风险预期是基于“虚拟理性”，区别于以物理学为基础的“实体理性”，内含于“风险—损害—预期—风险”和“风险—预期—行为—风险”两个逻辑链条之中。前者是指风险爆发后的危害结果，会进一步劣化经济社会主体的风险预期，导致风险扩散；后者是指风险的变化会直接作用于风险预期，进而影响经济社会主体的行为，行为变化导致风险状态改变。在现实中，两个逻辑链条往往是交织的，难以截然分开。风险预期既受风险事件（事实）的影响，也会受到风险评估（虚拟）的影响。而政府、企业和个人家庭的风险预期是交互影响的，权威性机构、人物的风险发布、风险预警以及国内外重大风险事件的发生，对风险预期的影响权重会更大。不同主体“风险—行为”模式的改变往往导致风险状态的非线性变化，甚至产生风险“蝴蝶效应”。其中政府对公共风险的预期具有系统重要性，例如，中外疫情防控的结果不同，与政府的风险预期差异直接相关。

3. 风险社会

风险社会的概念由德国社会学家乌尔里希·贝克（Ulrich Beck）于1986年提出。不同于缔造工业社会的生产现代化，即以农业社会为对象的现代化，缔造风险社会的现代化是以工业社会为对象的现代化，与信息社会叠合在一起，是“自挖墙脚”的具有“破坏性创新”的现代化。在风险社会中，占主导地位的是由“人为的不确定性”带来的“人造风险”。相比于工业社会，风险社会中的风险在影响深度和广度上都发生了质变，具有毁灭性、全球性和复杂性等特点，而且意识感知在风险与实体现实之间发挥着重要作用。可见，贝克提出的风险社会概念具有制度性、现实性和构建性等特征，公共风险视角下的风险社会也具有这些特征。

不确定性是经济社会发展的基本特征，但在不同的发展阶段所面临的不确定性是不同的。相比于农业社会和工业社会，信息社会面临的不确定性趋于多维性、多元性，随着信息社会的快速发展，不确定性加速扩散，风险社会逐渐形成。在公共风险视角下的风险社会中，由既定规则、制度构建的社会秩序（确定性）的“保质期”日渐缩短，机械地恪守事先制定的公共政策规则等引致的公共风险，广泛存在于经济、社会、环境等各领域，并通过“风险—行为”模式等多种路径相互转化、叠加和扩散。

（二）公共政策、个体行为与公共风险

1. 为什么容易产生“处置风险的风险”？

一般而言，公共政策都是奔着公共风险而去的。但公共政策在防范化解公共风险的同时，也可能引致新的公共风险。这就是我们强调的“处置风险的风险”，而且往往是无意之中导致的，“无知之幕”遮蔽了风险，形成了风险防范化解中的“灯下黑”。这种现象越来越频发，与风险事件的增多有关，更与对风险认识的表面化、“实体化”直接关联。

风险是变动不居的，而且呈现为加速状态。而我们应对风险的政策规则往往是在某种理论指导下事先就制定好的，几十年甚至上百年不变，在政策思维和框架上可以说是以不变应万变，除非受到重大危机的冲击。如美国等20世纪70年代的滞胀危机，迫使理论界反思凯恩斯主义给世界贡献的政策主张是否还管用，出现了货币主义等新的政策主张。理论、政策与规则相比于发展风险状态变化的滞后性，使得公共政策的有效性边际递减，而且加速。这也就是“政府失灵”这个说法的根源所在，据此产生了经济上的新自由主义。从社会视角来观察，社保政策一度缩小了社会的贫富差距，基尼系数下降。然而好景不长，法国经济学家皮凯蒂研究发现，西方发达国家的贫富差距又回到了几十年前的状态，中产阶层在缩小，民粹主义和社会极化等公共风险在扩大，威胁政治稳定。这说明，社保政策规则也渐渐失效了。这意味着，由逝去的先哲们前瞻性地为我们构建的确定性世界变得越来越不确定，公共风险越来越大，除非能够突破原有的一些规则和教条。中国的改革开放就是一个经典的世界历史案例，不但保住了中国的“球籍”，而且获得了快速的发展，为民族复兴构建了更大的确定性。但值得指出的是，中国的改革开放实际上也是当时中国的发展危机推动的。构建的确定性“好景”的长短，取决于“危机推动”是否能转变为“风险推动”。

风险是无界的，而且呈现为叠加状态。而我们以为风险是“实体”的，

可以通过职责分工来各个击破，因而应对风险的政策规则是按照各个领域来分别制定的，彼此之间的协同在专业壁垒和信息不对称条件下变得越来越困难。一项公共政策可能在某一个方面对冲了风险，注入了确定性，使局部确定性提高，但同时可能引致其他风险，导致整体不确定性扩大，进而带来公共风险扩散、叠加。从某一个方面看，基于某种理论制定的政策是正确的，但合起来观察便可能是不正确的，公共风险反而扩大了，这就是我们常说的"合成谬误"。这源自两个方面越来越明显的确定性失效：一是基于工业社会基础上的政府科层组织架构的不适应性，部门之间的数字鸿沟妨碍了部门之间的沟通和协同行动；二是社会科学的碎片化发展使我们看到的社会也是碎片化的，形成了一种越来越强的专业壁垒，在部门政策沟通上也往往呈现不同的逻辑框架和话语体系，使不同部门政策的协同、整合缺乏统一的理论支撑，基于整体的确定性构建变得日益困难。以经济分析为主导的公共政策往往遮蔽了社会、环境领域的风险；而基于社会分析和环境保护的公共政策往往又看不到经济风险，结果形成所谓的"效率与公平冲突"等跷跷板现象。这表明，基于专业化、部门化的政策规则所构建起来的社会确定性受到越来越大的冲击，迫切需要超越专业学科和部门局限性来制定统一的政策规则。

2. 社会个体行为为何可能转化为公共风险？

嵌入性理论（Nee 和 Ingram，1998）表明，消费、投资等经济行为嵌入社会体系当中，而非独立于社会体系之外。更重要的是，社会科学与自然科学的核心区别在于经济社会主体会作出前瞻性决策（Evans 和 Honkapohja，2001）。这种前瞻性决策是基于各种既定规则来规避个体风险和扩大个体利益的，从而形成了"风险—行为"模式。这种隐性的风险导向的行为模式，具有内在的风险外部化倾向，把各种风险尽量转移给他人或社会，甚至还包括本应由社会个体自身来承担的风险。这种行为在工业化、市场化、金融化推动下达到顶峰，如污染环境的行为。而数字化革命，则使外部化行为倾向更容易网络化，产生新的公共风险。一旦某个因素产生，哪怕是一个传言，都可能引发同频共振，衍生出公共风险并迅速扩大。这在经济金融领域十分明显，如挤兑、抛售、抢购等。在既定的风险分配格局下，对于可以按照规则转移分散的个体风险，社会个体行为方式的突然改变会衍生出可以预判的公共风险。不过，其行为方式在什么条件下突变却难以预判，这个条件与公共风险水平或者说公共风险积累程度有直接关联。而面对不可转移分散的社会个体风险，社会个体无能为力。如营养不良、看病难、上学难、就业难、遭灾等这样的民生风险，就会沿着时间轴渐渐累积，大于一定临界点就会转变为公共风险，产生整体性的损害，拖累国家发展。不可转移分散的个体风险是相对的，最终都会沿着时间轴和空间轴转变为公共风险。

个体的社会化为个体风险转化为公共风险创造了条件，其社会化程度越高，公共风险水平就会越高。从劳动、生产的社会化，到人们生活的社会化，再到数字社会的网络化、虚拟化，每一个人的行为都可能成为所有人的风险，即公共风险。新冠疫情风险扩散机制为我们观察个体风险转化为公共风险提供了最现实、最直观的案例，也是公共风险通过“风险—成本”机制改变个体“风险—行为”模式的生动教材。公共风险水平的上升，无一例外地加大所有社会个体行为的成本，从而引发了投资行为、消费行为的普遍收缩，出现了人类历史上前所未有的经济衰退。这表明，个体风险与公共风险之间复杂的非线性关系难以用确定性、规律性来描述。“黑天鹅”“灰犀牛”等形象地描述公共风险的概念，其实就已经表达了公共风险的不可预见性。凡是可预见的风险，就已经不再是风险。

（三）传统理论分析框架导致财政政策的有效性评估落入“风险盲区”

财政政策长期被置于学科分工之中而割裂开来，经济、教育、科技、卫生、环境等不同领域，均以财政政策对各领域某一个任务目标的实现程度为标准，评估财政政策的有效性，没有统一的分析框架。在经济领域，财政政策被默认为以平抑经济波动为任务目标的需求管理政策，并置于凯恩斯主义分析框架进行有效性评估。

当前经济领域流行的分析框架，是一种基于确定性思维的分析框架，主要关注投资、消费、净出口这“三驾马车”的现实运行状态，具有局部性、割裂性、短期性等特征，没有嵌入社会大系统中来分析。基于经济这个子系统构建分析框架来评估财政政策的有效性，会导致许多风险以及风险关联被屏蔽，造成财政政策的有效性评估落入“风险盲区”。首先，忽视了公共风险的泛在性，如社会、生态环境、科技等领域的公共风险。其次，忽视了经济、社会、环境等各类公共风险之间的关联性和叠加性，经济、社会、环境等各类公共风险，都可能通过“风险—成本”和“风险—行为”的逻辑相互转化和叠加，使公共风险水平升高。再次，忽视了政策自身可能引致的公共风险。由于风险认识的缺陷导致风险遮蔽和盲区，很容易导致“处置风险的风险”。如此一来，财政政策的效果实则处于一种不确定状态，甚至引发了新的风险而不知，可能导致比“政策失灵”更严重的后果。

（四）财政政策评估的统一分析框架：公共风险最小化

在风险社会背景下，公共风险水平全面升高，同时经济、社会等各领域构成一个有机整体，关联性越来越强，各领域公共风险之间的相对隔离状态已经不复存在。财政政策无法在不全面考虑经济、社会等各领域公共风险的情况下，确定性地实现某一领域某一方面的任务目标。因此，财政政策需要从经济上的需求管理政策，转变为公共风险管理政策。财政政策制定、调整及有效性评估的依据，需要从传统的需求管理逻辑转变为公共风险逻辑，将公共风险最小化作为财政政策的理论目标。

依据公共风险逻辑制定财政政策，注重从整体上防范化解公共风险，不仅关注短期经济风险，还注重防范化解中长期经济风险，不仅关注经济领域的公共风险，还注重防范化解社会、生态环境等领域的公共风险，同时着力避免因实施财政政策而引致新风险。以整体性、系统性、长期性为特点，形成“风险—政策”分析框架，就能够最大限度地避免风险盲区，为可持续的发展构建确定性。此外，财政政策有效发挥效用，离不开与其他政策的协调。仅关注财政政策与货币政策的协调性是不够的。财政政策还要与产业、社会、环境、科技等公共政策相互协调，形成防范化解公共风险的政策合力。公共政策之间的协调性，是否形成了最大政策合力，也要以公共风险最小化为评判标准。

其实，预期效应、信誉效应、劳动力市场效应等财政政策的非凯恩斯效应，以及财政政策的挤出效应、制度性因素效应等，都可以纳入公共风险分析框架进行阐释。其中，预期效应是财政政策引致公共风险又反过来影响财政政策效果的典型代表。预期效应发端于李嘉图等价定理和新政策预期观点。李嘉图等价定理表明，政府债券会因私人部门预期为政府债务融资的未来税收负担之抵消作用而无净财富效应，甚至产生负的净财富效应，扩张性财政政策因此无效，甚至产生紧缩性效果（Barro，1974）。新政策预期观点表明，消费者会将税率或财政支出的当期变化视为税率或财政支出未来变化的信号，并基于此修正预期和调整当期消费。例如，当期财政支出的增加会导致公众预期未来更高的财政支出水平及基于此的更高税负水平，进而减少当期消费（Feldstein，1980）。可见，预期效应关注的是，扩张性财政政策引致的增税风险，通过经济社会主体的“风险—行为”模式的改变对财政政策产生抵消作用。而且，在政府债务处于高水平时，扩张性财政政策可通过经济社会主体对增税风险的预期而产生紧缩性效果（Sutherland，1997），紧缩性财政政策也可通过改善经济社会主体对增税风险的预期而产生扩张性效果（Blanchard，1990）。除增税风险外，伴随扩张性财政政策的政府债务升高还会引致政府债务违约风险和赤字货币化的通货膨胀风险，导致利率因这些风险溢价而升高，降低总需求，这便是信誉效应的理论逻辑（Alesina 和 Perotti，1996）。通过提升政府部门工资水平实施扩张性财政政策，会对私人部门工资水平造成向上的压力，引致劳动力成本升高风险，可能降低私人部门的投资需求，这即是劳动力市场效应的理论逻辑（Alesina 等，2002）。挤出效应关注的则是扩张性财政政策引致的利率升高风险对财政政策效果的影响。此外，制度性因素效应表明，社会保障制度不完善带来的公共风险，导致消费者预期未来支出负担增加，进而进行过度的预防性储蓄，造成消费需求不足，影响扩张性财政政策的效果（吴超林，2001；叶文辉和楼东伟，2010）。

不难发现，上述政策评估中揭示出来的各种效应，其实都是公共风险逻辑的展开式，可以用公共风险分析框架来解释，无非是“风险—成本”传导，“风险—行为”模式改变导致的结果。财政政策对冲公共风险的失效，无一不是政策自身引致新的公共风险预期，进而改变个体行为所致。

三、 财政政策的风险实践逻辑

无论是2008年爆发的国际金融危机，还是2020年暴发的新冠疫情危机，最终都转化为了经济危机，各国纷纷制定财政政策加以应对，如中国的积极财政政策、美国的财政救助法案、日本的财政对策等。通过考察中国、美国和日本的财政政策不难发现，三个国家的财政政策实质上都在有意无意地遵循着公共风险逻辑，以防范化解经济社会中相互关联的公共风险为政策要旨。

（一）“国际金融危机时期”中、美、日三国财政政策的风险实践逻辑

1. 中国一揽子计划的风险实践逻辑

为应对国际金融危机的不利影响，中国于2008年起陆续出台了一系列政策措施，形成了应对国际金融危机的一揽子计划。其中的财政政策虽然具有明显的总需求扩张特征，但其防范化解公共风险的逻辑亦有显现。首先，从“四万亿投资计划”的七大重点投向可以看出（见表1），在拉动经济增长，防范化解经济下行风险的同时，不同资金投向还有其各自特定的公共风险防范化解倾向，包括对中长期经济风险、生态环境风险和各类社会风险的防范化解。其次，结构性减税政策能够降低经济社会主体负担，防范化解经济运行风险。作为政策重点的增值税转型改革，还有利于企业技术进步和产业结构调整，为经济的长远发展注入确定性。值得一提的是，结构性减税政策亦包含有利于生态环境保护和资源节约的增税措施，在防范化解生态环境风险和中长期经济风险的同时，增加财政收入，防范化解财政风险。最后，财政补贴政策旨在提高城乡居民收入，尤其是低收入群体收入，在防范化解社会风险的同时，拉动消费需求增长，防范化解经济下行风险。一些政策措施，

如“节能产品惠民工程”补贴，还有利于防范化解生态环境风险。

表1　“四万亿投资计划”资金重点投向

重点投向	资金测算（亿元）	占比
廉租住房、棚户区改造等保障性住房	4000	10%
农村水电路气房等民生工程和基础设施	3700	9.3%
铁路、公路、机场、水利等重大基础设施建设和城市电网改造	15000	37.5%
医疗卫生、教育、文化等社会事业发展	1500	3.8%
节能减排和生态工程	2100	5.3%
自主创新和结构调整	3700	9.3%
灾后恢复重建	10000	25%

注：资金测算和占比均为约计数。

资料来源：根据中国政府网公布资料整理，网址：http：//www.gov.cn/gzdt/2009－03/09/content_1254645.htm。

一揽子计划中的其他公共政策与财政政策相互协调，形成防范化解公共风险的政策合力。中国人民银行在扩大信贷总量的同时，也十分注重优化信贷结构，助力防范化解中长期经济风险和社会风险。值得一提的是，强化信贷支持的针对性，以及货币政策被定性为适度宽松，也有对宽松货币政策可能引致通货膨胀风险和金融风险的考虑。除货币政策外，汽车、钢铁、纺织等十大重点产业的调整和振兴规划也与财政政策相互协调。不仅通过稳定和拓展国内外市场，防范化解经济下行风险，通过促进产业结构优化升级，防范化解中长期经济风险，还通过加快淘汰落后产能和推动节能减排，防范化解产能过剩风险和生态环境风险，尤其是实施积极财政政策引致的产能过剩风险和生态环境风险。而加快《国家中长期科学和技术发展规划纲要(2006—2020年)》的实施，能够为经济社会的长远发展注入确定性。此外，通过完善各类社会保障制度，防范化解社会风险，并基于此稳定经济社会主体预期，促进消费、扩大内需，防范化解经济下行风险；通过完善国家教育制度，促进人力资本积累，为经济的长远发展注入确定性。

2. 《2009美国复苏与再投资法案》的风险实践逻辑

为应对次贷危机及其引发的国际金融危机影响，美国颁布了《2009美国复苏与再投资法案》（American Recovery and Reinvestment Act of 2009，AR-

RA)，以下简称《复苏法》，分为A、B两部分，预计在2009—2019年间增加7872亿美元的联邦赤字。

A部分将财政资金拨给各公共部门和机构，用于其各自主管领域的运行和发展，预算授权3112亿美元（见表2），预计增加3085亿美元的联邦赤字。拨款基本涵盖了经济、社会等各领域各方面，在拉动经济增长和带动就业，防范化解总需求不足带来的经济下行风险和失业问题带来的社会风险的同时，更关注医疗、教育、住房、贫困人口福利等社会保障领域，以及人力资本积累、基础设施完善、科技进步、信息化数字化水平提升、资源能源效率提升、公共安全水平提升、环境保护、资源保护等方面，注重从整体上防范化解经济、社会等各领域的公共风险，其政策内涵明显超越了单一的宏观经济政策框架。

表2　《2009美国复苏与再投资法案》A部分预算授权额

部门/机构	预算授权额（百万美元）	占比
劳工部、卫生部、教育部等	72564	23.3%
交通运输部、住房和城市发展部	61795	19.9%
州财政稳定基金（拨款由教育部管理）	53600	17.2%
陆军工程师兵团、内政部垦务局、能源部	50825	16.3%
农业部	26466	8.5%
商务部、司法部、国家航空航天局、国家科学基金会	15922	5.1%
内政部、环保署、农业部林务局、卫生部印第安人卫生服务署等	10950	3.5%
财政部、总务管理局、小企业管理局等	6858	2.2%
国防部	4555	1.5%
国防部、退伍军人事务部	4281	1.4%
国土安全部	2755	0.9%
国务院、美国 墨西哥国际边界和水域委员会	602	0.2%
政府问责局	25	0

资料来源：根据《2009美国复苏与再投资法案》（网址：https://www.congress.gov/111/plaws/publ5/PLAW-111publ5.pdf）、美国国会预算办公室公布资料（网址：https://www.cbo.gov/sites/default/files/111th-congress-2009-2010/costestimate/hr1conference0.pdf）整理。

B部分预计增加4788亿美元的联邦赤字（见表3），也注重从整体上防范化解公共风险。例如，税收条款既包括增加居民收入和增强居民对特定商品消费意愿的减税措施、促进制造业复苏和经济复苏的减税措施、支持基础设施领域融资的减税措施，也包括促进投资和困难群体就业、减轻企业负担的减税措施，还包括鼓励利用和发展可再生能源、促进节能环保的减税措施。

3. 2008—2010年日本系列财政对策的风险实践逻辑

2008—2010年，日本先后通过了主要用于应对国际金融危机的八套财政对策（见表4），具有较为清晰的公共风险逻辑，具体表现在以下几个方面。首先，注重扩大“绿色消费”和“绿色投资”，即将生态环境保护内嵌于总需求扩张政策之中，避免在防范化解经济下行风险的同时引致生态环境风险。其次，注重有利于可持续发展的投资，即有利于节能环保、人力资本积累、产业强化、基础设施性能提升等方面的投资，为经济的长远发展注入确定性。再次，注重激发经济社会主体的活力，尤其是通过强化就业保障、生活保障等社会保障措施，消除国民的不安情绪，引导良性预期，还通过实施就业机会创造计划、强化人才培养、布局就业战略等，建立就业的基础，防范化解中长期失业风险，进一步稳定国民预期。最后，注重无须动用财政资金的改革措施和对现有预算的活用，这无疑有利于防范化解财政风险。

表3　《2009美国复苏与再投资法案》

B部分预计增加的联邦赤字　　（单位：百万美元）

主题	预计增加的联邦赤字
税收条款	288339
失业工人和困难家庭援助	58143
医疗保险援助	24677
医疗信息技术	17559
州财政纾困	90042

资料来源：根据《2009美国复苏与再投资法案》（网址：https：//www.congress.gov/111/plaws/publ5/PLAW－111publ5.pdf）、美国国会预算办公室公布资料（网址：https：//www.cbo.gov/sites/default/files/111th－congress－2009－2010/costestimate/hr1conference0.pdf）整理。

（二）“新冠疫情危机时期”中、美、日三国财政政策的风险实践逻辑

1. 2020年中国积极财政政策的风险实践逻辑

中央政治局会议在“六稳”的基础上提出了“六保”①，实际上就是要防范化解新冠疫情给中国经济社会的六个基本方面带来的公共风险，着力避免公共风险相互叠加及转变为损害结果。“六保”涉及的六个方面，具有很强的关联性，尤其是保居民就业、保基本民生、保市场主体三者之间。只有保住了市场主体，才能从整体上保住居民就业和基本民生。因此，保住市场主体和稳定经济运行成为2020年中国积极财政政策的着力点，主要包括减税降费、减租降息、扩大消费和扩大投资四个方面的内容。政策最直接的效果即是防范化解中小微企业等市场主体出现“倒闭潮”的公共风险和稳定经济运行。

值得注意的是，自新冠疫情暴发以来，中国始终高度重视对疫情扩散风险的防范化解，制定了一系列疫情防控政策，国内的新冠疫情因此得到了有效控制，使得中国面临的经济风险没有因疫情风险的大量转化和叠加而持续升高，这为积极财政政策的有效实施提供了坚实保障。

表4　2008—2010年日本通过的财政对策　（单位：万亿日元）

通过日期	政策名称	国费	事业费
2008. 8. 29	为实现安心的紧急综合对策	1. 8	11. 5
2008. 10. 30	生活对策	5	26. 9
2008. 12. 19	为保障生活的紧急对策	资金规模：43	
2009. 4. 10	经济危机对策	15. 4	56. 8
2009. 10. 23	紧急就业对策	0	0
2009. 12. 8	为了未来安心和发展的紧急经济对策	7. 2	24. 4

① 保居民就业、保基本民生、保市场主体、保粮食能源安全、保产业链供应链稳定、保基层运转。

通过日期	政策名称	国费	事业费
2010.9.10	为实现新发展战略的三步走经济对策（紧急应对日元升值和通货紧缩）	0.9	9.8
2010.10.8	为应对日元升值和通货紧缩的紧急综合经济对策（为实现新发展战略的第二步）	4.9	20.8

注：“国费”“事业费”和“资金规模”的数额为约计数；“为实现安心的紧急综合对策”的国费和事业费分别被追加至2万亿日元和11.7万亿日元；“为保障生活的紧急对策”的金额中不包括为“继续落实‘生活对策’”的约21万亿日元的紧急担保和政府系金融机构贷款；由于公共事业合同的提前，“为应对日元升值和通货紧缩的紧急综合经济对策（为实现新发展战略的第二步）”的国费和事业费分别增加至5.1万亿日元和21.1万亿日元。

资料来源：根据日本内阁府网站公布资料整理，网址：https://www5.cao.go.jp/keizai1/keizaitaisaku/keizaitaisaku_kako.html。

2.《新冠疫情援助、救济与经济安全法案》的风险实践逻辑

新冠疫情暴发后，美国先后出台了多项救助法案加以应对。截至目前，规模最大的当属《新冠疫情援助、救济与经济安全法案》（Coronavirus Aid, Relief, and Economic Security Act, the CARES Act），以下简称《新冠疫情法案》，包括A、B两部分，提供的援助规模总计超过2万亿美元，预计在2020—2030年间增加约1.7万亿美元的联邦赤字。①

A部分包括六个主题（见表5），主要用于防范化解新冠疫情带来的经济风险和社会风险，前者如为小企业提供紧急经济救济、给予特定雇主减税等税收优惠、稳定和援助受到疫情严重冲击的美国航空业；后者如援助美国失业工人、给予低于一定收入水平的个人纳税人及其抚养的子女一次性退税等税收优惠、支持美国的医疗卫生系统。

B部分为自主拨款条款（见表6），拨款单位涵盖了美国众多公共部门和机构。拨给这些单位的资金，被限定用于预防、应对新冠疫情及其影响，尤其是防范化解新冠疫情带来及加剧的经济、社会等各领域的公共风险，具体

① 一些援助的形式为不增加财政赤字的贷款担保，因此预计增加的联邦赤字小于援助的规模。此外，虽然计算联邦赤字增加额的期间为2020—2030年，但《新冠疫情法案》的主要实施年份为2020年。

用途包括三类：一是保证各单位在疫情期间正常运转；二是实施各单位的各项计划，支持其主管领域的稳定和发展；三是对以上资金、项目及活动的审计和监督。

表 5 《新冠疫情援助、救济与经济安全法案》A 部分收支表（单位：十亿美元）

直接支出		
主题	（预计）预算授权额	（预计）支出额
1. 《保证美国工人工资和就业法案》	377	377
2. 援助美国的工人、家庭和企业	417	417
3. 在与新冠疫情的斗争中支持美国的医疗卫生系统	1	8
4. 稳定和援助受到严重冲击的美国经济部门	531	25
5. 新冠疫情救济基金	150	150
6. 其他条款	10	10
合计	1486	988
收入		
主题	预计收入额	
2. 援助美国的工人、家庭和企业	-396	
3. 在与新冠疫情的斗争中支持美国的医疗卫生系统	-9	
4. 稳定和援助受到严重冲击的美国经济部门	-4	
合计	-408	

资料来源：根据《新冠疫情援助、救济与经济安全法案》（网址：https：//www.congress.gov/bill/116th-congress/house-bill/748）、美国国会预算办公室公布资料（网址：https：//www.cbo.gov/system/files/2020-04/hr748.pdf）整理。

表 6 《新冠疫情援助、救济与经济安全法案》B 部分支出表（单位：十亿美元）

自主拨款		
领域	预算授权额	预计支出额
卫生和公众服务部“公共卫生和社会服务应急基金”	127	127
联邦紧急事务管理署“赈灾基金”	45	44
交通运输部	36	35

续表

自主拨款		
领域	预算授权额	预计支出额
“教育稳定基金”	31	31
退伍军人事务部	20	19
其他	71	71
合计	330	326

资料来源：根据《新冠疫情援助、救济与经济安全法案》（网址：https：//www.congress.gov/bill/116th-congress/house-bill/748）、美国国会预算办公室公布资料（网址：https：//www.cbo.gov/system/files/2020-04/hr748.pdf）整理。

3. 日本“新型冠状病毒感染症紧急经济对策”的风险实践逻辑

日本“新型冠状病毒感染症紧急经济对策”分为两个阶段实施，第一阶段为新冠疫情收敛之前的“紧急支援阶段”，第二阶段为新冠疫情收敛之后的“V字恢复阶段”。

第一阶段包括两个主题。一是防止新冠肺炎感染的扩大、强化医疗提供体制，以及加快新冠肺炎治疗药物和疫苗的开发，在防范化解疫情扩散风险的同时，尽早消除国民的不安情绪，引导良性预期，为重启经济活动打下基础。二是维持就业、支持不同规模的企业尤其是受到疫情严重冲击的市场主体正常运转，以及支援生活陷入困难的人们，防范化解经济运行风险，为下一阶段的经济复苏打好基础。

第二阶段也包括两个主题，主要致力于防范化解新冠疫情带来的短期经济下行风险和中长期经济风险。前者如在国民的不安消除后，大胆唤起对受到新冠疫情严重冲击行业的消费需求，恢复经济活动，以及提前执行公共投资，支撑景气。后者如通过供应链改革、强化向海外发展、加速社会数字化变革，构筑坚韧的经济结构。

此外，“新型冠状病毒感染症紧急经济对策”还设立了规模超过以往的政策研究预备费，根据疫情状况和经济动向，做好果断研究必要对策的充分准备（见表7）。

表7 “新型冠状病毒感染症紧急经济对策”的主题和规模 （单位：万亿日元）

主题	财政支出	事业规模
防止感染扩大对策和医疗提供体制的整备及治疗药物的开发	2.5	2.5
就业的维持和事业的继续	30.8	88.8
在下一阶段举官民之力恢复经济活动	3.3	8.5
构筑坚韧的经济结构	10.2	15.7
今后的准备	1.5	1.5
合计	48.4	117.1

注：“财政支出”包括国家、地方财政支出和财政投融资；“财政支出”和“事业规模”的数额为约计数。

资料来源：根据日本内阁府网站公布资料整理，网址：https：//www5.cao.go.jp/keizai1/keizaitaisaku/2020/20200420_taisaku.pdf。

四、保障财政政策有效实施的政策建议

伴随经济社会发展不确定性的凸显，风险社会已经不是一个阶段性现象。在风险社会中，公共风险无处不在、无时不在，不断产生和不停转化，需要运用以整体性、系统性、长远性为特征的风险思维加以有效应对。因此，财政政策要以风险社会为基点防范化解经济下行风险，除短期经济增长风险外，还要关注其他类型的经济风险，尤其是供给侧因素带来的中长期经济发展风险，以及社会、生态环境等领域随时能够转化和叠加为国家发展风险的公共风险。当前，中国经济、社会、生态环境、金融领域面临的公共风险最为突出。相应地，以风险社会为基点防范化解发展风险，就要求财政政策全面系统地考虑这些领域的公共风险，将防范化解经济下行风险、新冠疫情扩散风险、新贸易保护主义风险、“养老难”风险、贫富差距过大风险、生态环境风险、金融风险、财政风险统一于财政政策及财政政策与其他公共政策的相互协调之中，如此方能保障财政政策有效实施，实现公共风险最小化。

近年来，中国经济增速持续处于下行状态。造成中国经济增速下行的因

素复杂多元，就经济领域的影响因素而言，突出的是供给与需求关系中的供给响应机制失灵，并广泛存在于商品市场和要素市场。商品市场的供给响应机制“钝化”主要表现为供给升级远滞后于消费升级，品牌、质量、种类等不能满足消费升级的需求，消费风险加大，迫使购买力外流，弱化了内需；要素市场的供给响应机制“钝化”主要表现为土地、资本、劳动力、技术、数据等生产要素的市场供给不平等，导致不公平竞争，市场风险由此加大，企业成本上升（刘尚希和苏京春，2018）。这劣化了资源配置，导致潜在增长率和全要素生产率下降，成为经济增速下行的直接因素。不言而喻，传统的需求管理政策已无法有效应对经济增速下行风险，减税降费、扩大政府投资等减负刺激政策只能缓解一时。财政政策要为经济增长注入更可持续的确定性，需要在供给响应机制上下功夫。充分发挥财政的结构性功能作用，促进供给侧结构性改革深化，如知识产权保护、数字化建设、技能培训、扩大劳动参与、通过基本公共服务均等化促进劳动力流动和人力资本积累等，提高供给响应机制的灵敏性，进而实现供需匹配关系的动态优化。

目前，社会领域的公共风险中最为突出的仍是新冠疫情扩散风险。疫情风险会对经济社会主体心理造成深远影响，劣化经济社会主体预期，异化经济社会主体行为①，增加经济运行的不确定性。因此，财政政策要重点关注经济社会主体预期的稳定，避免经济下行风险因经济社会主体行为的异化而进一步扩大，通过引导良性预期，使经济社会运行逐步进入畅通循环的轨道。值得一提的是，在中国深度融入全球化和新冠疫情肆虐全球的背景下，新贸易保护主义等反全球化浪潮也无疑会给中国面临的经济下行风险增加更多不确定性，也需要财政政策注入确定性加以有效应对。

“养老难”风险已成为中国人口老龄化进程中最突出的社会风险之一。中国65岁及以上人口占总人口比重由2010年的8.9%逐年升至2019年的12.6%，老年抚养比由2010年的11.9%逐年升至2019年的17.8%，养老保险基金面临可持续性风险。除对养老保险基金进行财政补贴外，财政政策要

① 新冠疫情扩散风险，以及疫情防控政策引致的公共风险，都可能异化经济社会主体行为。

助力将老年群体转化为社会资源，从根本上降低“养老难”风险。例如，实施促进老年人自愿“再培训”“再教育”“再就业”的财政政策，充分挖掘老年人自身潜力，实现“老有所用”“老有所为”“老有所成”。同时将风险转化为机遇，实施促进养老产业等“健康长寿经济”发展的财政政策，培育经济发展新动能。此外，伴随经济市场化程度的不断提高，贫富差距过大风险也成为中国当前面临的重大社会风险之一。中国居民人均可支配收入基尼系数常年高于0.4的警戒线。缩小贫富差距，除依靠财政的收入再分配职能外，更重要的是通过财政政策促进“人人参与、人人努力”的体制机制构建，进而实现“人人共享”的收入分配新局面。

中国正面临巨大的生态环境风险。工业化进程会给生态环境带来极大的不确定性，引发气候改变，并由此引发生态环境和气候改变风险。从世界范围来看，正在进行或已经完成工业化的国家都正在或曾经面临生态环境与气候问题。中国此前主要关注经济增长，有效防范不足，导致多地遭受了严重的环境污染，不得不打一场污染防治攻坚战。伴随近年来环境污染治理力度的不断增强，中国最突出的空气污染问题得到了明显改善，但环保形势依然严峻。为生态文明建设注入更多的确定性，需要财政政策发力。除直接增加财政环保支出外，还要将防范化解生态环境风险内嵌于财政政策的具体措施之中，如促进“绿色消费”“绿色投资”。

中国正面临较高的金融风险。根据国际清算银行（BIS）统计，截至2020年二季度，中国宏观杠杆率已达280.3%，远高于“金砖五国”中其他新兴经济体，甚至高于G20平均水平。[①] 此外，中国商业银行不良贷款率也呈不断升高趋势，截至2020年三季度，中国商业银行不良贷款率达1.96%。金融风险与经济金融化相伴相生，财政的公共风险责任无可逃避。1997年爆发的亚洲金融危机和2008年爆发的国际金融危机，都是因为相关国家没能及时对冲经济金融化进程的不确定性，结果导致发生金融危机。防范化解金融

---

① 资料来源：国际清算银行（BIS），网址：https://stats.bis.org/statx/srs/table/f1.1；数据更新时间：2020年12月。

风险，也不能以金融逆市场化为代价，财政政策要从源头入手，助力完善的社会信用体系建设，并重点支持金融监管创新。

中国的财政风险也在扩大，尤其是地方政府的隐性债务和或有债务，给财政的可持续性增加了很大不确定性。财政政策本身就是防范化解公共风险的工具，或者说是一个风险转化器。在这个意义上，财政风险的扩大不过是其作为政策工具使用的风险代价。任何政策工具的使用都会带来风险代价，只是在确定性思维惯性下使我们时常无法看到或者漠视这种风险代价。财政风险来源于公共风险。一方面，积极财政政策的实施无疑会加大财政风险，当前“六稳”“六保”压力不断加大，财政的不确定性也在上升。另一方面，财政政策对上述提到的各领域公共风险具有抑制作用，能够为整个发展注入确定性。从这个意义上讲，通过全面深化改革来控制公共风险，才是控制财政风险，降低政府债务风险的根本之策（刘尚希，2012）。

作为国家治理的基础和重要支柱，财政的可持续性极其重要，事关整个国家发展的稳定性和确定性。同时，作为公共政策的主要政策，财政政策又不得不面临“转化”公共风险的重任，以抑制其他各领域各方面的公共风险。由此可见，财政政策的制定实质上是以公共风险与财政风险的权衡为原理的，并以此调整财政政策的力度、节奏和步伐，在全局整体上实现公共风险最小化。这是财政政策转向公共风险管理的基本依据，也是评价财政政策有效性的基本逻辑。

此外，协调不当的公共政策不仅无法有效防范化解公共风险，还会叠加内生更大、更复杂的公共风险。由于缺少统一的公共风险管理框架，公共政策之间的不协调往往成为公共风险的重要来源，这在现实中并不少见。强化公共风险思维，转向公共风险管理，是当前政府职能转变、政策制定、改革推进的当务之急。

参考文献：

1. 郭庆旺、贾俊雪：《稳健财政政策的非凯恩斯效应及其可持续性》，《中国社会科学》2006 年第 5 期，第 58 – 67，206 页。

2. 郭文轩、周雄飞、云伟宏、李利英：《积极财政政策执行效果及隐忧问题研究——H省执行情况个案分析》，《经济研究》2003年第4期，第13-21，91页。

3. 刘溶沧、马拴友：《赤字、国债与经济增长关系的实证分析——兼评积极财政政策是否有挤出效应》，《经济研究》2001年第2期，第13-19，28页。

4. 刘尚希：《论公共风险》，《财政研究》1999年第9期，第12-19，54页。

5. 刘尚希：《控制公共风险是化解政府性债务风险的源头》，《经济经纬》2012年第2期，第2-3页。

6. 刘尚希、苏京春：《供给侧结构性改革、新动能与供求新平衡》，《中共中央党校学报》2018年第2期，第110-118页。

7. 王立勇、刘文革：《财政政策非线性效应及其解释——兼论巴罗-格罗斯曼宏观一般非均衡模型在中国的适用性》，《经济研究》2009年第7期，第65-78页。

8. 吴超林：《积极财政政策增长效应的制度条件分析》，《世界经济》2001年第12期，第55-62页。

9. 吴俊培、张斌：《积极财政政策挤入效应的实证分析》，《财贸经济》2013年第7期，第5-16页。

10. 叶文辉、楼东伟：《中国财政政策的有效性分析——基于金融危机的背景》，《山西财经大学学报》2010年第5期，第21-26，33页。

11. Alesina, A., Ardagna, S., Perotti, R., & Schiantarelli, F., "Fiscal Policy, Profits, and Investment", The American Economic Review, Vol. 92, No. 3, June 2002: 571-589.

12. Alesina, A., & Perotti, R.. Fiscal Adjustments in OECD Countries: Composition and Macroeconomic Effects. NBER Working Paper 5730, August 1996.

13. Barro, R. J.. Are Government Bonds Net Wealth?. Journal of Political Economy, Vol. 82, No. 6, Nov.-Dec. 1974: pp. 1095-1117.

14. Blanchard, O. J.. Commenton "Can Severe Fiscal Contractions be Expansionary? Tales of Two Small European Countries". NBER Macroeconomics Annual, Vol. 5, January 1990: pp. 111-116.

15. Evans, G. W., & Honkapohja, S.. Learning and Expectations in Macroeconomics. Princeton and Oxford: Princeton University Press, 2001.

16. Feldstein, M.. Government Deficits and Aggregate Demand. NBER Working Paper No. 435, January 1980.

17. Giavazzi, F., & Pagano, M.. Can Severe Fiscal Contractions be Expansionary? Tales of Two Small European Countries. NBER Macroeconomics Annual, Vol. 5, January 1990: 75 - 111.

18. Nee, V., & Ingram, P.. "Embeddedness and Beyond: Institutions, Exchange, and Social Structure" in Brinton, M. C., & Nee, V. (eds.), The New Institutionalism in Sociology. New York: Russell Sage Foundation, 1998.

19. Sutherland, A.. Fiscal Crises and Aggregate Demand: Can High Public Debt Reverse the Effects of Fiscal Policy?. Journal of Public Economics, Vol. 65, No. 2, August 1997: 147 - 162.

（此文发表于《财政研究》2021年第1期，作者：刘尚希、孙喜宁）

第六篇

论财政金融协同

财政金融协同的目标应转向公共风险管理

阅读提示：无论在理论研究层面，还是在实际操作层面，站在部门的角度看待财政和金融，已经成为一种习惯。本文提出，财政与金融具有内在的关联和共同的基础，过去被形象地以“连裆裤”来形容，要超越部门思维将财政与金融作为一个整体融合起来，两者要协同发力，去实现财政和金融的政策协同与改革协同。当前，财政金融协调目标要从需求管理转到公共风险管理。同时，在全面认识公共风险管理的基础上，以公共风险管理来推动财政与金融协同目标的实现，从而更有效地服务实体经济，服务宏观大局。

财政与金融是国家宏观调控的两大重要政策工具，也是配置资源的两种机制，共同为社会财富增长和财富管理提供确定性。新时代的财政是国家治理的基础与重要支柱，它既是改革的对象，也是各项改革的保障。国家治理在不同历史阶段的任何“破”与“立”，本质上都是利益与风险的分配，最终都会归结为根植于社会共同体的财政的改革。观察财政改革，最重要的是要突破部门思维，须从国家治理的角度来看待和认识。金融是储蓄变投资的转换器，也是一种风险分配机制。财政金融协同具有坚实的基础。不确定性成为当今时代的基本特征，财政金融协调的目标，应当从需求管理转到公共风险管理。同时，也以公共风险管理来推动财政金融协同的实现。

一、 财政金融具有较深厚的协同基础

财政金融在英文语境里，都可用 finance 表示。财政和金融似乎是两个不同体系，但从源头来说，它们可能是一样的，都源于社会的信用。这可从融资、价值和市场信用的基础、货币发行流通和财政收支，以及风险定价四个

角度来分析。

从融资的角度来看，财政金融都是融资。股权、债权、税权都可以说是融资的概念，税权不能转让，征税是强制性的，它没有市场，而股权、债权是可以转让的，它们有市场。从这一点来看，其实财政和金融有很多的方面是相同相通的。从价值和市场信用的基础来看，财政金融都是国家控制的一种制度规则，是一种历史构建。税收、货币、价值都是公共权力存在的基础。征税权是货币和国家信用的前提。从货币发行流通和财政收支来看，财政与金融有内在关联。基础货币、货币乘数都跟财政联系在一起。铸币税是基于国家权力的，是没有成本或成本极低的一种收入，这种收入毫无疑问应当算为财政收入。从风险定价的角度来看，财政是金融的基础。风险定价的基准是无风险的国债。国债收益率曲线、信用评级、风险等级，其实都与财政紧密联系在一起，建立在财政基础之上。例如，涉及地方债务的问题，金融机构或者银行看重的是地方财政信用等级高。如此，金融机构或者银行才会与地方政府去谈融资。例如，企业得到财政资金的注入，意味着企业获得增信。风险定价基准由财政提供。没有财政这个基准，金融风险定价就失去了参照系。从这一点来看，财政是金融的基础。

二、 财政金融协调的目标应从需求管理转到公共风险的管理

财政政策和金融政策过去主要通过多种扩张性或紧缩性的政策相搭配，围绕弥补需求缺口或抑制需求过剩来做文章。而在当前条件下，仅从需求管理框架来看财政金融政策已远远不够。从需求角度看，财政金融目标相对比较简单，其目标是稳定需求、熨平经济波动，如反通胀、反周期。而当前经济和金融运行状态与过去相比已发生很大变化，其中最大的变化是金融与经济的关系。金融和经济两者已经在融合，经济的金融化成为一种基本趋势。这不仅反映在 GDP 比例上，还反映在金融交易和实体交易的融合上——现在实体交易和金融交易越来越融合在一起。此外，企业财务金融化，各种各样的资产也在金融化，实体企业金融资产占比不断提高，整个社会财富都在金

融化，转化为一种价值信用关系。

随着货币化到金融化，金融化再加上数字化，以及数字货币的出现，新的货币理论，即去中心化理论出现了。去中心化包含多层含义：货币发行去中心化、货币流通去中心化、货币回笼去中心化。随之而来的是，债务、税收、货币等基本概念需重新定义。去中心化以后，尤其是数字货币出来以后，一些传统的理论需要更新。经济结构性失衡产生了各种不确定性，由此导致风险发生机制也发生了改变，行为主体预期的模式也在进行调整。面对转型升级发展带来的复杂的结构性问题，加之经济的金融化，仅靠需求管理已不可行。因此，随着现实情况变化，我们的思维要从需求管理的框框里跳出来，调整我们的财政金融目标。

不确定性的风险已成为问题的根源。从这个角度来判断，财政金融协同的目标应当转向公共风险的管理。不是说需求管理不需要，而是强调供给侧结构性改革，实际上也表明需求管理满足不了现实的需要。其实，从需求管理到供给管理，再进一步就应是风险管理。这里的风险管理指的是公共风险管理。之所以从需求管理转向供给管理，再到公共风险管理，是因为不确定性风险越来越大。这并非仅是一个程度的问题，也并非仅是一段时期出现的问题，相反，它越来越成为经济社会运行的一种本质。这与我们对现实社会的认知、判断是有直接关系的。过去认为这个不确定性就是一种偶然性，我们研究的目的更多的是去找规律，但现在发现这个现实本身或者这个事件的本质本身就是不确定性，我们的目标是构建某种确定性，在某种条件下去找一种确定性，这就变成了所谓的寻找规律。

谈及规律离不开条件。财政金融问题也要从哲学层面去重新认识，要有一种新的认识方法。传统的基于确定性的知识体系已不适应现实发展的需要，许多指标难以正确反映现实。在不确定的世界中，风险无处不在、无时不有，我们的目标和任务就是共同构建某种条件，从而构建某种确定性。基于此思路，财政政策、货币政策、宏观审慎政策、宏观审慎监管应当是一体的宏观风险管理工具，三者不能分开。如分开，则将面临新的风险，就是面临“拆弹”风险，一不小心“风险炸弹”就会爆炸，或者引发“连环爆炸”。2017

年年底以来，为防范化解重大风险，财政和金融都在发力。但是，由于政策的不协调，引发了经济急剧收缩，尤其是对民营企业影响很大。因此，从财政金融协调的角度来说，财政政策、货币政策、宏观审慎政策、宏观审慎监管应放在一起来考虑，如果缺乏一种协调的机制，分开来实施这些政策和进行监管，那么就很可能引发更大的风险，从而不是在管理风险，更不是在降低风险，而是在制造风险。

三、 整体认识公共风险需从结构性失衡方面来分析

风险可以表现在各个领域，虽然承担风险的主体不同，但风险的本质是一样的。风险概念首先讲的是一种可能性，其次才是一种可能的损失。风险不是一种实体的存在，而是一种虚拟的存在。从思维方式角度看，风险思维与常说的理性思维实际有很大区别。政府承担的是公共风险，而不是其他什么风险。我们在政策制定以及学术讨论中，常对风险进行领域区分。我们常谈财政风险、金融风险、房地产风险等，而很少去区分公共风险跟微观主体应承担的个体风险。公共风险与个体风险在性质上是完全不同的，尤其谈到金融风险的时候，往往没有区分市场主体，比如金融机构应当承担的风险和政府应当承担的风险，这里面风险责任如何划分，应该是当前宏观审慎需要考虑的大问题。

如果说本该市场承担的风险，政府却介入了，那么政府就是越位了；如果市场的风险已溢出市场，变成公共风险，政府还看不见，那么政府就缺位了。如何判断风险是不是溢出市场，是宏观审慎面临的一个难题。从微观审慎到宏观审慎是理念的变化，也是方法的调整，需强调从整体性、公共性、系统性的角度来观察和认识金融风险。这是一个很大的进步。然而，在现实中，金融机构和政府分别应承担怎样的风险，风险如何界定是一个难题，要防范“大而不能倒”风险。“大而不能倒”意味着，一家金融机构具有的系统重要性，决定了如任其倒闭将引发严重的系统性危机，因此政府必将选择救助而不是任其倒闭。因此，当这一风险发生之时，是金融机构还是政府去

承担此风险？这个问题的性质就发生了变化。

美国金融危机为我们提供了丰富的研究案例，对我们控制风险、阻止风险蔓延，以及强化金融机构作为微观主体的风险责任，都具有很好的借鉴意义。风险本身有边无界，经济风险、财政风险、金融风险表现在各个领域，它们相互转化、相互叠加。金融部门倾向于说财政风险金融化，财政部门倾向于说金融风险财政化，因此风险本身无界，仅仅是存在的具体形式暂时不同。因此，说财政风险金融化或金融风险财政化，从整体上说没有什么意义。在汉语语境中，风险的概念准确表达了风险本质，风险就像风一样，既看不见也摸不着，但能感觉到。所以风险是没有界的，财政风险、金融风险可能都是一体的东西，只是我们站在不同的角度去看，看到了不同的形态，看到了不同的东西，实际上，往往说的是一个事物。因此，我们要跳出部门的限制，从整体上去看公共风险。

当前的公共风险来自三个相互关联的结构性失衡，即社会供给、社会需求之间的结构性失衡，金融供给与金融需求之间的结构性失衡，公共服务供给与公共服务需求的结构性脱节。以下详细介绍之。

（一）社会供给、社会需求之间的结构性失衡

当前我国经济下行的主要原因，就是出现了供需之间结构性失衡问题。现阶段，该问题主要出现在供给方面。供给问题是不是可以简单地说供给过剩？供给为什么会过剩呢？其实，这些问题与我们的市场化改革没有完成有直接关系。要素市场化配置没有完全实现，社会供给结构、质量就很难按照市场的规则去自适应调整变化。

我们的市场目前存在竞争不公平、市场逆淘汰现象，面临着供给质量如何提升的问题。经常出现的情况是，虽然高端需求产生了，但供给却没有相应跟进。这种出现需求而供给跟不上，甚至没有供给的情况，不是企业不想做，而是企业没法做。其原因在于，要满足高端需求，就得提高供给质量，就得投入研发，但在知识产权保护不力的情况下，企业刚研发出来，模仿的产品就可能先量产了，那谁还愿意去搞研发呢？这可称为“供给响应机制”

失灵现象。

此外，企业要满足不断提升的需求，光有品质不行，还要有品牌。品牌标志着产品或服务具有可以放心消费的确定性。但是，品牌的打造是需要时间的。在现有市场环境下，品牌的打造是比较难的。因此，企业行为短期化明显，都希望挣快钱，没有把精力放在产品研发和品牌的塑造上面。这就导致了社会供给与社会需求间的失衡，这种失衡不是总量的，而是结构性的。当这种风险累积到一定程度时就会导致经济下行。因此，这不是周期理论能解释的。经济一旦下行，就不会是短期性的。经济下行表现在宏观上，根子却在微观方面。优胜劣汰的市场功能没得到充分发挥。

（二）金融供给与金融需求之间的结构性失衡

金融功能性失调会妨碍供给体系、需求体系的自适应调整，并导致在融资难、融资贵等现象层面上的障碍性问题。融资难和融资贵是两个问题，融资难是通道问题，属于体制性问题，而融资贵是风险定价问题，属于市场性问题，但人们常常把这两个问题混为一谈。

此外，还有关于影子银行的问题。曾有一段时间，影子银行被妖魔化，认为影子银行是金融风险的根源，应被打击，甚至要被彻底取缔。结果影子银行被“严打”，导致很多民营企业“失血”，造成其流动性紧张，进而导致各种“雷暴”。影子银行快速发展是金融市场深化不足的结果。当正规金融渠道不能满足融资需求时，就会在市场上形成新的融资渠道。这是民企融资需求引发出来的金融供给，形成了金融双轨制：政府主导的金融和市场主导的金融。改变双轨制的正确取向应当是市场化，但近两年来采取的很多措施是行政性的，以防风险的名义实行行政式监管。这种基于行政权力的监管导致社会融资规模急剧收缩，并一直延续到现在。

因此，如果防风险不是建立在市场深化的基础上，而是建立在行政权力的基础上，那么其结果会适得其反。现实告诉我们，防风险未贯穿市场化的理念，多多少少还有一些计划体制的影子，再加上一些行政化的东西交织在一起，使金融一直处于受抑制的状态。一方面，我国的金融扩张快，金融业产值占 GDP 的比重比发达国家还要高；另一方面，我国的金融受到严重抑制。这是一个悖论，其根源在于金融双轨制。

可以看出，由于金融供给与金融需求之间的结构性失衡，即金融供给半市场化，金融需求高度市场化，导致我国经济体系内生的不确定性扩大，并产生回波效应，反过来使金融风险扩大。而防风险的行政性路径依赖导致经济风险、金融风险二者循环扩大。

（三）公共服务供给与公共服务需求的结构性脱节

公共服务是 21 世纪公共行政和政府改革的核心理念，包括加强城乡公共设施建设，发展教育、科技、文化、卫生、体育等公共事业，为社会公众参与社会经济、政治、文化活动等提供保障。目前，我国公共服务供给和公共服务需求之间存在结构性脱节问题。这种结构性脱节带来的不良后果有很多，例如结构性失业问题。一方面，大学生找工作困难，甚至还要回炉去职校才能找到工作；另一方面，企业招工难，一些岗位招不到人。国家花了大量的资金培养的人才却跟国家经济社会发展的需要不匹配。也就是说，我们的人力资本的积累有些是无效的。此外，还有大量公共服务设施，由于未充分考虑到城市化、人口的流动，很快就闲置起来。也就是说，过去不少投资现在看来是无效的投资。这带来了双重风险，即经济动能不足的风险和债务风险，而且两者相互循环扩大。

工业化和市场化推动人口流动。这让我国从一个静态社会变成一个动态社会。让公共服务跟着人走，而不是让人回到原籍去找公共服务，这是十分重要的。但是我们过去长期形成了静态社会的观念以及社会体制基础，按照户籍、按照地理概念去提供公共服务，在人口流动的背景下就产生了大量的无效投资。比如建的一些学校、修建的道路，过几年一看，学校变成了养鸡场，路也变得静悄悄。所以，公共服务供给与公共服务需求的脱节，不仅导致民生问题没得到改善，而且造成了经济发展后劲不足。我们的创新发展靠什么？靠的是人，靠的是有技能的劳动力，靠的是人才，靠的是人力资本的高质量积累。如果在这些方面出现了脱节，那么我们的经济的转型升级、新旧动能的转换就会面临动能不足的风险。

从现实来分析，这种情况已经是越来越严重了。因为我们的公共服务体制改革没有跟上，如教育、医疗、社保等，这些都涉及公共服务的问题。科教文卫领域的改革，其微观基础是事业单位，但是我们现有的事业单位体制改革严重滞后，从而导致国家很多投入不能有效地发挥作用。这些年，我国财政规模迅速扩大，各个方面的财政投入也随之跟进，但公共服务体制的改革进展缓慢。这涉及改革的一个大的方面，即社会化的改革。过去改革主要围绕经济去改革，而现在我国发展的整体性特征越来越明显，经济改革往前走，社会改革却落在后面了。这样，国家整体的发展就面临大的风险。所以，社会领域的改革与公共服务供给、公共服务需求之间的脱节是有关联的。这个问题与财政也是有直接关联的。

要防范上述三大结构性失衡所造成的公共风险，仅站在财政、金融各自的角度是无法解决的，不能"各人只扫门前雪"。即使站在部门的角度看起来是正确的事情，也可能会产生合成谬误。

四、以公共风险管理来推动财政金融协同

从公共风险来看，财政金融当局都是公共风险的管理者，既要及时地化解风险，也要有效地防范风险。利益大锅饭已经不存在了，但风险大锅饭并未消失。预算约束软化，以非市场方式转移风险，如一个国有机构的经营性风险，通过行政方式由另一个国有机构来承担，或者由政府来承担，机构经营者获得了利益，而风险甩给了其他机构或政府。还有私人机构利用"大而不能倒"的地位，或市场垄断地位，向政府转移风险。还有在地方招商引资过程中，以无风险方式来吸引投资者，包揽了本应由投资者承担的几乎所有风险，投资者包赚不赔。还有各种纯粹以转移风险为目的的金融创新，看似以市场方式来运作，实则与庞氏骗局差不多。诸如此类的风险大锅饭，破坏了收益与风险匹配的基本规则，劣化了资源配置，降低了经济效率，扩大了整体风险。对于这类公共风险，需要财政金融协同去解决。

在既定的制度框架下，相对于公共风险，财政风险本身就是一个政策工具。当公共风险扩大，濒临危机时，政府履行公共责任，没有更好的办法，往往只能以扩大财政风险的办法去抑制公共风险。在这种情况下，财政风险不是一种结果，而是控制公共风险的手段。当然，财政风险也可能是由财政管理自身不完善所造成的。所以，这里面也涉及管理性的财政风险。

从整体来观察，除了管理性的风险，财政风险本身就是履行公共责任的一种工具。财政是社会最后的一道风险防线，所以，财政往往是公共风险的泄洪区，经济、金融、社会各个领域出了重大风险，这个时候要靠财政去兜，如果财政兜不住，出现了财政危机，那就让全体国民来兜。若风险进一步蔓延，则可能变成社会危机，甚至政治危机。在这个意义上，财政是保持经济社会稳定的最后一道防线。世界各国都是如此做法。

从金融角度来观察，相对于实体经济而言，金融其实也是一个手段。金融风险的防范化解，不能孤立起来，应与实体经济的风险联系起来，通过化解实体经济风险来防范化解金融自身的风险。当前存在以防金融风险为目的的倾向，以致有意无意地忘掉了为实体经济服务这个根本目的。对于金融风险，要区分微观和宏观。从微观看，金融机构经营的就是风险，是为风险市场的需求者服务的。从宏观看，金融风险是公共风险，这两个层面的东西是不一样的。但是在现实中怎么样区分市场风险和公共风险呢？这是一个难题，宏观审慎也只是提出了一个思路和方向，所用的指标依然是微观审慎的那一套。宏观审慎、宏观审慎政策、宏观审慎监管、货币政策、信贷政策、金融市场政策等都需要细分开来，当前有些东西混同在一起，政策难以预期，监管难以预期，导致市场预期不稳。

财政金融协同有两个层次：一个是政策的协同，形成各种政策方案组合；另一个是改革的协同，形成改革方案的组合。仅仅政策协同是不够的，还得从改革层面上去配合，去协调。这都是非常重要的。财政金融协同的总的目标是一样的，但具体目标不同。财政目标就是注入确定性，平衡公共风险与财政风险，这超越了平衡财政收支。金融目标主要是稳定流动性，防止经济体系中的资金链变异为“风险链”。风险本身就是不确定的，风险变成确定性的公共危机事件很难预警，风险与行为关联，很难预测，只能靠平时的观察分析。平时怎么样去进行有效的观察监测？这需要改变金融当局的运作模式，强化后台的分析研究与“政策研发”，减少前台的“政策生产”，提高“政策产品”的质量。当然，在理论上也需要深化研究，为“政策研发”提供支撑。因此，应在全面认识公共风险管理的基础上，以公共风险管理来推动财政与金融协同目标的实现，从而更有效地服务实体经济，服务宏观大局。

参考文献：

1. 刘尚希：《财政改革四十年的逻辑》，《新理财（政府理财）》2018 年第 10 期，第 34 – 27 页。

2. 李成威：《中国政府公共风险管理能力上台阶》，《中国财经报》2018 年 5 月 8 日。

3. 程瑜、孙维、闫晓茗：《“财政金融政策协调配合下的结构性改革”闭门研讨会主要观点综述》，《财政研究》2016 年第 4 期，第 105 – 113，46 页。

4. 霍晓英：《我国公共风险治理模式的制度困境与路径优化》，《广西社会科学》2014 年第 11 期，第 128 – 131 页。

5. 江飞涛、李晓萍、贺俊：《财政、金融与产业政策的协调配合研究——基于推进供给侧结构性改革的视角》，《学习与探索》2016 年第 8 期，第 107 – 114，160 页。

6. 刘昆：《增强财政金融协调共同推进结构性改革》，《财政研究》2016 年第 2 期，第 3 – 6 页。

7. 刘庆乐、施青军：《公共风险的防范与化解：政策与改革协同》，《中央财经大学学报》2016 年第 6 期，第 3 – 8，28 页。

8. 庞晓波、李丹：《中国金融市场发展与政府债务风险——兼论财政政策联动性》，《财经研究》2017 年第 43 卷第 3 期，第 57 – 68，80 页。

9. 张泉泉：《系统性金融风险的诱因和防范：金融与财政联动视角》，《改革》2014 年第 10 期，第 74 – 83 页。

10. 刘尚希：《公共风险论》，人民出版社 2017 年版。

11. 刘尚希：《宏观金融风险与政府财政责任》，中国财政经济出版社 2006 年版。

（此文发表于《开发性金融研究》2019 年第 4 期，作者：刘尚希）

转变传统思路，促进财政金融政策协调发展

阅读提示：在目前经济状况之下，中央经济工作会议给出了货币政策保持稳健中性、财政政策更加积极有效的定调。本文认为，确保不发生系统性金融风险，需要坚持问题导向，从财政政策与货币政策相协调转为财政政策与金融政策相协调，形成合力，化解储蓄大于投资、资本相对过剩的问题。

2008 年以来国际经济政治依旧风云变幻，在低利率与负利率的环境下，全球经济依然未走出金融危机的阴霾。面对"黑天鹅"事件频发，全球经济不确定性增强，自身处于转型升级之中的中国经济虽然运行出现些许积极变化，但结构性矛盾仍然突出。在供给侧结构性改革的大背景下，2016 年年底召开的中央经济工作会议确定稳中求进的工作总基调，定调财政政策与货币政策的思路，要求财政政策要更加积极有效，预算安排要适应推进供给侧结构性改革、降低企业税费负担、保障民生兜底的需要。货币政策要保持稳健中性，适应货币供应方式新变化，调节好货币闸门，努力畅通货币政策传导渠道和机制，维护流动性基本稳定。

可以看出，确保不发生系统性金融风险，需要财政政策与货币政策相互协调，形成合力，从问题导向出发，来解决目前宏观经济中最主要的问题，即中央经济工作会议上明确指出的金融与实体经济失衡问题。

一、 财政货币政策协调应着力资本相对过剩

金融与实体经济失衡是中国目前最大问题，一方面会造成新的系统性风险，另一方面也导致实体经济转型升级更为艰难，对稳增长促改革都会带来一系列的风险。因此，无论是对货币政策采取预调微调，抑或是实施积极有

效的财政政策，都需要围绕这个问题来做文章，促进金融与实体经济之间的重新平衡。具体而言，金融与实体经济失衡，其根源是资本的相对过剩，而不是货币发行的多与少。

从经济学理论来看，资本相对过剩实际上是储蓄过剩，储蓄大于投资。过去讲储蓄大于投资是总量问题，可以按照传统理论扩大总需求，从消费、投资、进出口三驾马车来促进经济增长。而在目前发展方式和体制状况下，总量的梗阻变为结构性障碍，储蓄不能有效转化为投资，资金相对过剩的问题显得更为严重，资金“淤积”，资产荒蔓延。投资回报低于利率，资本增值渠道受限，通过银行贷款转化储蓄遇到严重困难，一方面导致资金在金融体系内运转，金融脱实向虚，另一方面资金进入容易炒作的领域，制造虚拟资产催生资产泡沫，住房属性的异化就是如此。在这种情况下，金融自身泡沫化风险加大的同时，促使某些传统资产的价格脱离真实供需关系，以资本化定价提高估值，将实物资产变异为金融资产。这种变戏法的现象产生了很大的离心力，令实体经济领域的产业资本逐渐被甩出去，进入了无须越界的金融活动领域，当生产、产品，或凡是有价值的任何资产，都成为资本幽灵的寄托之身时，看似实体的领域也变异为金融领域，实体资产转化为虚拟资产，投机资本进一步加剧经济的泡沫化。这种“脱实向虚”的旋涡一旦形成，对于市场个体企业而言只能顺着旋涡走，资本对实体经济的良性发展将无能为力。这也是我们看到近年来制造业投资低迷、民间投资低迷，而金融体系交投活跃却无法再有稳健长期高回报的本质原因。

由此可以看出，金融的不稳定与经济的不稳定是一个问题的两个方面。这种情况之下，如果这些催生经济、金融不稳定的风险因素不能有效化解，那么防范系统性金融风险、防范实体经济萎缩等目标都难以实现。这也是目前中国经济面临的根本性问题。

因此，要解决金融和实体经济失衡的问题，必须要解决储蓄大于投资，资本相对过剩的问题。这里的投资说的是实体投资，金融投资都是储蓄而不是投资的概念。积极有效的财政政策与稳健中性的货币政策相互配合，共同发力的着力点：一方面要着力提高投资回报率；另一方面需要引导利率回归正常水平。而如果在虚拟资产的引导之下，这个利率将依然是非常高，比如高房价会导致人们不断加杠杆炒房，就会推高利率，造成实体经济雪上加霜。

目前，要解决储蓄大于投资、资本相对过剩的问题，还需要明确区分货币和资金的概念，这是一个基本理论问题，如果这个问题得不到解决，实际操作中则会产生一些实际的困难。从传统理论而言，货币是流通的中介，是钱，从企业、个人来看，这与资金是没有区别的。但从整体来看，涉及流动性的问题，到底是资金问题还是货币问题。目前流行的分析与各种经济学模型的分析都把货币过多等同于资本或资金过剩。传统的货币政策可以通过货币的松紧来调节货币供应量，却解决不了资金的问题，因为货币政策并没有有效解决储蓄过剩问题的魔力，因此，在制度设计、政策框架和调控手段上，以调控货币的方式、手段来调控资金是无效的。

由此看来，我们看到传统的货币政策已经转向，在保持总量稳定的基础上综合运用价、量、工具和宏观审慎政策加强预调微调，灵活运用多种货币政策工具组合等。而财政政策与货币政策的配合，也不仅限于“同时紧”“同时松”或“一紧一松”的几种传统组合。则需要将货币政策、财政政策两个政策包打开，将其中各种工具进行重新匹配和灵活使用。根据目前现有条件来看，是需要在货币政策稳住的情况之下，化解资金相对过剩而导致的离心力旋涡，将资金引导到实体经济之中。

二、 财政货币政策协调应转为财政金融政策协调

在这个过程中，商业银行体系起非常重要的作用，相比用货币政策调节货币供应量，目前结构性问题中更多的是信贷与融资的问题。货币和信贷也是两个不同层次的问题。信贷是通过银行、小贷公司和互联网金融，基于信用的金融活动，融资也不再仅仅依赖于银行信贷，股票市场、债券市场、通过各类基金等均可以实现融资的目的。因此，传统货币总量控制的理论已经不再适用于当前，金融不是简单的货币政策的宽与松的问题，而是金融效率、

金融市场、金融体制问题。储蓄转化为投资是一个复杂的过程，从供给侧结构性改革的角度出发，财政政策与货币政策的有效配合，也需要扩展为财政政策与金融政策的协调，这样才能抓住协调的内涵，通过各种手段将资金脱实向虚离心力形成的旋涡速度降下来，将形成旋涡的条件彻底消除。否则，财政金融协调就会落入传统的“三驾马车”、扩大总需求的传统老路上去了。

财政政策有税收政策、投资政策、补贴政策，金融政策有货币政策、利率政策、汇率政策等。这些政策也需要灵活组合，共同发力。在当前的情况下，需要稳住货币政策，更多地从金融的角度来考虑，包括货币政策、汇率政策、利率政策等，将这些政策与财政的各种政策综合起来考虑，而提高储蓄的转化率，提升金融效率，首先需要完善金融市场建设。金融是国民经济运行的血脉，与人身体一样，血脉拥堵会造成全身无力，类似于“三高”、血栓等给人造成的各种危险。经济之中储蓄转化投资的管道拥塞也会造成经济增长下滑、潜在增长力下降、各种运行效率的低下。因此，首先要建设金融市场的各类基础设施，完善金融体系、金融市场的构建，包括打造多层次资本市场、创造良好金融生态环境等，使得金融机构能更为公平地竞争，完善金融机构公司治理结构，从过去赚取“存贷差”到变成一种服务平台。

其次，需要提高监管水平，改革监管体制。目前金融监管体制改革呼声已久，而真正的改革步伐不大，金融监管依然呈现碎片化的现象，监管跟不上市场变化，过于陈旧的监管方式会导致金融运行机制越来越扭曲。因此，金融监管需要统一的监管框架，提高监管精准性和监管效率。

再次，金融市场碎片化阻碍着储蓄向投资的转化。监管与金融市场建设均未跟上金融机构混业经营大发展，也导致金融风险的产生。因此，提高金融效率还需要金融市场的互联互通，使得融资渠道更加畅通，融资难与融资贵的问题也会得到一定程度的解决。

最后，风投资本应该是资本市场具有的功能，而目前也主要是靠政府财政来替代，政府设置大量的投资基金实际上在起风投的作用，但是不能一直依靠政府来替代风投市场。这也需要金融发力来引导风险投资市场的完善，包括科技金融领域自身的创新与完善。

上面这些方面均需要财政政策与金融政策联合起来，共同构建化解相对过剩资本问题的出路，改变投资回报率与利率逆转的问题，这是财政政策金融政策协调共同努力的方向。

尤其在下面的几个协调结合点上，应共同发力。一是在供给侧结构性改革与“三去一降一补”的大背景下，财政金融必须配合，比如在去产能方面，在僵尸企业市场出清过程中，人员安置方面财政给予帮助；债转股、兼并重组方面，金融可更多发力。财政和金融通过相互配合来恢复市场原有的资源配置的功能，提高市场配置资源的效率。二是在科技金融方面，也需要金融和财政形成合力，推动创新、提升传统金融系统效率、促进新兴产业的发展。在这个领域银行资金不愿意承担过高的风险，财政即可通过政府基金的市场化运作来助力创新与转型。三是在涉及公共领域的 PPP 项目方面，也需要财政政策与金融政策的协调与配合，通畅社会资本进入渠道，为老百姓提供更多更好的优质公共服务，这也是供给侧结构性改革一个重要内容。四是在改革方面，也需要二者协调。比如利率市场化之后，基准的国债收益率曲线的完善，涉及政府债券的期限利率、流动性机制、二级市场建设等，这些都会影响利率的形成，国债收益率曲线是社会融资的基准参照物，也应是进行公开市场操作的一个重要手段，这也均是财政、金融协调的着力点。

货币政策只是金融政策的一部分，货币政策保持稳健中性，不等于金融政策也是稳健中性的。财政金融政策协调应从传统的财政货币政策协调思路中摆脱出来，从老式的需求视角转向信用角度来提升二者协调的宽度、深度与效率，共同为实体经济企业提供良好的“信用服务”。

（此文发表于《清华金融评论》2017 年第 3 期，作者：刘尚希）

政府在防范化解金融风险中的责任

阅读提示：中央经济工作会议明确指出，政府要防范化解重大风险，尤其是金融风险。防范化解金融风险，首先要搞清楚政府责任的边界，如果边界不清，把各种金融风险都交由政府来防范化解，可能会导致更大的风险。从理论上来讲，公共风险是政府的责任，政府应该防范金融公共风险。金融公共风险是由金融领域的个体风险引发的，防范化解金融风险首先要区分公共风险和个体风险。对政府来讲，最重要的不是去防范微观领域的风险，各个金融机构的风险，而是要观察监测微观领域的风险、个体的风险，各个机构的风险，市场参与者的风险，它们是怎么关联的，会不会形成一种多米诺骨牌效应引发出公共风险。政府需要对既有的规则进行完善，观察这些风险会不会引发多米诺骨牌效应。只有在发生这种效应时，才需要政府出手，阻断这种效应的传递，从而防范公共风险、公共危机。

防范化解金融风险既是金融机构的任务，也是市场参与者的任务，还是政府的任务。

当前防范金融风险是三大攻坚任务里面摆在首位的任务，防范化解重大风险主要是指金融风险。怎样去防范化解金融风险？首先我们要知道金融风险在哪儿。而风险恰恰就是看不见，摸不着的一个东西。风险的定义指的是一种可能性，是指一种可能带来的损害、损失，它是指向未来的，这个风险可以说是无处不在，无时不有。防范化解金融风险既是金融机构的任务，也是市场参与者的任务，还是政府的任务。

面对这个共同的任务，我们怎么样去分清其中的责任？政府在这里面应当扮演一个什么样的角色？中央经济工作会议非常明确地指出，政府要防范化解重大风险，尤其是金融风险，既然是一个共同的任务，首先要搞清楚政府任务的边界，哪些是政府该干的，哪些是金融机构该干的，哪些是市场参与者该干的。如果边界不清，政府冲在前面，恨不得把各种金融风险都揽到自己身上，都由政府来防范化解，可能就导致更大的风险。

防范化解金融风险，首先要避免在防范化解金融风险的过程中引发新的风险，甚至引发风险的叠加，而形成更大的风险，这可以说是另一种意义上的操作性风险。所以，对这样一种政府防范化解金融风险过程中的操作性风险应该摆在首位。怎么样去避免因为防范风险而引发风险？这就要解决责任分工问题，政府、金融机构、市场参与者之间面对这个共同的任务，怎么样去分层分类，共同努力，防范化解金融风险。

实际上，在怎么样防范风险的问题上，现在还没有一套成熟的理论，尤其是操作性的方法。当然这些操作性的方法是不是足以防范因防范而引发的风险，这个说不清楚，包括国际上的一些规范，还需要拭目以待。

从理论上来讲，哪些是政府的责任？应该是公共风险。金融风险中，市场风险交给市场，那是金融机构的责任，那是市场参与者的责任，政府就应该防范金融公共风险。金融公共风险从何而来，其实它是由金融领域的个体风险引发的。对政府来讲，最重要的不是去防范微观领域的风险、各个金融机构的风险，而是要观察监测微观领域的风险、个体的风险，各个机构的风险，市场参与者的风险，它们是怎么关联的，会不会形成一种多元的股票效应所引发出宏观风险、系统性风险或者说叫公共风险？所以对政府来讲，重要的是观察而不是出手，对既有的规则进行完善，观察这些风险会不会引发多米诺骨牌效应。只有发生这种效应时，才需要政府出手，不能让这种效应传递下去。微观领域的风险，也就是金融机构的风险是可以传递的，但未必是100%，传递的链条有长也有短，这要看金融机构相互之间的关系，以及金融与实体之间、与房地产之间的关系。只有厘清这些关系，一旦某个地方起火，才能判断这个火会传递到哪个地方，会不会火上加火，引发大火，甚至产生公共风险、公共危机？

所以，防范化解金融风险首先要区分公共风险和个体风险，而防范化解金融公共风险存在路径主要有以下几方面：

1. 货币风险。货币风险是指货币迅速贬值的风险，一个是恶性通货膨胀，另一个是汇率。有没有可能出现物价的快速上涨导致货币的快速贬值呢？现在看来，尽管宏观杠杆率很高，但是CPI出现迅速上涨的可能性不大，因为现在的货币流通与CPI的关系发生了变化。而汇率的变化会不会导致本币的迅速贬值，这是值得关注的方面。

2. 资产负债表。一个企业的资产负债表出现恶化，会连带着引发其他企业的资产负债表恶化，这被称为资产负债表风险。资产负债表风险不仅仅限于金融机构，所有的企业，甚至包括家庭部门都在其中，政府也不例外，所以，这是防范化解金融公共风险的最重要的观测角度。对这个问题其实需要很多精细化的研究，要去摸清楚部门之间，比如实体经济与房地产之间、与居民之间以及与金融机构、金融部门之间是什么样的资产负债表的关联。除了这种关联要搞清楚以外，更重要的是对资产负债表的计量。在会计准则里，我国与国际接轨用了公允价值计量属性。公允价值计量属性有顺周期的特点，当经济往上的时候，这些资产会迅速地上涨，它的估值上去了，资产负债表的状况明显改善；而当经济下行的时候，因公允价值这种计量属性所带来的资产的迅速贬值，资产负债表就会迅速地恶化。也许企业其他方面没有变化，仅仅是因为市场的物价发生了变化，导致资产负债表的恶化，产生传染性，这时候就可能引发金融危机。这一传递的过程就是公共风险的积聚和形成的过程，所以对资产负债表所运用的计量属性，也是在防范化解金融风险过程中间需要关注的问题。美国在出现金融危机的时候，曾经一度争议是不是要暂停公允价值的计量方法，因为按照这种计量方法是螺旋式地下行。因此，怎样运用公允价值计量属性，与防范金融风险密切相关。

现在的经济是风险经济，也是风险社会，风吹草动都可能导致金融机构资产对估值迅速贬值，在这种情况下有可能产生连锁反应，政府要关注的就是这种连锁反应会不会发生。如果没有连锁反应，那些风险就交给金融机构，交给市场机制自身去化解，政府就不需要去出手。所以，在防范化解金融风险的问题上，政府更多的是需要观测的手段、监测的指标和预备的措施。

然而，怎么去区分这种层次是一个难题。如果在防范化解金融风险问题上，微观的个体风险和宏观的公共风险不分清楚，眉毛胡子一把抓，很可能导致适得其反的效果。

（此文发表于《财经界》2018 年第 4 期，作者：刘尚希）

财政对维护金融稳定的重要性

阅读提示：本文从财政与金融在支持经济发展过程中发挥的不同作用说起，探讨了财政是国家治理的基础、金融是现代经济的基础等问题，认为财政在维护金融稳定上发挥着基础性作用，讨论了西方主要发达国家的财政是如何维护金融稳定的，并对我国财政在支持金融稳定方面提出政策建议。

一、财政是国家治理的基础，金融是现代经济的基础

财政和金融，都涉及多个政府部门。金融本身涉及政府和市场的关系。财政是国家治理的基础，包括财政部门，但不限于财政部门，譬如税收属于财政的范畴，自然也属于国家治理的基础之列。财政发挥基础性作用，不仅仅是在某一个层面，而是整体性、全局性的国家治理，这意味着财政也是金融治理的基础。

财政是整个社会的血液，与每一个社会细胞相关联。每一个社会个体、每一个家庭、各个企业，也都是社会的细胞，都与财政收支和财政政策紧密相连，所以，财政是社会有机体的血液，如果没有了财政，社会有机体就会分崩离析。金融是经济的血液，整个现代经济的有效运转、持续稳定，毫无疑问都离不开金融。在市场经济条件下，货币是第一推动力。金融是现代经济的血液，故而可以说金融是现代经济的核心，离开了货币和融资，经济细胞就会凋亡，整个经济也会死亡。财政是整个社会的血液，因此也是金融的血液，财政一收一支都在推动货币流转和金融运行。财政作为国家治理的基础，是整个社会的血液，社会的稳定、发展建立在财政稳定、可持续的基础上。

财政和金融是互补的关系，但是处于不同的层次。财政是社会稳定、经济稳定以及政权稳定的基础，发挥着不可替代的作用。而金融对经济的稳定是前置性的。金融作为现代经济的核心，对经济的稳定发挥着基础性、牵引性作用。经济危机往往是金融危机触发的。从互补关系来考量，财政和金融相互支撑，共同为整个经济社会的发展发挥稳定作用。财政政策涉及整个社会，调节经济，也事关民生，比如政府提供公共服务就属于民生范畴，为老百姓遮风挡雨。而金融的作用更多是在经济方面，比如怎样才能更好地促进融资、保障流动性、防止通货膨胀，这些都是通过运用货币政策来实现的。

二、 财政在维护金融稳定上发挥着基础性作用

财政在维护金融稳定方面发挥着基础性作用，主要体现在三个方面：第一，财政通过定价基准来稳定资本市场。比如希望了解美国货币政策效果如何，可以通过观察 10 年期国债收益率曲线的波动来实现。由此可见，国债收益率曲线不仅是资本市场的风向标，也是整个资本市场的定价基准，因为国债是无风险资产，同时也是理想的流动性工具，资本市场需要无风险资产作为定价基准。第二，通过买卖国债来调节货币供应。货币供应是非常重要的金融操作之一，在美国等发达市场国家，通过在公开市场上买卖国债来调节货币供应量和宏观流动性，从这个意义上来考量，财政对金融的稳定发挥着基础性作用。我国的情况有所不同，很少通过直接买卖国债来调节货币供应，不过即便如此，国债在资本市场的运作、货币政策的操作上，仍然发挥着不可或缺的作用。第三，财政在金融救援方面发挥着兜底作用。从金融救援的角度来看，金融出了问题最终需要财政兜底。比如 2008 年美国出现了金融危机，不得不对金融机构进行救援，在救援方案获得国会批准后，政府动用纳税人的钱，也就是运用财政资金来进行救援。除上述三个方面，财政也会关注非金融企业风险的金融化，在避免风险链条的蔓延方面，可以从源头上发挥作用。

三、 非金融企业风险的金融化

金融风险不仅仅反映在金融部门，金融风险的发源可能会在实体经济领域。非金融企业的资产负债表如果出了问题，毫无疑问相关风险会转移到金融机构，导致金融机构的风险增大，甚至可能衍生出系统性金融风险。比如一些地产企业资产负债表恶化，由于地产公司持有大量的银行贷款，非金融企业的债务对应金融机构的资产，风险就会沿着资产负债表转移，金融机构资产风险上升。很明显，不良贷款的增加会对金融稳定构成威胁。而要对地产公司采取措施，往往离不开地方财政。

又比如房贷的“断供”问题，业主买的是期房，房子没到手，部分业主选择“断供”，这些都是源自金融之外的风险，又会延伸至金融领域金融机构，要对此进行有效防范，避免产生连锁反应，威胁金融稳定。在这种情况下，地方政府的各个部门要进行协调、处理，需要财政支持。只有在金融风险发生前就从源头上避免转化蔓延才是关键所在。

风险的源头在居民、在企业，监管部门往往力所不逮。从源头从风险演化从风险控制的角度来分析，可以将风险理解为一个链条，避免风险链条的蔓延，财政可以从源头上发挥作用。需要指出的是，地方财政状况、地方投融资平台运营情况，与金融密切相关，财政的健康状况对金融的稳定发挥着重要作用。

四、 西方主要发达国家的财政如何维护金融稳定

第一，在技术层面可采取的方法众多，比如通过国债做好资本市场的基础设施建设，让资本市场实现良好的运转，具体内容前文已有提及。第二，从政策层面考量，可以通过财政政策去维护经济的稳定、社会的稳定，从而实现金融的稳定。从稳经济来实现稳金融，这一点很关键。第三，通过对市场金融风险系统化、公共化过程的监管来实现稳金融。从国外经验来看，财

政对金融的监管职责有法律作为依据。不过在我们国家，财政对金融监管的作用相对薄弱，财政监管主要体现在对国有金融机构的财务监管，以及对国有金融资本的监管上。而在整体性、宏观性的金融监管方面，我国财政发挥的作用并没有发达国家那样明显。英国的情况是由财政来主导金融监管，负责金融法律体系和对金融监管机构进行再监管，金融监管机构与企业之间出现冲突，财政负责协调。

五、 我国财政在支持金融稳定方面的政策建议

金融稳定立法非常重要，可以明确风险责任主体，从源头上防范化解金融风险。具体可分为两个层面：一是市场层面的风险，由金融机构自行承担；二是公共风险，超出了市场层面的金融风险就变成了公共风险，责任主体在政府。由此可见，要把微观的市场金融风险和宏观的公共性的金融风险进行区分，对应不同的责任主体，这一点相当关键。一旦责任主体发生错位，本来应该由金融机构承担的风险，转为由政府承担，这可能会产生逆向选择和道德风险，进而可能导致风险不断积累。风险是不断演化的，要防范化解金融风险，首先需要分清风险演化过程中的不同风险责任主体，主体是金融机构还是政府，二者如何协同，这是金融稳定的一个大前提。政府的大包大揽，并不能实现金融的健康和稳定。

将金融风险责任主体在政府与市场之间进行界定之后，接下来要对政府部门之间，以及各部门的职责作出明确规定。比如在防范金融风险实现金融稳定的过程中，要对财政部门、央行、银保监会、证监会以及发改委等部门之间的职责作出具体规定，避免在金融风险演化过程中出现要么大家都在等，要么一拥而上的局面。

中央与地方之间也存在责任主体的问题，也需要从法律进行界定，此外消费者也是金融风险的责任主体。比如消费者购买金融产品，需要承担相应的风险，如果消费者没有风险意识，那么会给政府带来巨大的压力。金融投资的风险意识在逐步增强，但是如何能让老百姓对金融风险有更深的认知，

则需要进行广泛而深入的宣传。消费者在作重要的金融产品购买决策之前，需要充分了解产品可能面临的风险，也就是说相关金融机构在出售金融产品，需要对风险进行充分的揭示，要让金融产品可能蕴含的风险高度透明化，金融机构这方面的责任要履行到位。如果责任履行不到位，风险不透明，消费者稀里糊涂地购买了产品，收益可能未达预期或者出问题，易引发群体性事件。金融活动涉及的利益相关者人数众多，包括机构和个人，那么就需要从利益的角度去考虑相关各方所应当承担的金融风险，首先要明确责任主体，在主体明确的前提下再把相关责任进行细化，并对责任履行情况进行有效监督。如果责任不清楚，监督也会失效，有可能会放大金融风险。金融风险是不断衍生的，不断转化的，市场风险可以系统化、公共化，而系统性风险、公共风险也可以在市场内部化，一旦形成相互强化的循环机制，就会爆发金融危机。通过法律的实施细则来明确各类主体在不同风险情景下的风险责任，是实现宏观审慎管理的关键。缺失风险情景的原则性规定往往是无效的。

此外，理顺地方财政与金融之间的关系对于财政发挥支持金融稳定的作用大有裨益。金融究竟如何去支持地方的经济发展、支持地方的投融资活动，也不能仅仅从金融机构自身和短期的角度来考虑，因为财政、经济、金融是相互循环贯通的。无论是金融风险还是财政风险，都无法设置一个明确的风险隔离墙，因为风险都是可以无形穿越的，贴上标志，也不能杜绝相互渗透。从资产负债表来看，财政、金融和企业是相互嵌入的，无法划断。有鉴于此，对于金融风险、财政风险要有一个整体性的认识框架，不能把金融风险、财政风险当成两个独立的事情，按照“各扫门前雪”的方式来处理。这样做表面上看似各负其责，其实很容易产生隐性的“以邻为壑”，导致财政风险金融化，或者金融风险财政化，最终的结果会导致财政金融风险相互放大。要将财政金融关系当成一个整体的问题去对待，相互协同、相互配合，如此一来就能实现整体的稳定，财政的稳定，金融的稳定也就内在其中了。

（此文发表于《财经界》2018 年第 4 期，根据作者专访内容整理而成，作者：刘尚希）

关于现代货币理论的四个观点

阅读提示：本文阐述了财政是货币、金融的基础，以支定收是现代国家预算的基本思维和程序，赤字是一种常态，赤字未必会带来通货膨胀。国家信用衍生出了信用货币，并垄断了信用货币的发行权，随着经济交易的货币化程度、社会财富的金融化程度的提高，风险社会对无风险的国家信用衍生品（如货币、国债等）的需求越来越大；赤字已经常态化了，现在的赤字越来越体现金融属性，出现赤字，财政就可以发行国债，就可以提供无风险的金融资产，为资本市场定价提供基准，国债收益率曲线对资本市场的定价极其重要，无风险资产和资本市场定价基准是财政提供的，不管财政有没有赤字，它都需要为金融市场提供这种无风险的流动性工具。赤字是否导致通胀是不确定的，不能一概而论。在金融化的条件下，货币本身就是资产。财政通过赤字给私人部门提供更多的金融资产，能否带来通胀要看具体条件。深入讨论了财政、预算、赤字、货币、金融和通货膨胀之间的关系。

一、财政是货币、金融的基础

征税权产生了国家信用，国家就可以开“空头支票”，即依托国家信用发行信用货币，没钱也可以花钱。唯一可以开空头支票的就是国家，个人和公司都不行，这是因为国家信用在主权货币条件下是无风险的，而个人和公司的信用都存在风险。国家财政提供无风险资产，国债就是无风险的金融工具，这当然也是给私人部门提供金融财富（一种不同于实物资产的财富载体）。国债作为无风险的金融工具为资本市场提供基准，国债收益率曲线对资本市场的定价极其重要，如美国十年期国债收益率曲线就成为许多世界投资者关注的参照物，它的变化会影响资本的流动。从这一点来看，无风险资产和资本市场定价基准是财政提供的，不管财政有没有赤字，其实它都需要为金融市场提供这种无风险的流动性工具。财政是金融的基础，也是资本市场的基础。具体来说，国债就是资本市场的基础，国债收益率曲线就是资本市场的基础设施。在发达经济体中，都是如此。当然，中国国债收益率曲线的基础设施还不够完善，还要进一步去打造好。

二、 以支定收是现代国家预算的基本思维和程序

以支定收是现代预算的基本思维和程序，先考虑支出，再考虑收入。现代国家很少有这样的情形：先考虑收入再考虑支出，有多少钱办多少事，钱少少办事，没钱就不办事。作为现代国家，要承担公共责任，要防范化解社会的甚至世界的公共风险，是不可能这么做的。所以，现代国家基本上都抛弃了农耕时代的以收定支，现在都是倒过来，先考虑支出，再考虑收入。之所以能够这么做，是因为国家信用衍生出了信用货币，并垄断了信用货币的发行权。随着经济交易的货币化程度、社会财富的金融化程度的提高，风险社会对无风险的国家信用衍生品（如货币、国债等）的需求越来越大。

央行代理国库，没有税收也可以花钱。从实际运行过程来看，并不是要收到一笔税收后财政才可以花钱。尤其是在风险救援的紧急情况下，可以打破财政存款的约束，不少发达国家都是如此。财政收支的运行过程已经嵌入到了央行货币发行和收回的过程，即财政支出的过程就是货币发行和基础货币投放的过程，而征税的过程就是货币收回的过程，因为货币回到了央行，实际上收回的是基础货币。从央行国库出来的财政支出，实际上是在发行基础货币，它还会产生货币乘数，产生派生存款。从这一点来讲，其实财政收支和货币运行紧密联系在一起。只是从部门角度看，财政是一个部门，央行是一个部门，好像两者不搭界。从预算来看，预算有收与支，央行有资产负债表，似乎预算表和央行的资产负债表没有关联。这是一个表象，实际上两者是紧密契合在一起的。从央行资产负债表来观察，资产方有对政府的债权

(如国债)，而负债方有财政存款，政府的收入支出都嵌入在这里面了。因此，预算执行的过程和基础货币的投放收回的过程是紧密联系的。

从政治的角度来观察，预算的一个重要作用就是通过预算来约束公共权力，用毛泽东同志的话说就是“规定政府活动的范围和方向”。现代国家预算这方面的作用越来越显现，而约束政府财力来源方面的作用则在弱化，税收融资、货币融资都是选项之一，故而预算的重心转移到了支出和政策方面。亚当·斯密时代是“小政府”，意味着政府要少花钱，不去干预市场。多花钱就意味着干预市场，那就变成“大政府”了。但现代社会的政府远不是亚当·斯密时期的政府了，世界各国财政规模占GDP的比例都在上升，这就是瓦格纳定律。为什么都在上升？这与发展阶段有关，因为政府要提供更多的公共服务以对冲社会的公共风险水平上升，其公共责任就是为老百姓遮风挡雨，提供确定性。公共风险是一种纯风险，对普通老百姓和市场来说无法自行化解和转移。政府要给老百姓提供确定性，免除他们在生存方面的风险，政府的财政规模就只能越来越大了。瓦格纳定律描述了这个现象，但没有解释为什么财政规模越来越大，这里有福利国家观念的推动。

其实，从实践来看，更重要的是政府公共责任由公共风险在推动扩大，因为公共风险无法交给私人部门，只能是由政府来防范化解。从公共风险的角度可以解释政府财政规模为什么在扩大。但从税收来看，中国近几年的财政规模，是急剧下降的，税收只占GDP的15.2%。这与老百姓认为税收越少越好的态度有关，近年中国一直在减税，当然也与经济下行有很大的关系。预算约束从历史角度看，更多是去约束政府的权力，所谓央行的独立性、货币政策的独立性以及不让政府向央行透支等都是考虑怎么去约束公共权力。当然这里还有一层经济上的考虑，就是担心政府透支引发通货膨胀。现在实践中的一些做法其实和现代货币理论有很多东西是相通的。只是我们观念上、概念上是另一种表述，实际操作与观念上的表达是有背离的，有时候我们不愿意去承认，但不由自主地在这么做。就像美国财政货币政策的一体化，很显然是在实践MMT（现代货币理论），但政府不一定表态，大家也不一定去说这件事，尤其是在美国消费物价达到历史新高的情况下，更不愿与MMT挂钩。

三、 赤字是一种常态

无论从中国来看，还是从外国来看，近几十年来几乎很少有国家能够保持收支平衡，甚至还有盈余的。凯恩斯理论说，赤字是宏观调控的一种工具，当社会总需求不足时，需要政府搞赤字预算，扩大赤字以扩大需求。赤字已经变成一种常态，是不是因为需求长期不足呢？从中国的情况看，也不是这样。有时经济还是过热的，也搞赤字。把赤字和有效需求不足唯一地挂钩，在逻辑上说不通，用传统的周期性赤字、结构性赤字的逻辑也难以解释。

按照 MMT，财政支出就是货币发行的过程，不言而喻，赤字也是货币发行的过程，只是这个货币发行的过程比较隐蔽，在央行资产负债表中的变化不那么明显。赤字已经常态化了，过去从财政角度来说，赤字是预算执行中被动产生的一种结果，收不抵支、支出有缺口被称为预算赤字，接近周期性赤字的看法。另一个赤字的概念，就是凯恩斯理论产生之后，政府在社会总供需失衡、有效需求不足时干预经济，通过在预算中主动编列财政赤字来扩大有效需求，作为一个政策工具来使用的赤字，这接近结构性赤字的观点。一旦经济不景气，持该观点的人就觉得要扩大赤字，刺激需求，刺激经济增长。还有一个角度，就是为提供金融资产、金融工具而产生的赤字。现在的赤字越来越体现金融属性，可作为提供无风险金融资产或金融工具的渠道和途径，或者说赤字本身就是为了生产金融工具。出现赤字，财政就可以发行国债，就可以提供无风险的金融资产，为资本市场定价提供基准。这既可以被动实现，也可以主动来做。为金融市场或私人部门提供金融资产，会越来越成为一种需求。这也是赤字成为一种常态或者赤字产生的更主要原因，而与财政收支是否平衡的因果关系则越来越淡了。当然，我们仍基于传统观念，一看到赤字就解释为是收支不平衡导致的。其实，在美国克林顿时期曾经出现过财政盈余导致市场流动性不足的情况，当时发行了无赤字的国库券，即必须发行国债以使金融市场无赤字。因此，发行国债、编列赤字与现在经济金融化程度的提高是直接相关的，经济金融化的提升改变了传统宏观经济运行的逻辑。就此而言，MMT 也是在经济金融化程度提高的背景下产生的。

现在对赤字常态化至少有三种解释，为提供金融工具而产生赤字的解释是与经济金融化相吻合的。赤字的规模应当有多大呢？理论上应等于国民储蓄与投资的差额，即理论上的赤字规模在封闭经济或两部门的条件下就是剩余储蓄。这是应当有的赤字规模，不然，市场不能出清。在三部门的情况下，通过贸易顺差可以消化一部分过剩储蓄，实现国内的平衡。但对外的贸易顺差其实很难由我们去自主控制。中国通过贸易顺差输出了一部分储蓄，降低了过剩储蓄导致市场难以出清带来的压力。在这种情况下，中国赤字规模相应就减少了。公共部门的赤字等于私人部门的盈余，在消费不变的条件下，储蓄与投资的差额就是赤字在理论上的规模。

四、 赤字未必会带来通货膨胀

赤字是否导致消费物价上涨（以通货膨胀代指）是不确定的。资源约束是一个条件，还有一个重要条件就是宏观不确定性和公共风险。这是在同样货币存量条件下是否会引发通胀的一个重要条件。

货币既有数量概念，也有状态概念。从宏观角度看，它有三种状态：固态、液态和气态。当货币存量不变时，变成气态意味着货币的运行速度加快，可能容易出现通胀。如果经济不景气，货币存量可能就会冻结，从液态变成固态或半冰半水的状态，这时候流动性就会紧张。最典型的就是在中国2008年上半年，经济增长10.4%，CPI 上涨7.9%，要防通胀、防经济过热，下半年就急转直下，出现了通货紧缩、经济下滑，政府于是出台4 万亿元的一揽子经济刺激方案。而当时中国货币存量并没有发生明显变化。这就是货币状态发生了变化，它已经向固态方向、半冰半水的状态转变，很难流动了。大家更愿意持有货币资产，不愿意持有流动性低的其他资产，这种情况下不会出现通胀，反而出现紧缩。

所以，赤字是否导致通胀是不确定的，不能一概而论。过去我们有点想当然，一谈到赤字就谈虎色变，认为会带来通货膨胀这个“老虎”。回头来看，我们对通胀机理的认识是有偏差的。在金融化的条件下，货币本身就是资产。当货币作为一项资产的时候，它与其他的资产之间的关系就从“购买”变成了“置换”。在这种情况下货币需求是增加的，不会导致通胀。所以，财政通过赤字给私人部门提供更多的金融资产，能否带来通胀要看具体条件。资产价格上涨则是不同资产之间比价关系的变化，是收益与风险匹配性变化导致的。

当前美国的消费物价上涨，与其说是美国的赤字、债务和货币总量多了，倒不如说是全球供应链的问题。这种“供应链通胀”主要不是货币现象，也不是产能不足，而是各种非经济因素导致的供应链危机，是美国逆全球化遭受的反噬。

（此文发表于《学术研究》2022 年第 8 期，作者：刘尚希）

赤字货币化：风险权衡的一种合理选择

阅读提示：本文从中国面临前所未有的挑战，需要非常规的政策和改革措施说起，论述了货币政策的空间越来越小，二级市场上发行国债会产生挤出效应，认为财政赤字适度的货币化是当前条件下风险最小的一种选择。从未来风险的前景来判断问题，财政赤字货币化有利于货币政策和财政政策的配合。让财政发挥财政的作用，市场的归市场，政府的归政府，把现实中已经存在的变相货币化（货币融资）摆在面上，加以法律约束，货币融资，或者说财政赤字货币化，有利于货币政策和财政政策的配合，或者说能支持货币政策更好地发挥作用。

关于财政赤字货币化，我认为在当前的严峻形势下没必要再遮遮掩掩。最典型的隐性财政赤字货币化实例就是棚改，资金规模在 3 万亿元左右，这说明财政赤字货币化在中国已经存在。在《中国人民银行法》颁布以后，它一直以隐性的方式存在。与其采取隐性的赤字货币化，还不如摆在明面上，更有利于维护政府财政纪律和控制风险，而且还能受到全国人民代表大会（以下简称“全国人大”）的监督。

一、 中国面临前所未有的挑战， 需要非常规的政策和改革措施

2020 年 4 月 17 日中共中央政治局会议上提到了两个“前所未有”，国外疫情扩散导致全球经济受到“前所未有”的冲击，中国面临的挑战“前所未有”。这意味着形势非常严峻，而且不是以前经历过的经济金融危机状态，是一种新的危机，需要推行非常规的政策和改革举措。

国内疫情表面上给人一种错觉，好像现在形势不错，规模以上企业的复

工复产率达到了90%以上。所以不少人认为我们的经济形势还不错，没必要采取非常规的举措。我对此不太认可，因为现在企业面临的困难可能超出我们的想象，尤其是几千万小微企业和个体经营者的日子非常难过。海外疫情的冲击对外向型企业、行业的影响非常大，并会通过供给和需求链条，传递到其他企业和行业。如果没有特别措施，中小微企业可能会大量倒闭。现在农民工隐性失业至少有1000万人，但不会在指标上体现，也不会马上出现社会不稳定现象，因为农民工回老家了，有地、有房，还有口饭吃，但这个庞大群体的收入已经大大减少。消费萎缩导致内需不足，经济增长后劲也越来越弱。这种状态持续下去，势必就是经济体系的自我收缩，疫情的外生冲击就会演变为经济循环的负反馈。不像大企业因“大而不能倒”那样引人关注和警惕从而获得救援，小微企业的倒闭是一个渐进过程，但是作为一个经济生态，一旦小微企业这个生态大面积枯萎死亡，很难再复苏，后果十分严重。

新冠病毒不是短期内能被消灭的，中国的发展环境已经处于高度不确定的状态。疫情防控常态化，说明国内经济运行的宏观环境已经根本改变了；国外疫情还在扩散，说明国际环境也根本改变了。这两个“根本改变”意味着中国未来的发展进入了高风险轨道，现在就是一个转折点，在这个转折点上采取什么样的政策措施，怎样推动改革，将决定未来。需要推出与这种“大变局”“大冲击”相匹配的大规模政策和全面深化改革，才能在这种高度不确定性的环境下构建起中国发展的确定性。

二、 货币政策的空间越来越小

从人民银行资产负债表的情况看，从2018年到2020年4月，人民银行资产在收缩，对商业银行的债权在2020年4月下降了8%，这说明商业银行不再向人民银行借钱了，甚至在减少对人民银行的负债。人民银行安排的专项再贷款，即使有贴息政策的支持，也出现了因风险评估过高导致商业银行不敢放贷的情况。这实际上是通缩苗头。虽然2020年4月M2增加了11.1%，但这是靠扩大货币乘数来实现的，而基础货币在收缩。

从准备金率来看，中国的法定准备金率和超额准备金率加起来大约14%，现在全球平均数大概是13%。但国内外准备金率的结构不一样，国外超额准备金部分高，国内法定准备金部分高（超额准备金率在中国相当低，只有2%～3%）。在这种情况下，中国如果再进一步降低法定准备金率，那么超额准备金率就会提高。中国法定准备金率还有再降的空间，但若持续往下降，整个金融风险就大了。当前的货币乘数已接近于理论的极限值，这说明货币政策空间正在日益收窄。

中国2020年一季度GDP下降6.8%，除了金融业和信息通信业外，其他行业都在萎缩，这说明实体行业在整体萎缩。金融业增加值增长6%，说明货币供应的增加可能扩大的只是金融交易。在这种情况下，货币传导机制也许对大企业来说畅通，但对几千万中小微企业来说并不畅通。面对高风险、高成本、低收益的中小微企业贷款和融资需求，商业银行一般不愿意满足。

从4月的价格指数来看，生产价格指数（PPI）下降了3.1%，扣除食品价格影响，消费价格指数（CPI）实际上只有1.1%，显示出较为明显的通缩迹象。越是通缩，货币就越是放不出去，这意味着货币政策的空间可能越来越小。除非有一天人民银行直接进场，或者直接增加持有政府的债权，也就是赤字货币化。

三、 二级市场上发行国债会产生挤出效应

在疫情的冲击下，财政收入大幅减少。一方面，2020年1月到4月，全国财政收入下降14.5%，一些县的财政收入降幅达到50%。另一方面，财政的刚性支出却越来越多，收支缺口越来越大。

表面上看，中国的政府债务并不高，可以以常规方式发行债券。但很多隐性债务问题并没有反映出来，实际债务的规模并不小。地方政府债务的规模、比重都比中央政府大。现在地方政府处于多重压力之下，一方面要减税

降费，另一方面疫情冲击下税基收缩、财政收入减少，还要面临2020年的偿本付息（规模达到千亿元）问题。

这几个方面都在挤压地方财政，中央给地方转移支付缓解压力，但资金从何而来？肯定需要扩大赤字债务。问题是现在的赤字以什么方式弥补？这就涉及债务发行方式的问题。

在二级市场上发国债从表面上看还有空间，但这个空间也不是太大。如果是大规模地向二级市场发债，会带来两个方面的挤出效应。一是数量上的此多彼少，财政占用的资金多了，市场可用的资金就少了，银行信贷资金也少了，除非人民银行配合，释放基础货币或降准。二是除了数量挤出效应，价格也可能会抬高，从而抬高基准利率。如果国债利率低了，除非靠行政命令让大家买，否则没人会要。在高度不确定性的情况下，贷款的风险越来越大，银行为了改变其资产结构也许愿意购买国债，但银行信贷资金会相对减少。而且还会带来一个问题，即大规模的债券发行，加重了财政负担，意味着未来的税收负担也会加重。按照理性预期和李嘉图等价理论来分析，人们预期未来税负加重，会改变现在的经济行为，对减税降费的政策效果打折扣。当然这有待进一步验证。

四、财政赤字适度的货币化是当前条件下风险最小的一种选择

权衡当前与未来各方面风险，我认为赤字货币化的方式，即通过人民银行以零利率直接购买国债，是风险最小的。这在某种意义上就是铸币税，货币发行收入一部分给国家财政，来解决现在地方财政遇到的困难、贫困人口、失业人员等问题，因为救助中小微企业这些事情通过银行的途径是无法做到的。这样做的效果，通胀预期不会扩大，降低了未来税负加重的预期，也避免了当前挤出效应，部分解决货币政策传导不畅通的问题。至于财经纪律，它本身就是一个约束，而且还有全国人大的监督。更重要的是不搞隐性的赤字货币化，避免了财经纪律被隐性破坏。所以，财政赤字适度的货币化是一个风险最小的选择。

讨论赤字货币化时，还有一个相关联的问题，即货币与资产价格孰因孰果的问题。按照货币数量论的逻辑，货币多了，物价上涨，或表现为资产价格上涨。但若按照“货币状态”来考虑，则并非只有货币数量而是有多元因素影响资产价格。比如货币持有结构，决定了实体的需求，实体需求才会导致物价和资产价格的变化。货币结构与货币总量相关联，但不是同一个问题。其实从中国房地产的价格来观察，到底是因为货币发多了导致房价上涨，还是因大家炒房导致价格上涨，然后引发货币需求扩大，进而导致货币多了？这好像是一个鸡生蛋还是蛋生鸡的问题，其实，这与货币状态有更直接的关联，尤其是货币持有结构的问题。货币存量分布会左右货币增量的分布，大企业容易融资，富人也容易获得资金，他们会拿着钱去寻求增值，拿去购买资产，很多企业放弃了实体的主营业务，通过购买资产来增值，导致金融跟实体经济越来越脱钩。

货币数量论在过去的条件下可能是成立的，比如在短缺的、供不应求的、整体收入水平比较低、贫富差距也不大的条件下，货币多了会直接导致物价上涨和通货膨胀。但在整体收入水平达到一定程度以后，供过于求，贫富差距比较大的情况下，最重要的问题已经不是通胀，而是通缩。因为富人不花钱，而想花钱的却没有钱。越是通缩的情况下，货币政策的作用空间就越小，此时的货币政策像根绳子，拉一拉是可以的，但要推动很难。货币放水的结果，不是进入实体经济，而是自我循环，变成金融交易。

在这种情况下，需要财政政策发挥更大作用。在通缩的条件下，在经济下行的状态下，或是遇到重大冲击（如疫情发生）时，社会不平等会急剧扩大。这时受到冲击的中小微企业会大量破产，大量的人因此失业，严重伤害低收入阶层。越在这种社会不平等急剧扩大的时候，越需要财政去发挥作用。而财政的资金是不足的，于是需要适度的赤字货币化。要把经济放到整个社会中，而不仅仅是就经济本身来观察，实行适度赤字货币化，权衡各种各样的风险，是在当前条件下风险最小的一种选择。零风险的政策是没有的，任何政策都有利有弊。

至于有人提出适度赤字货币化违反了《中国人民银行法》，这个先例一旦打破以后会收不住，我觉得带有一些想象成分。因为既有市场的约束，也有法治的约束。全国人大要审议预算，并不是由政府独断。

需要再强调一下，我提出赤字货币化，是特殊条件下的一种特殊操作，不是一个常态。当然，如果现在前所未有的冲击和挑战都不算特殊，还可以以常规的操作手段来应对的话，那就是另一码事。中央说两个“前所未有”，表明现在的形势非常严峻，必须要有特殊措施。这种特殊措施也是在特殊条件下推行，并不意味着要一直进行下去。

五、从未来风险的前景来判断问题

在判断赤字货币化这个问题的时候，有的人倾向于从历史的角度来判断问题，而我更倾向于从未来风险的前景来判断问题。历史的经验教训当然要吸取，但是此一时彼一时。如果历史发展是线性过程，未来就是在现在的延长线上，那就好办了，也就没有大变局、不确定性这些概念了。正是因为未来是不确定的，未来不在现在的延长线上，所以历史的经验教训要吸取，但更多的是要基于未来的前景来考虑问题，这就是风险思维。

不是看过去，而是要看未来，从未来看今天，以此来判断今天应当采取什么行动，怎么做这个事情才更好。无论怎么做，都是一种风险权衡之下的选择，因为没有无风险的操作，两害相权取其轻。对风险当然有不同的判断，讨论是没有止境的，最终要靠实践去检验。

实践会不会走到赤字货币化这一步？作为学者我提出建议，决策层不一定非得采纳。毫无疑问，现在没有修改《中国人民银行法》，我估计立即开展货币融资或财政赤字货币化的可能性不大。可能会采取其他的方式，但实际上可能跟货币融资差不多，也就是财政赤字的货币化。

六、财政赤字货币化有利于货币政策和财政政策的配合

中国的金融市场化程度是不足的，利率、金融市场主体都存在市场化不

足的问题，所以政府可以通过金融机构发挥一些政策性的功能。其实这样还不如摆在明处，让财政发挥财政的作用。尤其在促进社会公平方面，目前是在让金融发挥这种作用，其实应让财政更多地发挥作用。比如向贫困地区贷款倾斜，这明显是跟市场规则有冲突的。1.7 万亿元的扶贫产业贷款中，将来会有多少不良贷款？还有对建档贫困户的贷款，其实这里面有很多最终可能要由财政兜底。

与其以这种方式来做，不如市场的归市场，政府的归政府，这样可能更好一些。把现实中已经存在的变相货币化（货币融资）摆在面上，加以法律约束，这样大家也能看得更清楚。其实现在有很多变相的做法看不清楚，反而使两个部门之间，使财政政策、货币政策的配合出现问题。货币融资，或者说财政赤字货币化，其实反过来有利于货币政策和财政政策的配合，或者说能支持货币政策更好地发挥作用。

（此文发表于《国际经济评论》2020 年第 4 期，作者：刘尚希）

第七篇
论风险变化中的财政

人民财政观

阅读提示：胸怀千秋伟业，恰是百年风华。回望我们党走过的光辉历程，之所以能够取得彪炳史册的丰功伟绩，根本原因在于中国共产党始终传承着“人民基因”。庆祝中国共产党成立100周年大会上，习近平总书记的重要讲话中反复强调了我们党的政治价值观——人民观，这从财政来看，彰显出财政的政治属性——“人民财政观”。人民财政观植根于中国共产党的人民基因，这一价值观决定了党能够始终正确地处理好党和人民的财政关系，带领人民从胜利走向胜利。

一、以人民为主体的财政

“人民至上”“以人民为中心”这样一种人民观，作为政治理念是一种历史的进步，是人类政治文明的发展。在不同历史时期，“人民”的内涵是有很大差异的。今天的人民观是一个历史的发展，是从阶级的人民观发展而来的。今天的人民观是人本主义的人民观，是马克思主义关于人的解放和自由全面发展学说的继承和发展。人本人民观已经成为党的基本立场和基本价值，作为一种政治理念，集中体现了一个政党的政治属性——人民性，即为了人民，依靠人民；作为一种发展理念，反映出经济社会发展模式的变迁——群众性，即发动群众，依靠群众，相信群众来配置资源和创造财富，实现创新和发展，包括社会共同体的发展和每一个人的发展。这可以称之为发展的“群众路线”，超越了传统的基于阶级对立而形成的发展认识框架。人本人民观彰显了人民在历史发展中的主体地位，为财政的人民主体性提供了理念和价值前提，由此使“人民财政观”区别于传统的以国家为主体的“国家财政观”。

一百年来，在中国共产党带领中国人民从站起来、富起来到强起来的伟大征程中，财政根植于人民大众，始终与民族复兴、群众生活紧密相连，为革命战争、社会主义建设、改革开放和新发展格局构建发挥了基础性作用。不同时期党的中心任务和目标不同，但都是在践行党的初心使命：“为中国人民谋幸福，为中华民族谋复兴”，财政为此而防范化解公共风险，为不同时期任务和目标的实现注入“确定性”。这种“确定性”，不是来源于表象上看到的财力支撑，而是源自财力的筹措和使用体现了民心，与广大人民群众对未来生活愿景（个人的，也是社会的）的向往和追求具有高度的一致性，正是这种“一致性”使共产党领导下的财政没有发生过危机，哪怕是经济出现严重困难的时候。“不断提高和改善人民生活”成为中国共产党的口头禅，并以此来处理复杂的财政利益关系，给最广大的人民群众提供了稳定的长期预期。

在革命战争时期，土地改革、减租减息、大生产运动、精兵简政等财政政策，赢得了民心，为夺取革命胜利奠定了群众基础和物质基础，民族危亡的重大风险得以消除，实现了民族解放和国家独立。在社会主义建设时期，财政转型为“建设财政”，为国家建设筹集资金、配置资源，实现了新中国站起来之后的稳固与发展。在改革开放时期，财政转型为“公共财政”，为市场化改革开辟道路，贯彻物质利益原则，调动地方、企业、个人等各方面积极性，有力推动了改革开放，终结了“短缺经济”带来的公共风险。在新时代，财政转型为“人本财政”，为国家治理体系和治理能力现代化，尤其是为人的现代化提供基础和支撑，防范化解可持续发展的风险由此就有了可能。从百年历史的变迁过程来看，财政的不断转型是随着人民群众对未来生活愿景的预期变化而调整的结果，是一种“隐性”的公共选择。

中国共产党的人民基因使党领导的财政打一开始就树立了坚定的人民财政观，成为以人民为主体的财政。财政的内在逻辑从此改变，“人本逻辑”“风险逻辑”和“发展逻辑”叠加成为财政的新逻辑。以人民为主体的财政，意味着财政是人民的财政，财政的这种政治属性为财政公开透明、人民监督和财政法治提供了依据，也为财政责任、财政治理和财政职能的“生成”提供了政治前提。

二、 政党和人民的财政关系是政治的集中体现

我们过去对这一问题的认识是从阶级性的角度进行探讨的，财政作为国家的附属物是阶级统治的工具，代表了统治阶级的意志。从历史和财政自身的多元属性来看，政党和人民的财政关系是多维度的、多色彩的，并非单一的色调。阶级分析视角的财政关系是革命年代的特殊产物，不反映财政关系的一般性。在不同生产力水平基础上，政党和人民的财政关系至少有如下几个层面的问题，答案不同，其财政关系的性质便不同：一是财政主要是为谁服务？是为人民大众服务，还是为少数的富人或所谓的“纳税人”服务？这决定了财政的政治立场，政治立场决定了财政的政治属性。现代国家几乎无不高举人民旗帜，但在“资本至上”的国家，以物为本的逻辑居于支配地位，人本逻辑难以彰显。即使是福利主义也没有真正回到人本逻辑的轨道，通过实行基本收入、基本消费的福利政策来满足每一人的基本需要，但并不意味着人的发展和机会平等上都会自然实现。二是财政面对民众权利和公共权力是如何判断其关系的？是让权力来约束权利，还是相反，让权利来约束权力？这决定了财政的法律性质。人民财政的法律性质，无疑是让权利来约束权力，也就是通过财政法治来约束权力的行使，通过财政资金的安排体现人民意志和生活愿景，保障民众的个体权利和集体权利。从人民至上的政治理念来看，“权利本位”也是财政的一个基础和前提。三是财政面对不同阶层、群体和区域民众的权利和义务如何让其得以平等实现，并让其权利和义务有效匹配起来？这涉及社会的公平正义，反映财政的社会属性。民众都有免于基本风险的权利，如失业、失能之后的生活保障和基本公共服务消费的享用等；也有承担一定风险的义务，如服兵役、缴税和社会责任等。

建党百年以来，中国共产党之所以不断从胜利走向胜利，关键在于正确处理了党和人民的财政关系，真正做到了“一切为了人民，一切依靠人民”。

这种政党和人民的财政关系体现了一种新的政治理念和制度设计，并作为中国共产党的“政治基因”一直传承下去。

无论是革命、建设、改革开放时期，还是中国特色社会主义新时代，财政都是一个政权动员、集中和使用资源，以应对包括政治风险、经济风险和社会风险等在内的公共风险的一种社会机制。这种机制往往隐含于整个社会体系当中，并决定着一个政权与整个社会的运行和发展状况。我们必须突破部门具象的局限，应从广义的社会层面来理解财政更为一般、更为本质的内涵和特征。回顾党的百年奋斗历程，我们党对财政问题的把握和理解始终是以人民为中心的，跳出了收收支支的框框。一方面，发展经济，自力更生，不加重民负，赢得民心；另一方面，民心作为政治资源，往往转化为巨大的隐性财政资源，支撑着党在不同时期的中心任务。革命战争时期，人民群众主动支援前线，解决了战争的后勤问题；在新中国建设时期，人民群众响应党的号召，主动加入社会主义改造，低工资、剪刀差，不计报酬的工作，不讲价钱的返乡务农，解决了工业化的资金积累和当时的城市人口压力问题。改革开放时期，又作为勤劳的劳动力大军，离开家乡进城，支撑起了中国作为“世界工厂”的地位，国家的面貌焕然一新。人民的财政总是蕴含着巨大的能量，以显性和隐性的方式动员、集中和使用资源，把政治、经济和社会融成一个有机的整体，并在构建民族复兴、国家发展的确定性过程中发挥着基础性作用。在党的百年历史中，从未发生过资本主义国家那样的财政危机，根源就在于财政是人民财政。人民财政彰显了人民的主体性，而不是传统理论中的国家主体性。人民主体性的凸显，意味着国家与人民的财政关系发生了重构。人民对财政过程的主动参与，而不是被动行使权利和履行义务，是人类文明的进步。较之于“国家财政”，人民的“参与感”比“获得感”更能彰显财政的人民主体性。

三、 有形与无形的财政： 从政治经济过程的观察

在生产力水平很低，以小农经济为主的历史时期，我们很难用现代财政

的定义去理解和解释当时的财政活动，也不能用现在的以货币性收支体现的“预算完整性”等规范化、制度化、法治化的概念来简单评价之前的财政活动以及党与人民的财政关系。比如，土地革命时期，“打土豪、分田地”，就是从土豪劣绅手里获取土地及财政收入，是对私人所有权的否定和“合法剥夺”，这符合财政的一般定义，实际上也是一种财政活动。只是土地、房屋作为生产资料和消费资料，作为财富是一个存量的概念，通过强制手段把这些存量资源集中起来，再分配给穷苦农民。特殊时期的这种财政活动使得党在根据地很快赢得了民心，没有这个基础，要完成党当时的中心任务“筹款、打仗和做群众工作”几乎是不可能的。根据地财政以当时条件下的特殊方式对当时革命任务的完成起到了枢纽性和基础性的作用。

从纵深来观察，对财政活动不能仅仅局限于从货币性收支流量的层面去理解。比如，我们现在讲财政资源统筹，不仅要统筹财政资金，还应把财政资金和以前财政资金投入形成的大量资产关联起来、整合起来，这才是一个完整的财政。“预算的完整性”是基于流量的一个概念，不等于“财政的完整性”。我们过去理解财政就是一个流量的概念，集中体现为当年收支的预算安排等方面，实际上这是远远不够的。我们既要看到流量的层面，更要看到存量的层面。从存量的角度来观察，我们当前的财政实际上是不完整的财政。

在党的百年历程中，财政功能的发挥既表现为显性的预算及收支行为，比如，征税、征粮、花钱、用物等显性活动，也表现为形式多样的隐性动员、集中和使用。比如，我们党在革命战争年代深深根植人民、紧紧依靠人民，获得了人民大量人力、物力、财力的支持。陈毅曾深情地说：“淮海战役的胜利，是人民群众用小车推出来的。”这就是生动描述了人民当时踊跃出力、出工、出钱、出物支援前线的情景。这意味着人民群众主动分担了不少政府支出责任。可以看出，党和人民在当时形成了一种“一起向未来”的良好财政关系，隐性的财政活动发挥了重要支撑作用。

作为国家治理的基础和重要支柱，财政将在实现第二个百年奋斗目标新的“赶考”路上发挥更加积极、更加重要的作用。高度重视财政问题，以人民为中心，让人民参与共同处理各种复杂的财政关系，并作为始终坚持的基本理念和原则，是百年大党成功的重要经验。在理论上，我们对财政的认识不能表面化，仅仅拘泥于流量的角度；也不能现象化，仅仅拘泥于从显性的财政形态去探讨，而要进一步拓展视野和维度，透过现象看本质，从党的伟大实践中汲取灵感，更深刻地认识财政、把握财政，推动财政理论研究不断创新，为新时代财政改革、夯实财政这个国家治理基础提供新的指引。

（此文发表于《财政研究》2022 年第 1 期，作者：刘尚希）

新中国70年发展的财政逻辑

阅读提示：1949—2019年，回顾这70年，新中国的发展取得了巨大的成就，这些成就来之不易，是在党的领导之下团结各族人民共同奋斗出来的。在这个过程中，财政起什么样的作用呢？怎么理解新中国70年发展中的财政呢？财政的逻辑是什么呢？这是一个理论问题，也是一个实践问题。

一、新中国70年的发展是一个有机的整体，后期的发展是以前期的发展为条件的

新中国70年的发展，从财政的角度来说，也是一个不断变化变迁的过程。我们不能只是从一些财政的事件去分析财政、去理解财政，而是应当站在历史的高度看待财政的作用、财政自身的逻辑。

新中国这70年是一个有机的整体，我们不能“只见树木不见森林”。要把它当成一个整体来看，才能完整地认识新中国的70年。习近平总书记一再强调，新中国的70年，我们既不能用后40年否定前30年，也不能用前30年去否定后40年。1949年到1979年，这30年是探索社会主义建设的30年。中国的国际地位大大地上升，这个时期我们有了原子弹、氢弹、卫星上天，中国人民真正站起来了，而且站稳了。从1979年之后这40年是改革开放的40年，实际上我们又进入了一个新的历史时期，又发生了历史性的巨变，发展主要是经济建设，改革主要是经济改革。2012年底党的十八大之后，我们进入了全面改革、全面发展的新时期。党的十八大提出经济建设、政治建设、社会建设、文化建设、生态文明建设“五位一体”的总体布局，就是说我们的发展不仅仅是经济的发展，而是全面的发展，意味着中国的发展进入了全

面发展的新时期。十八届三中全会又明确了全面深化改革，改革进入了整体性改革的历史时期。

改革开放之后，十八大是一个时间节点，不仅提出了“五位一体”的总体布局，而且提出并明确了“四个全面”的战略布局，全面建成小康社会、全面深化改革、全面依法治国、全面从严治党。新中国的发展也是发生了新的变化，经济进入了新常态，发展的导向从过去长期追求高速度，进入高质量发展的新时代。到了十九大又提出了新的思想，当代马克思主义的最新成果“习近平新时代中国特色社会主义思想”。这就意味着，我们从站起来到富起来，再到强起来是一个连续不断的历史过程。

搞社会主义建设、改革开放，进入新时代，为以后的发展打下新的基础，实际上是在探索新的发展道路。这个新的发展道路不仅仅是中国的发展道路，而且也是人类文明的发展道路。中国现在对人类文明的影响越来越大，中国的发展道路可能是人类文明发展的一条新路。

新中国 70 年也是创新探索的一个过程，我们探索的是中国发展之路，也是人类文明发展之路，探索是离不开创新的。很显然，我们有很多的创新，有制度的创新，更重要的是思想的创新，当然还有技术的创新、市场的创新、社会的创新等各个方面。

二、新中国 70 年发展的财政逻辑演变：从集权、分权到治权

之所以回溯历史，是为了更好地理解财政的逻辑，以及财政在这里面起什么样的作用。其实，财政是一个社会、一个国家、一个共同体，也是一个文明赖以存在的物质基础和制度基础。财政往往是隐形的，往往看不见它有多大作用，但是，一个国家、一个社会、一个共同体、一个文明，一刻也不能离开财政。没有一个统一的财政，就没有一个统一的政权；没有一个健全的财政，就没有一个健康的社会；没有一个稳固的财政，就没有一个强大的国家。这都有很多的历史事实可以印证。同样，没有一个健全的财政，也没有一个健康的社会。财政是一个社会的“血液”，就像人一样，“血液”健

康，身体就健康，“血液”出了毛病，整个人就会出问题，甚至会危及生命。财政的作用就像“血液”一样，在社会共同体中发挥它无形的、无感的作用，但这个作用是基础性的，无处不在，无时不有，不可替代。

财政收入来自社会，又通过财政支出回到社会，就像人的血液循环一样，来自自身，又回到自身，滋养全身的脏器和每一个细胞。这就是财政的作用。财政的这个作用从新中国70年来看是怎么发挥出来的呢？从历史过程来分析，用一个字可以概括：权。

1949年，成立了新中国。新政权建立，财政权已经握在手中，那么财政的作用如何发挥？答案是集权。我们建立了高度集中的计划经济体制，财政统收统支，财政上高度集权。通过财政的高度集权来筹集资金，配置资源，推动工业化。在当时的条件下，财政的作用主要是筹集资金，支撑国家建设。主要通过财政配置资源，因为微观主体像企业不能自主地作出决策，生产什么、生产多少、怎么生产都是由国家计划指定的。国有企业的利润交给财政，它所需要的资金再由财政拨给。所以，在那个时期，财政是统收统支，以集权为特征来配置资源。通过这种财政集权方式，我们国家取得了巨大的成就。

再到改革开放时期，财政的逻辑变成分权。大家都知道放权让利，从放权走向分权，这在历史进入改革开放之后可划分为两个时期。一是改革开放初期，主要是放权，主要是对国营企业、一些部门以及地方放权。二是到1992年邓小平南方谈话之后，明确了改革的方向，就是建立社会主义市场经济体制，这个时候主要是分权。放权、分权有什么区别呢？放权是在原有的集中体制框架内下放部分财力的支配权，微观主体，即企业的主体地位并没有明确，只是赋予企业一定的决策权和财务权，自身努力与物质利益适当挂钩，以调动企业的积极性。同时，也采取同样的方法调动地方的积极性。在放权的时期，主体地位不明确，意味着主体的责权利不清晰，放权往往就放过头了，放过头就乱了，乱了就要收权。于是，“放、乱、收、死”形成一个不断再现的循环，直到1992年搞市场经济，才明确了企业是市场主体，它作为微观主体实现了再造，民营企业也发展起来了。在这个时候放权就变成了分权。分权是在多元主体之间的权力划分，向企业分权，也就是向市场分权，同时也向地方分权。地方这个时候也变成了一个利益主体。1994 年的分税制改革就是分权的改革。通过分权改革，逐渐形成了社会主义经济体制的框架，同时财政也转向了“公共财政”模式。公共财政强调市场能管的，财政就不要管，市场不能管的，财政就要去管。这样财政与市场的关系就产生了颠覆性的变化，市场成为财政职能定位的一个基准。

改革开放初期，因为在计划经济的框架下放权，计划实际上仍发挥主要的作用，是摆在首位的，市场则是补充。1992 年之后，颠倒过来了，市场是第一位的，政府是第二位的，市场能干的交给市场，市场不能干的政府再来干，逻辑关系发生了颠覆性的变化。在这种条件下，财政的定位就更加清晰了。在这之前，财政缺位、越位的问题突出，找不到基准，财政哪些该干，哪些不该干，财政支出结构怎么调整，没有理论的基准，也找不到操作的基准。计划经济延续下来的，就是所有制标准，全民所有制领域是财政投入的，非全民所有制领域财政不管；城市建设是财政要投入的，而农村建设则主要是农民自己的事。1992 年之后就是以市场为基准，市场不能发挥作用的财政就要投入，一直到 2003 年提出要让公共财政的阳光照耀到农村，财政不仅管城市投入，也要管农村投入。这样，城市财政变成了全民财政、老百姓的财政，所有制的财政变成了市场经济平等竞争机制上的财政，这个时候才算真正地变成了财政分权。分权充分调动了大家的积极性，而且形成了长效机制。放权也能调动积极性，但是容易出偏差且不持久，很难把握这个度在哪里，这个度只是在微观主体定位之后才找到了基准。

市场主体定位明确了以后，这个度就好把握了。企业通过法律赋权，依法设立，合法经营，自我发展、自我决策、自负盈亏、自担风险。企业应该有什么样的权利，通过法律法规加以明确。这就解决了行政式放权的随意性问题。只有真正分权，才能解决过去“一放就乱，一收就死”的那种循环。

通过财政分权以及其他方面的改革，调动了地方、企业的积极性，解放和发展了生产力，物质财富相对充裕了，解决了短缺的问题。但是又带来新的问题，机会的不公平，这体现在贫富差距很大。虽然实现了一部分人先富起来，但是怎么实现共同富裕，面临着巨大的挑战。实现共同富裕，不能走老路，搞平均主义，应给每个人以希望，人人参与、人人努力、人人共享，这才是共同富裕的正确思路。机会不均，带来社会的板结，社会阶层的固化，这对中国的未来发展有很大的风险。从这点来看，我们必须要进一步深化改革，财政改革的重点不再是分权，尽管分权改革的任务还没有完成，但现在必须转向“治权”，即对权力、权利进行治理。我们国家进入全面深化改革，改革的总目标是实现国家治理体系、治理能力的现代化，治理的基本内涵是基于权力和权利的多元共治。一个是对人民的权利要予以保障，比如提供公共服务，不断保障和改善民生，这就是保障和维护人民的权利，简单来说就是保障民权。二是约束公权。通过完善财政制度、完善预算制度、完善税收制度，通过财政法定去约束公权。财政在这些方面发挥作用就是财政治权。保障民权，约束公权，治理权力和权利，这是新时代财政的使命。

三、 更深层的财政逻辑是公共风险逻辑

经济学主要讲如何有效配置资源，而从“权”的角度来看财政的作用，不仅仅是经济学的思维，而是基于整个社会、基于社会共同体的治理来分析考察。在其背后还有更深层的逻辑，就是风险，这个风险不是一般的市场风险，也不是个人面对的风险，而是国家的风险，是共同体的风险，可以统称为公共风险。

新中国刚刚成立时一穷二白，新的国家政权刚刚诞生，四面围堵，国际封锁，在这种巨大的风险挑战面前，怎么站稳？怎么发展？当时进行的探索，一是向苏联学习，二是自己摸索。1956年毛主席作了《论十大关系》的报告，之后实际上就开始走我们自己的路。一个重要的方式，就是集中财力办大事。在贫穷落后的情况下，不集中财力，办不成大事。主要是通过财政去筹集资金，从而形成了集中力量办大事的模式，有效应对了当时的风险挑战。这个时期我国经历了抗美援朝、抗美援越、珍宝岛战役、中印战争。通过这些战争，打出了威信，打出了中国的国际地位，打出了之后的和平，一点一

点地突破了国际封锁。这靠什么？就是靠当时财政的集中统一。没有财政的集权，就不可能干成这些事。

1979 年到了一个新的历史节点，为什么要从放权到分权呢？因为我们确实站起来了，而且站稳了，但要面对新的风险：生产力落后，经济短缺。经济的风险迫使我们不得不进行新的探索，从放权再到分权，去调动广大民众的积极性，解放生产力、发展生产力。生产力落后是当时面临的最大风险。邓小平当时说，我们打开国门，发现中国跟世界其他国家的差距拉大了，中国面临着被开除球籍的危险。想想这是什么样的风险？巨大的公共风险和潜在的民族危机。正是这种公共风险迫使我们改革开放，所以财政就开始放权，再到分权。

短缺的问题解决了，我们相对富起来了，物质产品相对充裕了。但是面临着新的风险——社会的风险：贫富差距大、机会不公平。怎么去应对这种风险挑战呢？怎么样保障民生、改善民生？怎么样使所有的老百姓都能得到基本公共服务，在生活上都能有基本的保障？教育的问题、医疗的问题、养老的问题等，这些都涉及百姓的权益。还有腐败的问题，怎么样约束公权、遏制腐败，除了现在大力反腐之外，还要靠制度建设。财政是基础制度，这个基础制度如果不能健全，反腐败可能就有一个很大的漏洞。对这一点，毛主席早就说过，预算是一个重大的问题，规范着政府活动的方向和范围。通过治权，以法治方式约束公权，保障民权，这样才能防范化解社会的公共风险。这事关“两个一百年”的奋斗目标，事关我们能不能真正强起来。也就是说，即使是国内生产总值变成了世界第一，如果出现两极分化，国家也是强不起来的。

我们从站起来、富起来，再到强起来，对应的财政逻辑就是集权、分权、治权。在不同的阶段是不一样的，但是背后有一个更加深刻、统一的逻辑，那就是公共风险的逻辑。在不同的历史时期，我们面对的公共风险不同：刚刚解放的时候一穷二白，那个时候面对的是能不能站稳的风险，到 1979 年这个时间节点之后面临的是生产力落后的风险，再到现在面临的是机会不公平的风险。面对不同时期的不同风险，财政的作用也发生相应变化。1949 年面临的是怎么站稳的问题，财政要发挥集权的作用，后来站稳了，但是又要解决穷和短缺的问题，这就是经济风险，这也是国家风险，财政就要发挥分权激励的作用。到现在，老百姓的生活水平比以前提升了很多，但是社会不公平的风险又显现出来了，这种风险威胁着经济社会的可持续发展，威胁着高质量的发展，威胁着由富变强的战略目标的实现。防范化解这个公共风险，财政就要发挥治权的作用。财政的法治化，包括税收法定、预算法定是今后财政发挥治权作用的基本方式，也是为国家治理现代化奠定基础的基本路径，进而为国家的高质量发展提供支撑。这就是从 70 年来看的财政逻辑。

（此文发表于《中国财政》2019 年第 22 期，作者：刘尚希）

财政改革四十年的基本动力与多维观察

——基于公共风险的逻辑

阅读提示：党的十九大把“防范化解重大风险”放在全面建成小康社会三大攻坚战之首，凸显出我国现代国家治理中对“风险”的关注。回顾改革开放四十年的历程，公共风险是推动财政改革的动力之源，现代化、市场化和全球化是财政改革的三大推动力量。作为国家治理基础和重要支柱的财政，其改革可从经济、社会、法治和全球治理四个维度进行观察，财政改革在各领域步调并非完全一致，则反映了各领域公共风险表现形式与轻重缓急的不同。中国特色社会主义已进入新时代，社会主要矛盾发生深刻变化，财政改革呼应时代变化，需要在内涵与路径上作出调整，把风险管理、综合平衡、利益调节等融入建立现代财政制度的目标之中。

改革是一场自我革命，是深刻的利益重构与制度变革，既有壮士断腕的“破”，也有“摸着石头过河”的“立”。财政是国家治理的基础与重要支柱，既是改革的对象，也是改革的保障，国家治理的任何“破”与“立”都与财政改革息息相关。可以说，改革开放走多远，财政改革就要走多远。推动财政改革的动力之源也可归结为一点，即公共风险。财政改革往往不是在先见之明的制度设计基础上进行的，而是在公共风险暴露与加剧时不得不作出的选择。而公共风险暴露的威胁性与变化的紧迫性在时空上的差异，使财政改革在各领域的推进也并不是整齐划一。[①] 因此，“渐进”是我国财政改革的重

① 刘尚希：《财政改革四十年的深层逻辑》，《经济日报》2018年9月20日。

要特点之一。与先有制度设计再有改革落实的制度主义道路不同，我国的财政改革遵循行为主义路线。改革开放之所以取得巨大成功，就在于我们找到了一条适合国情的独特发展道路，而财政改革之所以在国家改革开放与发展中发挥了基础性和突破性作用，就在于比较准确地把握了公共风险的变化。

一、 公共风险是我国财政改革的动力之源

在大的历史背景下审视财政改革，当下的财政其实是国家发展与历史变革的缩影，而财政改革的每一步都带有公共风险变化的烙印。目前的财政即“公共财政”，体现了社会公平的价值追求和以人为本的价值理念，是经济社会发展到一定程度时，社会主义财政制度安排的自然走向。而在改革开放初期，面对的公共风险是8亿人吃不饱饭、经济低效、发展缓慢，当时财政的使命就是调动一切积极因素搞经济建设，可以说是一种以经济建设为中心的“建设财政”，更多地体现了“效率优先”的目标。改革开放四十年后，面临的公共风险不是吃不饱饭的问题，而是发展起来之后的公共风险。解决“有没有”的问题后，现在要解决“好不好”的问题，转向以人民为中心的发展道路，财政自然就要从“物本财政”向“人本财政”转变。

（一）财政的本质在于治理公共风险

传统理论从市场失灵出发解释财政，市场的有效性在于以价格为指针形成了私人产品的高效供给，但会导致负外部性的产生和社会成本问题，政府通过公共产品的供给解决这个问题，就需要公共支出，也就相应产生了公共收入，如税收，以弥补市场之不足。这种解释在市场经济条件下有一定合理性，但其局限性也显而易见。首先，财政不是市场经济出现后才有的，流行的财政理论回避了非市场经济条件下如何用市场失灵来解释财政这个问题，仅仅作了就事论事的解释。其次，随着经济社会的发展，政府职能越来越多，财政支出的范围随之扩大，仅从市场失灵的角度难以解释财政支出的范围为何扩大，如，为什么个体的贫困、失业应由政府来兜底？经济金融危机爆发

后，为什么政府要对企业进行救助？关于福利国家的理论似乎部分解释了社会性支出的扩大，但也无法解释针对企业的救助性支出。

世界是不确定的，风险无时无处不在，且无时无刻不处在变化之中。为了在不确定中寻找确定性，人们需要对风险作出评估，并采取相应对策。当个体面对的一些风险难以化解，并影响到个体共同的生存与发展时，就有必要采取集体行动，由共同体来应对风险。国家是共同体的高级形式，共同体的行为表现为现代社会的国家行为，就形成了现代社会的国家财政。个体的收入与消费维系了个体的生存与发展，共同体（国家）的收入与支出维系了共同体（国家）的生存与发展。这意味着，财政与国家是不能分离的。从这一简单的逻辑分析中可看出，市场失灵理论只能一定程度上解释现代社会的财政，而从公共风险论出发的财政理论却有更强大的解释力。资本主义社会之前的财政和计划经济条件下的财政都可用公共风险理论来解释，现代国家越来越显性地承担了公共风险防范与化解职责，财政的作用也越来越鲜明地嵌入其中。政府对社会个体如企业、个人的救助，其目的是防范私人风险转化为公共风险。

（二）公共风险的变化推动财政改革

传统理论下，财政改革的目的在于更加有效地提供公共产品，解决市场失灵问题，这只能部分地解释市场经济条件下的财政改革问题。我国改革开放之前实行的是计划经济，只存在计划失灵，不存在市场失灵，以解决市场失灵问题来解释我国财政改革显然说不通。财政的本质是应对公共风险，由此出发，不难推论出：公共风险的变化是财政改革的动力之源。公共风险的变化往往现实地反映为社会主要矛盾的变化，社会主要矛盾的变化要求国家层面的制度作出调整和改进，其突破口通常是在财政，无论是经济改革，还是全面深化改革，都不难看出这一点。改革开放以来，我国财政改革实质上都是遵循公共风险变化的逻辑而推进的。

（三）治理公共风险的行为主义路径构成了我国财政改革四十年的脉络

制度一旦形成就存在路径依赖，但公共风险的变化却没有固定的路径，靠制度来防范和化解公共风险往往具有滞后性，通常是风险快要酿成危机时才有制度变革。因为无法预判公共风险的变化并提前作出相应的制度安排，四十年来的改革很少是先改旧制度，再按新制度去做。通常是在旧制度难以整体更替之前，鼓励大家按照“三个有利于”的精神大胆地闯、大胆地试，在发展中去规范，以行动的成效来创新制度安排，实现对旧制度框架的替换。行动是先导，财政改革更是如此。基于应对公共风险的需要，鼓励个体、企业或地方政府自行探索，赋予其很大的行动空间。可以说，基于行为主义的改革路径构成了我国财政改革四十年的基本脉络。

二、 公共风险逻辑下财政改革的三大推动力

公共风险在不同经济社会发展阶段的表现形式有所不同，其作为财政改革的动力之源，推动财政改革的风险来源也有所不同。改革开放初期，贫穷落后导致的基本生存风险是最大的公共风险，解决温饱问题、走向小康进而实现现代化是财政改革的主要推动力量；解决基本生存风险后，计划经济体制下经济社会运行的低效率问题日益凸显，政府、市场与社会间边界不清晰导致风险分担责任不清，迫切需要构建社会主义市场经济体制来厘清三者间界限；经济社会的发展和改革开放的深化，使我国日益融入国际社会，越来越多地直面全球公共风险，参与全球公共风险治理对国家财政也提出新的要求。

（一）现代化：贫穷落后撬动了财政改革

1. 改革开放初期，中华民族面临着生存危机的巨大公共风险。我们通常把改革看作一场自我革命，可见其难度之大。改革会触动观念、权力与利益，

并与之相冲突。只有在公共风险的压力之下，才会迸发出改革的巨大动力。20世纪70年代末，在中国社会主义建设面临巨大风险和危机的时刻，倒逼我们探索出一条符合国情的改革开放之路。当时，我国经济凋敝、科技落后、人民贫困。按照当年价格及现行农村贫困标准衡量，1978年我国农村居民贫困发生率为97.5%，农村贫困人口规模达7.7亿人；工人平均月工资只有四五十元。[①] 虽然1978年我国粮食总产量超过曾经的历史最高水平，但人均粮食占有量只略高于1957年；许多地方农民口粮不足，有的地方口粮严重不足；棉花人均占有量由1957年的5.1斤降到1978年的4.6斤，油料人均占有量由13.2斤降到11斤。[②] 我国经济不仅与发达国家差距进一步扩大，而且还被一些发展中国家和地区远远甩在后面。邓小平同志就强调，不改革开放，总有一天会被开除球籍。[③] 可以说，贫困与落后，生存危机与开除“球籍”的危险，是撬动我国改革开放最初也是最大的动力。

2. 解决最基本的生存风险。为了解决温饱问题，1978年11月24日，安徽省凤阳县东部小岗村18位农民在土地承包责任书上按下手印，实施农业“大包干”，拉开了我国农村改革的序幕。“包产到户”的效果立竿见影，1973—1976年，小岗村全年人均口粮仅在200斤左右徘徊，年人均收入不足30元；而1979年，小岗村在遭遇罕见大旱的情况下，仍然取得大丰收，油粮总产达3.5万斤，相当于之前20年产量的总和；人均收入达400元，相当于1978年的18倍。[④] 小岗村的“包产到户”不是先见之明的特意安排，在当时也引起巨大争议，但其显著效果却引来其他地区的效仿。当计划经济在农村受到巨大冲击并显示出解放生产力的巨大效果时，改革便在制度层面迅速展开。1982年中央一号文件《全国农村工作会议纪要》中强调：“目前实行的各种责任制，包括小段包工定额计酬，专业承包联产计酬，联产到劳，包产

① 国家统计局住户调查办公室：《扶贫开发成就举世瞩目脱贫攻坚取得决定性进展》，《中国信息报》2018年9月4日。

② 《李先念论财政金融贸易（下卷）》，中国财政经济出版社1992年版，第389页。

③ 余玮：《邓小平和特区的故事》，《党史纵横》2008年第4期，第5-9页。

④ 张均斌：《小岗村40年：在改革中走向“不惑”》，中青在线 http://m.cyol.com/yuanchuang/2018-10/08/content_17657872.htm。

到户、到组，包干到户、到组，等等，都是社会主义集体经济的生产责任制。”1983 年中央一号文件《当前农村经济政策的若干问题》进一步指出，联产承包责任制“这一制度的进一步完善和发展，必将使农业社会主义合作化的具体道路更加符合我国的实际。这是在党的领导下我国农民的伟大创造，是马克思主义农业合作化理论在我国实践中的新发展”。党的十三届八中全会通过的《中共中央关于进一步加强农业和农村工作的决定》提出：“把以家庭联产承包为主的责任制、统分结合的双层经营体制，作为我国乡村集体经济组织的一项基本制度长期稳定下来，并不断充实完善。”家庭联产承包责任制作为农村经济体制改革第一步，突破了“一大二公”“大锅饭”的旧体制，而且随着承包制的推行，个人付出与收入挂钩，极大地调动了农民生产的积极性，解放了农村生产力。

3. 财政改革先行。1978 年 12 月召开的党的十一届三中全会，在审时度势的基础上认为“实行全党工作中心转变的条件已经具备”，要求“把全党工作的着重点和全国人民的注意力转移到社会主义现代化建设上来”，同时也指出“国民经济中还存在不少问题”，“一些重大的比例失调状况没有完全改变过来”。党的十一届三中全会作为我国改革开放四十年之肇始的标志性事件，从思想上、行动上实现了全党、全国工作重点的转移。但改革开放是一项庞大的系统工程，在经济基础薄弱、体制机制僵化、国民经济存在重大比例失调问题的条件下，必须为改革寻找突破口，在短期内立竿见影地实现国民经济有序增长的同时，为中长期的体制改革架梁立柱。随后于 1979 年 6 月召开的第五届全国人大二次会议，提出要集中三年时间，认真做好国民经济的调整、改革、整顿与提高，把国民经济逐步纳入持久的按比例的高速度发展轨道，并强调这是“把工作着重点转移到社会主义现代化建设上来之后，实现四个现代化的第一个战役，必须努力打好”。计划经济体制下，国家以计划指令形式统揽经济活动，国民经济比例结构调整实际上就是经济政策的调整，而财政政策又居于经济政策的核心地位，改革开放初期的任何重大体制改革都绕不开财政改革，财政改革先行，以财政改革促进国民经济调整、促进其他领域改革势属必然。经济管理体制改革关系国民经济全局，涉及范围很广，需要在调查研究的基础上，选择最迫切的领域、最紧迫的任务重点推进。1979 年，国务院初步拟定扩大企业自主权的若干试行办法、财政体制初步改革方案、外贸管理和外汇分成规定、基本建设投资拨改贷办法等文件，在各地试行的基础上修订完善，再由国务院正式颁布。这一系列的改革举措，都与财政有关。通过财政改革先行，在优化国民经济重大结构比例的同时，也通过赋予农民、国有企业和地方政府一定自主权，调动了各类经济主体的积极性，一定程度上打破了传统的计划经济体制，为后续推进经济领域其他方面的改革奠定了基础。

（二）市场化：以财政改革重塑风险分担机制

随着改革的持续推进，我国逐步确立了市场化的改革方向。市场化改革重塑了计划经济体制下风险和收益的分配关系，让居民、企业和地方政府都成为真正的利益主体，资源配置改善、经济效率提高，经济蛋糕做大，从整体上降低了经济社会的风险。市场化的分权改革，也同时分散了责任和风险。

党的十二届三中全会提出，我国实行的是有计划的商品经济，改革是为了建立充满生机的社会主义经济体制，增强企业活力是经济体制改革的中心环节，逐步突破了把计划经济与商品经济对立起来的传统观念。发展商品经济就要尊重价值规律，尊重价值规律就要明确企业的市场主体地位，增强企业活力成为我国经济改革的重点。在农村实行家庭联产承包责任制调动农民生产积极性的基础上，这种“放权”的改革又延伸到城市，通过向国有企业放权，调动企业生产的积极性。从 1979 年开始，国家就先后在几百户国营企业中进行了“利改税”试点。在试点的基础上，又分两步正式推进“利改税”改革：1983 年 4 月，国务院同意财政部《关于全国利改税工作会议的报告》，同时批转《关于国营企业利改税试行办法》，明确有盈利的国营大中型企业按 55% 交纳所得税，税后利润一部分上交国家，一部分留给企业；有盈利的国营小型企业，按八级超额累进税率交纳所得税，交税后企业自负盈亏，国家不再拨款。1984 年 9 月，国务院批转财政部《关于在国营企业推行利改税第二步改革的报告》和《国营企业第二步利改税试行办法》，在第一步局部性利改税的基础上，提出从“税”“利”并存逐步过渡到“以税代利”，以法律的形式明确企业与政府间的分配关系；提出将当时的工商税进一步划分为产品税、增值税、营业税、资源税等11个税种，初步确定了我国改革开放前中期的税收体系；通过明确企业利润留存，使企业拥有生产经营自主权，大大调动了企业和职工的生产积极性。1986年，又在“利改税”的基础上推行企业承包经营责任制改革，明确企业经济责任，进一步调动企业的积极性。

1992年党的十四大总结了改革开放以来建设中国特色社会主义理论的主要内容，明确提出我国经济体制改革的目标是建立社会主义市场经济体制，强调要使市场在社会主义国家宏观调控下对资源配置起基础性作用。市场经济是社会化的商品经济，具有平等性、开放性、竞争性和法制性的特点。基于社会主义市场经济的改革目标，我国的财政改革也开始向规范化与法治化方向迈进：1993年颁布《国务院关于实行分税制财政管理体制的决定》，从1994年开始实施分税制改革，初步构建了与社会主义市场经济相适应的财政体制，形成了在当时来看比较合理的中央与地方的财政分配关系；自1994年开始，在分税制改革的框架下，按照“统一税法、公平税负、简化税制、合理分权”的基本原则，推进税收制度改革，形成了中国特色社会主义市场经济体制下多税种、多环节、多层次的税收制度体系；按照党的十四届三中全会确定的“建立现代企业制度”的改革目标，基于“产权清晰、权责明确、政企分开、管理科学”的原则推进国有企业改革，并通过1998—2000年的国有企业改革“三年攻坚”，基本形成了适应社会主义市场经济体制的国有经济布局和国有企业管理体制；1994年我国制定了《预算法》，并于1995年颁布实施，使财政预算管理有法可依，也标志着我国财政管理开始逐步纳入法治化、规范化的轨道。

（三）全球化：全球公共风险治理呼唤“大国财政”

改革开放初期，财政改革主要是如何利用全球化力量化解内部风险；随着我国日益融入全球化，如何防范和化解全球风险成为财政改革的新命题。改革与开放是一体的，财政改革与对外开放也是同步的。改革开放初期，财政是我国联系世界的重要纽带；改革开放过程中，为“引进”国外先进技术与管理方式，财政作出重要调整与安排；随着国际经济合作的不断强化，财政也日渐与国际接轨。我国财政改革的成功，向世界提供了财政改革的“中国方案”，在全球化的进程中，财政也会发挥越来越大的作用。

1. 全球化使我们直面全球公共风险。由于世界各国经济社会的相互依赖性空前增强，为各种风险的形成与国际传导提供了条件，经济波动和危机的国际传染性也随之增强。在全球化下，一国的风险很可能会演变成全球风险。一国的经济体量在全球经济中占比越大，其国内风险演变为全球风险的概率就越大，影响力和破坏力也越强。因此，全球经济的不稳定因素增加，全球治理面临新的挑战。世界经济论坛发布的《2014 年全球风险报告》认为，2014 年关注最高的前十大全球风险分别为：核心经济体财政危机，结构性高失业或就业不足，水资源危机，严重收入不均，气候变化调整和适应失败，更加严重的极端天气事件，全球风险治理失败，粮食危机，重大金融机制/制度失败，重大政治和社会动荡。其中，主要经济体财政危机、结构性高失业或就业不足以及水资源危机成为全球最受关注的前三大风险。[①] 全球性风险不仅相互关联，并且具有系统性影响。为有效管理全球性风险，适应风险带来的影响，需要付出更多努力来理解、测量和预见不同风险间相关性的发展变化。每一项单独风险都有可能造成全球性危害，但由于这些风险密切相连，它们在相互作用下所产生的负面影响将更为凸显，并具有放大效应。

2. 全球公共风险最终表现为财政风险。从全球公共风险的现实看，财政风险本身就是最大的全球公共风险，如美国的财政悬崖、以希腊为代表的欧债危机、长期缺乏公共财政投入而导致的非洲公共卫生危机等。财政作为化解风险的最后手段，化解财政本身的风险也需要通过财政工具和财政政策来

① 慧通：《二〇一四年全球面临十大风险》，《中国信息报》2014 年 1 月 29 日。

实现，而化解财政之外的其他公共风险更离不开财力的保障。

3. 全球公共风险治理呼唤“大国财政”。财政、国家财政、公共财政、民生财政乃至现代财政制度，其观察视角和界定范围都没有超出一国主权，都是对内而言的。然而，全球格局变化已导致全球风险加剧，利益分配随着全球格局不断演变。近年来，我国经济综合实力明显提升，以“大国财政”参与全球风险治理刻不容缓。“大国财政”的内涵与外延都超出一国主权之界，是针对其作为全球性大国有效进行全球风险治理的基础和重要支柱而言的。鉴于此，“大国财政”的理论核心显然应考虑落在全球利益分配和全球风险治理两个基点上，由此引出的全景理论框架体现了基于“一枚硬币的两面”的平衡与统筹理念。“大国财政”是建立在大国实力基础上的，通过参与全球资源配置，承担全球风险治理责任，实现全球利益分配，进而化解全球公共风险，引领人类文明进程。国家财政的职能是资源配置、收入分配、经济稳定和经济发展，“大国财政”的职能对应的是全球资源配置、全球利益分配、承担全球风险治理责任和化解全球公共风险，这四个方面既是“大国财政”的核心内涵，也是“大国财政”的基本定位。

三、 公共风险逻辑下财政改革的四个维度

财政不仅仅是收和支，而是贯穿国家治理的主线，国家治理须臾离不开财政。经济改革与财政改革紧密相关，社会发展也离不开财政改革，而财政权力的约束与财政行为的规范是依法治国的重要组成部分，参与全球治理更离不开财政的作用。因此，经济、社会、法治与全球治理是研究财政改革重点关注的四个维度。公共风险不是一成不变的，风险的分布也不是整齐划一的，应对公共风险有急有缓，财政改革便有先有后。

（一）曾经作为经济改革中心环节的财政改革

我国资源、要素很丰富，但在改革开放初期却处于贫困落后状态，根本原因在于技术落后、效率低下。因此，改革开放要从打破阻碍技术进步与效

率提升的制度安排、引进先进技术和管理方式入手。

1. 放权让利：财政改革引领经济改革。改革开放初期，农村最常见的一条标语是“交足国家的，留够集体的，剩下的都是自己的”。简单的一句话，却概括了实行家庭联产承包责任制后，国家、集体与农民个人利益再安排所激发的农业生产活力。这一改革模式推广到城市，就是实行国有企业承包经营制。1986 年 12 月，国务院出台《关于深化企业改革增强企业活力的若干规定》，明确“给经营者以充分的经营自主权”，在全民所有制小型企业中试行租赁和承包经营，在全民所有制大中型企业中实行多种形式的经营责任制，鼓励大中型企业开展股份制试点，集体所有制企业一律改为自负盈亏；在国有企业管理方面，全面推行厂长（经理）负责制，改进国有企业工资和奖金分配制度。通过向居民、企业放权让利，调动市场主体追求个人利益的积极性进而化解个体风险，同时增强国家应对公共风险的能力。

2. 分权激励：财政改革促进经济改革。放权让利重构了政府与个体、企业的关系，而以分权为特征的中央与地方关系的重构，则通过探索与中国国情相适应的财政分权模式，调动中央和地方的积极性，为推动市场化改革奠定基础。1980 年 2 月，国务院颁发了《关于实行“划分收支、分级包干”财政管理体制的暂行规定》，开始实行“分灶吃饭”的财政体制，赋予地方政府一定财权，在经济活动管理方面给予一定自主权限，在增强地方政府可支配财力的同时，调动了地方政府推动经济建设的积极性，为我国经济体制改革全面铺开奠定基础。从 1985 年起，又实行“划分税种、核定收支、分级包干”的财政管理体制。1988 年 7 月，国务院发布《关于地方实行财政包干办法的决定》，进一步完善了“分灶吃饭”的财政体制。1993 年 12 月，国务院发布《关于实行分税制财政管理体制的决定》，从 1994 年 1 月 1 日起实施新的财政体制。分税制财政体制改革的实施，相对稳定和规范了中央与地方的财政分配关系，增强了中央政府的宏观调控能力，是新中国成立以来政府间财政关系方面涉及范围最广、调整力度最强、影响最为深远的重大制度创新，初步建立了符合社会主义市场经济要求的财政管理体制框架。

3. 现代财政制度与现代化经济体系建设：财政改革同步经济改革。2004

年9月，党的十六届四中全会提出，坚持以人为本、全面协调可持续发展的科学发展观，推动经济社会统筹发展。科学发展观是在我国经济快速发展，区域、城乡和群体间发展差距不断扩大，由此带来的社会矛盾日趋凸显的背景下提出的。市场经济条件下，具有要素禀赋优势的区域、具备一定能力的个体势必会先行抓住机会先富起来。但解决发展差距的问题，靠市场自发调节很难取得成效，政府必须履行好再分配的功能，而财政则是政府进行再分配的主要手段。2005年10月，党的十六届五中全会通过的《中共中央关于制定国民经济和社会发展第十一个五年规划的建议》中，首次提出“公共服务均等化”原则，党的十七大则把“围绕推进基本公共服务均等化和主体功能区建设，完善公共财政体系”，确定为深化财政体制改革的一个基本方针。这一时期，基于基本公共服务均等化的目标，通过调整财政支出结构，推进各领域改革，我国初步建成覆盖城乡的社会保障制度，教育、科技支出大幅提高，社会性支出占财政支出的比重显著提升。

党的十八届三中全会开启了我国全面深化改革的新篇章，把完善和发展中国特色社会主义制度、推进国家治理体系和治理能力现代化明确为新时期改革的总目标，强调要使市场在资源配置中起决定性作用。与前期的改革相比，全面深化改革强调要在建设中国特色社会主义制度的基础上，进一步“完善”和“发展”中国特色社会主义制度，并把中国特色社会主义制度的探索延伸至“国家治理”层面，体现了兼顾“经济基础”与“上层建筑”的辩证思维。如果说中国特色社会主义道路的探索是从经济、社会、政治等领域分别展开的话，“国家治理”层面的探索则更加体现了改革的“一体”与“全面”。作为中国特色社会主义道路探索的一部分，财政改革的目标与方向也发生相应变化。党的十八届三中全会明确了财政作为国家治理基础与重要支柱的地位；强调科学的财税体制是优化资源配置、维护市场统一、促进社会公平、实现国家长治久安的制度保障，财政改革不仅是经济改革的一部分，也是社会发展乃至国家治理的重要保障；把建立现代财政制度确立为新时期财税体制改革的总目标，在现代财政制度的目标之下，统筹推进现代预算制度、现代税收制度及事权与支出责任相适应的制度三项重点改革。

基于全面深化改革的顶层设计，财政领域的改革全面推进。2014 年 6 月，中共中央政治局审议通过了《深化财税体制改革总体方案》，明确新一轮财税体制改革 2016 年基本完成重点工作和任务，2020 年基本建立现代财政制度；8 月，修订的《预算法》颁布，在走向现代预算制度的道路上迈出了坚实的一步；9 月，国务院发布《关于深化预算管理制度改革的决定》，依据新《预算法》对深化预算管理制度改革作出了全面部署。2015 年 12 月，《深化国税、地税征管体制改革方案》出台，提出了 6 大类 31 项具体举措，以期实现到 2020 年建成与国家治理体系和治理能力相匹配的现代税收征管体制。2016 年 5 月 1 日起全面推行“营改增”，实现了增值税由生产型向消费型的转变，在降低企业税负的同时，也开启了地方税体系建设的新征程。同时，个人所得税、消费税、资源税、环境保护税、房地产税等改革也渐次推进。作为财税体制改革“最难啃硬骨头”的中央与地方财政关系改革也有了重大突破。2016 年 8 月，国务院发布《关于推进中央与地方财政事权和支出责任划分改革的指导意见》，明确 2016 年选取部分基本公共服务领域启动财政事权和支出责任改革，2017—2018 年取得突破性进展，2019—2020 年基本完成主要领域改革。党的十九大作出我国社会主要矛盾发生变化的重大判断，提出建设现代化经济体系是跨越关口的迫切要求和我国发展的战略目标。现代化经济体系需要现代财政制度与之相适应，为此，党的十九大提出加快建立现代财政制度的要求。

（二）托起民生事业的财政改革

1. 解决温饱后公共风险发生变化。1992 年初，邓小平同志在“南方谈话”中提出：“社会主义的本质，是解放和发展生产力，消灭剥削，消除两极分化，最终达到共同富裕。”① 现实条件下，解放和发展生产力与共同富裕的目标不可能同步实现，尤其在生存是主要风险的情况下，首先要解决生存问题。改革从解放生产力开始，通过生产力的发展，达到一定条件后，再消

---

① 《邓小平文选（第 3 卷）》，人民出版社 1993 年版，第 373，51 - 52 页。

除两极分化，最终目标是达到共同富裕。因此，改革开放初期的政策是：让一部分人、一部分地区先富起来，以带动和帮助落后的地区；改革先在经济领域展开，目的在于“做大蛋糕”，蛋糕大到一定程度，分好蛋糕也越来越重要。温饱问题解决了，随之而来新的问题出现了；个体需要得到基本满足了，公共需要更多了；居民与企业成为市场主体后，能力与禀赋差距开始影响个体的生存与发展了；收入与财富差距问题、能力不足的保障问题、发展机会问题等成为新的公共风险。

1987 年党的十三大提出“在促进效率的前提下体现公平”的收入分配指导原则；党的十四大则提出要“兼顾效率与公平”，而在随后的党的十四届三中全会通过的《中共中央关于建立社会主义市场经济体制若干问题的决定》中，首次明确了“效率优先、兼顾公平”的原则；党的十五大报告巩固并发展了十四届三中全会的说法；党的十六大报告中则在坚持效率优先、兼顾公平的同时，强调“初次分配注重效率，再分配注重公平”；在党的十七大上，进一步强调“初次分配和再分配都要处理好效率和公平的关系，再分配更加注重公平”；党的十八大报告中提出“初次分配和再分配都要兼顾效率和公平，再分配更加注重公平”；党的十八届三中全会通过的《中共中央关于全面深化改革若干重大问题的决定》中，不再提效率和公平的关系问题，而是强调要“形成合理有序的收入分配格局”；党的十九大报告则进一步完善了这一改革方向，强调“促进收入分配更合理、更有序”，“履行好政府再分配调节职能，加快推进基本公共服务均等化，缩小收入分配差距”。从“效率优先、兼顾公平”到“更加注重公平”，再到“缩小收入分配差距”，收入分配政策的变化就体现了公共风险的变化。在效率低下是主要风险的情况下，“都吃不饱的公平”是无意义的；在效率大大提高后，社会公平问题日益突出，“缩小收入分配差距”就成为收入分配政策的核心原则。

2. 保障和改善民生。经济领域的改革使我国经济总量迅猛增长，人民群众在生活水平不断改善的基础上，对物质文化提出新的、更高的需求，与此形成鲜明对照的是社会发展相对滞后，城乡之间、区域之间、产业之间以及居民之间的各种利益关系日益复杂，社会发展水平与经济发展阶段不适应、不协调的问题，已成为影响我国向小康社会迈进的一个突出问题，教育公平、医疗卫生均等化、社会保障建设、收入分配体系、城乡差距、生态环境、住房价格等民生问题日益凸显。与经济持续快速发展同步，我国财政收入规模不断迈上新台阶，各级政府所能使用的财政资金规模不断提升，为保障和改善民生提供了资金支撑。进入21世纪以来，各级财政用于与民生事业直接相关的支出规模不断加大、比重不断提高，保障民生的内容不断丰富、力度不断加强、范围不断扩大、水平不断提高，民生事业得到较快发展。

3. 走向共享共富。党的十八大以来，习近平总书记高度重视国家发展中的利益“共同性”问题，在坚定不移地走共同富裕道路的基础上，又进一步提出和深刻阐释了“让全体人民共享改革和发展成果”的新理念。党的十八届五中全会把“共享”作为五大发展理念之一，提出“按照人人参与、人人尽力、人人享有的要求，坚守底线、突出重点、完善制度、引导预期，注重机会公平，保障基本民生，实现全体人民共同迈入全面小康社会”的目标。

为此，各级政府持续增加民生领域投入，完善相关支出政策和机制，促进人民生活不断改善。一是大力支持脱贫攻坚。2013—2016年中央财政安排补助地方专项扶贫资金年均增长20.3%，① 同时在农业、教育、文化、医疗、卫生、交通等领域，也加大了对贫困地区的投入力度，聚焦深度贫困地区推进脱贫攻坚，支持解决基本公共服务、基础设施建设等问题。二是加强基本民生保障。建立了城乡统一、重在农村的义务教育经费保障机制，支持实施农村义务教育学生营养改善计划，全面改善贫困地区学校的基本办学条件；建立教育各阶段全覆盖的资助政策体系，从制度上保障不让一个学生因家庭经济困难而失学；落实更加积极的就业政策，通过社会保险补贴、职业培训补贴等方式，鼓励企业吸纳就业困难人员，提高劳动者职业技能，增强就业

① 中共财政部党组：《更好发挥财政在国家治理中的基础和重要支柱作用——党的十八大以来我国财政政策的理论与实践》，《中国财政》2017年第19期，第4-6页。

公共服务能力；实现基本医保制度全覆盖，推动建立稳定、可持续的医保筹资和待遇调整机制；统一城乡居民基本养老保险制度，全面实施机关事业单位养老保险制度改革，进一步提高基本养老保险待遇水平；健全特困人员救助供养制度，建立经济困难的高龄、失能等老年人补贴制度。三是支持困难地区做好基本民生兜底工作。增加阶段性财力补助规模，统筹县级基本财力保障机制奖补资金等转移支付，加大对资源能源型地区和财政困难地区的支持力度，不断增加对革命老区、民族地区、边境地区的转移支付。四是推进生态环保建设。分别设立安排专项资金，支持打好大气、水、土壤污染防治三大战役；开展山水林田湖生态保护和修复工程试点，实施退耕还林还草、天然林保护全覆盖、草原生态保护补助奖励等政策。

（三）风险和行为导向的财政法治

1. 正视财政改革过程中的“不规范行为”。财政权力的放与分，很多都是因时因势而定，财政行为也就没有固定的模式，主要是因利因果而行。“存在即合理”，现在看来，财政改革过程中很多“不规范行为”，在当时有其存在的理由。改革开放初期的“只给政策不给钱”，财政包干体制下的“乱收费、乱摊派、乱罚款”，管理不规范的预算外资金，现在看来这些现象与规范的财政管理格格不入，但在当时的条件下却无法避免。双赢甚至多赢的局面固然最好，但改革本身就是一个有破有立、有予有取的利益重构过程，不损害任何人利益的同时又增进所有人利益的改革是不存在的。面对重大的、迫在眉睫的风险，有时不得不以相对较小的风险应对之。

2. 财税立法：为财政权力打造“笼子”。“财政不规范行为”的教训与市场经济发展的需要，要求给财政权力立法，为财政权力打造更加合适的“笼子”。我国计划体制下的国家预算，也采用了政府提出预算草案，人民代表大会审议批准并监督其执行的方式，但它在本质上大大强化了“计划性”，而弱化了法律性，它是国民经济计划组成部分中的一个子计划，是“经济性计划”，而不是法律性质预算。1991 年国务院发布了《国家预算管理条例》；1994 年第八届全国人大二次会议通过了《预算法》，标志着我国预算法制进入一个新的阶段；1995年11月国务院制定并实施了《预算法实施条例》，各地也先后出台了大量贯彻落实《预算法》的地方性法规、规章和其他规范性文件。以《预算法》为核心的预算法规体系的初步形成，使国家预算管理的各个环节基本上做到了有法可依。2014年8月第十二届人大十次会议通过了《全国人大常委会关于修改〈预算法〉的决定》，把20年来预算管理与改革的实践经验和创新上升到法律层面，较好地回应了各级人大代表的要求和社会各界的关切，在立法宗旨和调整范围、预决算原则方面取得重大突破，在全口径预决算、地方政府债务、转移支付、预算公开方面进行了诸多创新，在预决算编制、审查和批准、执行和调整、监督和法律责任方面也进一步完善。

改革开放以来，我国的税收法律基本是人大授权政府制定的。党的十八届三中全会将“落实税收法定”作为财税体制改革的目标之一。2015年3月，第十二届全国人大三次会议通过了关于修改《立法法》的决定，第八条规定：税种的设立、税率的确定和税收征收管理等税收基本制度，只能制定法律。落实税收法定原则，意味着把政府征税的权力关进法律的“笼子”，意味着更深刻的利益调整。

3. 人大监督：约束财政行为。财税立法解决了“有法可依”的问题，为财政权力打造了“笼子”，但“财政权力”是具体化为各级政府部门“财政行为”的，要把“财政权力”关进法律的“笼子”里，就要对“财政行为”依法进行约束，而人大监督则是对财政行为最高层面的约束。1999年，财政部向国务院提交了《关于落实全国人大常委会意见改进和规范预算管理工作的指示》的报告，根据国务院的批示，财政部制定了《关于改进2000年中央部门预算编制的意见》并提交给国务院，至此我国开始正式施行部门预算制度，这标志着每年的部门预算必须经过人大批准通过才能执行，进一步稳固了人大的财政监督职权。于是，在1999年第九届全国人大常委会第十三次会议上，通过了《全国人民代表大会常务委员会关于加强中央预算审查监督的决定》，对于人大的财政预算监督职权进行再次强调与加强，提出逐步建立预算审查监督体系，这对我国人大预算监督体系的建立健全有着划时代的意义。

2006 年 8 月，第十届全国人大常委会第二十三次会议通过了《中华人民共和国各级人民代表大会常务委员会监督法》，规定了人大及其常委会对于审批、审议财政预算的权力和范围，同时对各级人大常委会对于同级政府财政预算监督的具体内容进行了明确规定。

4. 审计监督：盯住财政行为。人大监督主要是通过把控预算的“闸门”来约束同级政府的财政行为，但一级政府是由若干部门组成的，人大监督对一级政府财政行为的宏观把控，不可能面面俱到地深入到各部门的具体财政行为之中。1982 年 12 月，第五届全国人大五次会议通过并公布实施的新中国第四部宪法，确定在我国实行独立审计监督制度。1983 年，审计署正式成立。1994 年 8 月 31 日，第八届全国人大常委会第九次会议通过了《中华人民共和国审计法》，增加了对同级财政部门管理的财政收支情况进行审查的规定。2010 年国务院公布了修订后的《中华人民共和国审计法实施条例》，进一步明确了审计监督的范围，规范了审计监督的权限，加强了对审计机关的监督，为审计机关进一步正确行使审计权力提供了明确的依据，标志着我国审计法律框架的基本建立。

5. 财政监督：财政行为的内部控制。1980 年 7 月，国务院批转了《财政部关于财政监察工作的几项规定》，要求财政体制改革过程中的财政监察工作不仅不能削弱，还要加强；规定财政部设财政监察司，省、自治区、直辖市财政厅（局）设财政监察处，行政公署、省辖市、自治州财政局设财政监察科，县（市）、自治县财政科设财政监察股或财政监察员。1995 年，财政部驻各地财政监察专员办事处成立，代表中央财政部门依法对国家机关、企事业单位等涉及中央财政收支、财务收支、国有权益及其他有关财政管理事项的真实性、合规性和效益性进行监控、检查、稽核、督促和反映。

6. 绩效预算：关注财政支出的“结果”。通过立法与财政管理制度建设，财政资金收支的过程越来越规范，但过程规范是手段，不是目的，财政收支效率与效益的提高才是加强财政管理的最终目的。在财政管理各项法律法规和制度体系日益完善的背景下，关注财政支出“结果”的绩效预算提上改革日程。党的十六届三中全会首次明确提出建立预算绩效评价体系的改革方向；

第十一届全国人大四次会议关于预算审查结果提出，“建立健全预算绩效管理制度”；第十一届全国人大五次会议强调，“加快建立健全预算绩效管理制度”，“扩大预算支出绩效评价试点范围，原则上所有中央部门和省、市、县都要开展预算支出绩效评价试点”；第十二届全国人大一次会议进一步提出，“积极推行预算绩效管理制度，逐步建立全过程预算绩效管理机制”，“推进预算绩效管理，加强重大民生支出项目绩效评价，提高财政资金使用效益”；第十二届全国人大二次会议则要求，“着力推进重点领域、重点项目特别是专项资金和项目的绩效管理，将绩效目标管理和评价试点范围扩大到各层级预算单位”。按照中央的政策要求，财政部加快了预算绩效管理的制度建设，一批制度规范的陆续出台为预算绩效管理试点工作在全国的开展与推广打下良好的基础。2014 年 8 月，《预算法》修订通过，其中明确提出：各级政府、各部门、各单位应当对预算支出情况开展绩效评价。同年，《国务院关于深化预算管理制度改革的决定》提出，要“将绩效评价重点由项目支出拓展到部门整体支出和政策、制度、管理等方面，加强绩效评价结果应用，将评价结果作为调整支出结构、完善财政政策和科学安排预算的重要依据”。2018 年 9 月，中共中央、国务院发布《关于全面实施预算绩效管理的意见》，提出力争用 3～5 年的时间基本建成全方位、全过程、全覆盖的预算绩效管理体系，以顶层设计的形式，为我国新时代的财政改革明确“绩效”导向。

7. 预算公开：让财政权力在阳光下行使。1999 年之前，我国各级政府的财政年度预决算草案、款项收支的年度执行情况以及历年财政明细统计资料等属于国家秘密，不得向社会公开。1999 年全国人大颁布了《关于加强中央预算审查监督的决定》，2000 年国务院批准了《财政部关于改进 2000 年中央预算编制的意见》，决定推行以部门预算为核心的预算编制改革，部分部门预算开始向人大代表公开。2008 年，我国正式实施《政府信息公开条例》，财政部发布《关于进一步做好预算公开工作的指导意见》，开启了财政预算向社会公开的大幕。2010 年，中央财政预算工作在制度上进行新的改革，为了让信息公开得以更快更好地实施，3 月财政部颁发了《关于进一步做好预算信息公开工作的指导意见》，并且内容细化到各省市区应当实现的目标。2011年，《国务院办公厅关于进一步做好部门预算公开工作的通知》明确要求，报送全国人大审查部门预算的国务院部门和单位，2011年要主动公开经全国人大审查批准的部门收支预算总表和财政拨款支出预算表；同时，要积极创造条件增加公开表格的数量，细化公开的内容；2012年，要公开全部预算表格并细化至款级科目。

（四）开放进程中的“大国财政”

如果说“经济”维度的财政改革已先行，“社会”维度的财政改革已走远，“法治”维度的财政改革在路上，那么开放视角下“大国财政”的构建则刚刚起步。

1. 创办“经济特区”成为我国对外开放的起点。改革开放以来，除深圳、珠海、汕头、厦门、海南等5大综合性经济特区和上海浦东、天津滨海两个新区以外，还陆续建立了若干国家级高新区、保税区、出口加工区、保税物流园区、保税港区和综合保税区等，几乎囊括了经济特区的所有主要模式。邓小平曾说：“特区是个窗口，是技术的窗口，管理的窗口，知识的窗口，也是对外政策的窗口。”① 这是对创办和发展经济特区目的和意义的深刻揭示，是对经济特区地位和作用的精辟概括。

“三资企业”是外商来华投资的主要形式。“三资企业”不仅弥补了我国建设资金的不足，也引进了先进技术和管理经验。改革开放初期，“三资企业”成为我国发展最快的一种经济形式。从1980年的只有7户中外合资企业、1981年的1户外商独资企业和48户中外合作企业在中国落户起，到1997年底已发展到235681户，“三资企业”以平均每年40.1%的速度增长，超过私营企业的34.3%、个体工商户的10.9%和公有制企业4.8%的平均增长速度。②“三资企业”之所以蓬勃发展，与国家给予的优惠政策紧密相关。除

① 《邓小平文选（第3卷）》，人民出版社1993年版，第373，51－52页。

② 张厚义，等：《中国私营企业发展报告（1978－1998）》，社会科学文献出版社1999年版，第85－86页。

中央层面依据《中华人民共和国外商投资企业和外国企业所得税法》等给予三资企业相关税收优惠外，各地方也通过减免营业税等形式积极吸引外资。

2. 财税政策与国际接轨。2001 年 11 月，在多哈举行的世贸组织第四次部长级会议审议并批准了中国加入世贸组织，我国随即递交全国人大常委会批准中国加入世贸组织议定书的通知书。按照世贸组织的规则，一个月后，即2001 年12 月11 日我国正式成为世贸组织成员。根据WTO 协议，我国工业产品的关税将逐步削减并取消配额，降低农产品关税税率并增加进口配额，加速开放服务业。加入世贸组织 17 年来，我国经济取得巨大成功，目前已成为全球第二大经济体、世界第一大贸易国、世界第一大吸引外资国和世界第二大对外投资国。1997 年亚洲金融危机后，为了扩大出口，国家实行鼓励企业开展境外加工装配业务的战略；1999 年国务院办公厅转发《关于鼓励企业开展境外带料加工装配业务的意见》，提出支持我国企业以境外加工贸易方式"走出去"的具体鼓励政策；2000 年 3 月，全国人大九届三次会议首次把"走出去"战略提高到国家战略层面上来，随后在 2001 年的《国民经济和社会发展第十个五年计划纲要》中，进一步对"走出去"战略进行了阐释；2002 年党的十六大提出，要坚持"走出去"和"引进来"相结合的方针，全面提高对外开放水平。"走出去"战略的实施使 2003 年后我国的对外直接投资进入快速发展阶段，截至 2010 年我国境内投资者共对 129 个国家和地区的 3125 家企业进行了直接投资，累计非金融类对外直接投资 2588 亿美元。①

3. 构建开放型经济新体制。党的十八届三中全会提出"构建开放型经济新体制"的改革目标，要"推动对内对外开放相互促进、引进来和走出去更好结合，促进国际国内要素有序自由流动、资源高效配置、市场深度融合，加快培育参与和引领国际经济合作竞争新优势，以开放促改革"。2013 年 9 月中国（上海）自由贸易试验区正式成立，涵盖上海市外高桥保税区、外高

---

① 关利欣：《商贸企业集群式"走出去"探析》，《国际经济合作》2011 年第 7 期，第 9 – 13 页。

桥保税物流园区、洋山保税港区和上海浦东机场综合保税区等4个海关特殊监管区域。截至2016年，我国处在不同阶段的自由贸易协定（FTA）共26个，涉及五大洲的32个国家和地区。目前，我国分四批批准建设自贸区试验，第一批是上海，第二批是广东、天津、福建，第三批则扩大至内陆七省市，分别为辽宁、浙江、河南、湖北、重庆、四川、山西，第四批是海南。2013年9月和10月，习近平主席分别提出建设“丝绸之路经济带”和“21世纪海上丝绸之路”的倡议，充分依靠我国与有关国家既有的双多边机制，借助既有的、行之有效的区域合作平台，共同打造政治互信、经济融合、文化包容的利益共同体、命运共同体和责任共同体。2014年10月，包括中国、印度、新加坡等在内21个首批意向创始成员国的财长和授权代表在北京签约，共同决定成立亚洲基础设施投资银行（AIIB），并于2015年12月25日宣布正式成立。

4. 以“大国财政”体现全球治理中的责任担当。全球化的纵深发展及全球风险社会的形成，对全球治理体系提出新的更高的要求。然而，当今的全球治理体制没能很好地发挥作用，导致了全球治理危机和风险不断加剧。未来的全球治理可能出现两种趋势：一种趋势是继续处于混乱和失序状态，全球治理危机和风险进一步加剧；另一种趋势是全球进入一个新的治理时期，互利共赢、休戚与共成为全球治理理念。显然，后一种趋势符合全人类的发展要求。这也就意味着需要全球各国按照合作共赢的理念，完善全球治理体系和国际合作规则，共同应对未来全球治理危机和风险，而不是只站在自身利益的角度去转嫁危机和风险。

随着全球化进程的推进，大国参与全球化程度加深，“大国财政”面临的风险和危机因素也会大大增加。危机既是“危”但也意味着“机”，风险又是一个“致力于变化的社会的推动力”，风险同时也产生推动变革的力量和机遇。[①] 它将促使人们反思现有的风险防御体系，创造一种新的文明，以使自己的决定将会造成的不可预见的后果具备可预见性，通过有意采取的预

① ［英］安东尼·吉登斯：《失控的世界》，周红云译，江西人民出版社2001年版，第20－66页。

防性行动及相应的制度化措施战胜种种副作用。“大国财政”要提高风险应对和防范能力，需要内外兼修，在提高自身财政能力的同时，要在全球化过程中主动作为，应对挑战，用新的文明来引领世界。推动“大国财政”维度的财政改革，是彰显中国的大国气派的重要基础。推动“大国财政”维度的财政改革，一方面要立足全球视野维护国家利益，通过建立强大的财政基础和科学、稳固的现代财政制度，确保在全球利益分配中维护公平正义，保障民族国家利益不受损，避免外部冲击。另一方面要体现全球治理大国的责任担当，凭借正在扩大的经济实力，以“大国财政”为基础和支撑，在国际舞台上更多地表达中国声音；通过“大国财政”的制度安排，更多地在处理国际事务中争取主动，在发展道路和发展模式选择上体现更多道路自信。

四、 公共风险逻辑下财政改革的新方向

党的十九大作出“中国特色社会主义进入新时代”的重大战略判断，新时代我国社会主要矛盾也由“人民日益增长的物质文化需要同落后的社会生产之间的矛盾”转化为“人民日益增长的美好生活需要和不平衡不充分的发展之间的矛盾”，而解决新的社会主要矛盾要求作为国家治理基础与重要支柱的财政改革的紧密呼应。在党的十九大所确定的“加快建立现代财政制度”改革要求下，结合新时代的特征、新的社会主要矛盾，在财政改革中融入更多的时代特征。

（一）强化风险管理的财政改革

与以往历次党代会不同，“风险”两字在党的十九大报告中反复出现：把“防范化解重大风险”放在了全面建成小康社会三大攻坚战之首，强调“守住不发生系统性金融风险的底线”，要求各级党组织和党员干部“增强驾驭风险本领，健全各方面的风险防控机制”。传统的公共管理中，强调的是“危机管理”，因自然灾害、人为因素、外部冲击导致的经济社会危机爆发

后，政府作为公共管理部门，要按照事前的应对预案迅速启动应对机制，把危机造成的危害降到最低限度。但一个地理大国、人口大国、经济大国，靠“危机管理”应对危机过于被动，危机的代价也过于沉重。国家治理现代化不仅要求政府有着强大的危机管理能力，更要求政府具备“风险管理”的意识和能力，把风险防范于未然，避免风险转化为危机。在2018年新一轮的政府机构改革中，新成立了应急管理部，在个别整合的政府机构中新增加了风险管理司，意味着党和政府不仅在意识上更加重要“风险管理”，也在着力构建“风险管理”的体制机制。财政不仅是政府“危机管理”的基础保障，也是政府“风险管理”的基础保障和风险管理体系的重要组成部分。新时代的财政改革，应当融入“风险管理”理念，在制定更加适应风险管理体系财政政策的同时，为构建和应用风险管理体系提供更强大的财力保障，并在财政部门内部形成风险管理与协调的组织、机构、体系与机制。

（二）转向综合平衡的财政改革

风险管理本质上是一种权衡。风险不会消失，只能分散、转移和转化。风险也遵守一种“守恒定律”，某个个体或领域的风险减少了，不是风险凭空消失了，而是转向了其他个体或领域。① 企业在通过金融创新化解市场风险时，这种风险不是消失了，而是转化成公共风险，而这种公共风险一旦爆发，其影响远比个体风险更大；居民通过社会保障体系化解个人不确定性风险，个人风险也不是消失了，而是转化成公共风险；通过防范化解地方政府债务风险的相关措施，我们也不是把风险消除了，而是把这一风险转移、转化为其他领域风险。把风险管理融入财政改革之中，就是要充分发挥财政的“平衡”功能。改革开放以来，我国的财政改革主要是围绕“分利”进行的，一方面通过放权让利，使企业真正成为市场主体；另一方面通过分权激励，调动中央和地方的积极性。这一改革路径切中了当时的社会主要矛盾，通过

---

① 刘尚希、石英华、武靖州：《制度主义公共债务管理模式的失灵——基于公共风险视角的反思》，《管理世界》2017年第1期，第5－16页。

解放和发展生产力，大大提高了人民生活水平。然而，在新的社会主要矛盾的情况下，再遵循“分利”的财政改革路径，无助于解决新时代的社会主要矛盾，甚至会面临矛盾激化的风险。因此，新时代的财政改革应从“分利”向“平衡”转变，通过财政政策的安排，平衡区域间、城市间、市场主体间的利益，实现更加平衡、更加充分、更加全面的发展。

（三）基于公共风险最小化价值追求的财政改革

按照传统财政理论的解释，公共财政的理论逻辑是通过筹集公共收入和安排公共支出，向全社会提供公共产品与服务，满足社会公共需求，弥补市场失灵带来的公共产品供给不足与外部性等问题，其价值取向是社会福利最大化。社会福利最大化的价值取向，融入财政管理的过程体现了社会公平与正义，但如果把社会福利最大化融入公共财政的目标之中，则有可能与经济社会发展不匹配。一些拉丁美洲国家因过度追求社会福利水平而陷入“中等收入陷阱”，一些欧洲国家因社会福利水平过高导致政府债务危机，使社会福利这一为防范风险、应对危机而形成的制度，反而成为现代社会的重要风险源头、重大经济社会危机的导火索。反思其他国家的经验教训，考虑我国实际，我国的财政改革应既有利于维护社会公平与正义，也要避免使财政本身成为风险或危机的源头。基于此，新时代的财政改革，应把公共风险最小化的价值追求融入其中。公共风险最小化一方面强化风险管理，另一方面并不排斥通过适当提高社会福利防范社会个体风险转化为公共风险。①

（四）更加关注利益调节的财政改革

如果说改革开放初期我国面临的最大公共风险是生存危机，财政改革要围绕解放生产力、发展生产力、满足人民群众基本的物质文化需要而展开的话，在新时代生产力水平显著提高、社会生产能力很多方面进入世界前列的

---

① 刘尚希、石英华、武靖州：《公共风险视角下中央与地方财政事权划分研究》，《改革》2018 年第 8 期，第 15－24 页。

情况下，财政改革的着力点应有所变化。经济社会发展水平低，就要追求经济增长的速度，尽快做大蛋糕，财政政策就要重点调节经济总量，通过扩大投资、促进消费和出口，以“三驾马车”推动经济增长。新时代，我国经济社会发展水平显著提高，已进入中等收入国家行列，经济社会发展不平衡不充分成为新的社会主要矛盾的主要方面，仅靠财政政策的总量调节，难以解决发展不平衡和不充分的问题。解决区域、城乡之间发展的不平衡，减少群体间的收入分配差距，让贫困群体整体脱贫，都需要政府在利益平衡方面作出抉择。这需要作为国家治理基础与重要支柱的财政发挥好再分配职能，在政策、资源、资金分配方面，适当向经济社会发展水平偏低的地区、乡村地区和低收入群体倾斜。

参考文献：

1. 刘尚希：《财政改革四十年的深层逻辑》，《经济日报》2018 年 9 月 20 日。

2. 国家统计局住户调查办公室：《扶贫开发成就举世瞩目脱贫攻坚取得决定性进展》，《中国信息报》2018 年 9 月 4 日。

3. 《李先念论财政金融贸易：下卷》，中国财政经济出版社 1992 年版，第 389 页。

4. 余玮：《邓小平和特区的故事》，《党史纵横》2008 年第 4 期，第 5 - 9 页。

5. 张均斌：《小岗村 40 年：在改革中走向“不惑”》，中青在线 http://m.cyol.com/yuanchuang/2018 - 10/08/content_17657872.htm。

6. 慧通：《二〇一四年全球面临十大风险》，《中国信息报》2014 年 1 月 29 日。

7. 《邓小平文选：第 3 卷》，人民出版社 1993 年版，第 373，51 - 52 页。

8. 中共财政部党组：《更好发挥财政在国家治理中的基础和重要支柱作用——党的十八大以来我国财政政策的理论与实践》，《中国财政》2017 年第 19 期，第 4 - 6 页。

9. 张厚义，等：《中国私营企业发展报告（1978 - 1998）》，社会科学文献出版社 1999 年版，第 85 - 86 页。

10. 关利欣：《商贸企业集群式“走出去”探析》，《国际经济合作》2011 年第 7 期，第 9 - 13 页。

11. ［英］安东尼·吉登斯：《失控的世界》，周红云译，江西人民出版社 2001 年版，第 20 - 66 页。

12. 刘尚希、石英华、武靖州：《制度主义公共债务管理模式的失灵——基于公共风险视角的反思》，《管理世界》2017 年第 1 期，第 5 – 16 页。

13. 刘尚希、石英华、武靖州：《公共风险视角下中央与地方财政事权划分研究》，《改革》2018 年第 8 期，第 15 – 24 页。

（此文发表于《经济纵横》2018 年第 11 期，作者：刘尚希、武靖州）

第八篇

论财政自主知识体系

基于风险逻辑的中国财政学

阅读提示：中国哲学社会科学的发展，"要按照立足中国、借鉴国外，挖掘历史、把握当代，关怀人类、面向未来的思路，着力构建中国特色哲学社会科学，在指导思想、学科体系、学术体系、话语体系等方面充分体现中国特色、中国风格、中国气派"①。这为中国特色社会科学发展指明了方向。"加快构建中国特色哲学社会科学，归根结底是建构中国自主的知识体系。要以中国为观照、以时代为观照，立足中国实际，解决中国问题，不断推动中华优秀传统文化创造性转化、创新性发展，不断推进知识创新、理论创新、方法创新，使中国特色哲学社会科学真正屹立于世界学术之林。"② 构建中国自主财政知识体系，是当今财政理论研究者的使命，要立足我国的国情、制度特点和历史文化，从古今中外的思想资源和财政实践中汲取灵感和经验，积极主动探索，不断创新理论和政策，为国家治理现代化奠基，助力中国式现代化建设。

世界的本质是不确定的。进入风险社会，是新时代的一个基本特征，这就要求财政基础理论创新必须转变思维范式和研究范式，打破传统的确定性世界观，代之以不确定性世界观。在不确定性世界观中，人类生存和发展的前提是防范和化解公共风险，在不确定性中构建确定性。正如乌尔里希·贝克《风险社会》这本书所写的，在风险社会里，"过去"丧失了它决定"现

① 习近平：《加快构建中国特色哲学社会科学》，《习近平著作选读》第一卷，人民出版社 2023 年版。

② 《习近平在中国人民大学考察时强调：坚持党的领导传承红色基因扎根中国大地走出一条建设中国特色世界一流大学新路》，详见 https：//www. gov. cn/xinwen/2022 - 04/25/content_5687105. htm。

在”的权力，取而代之的是“未来”。也就是说，某些不存在的、设计的、虚构的事物，成了当下经验和行动的“原因”。我们今天的行为导向，应转向未来的风险，以避免、缓解或预防明后天的问题与危机。重新认识风险、风险社会，意味着我们对世界、对财政，以及对财政学、财政学科、财政话语体系的认知框架都要发生重大转变，而且，这种转变将是颠覆性的。防范和化解公共风险，构建社会共同体生存、发展的确定性，是风险社会财政的基本职能。因此，应以公共风险为逻辑起点，以整体观和行为主义为逻辑线索，实施财政基础理论创新和财政学重构。中国财政学会先后主办了“廊坊会议”“泰安会议”“长沙会议”“南昌会议”“上海会议”，致力于推动财政理论创新。今日，我们以“基于风险逻辑的中国财政学”为主题，研讨新时代中国财政实践与理论创新，以后可以称之为“武汉会议”，既是响应习近平总书记关于构建中国特色哲学社会科学的号召，也对推动新文科背景下财政理论、财政学发展和财政学科建设具有重要意义。

一直以来，中国财政科学研究院致力于以公共风险为逻辑起点，推动具有中国特色的财政理论创新和财政学理论体系重构。20世纪90年代，关于公共财政理论的探讨如火如荼。此时，我们就已经意识到各界聚焦于政府、市场二元论以及基于工业社会基础上的传统财政经济理论在解释和指导我国财政实践时存在内在逻辑缺陷，风险社会的到来，更是催唤新的理论和相应的制度安排。在进入21世纪之后，我们结合中国及世界各国财政改革发展的实践，开始了风险财政理论的探索，关注如何通过财政制度创新、财政政策创新来注入确定性，对冲来自国内外的不确定性冲击，防范化解公共风险，努力实现经济稳定、金融稳定和社会稳定，为我国的可持续发展提供理论支撑。中国财政科学研究院和中国财政学会先后成立了财政学理论体系、新时代中国财政实践和财政基础理论创新研究等课题组，以公共风险理论为基础，构建中国自主财政知识体系。近几年来，我们的研究团队运用公共风险财政理论形成了一系列研究成果，比如《大国财政》《中国改革开放的财政逻辑》《新中国70年发展的财政逻辑》《百年大党的人民财政观》《现代财政论纲》等。这些成果在学界和社会上也产生了一定的影响，我们在之前五次会议中提出的关于风险财政学的观点和主张，也引起了一些共鸣和讨论，大家给我们提了很多创新观点和宝贵建议，丰富了我们的后续研究。经过团队数年来的研究和写作，我们形成了《风险财政学》和《风险财政观》（暂用名）两本书稿，试图回答财政领域的时代之问、人民之问和解财政方面的中国之惑、世界之惑。诚然，理论创新是非常艰难的，研究团队付出了艰辛努力，也可以说是刚刚起步，未来创新之路还很漫长。

一、 传统财政经济理论的局限性

推动财政理论创新，需要重新认识我们当下所处的社会。现实社会在金融化和数字化之下加速成为一个“虚拟社会”，尤其是数字革命，很多新的数字技术不断涌现，把原来实体三维空间存在的东西呈现在超三维的虚拟世界中，在快速改变人类生存方式和生产、生活方式。过往，这些场景只会在科幻电影中出现，现在的人类生活，已经在虚拟世界和实体世界两者叠加的状态之中，经济交易、社会生活已经突破了物理时空的限制。一手交钱、一手交货的时代已经过去，供求关系进入了没有物理时空限制的虚拟世界当中，极大地拓展了“可交易性”；交易对象也越来越多地变为虚拟的抽象权利，新增的社会财富越来越以虚拟形态呈现。金融化叠加数字化，导致人类的生存与发展越来越呈现出虚拟化特征，这也是人类文明演化的新特征，是一种颠覆性的人类文明形态的重塑。

人类越来越依赖虚拟化生存，加快了风险社会的形成。为什么人类社会进入风险社会呢？过去没有风险，难道现在才有风险？从过去到现在，风险总是伴随着人类，过去的风险多处在人与自然的关系这个维度，而当前的风险主要存在于人与人的关系这个维度。在这个维度，风险的内涵则更多地与人类制定的规则相关。风险的来源是什么？风险与规则、秩序相关。为什么要有规则，为什么要有秩序？在工具意义上就是防范化解风险，为人类生活注入确定性。没有规矩不成方圆，没有秩序则使社会陷入混乱，那就变成一个混沌、混乱的风险世界。但是规则和秩序构建越来越滞后，这与人类社会发展，文明演化的加速度有关系。人类社会发展不是一个匀速运动，从一个时间跨度来讲，农业社会是千年一变，到了工业社会百年一变，数字社会十年一变，ChatGPT出来以后，下一步会带来什么样的颠覆性变化难以预料。这个速度是加速度，所以在研究数字经济的时候我一再提出一个看法，在工业社会，落下的工业化有“补课”的机会，而进入数字社会，数字经济的发展差距一旦落下很难追赶。这就是我们当下状态的一个特征，这个加速度不断颠覆传统的规则和秩序。因此，我们的社会处于规则“破”的速度快于“立”的速度、实体逻辑在虚拟化过程中不断被打破、监管跟不上创新以及政策既对冲风险、也可能制造新的风险状态中，这就要求我们的理论能够适应现实、解释现实，而且要前瞻现实。

当前流行的财政学都是“经济财政学”，其理论建立在经济学基础之上。而确定性思维对经济学的影响是由来已久、根深蒂固的，尽管过去的经济学家们都意识到了不确定性和公共风险的存在，但大都是基于微观个体视角，等同于“偶然性”，这与经典物理学的“决定论”是联系在一起的。直到今天，包括经济学在内的主流哲学社会科学都仍是建立在基于确定性的“决定论”基础之上，尽管自然科学的发展早已经突破了决定论。不难想见，构建在确定性思维基础上的传统经济财政学，是半拉子的财政学，无法真正地和有效地认识财政的地位作用。透过表面的观点，传统经济财政学隐含着诸多不确定性元素和公共风险理念，如传统经济财政学讨论的政府与市场，实质都是化解公共风险的手段，或者说，是一种制度安排；传统经济财政学中的收入分配，其背后实际是风险分配，土地、劳动、资本等要素承担的风险不同，其占有的收入份额就不同，实质是按风险分配，收入是风险的报酬；传统经济财政学关注的制度实质上是防范化解公共风险的历史产物，否则，制度就没有必要存在；现代行为经济学和现代货币理论等已经触摸到公共风险理论的边缘。然而，在传统的经济财政学当中，确定性思维是基础，内嵌到了经济学逻辑当中，不可避免地存在与现实世界不相符的理论与逻辑缺陷，对公共风险认知也非常局限，最终陷入理论与现实脱节的处境。

总体而言，传统的经济财政学在确定性世界中可以一定程度解释现实问题，但在不确定性的世界当中，传统的经济财政理论就出现了失灵，沿用老一套的确定性思维和分析方法，观察到的经济现象、社会现象和财政现象就会失真，会忽视很多东西，尤其是对风险的观察和认知。第一，基于确定性世界观的风险理论是基于过去，认为未来风险是在过去的延长线上的偏差。这种暗含的假设流行于各种计量模型和预测之中。不言而喻，基于过去的风险理论会忽视未来的多种可能性，尤其是对未来十字路口的认知会产生盲区，量变与质变的关系其实是高度不确定的，突变的拐点总是无法预测的，一旦面临这样的风险，可能毫无察觉，不由自主陷入风险和危机之中。历史上出现的各种危机都没有预见到，不然，就不会产生危机。第二，基于确定性世界观的风险理论认为风险是有规律可循的，只要掌握过去防范和化解风险的经验、方法，并将之形成制度，只要严格按照制度做出行动，就可以解决风险问题。然而，现实世界不是机械的，而是不确定性的，完全遵循成文制度行事的制度主义在一个快变的社会中越来越不相适用，用成文制度来定义的规则，难以应对复杂的不确定性，何况成文制度本身总是带有高度的模糊性。第三，基于确定性世界观的风险理论下的风险思维并非彻底的风险思维，而是基于“偶然性”的风险思维，是现象层面的认知，没有认识到世界的本质在于不确定性，确定性是现象，是构建的。一个人在水里没有沉下去，那是他学会了游泳，构建了自己的确定性。只有基于不确定性世界观的风险思维，才能更有效地解决风险问题。

推动财政理论创新需要我们从传统财政学的固有框架中跳出来。传统的经济财政学实际上是经济学的一个延伸，所以我们现在将财政学归在经济学底下的应用经济学科中，这种分类本身对财政学做出了定位。实际上，财政学不仅仅是经济学的延伸，这一点从预算收支就可以看出，其远远超出了经济本身。现在的财政理论，首先要从经济学的视角跳出来，要超越它，不是否定它。现在的理论创新，建立在工业化时代的思维范式之上，经济学、财政理论都是如此。面对着风险社会，不确定性的时代，它的解释力是越来越弱，现在实际上出现了很多新的现象，传统理论无法去解释。虚拟时代、虚拟社会的范式革命，已经悄然来临。大家如果研究数字化，这种感觉就更加明显。因此，这个时候需要“虚拟理性”，过去是实体理性，传统的概念就是基于实体理性，科学就是通过实验验证，凡能通过实验验证的，称之为科学，可证伪，不能证伪的东西就不能称之为科学。那风险能通过实验证伪吗？如何证明风险？那只能是让风险变成危机。若说通过努力，化解了风险，那怎么证明有风险呢？所以，从这一点来说，风险是不可证伪的。这跟基于实体理性的科学理念、科学方法、科学逻辑，实际上是不一样的。对于风险，只能是运用虚拟理性，通过“思想实验”来进行证伪。这个过程实际上也是识别风险的过程。

二、 基于风险逻辑推动财政理论创新

在微观领域，尤其在金融学里面，研究风险应该是比较早的，在保险研究领域，风险这个概念早就有了。风险概念，支撑了保险学和保险市场的发展。我国虽没有风险概念，但是风险这种观念很早就存在，“天有不测风云”“祸福相依”“风起于青蘋之末”“生于忧患、死于安乐”等，就是讲的风险。所以把英文的“risk”翻译成中文“风险”十分贴切。风险这个概念其实就是一种虚拟思维的起步，过去在农业社会、工业社会，实体占主导，但现在已经是进入一个虚拟社会的时代。马克思曾提出虚拟经济，数字社会来临后，不仅是经济，整个社会快速进入虚拟化，虚拟化程度越来越高，跟我们建立在实体理性之上的认知实际上愈发背离。因此，从实体理性去观察越来越虚拟化的社会，其中很多问题越来越难以理解。

构建现代财政学，要以风险社会为背景，以公共风险作为逻辑起点，转向和坚持“以人为本”，基于行为主义构建公共风险的治理机制，这样才能构筑起不倒的财政学大厦。我们基于风险逻辑对财政学开展研究，探讨其概念、内涵、外延、内在机理，进一步对照现实经济运行、财政体制、财政政策，试图找寻一些新解释，提出一些新的观点和改革措施，这是风险社会对理论研究、对财政学的新要求和新呼唤。

从公共风险的视角看，财政是一种社会机制，它动员、集中和使用社会

资源，调节各种利益关系，化解社会共同体面临的公共风险，构建社会共同体发展的确定性。公共风险视角的财政体现着思维的改变和对财政的另一种认知。一是整体观。财政看问题要有全局视野，不只是财政的收收支支，不能局限于做一个“账房先生”，否则就不能充分发挥其作为国家治理基础的木桶“底板”作用。因为财政是经济社会风险的最后一道防线，所以要跳出财政看财政，不能有自己一亩三分地的观念。防范化解公共风险的过程中要有全局意识、宏观视野和演化观念。二是确定性是构建的，不是发现的。财政要改革，制度要创新，都要基于公共风险导向，有什么样的公共风险，就要怎么去进行改革，以此对冲公共风险，构建新的确定性。规律是基于条件的，不知条件谈规律，等于没说。这就是说，各种规律带来的确定性也都是构建的，自然规律也不例外，何况人类社会的运行与发展。具体到财政预算编制、绩效评价、税收制度、收费制度等内容都是分散的碎片，缺乏统一的理论将其系统梳理归纳，在实际工作中很容易出现偏差，而这些问题都应当以公共风险为导向去考虑，统一到社会共同体公共风险的防范化解当中去。财政作为国家治理的基础和重要支柱，就应通过财政收支的功能化运用去对冲风险，给整个社会注入更大的确定性，这样才能让社会共同的公共风险最小化。三是以风险对冲风险。财政政策制定的目的是对冲风险，实际上是以财政风险作为一种工具去对冲公共风险，比如对冲疫情的风险、外部的风险。所以风险社会中政策的制定、调整，最基本的原理就是权衡风险。权衡风险的起点在财政风险与公共风险，若财政不可持续，在防范化解公共风险过程中就会产生“火上浇油”效应，导致公共风险蔓延扩散；若对财政风险的工具性功能认知不足，目标与手段颠倒，追求财政风险最小化，则会导致公共风险最大化。以财政风险为手段，以对冲公共风险为目标，这是不能颠倒的。赤字财政的实践实际上就蕴含了这种思维，从而打破了局限于财政自身的“平衡财政观”。赤字财政成为财政常态，反映出公共风险的演化在加速，而制度变迁跟不上。对风险进行排序，将首要风险摆在最重要的位置，最终在整个社会形成动态的“风险地图”，并根据风险地图去调整财政政策。四是风险是分类、分层的，又是可相互转化的。从财政视角来观察，最典型的是公共风险、财政风险与债务风险，这既是三类风险，也是三个不同层次的风险，也是性质不同的风险，其对应的风险主体是不同的。公共风险是以整个社会共同体为主体的风险，属于整体性的风险，或说宏观风险；财政风险是以政府为主体的风险，政府作为公共主体承担公共责任，所以对公共风险负有兜底的责任；债务风险也是以政府为主体的风险，但此处政府作为民事主体出现，同样受民法的约束，比如政府作为债务人这一特殊法人出现时，必须履行偿债的责任和义务。但上述三类风险不是固化的，可相互转化，其复杂性由此而生，其转化的具体条件因时因地而异，很难有长期规律可循。因此，在财政政策制定过程中，需要辩证认识财政风险、债务风险和公共风险，需要辨证施治。

在研究风险财政学的过程中，我们也试图总结出一些基本的原理：风险循环原理阐释风险相互转换、动态演化、循环往复的过程，揭示了财政主动介入风险循环的重要意义。一个风险在不同的时间空间场景下，它的形态是不断变化的，比如经常说金融风险、财政风险、环境风险等，这些风险是循环的。所谓财政风险金融化、金融风险财政化，就是风险在不断地循环转化。风险分配原理阐释相关主体在不同风险处境中的风险契约关系。风险分配既可通过标准化契约实现，也可通过非标准化的口头契约，现实生活中的这类契约只具有道义约束，不具有法律约束。财政是风险分配的中枢，是通过社会契约来实现的，大众认可，并体现为法律意志。公共风险最小化原理阐释如何在财政风险约束条件下实现公共风险最小化，实现共同体的可持续发展。风险缓冲原理阐释当制度变迁滞后于风险变化时，如何通过相应的机制缓冲风险带来的不利影响。风险缓冲机制是共同体的韧性所在，而财政是风险缓冲的核心机制。风险导向原理阐释如何基于对未来风险的认识，提前采取措施防范化解风险以构建未来发展的确定性。风险权衡原理阐释如何预判和权衡各种风险，以便作出更优决策。政府权衡风险要奔着公共风险而去，并以此为基准处理财政与货币等政策关系。以上原理离不开“风险人”假设。这实际上基于人的本能做出的假设，人是会不由自主地习惯让别人、让社会承担、让外部去承担风险，即任何主体，包括个人、家庭、企业、地方政府、政府部门、国家等，都存在利益内部化、风险外部化的本能倾向。过去的“经济人”假设只是一个维度，而“风险人”假设是多个维度，有更广泛的解释力，生活在一个风险世界当中，遇到风险本能地规避、逃避是社会的普遍现象，也是人作为动物的一种本能。

可以看出，在风险逻辑之下，财政的基本职能超出了经济职能，底层逻辑发生变化，对财政的认知也随之发生变化，不再仅仅是收钱、花钱这样的实体观念，它的实质目标落在了防范化解风险之上。具体到如何防范风险、化解风险进而避免危机，看似是一个抽象的问题，但在现实生活中无时无刻不在。正如之前所述，风险是不可证伪的，我们很难应用传统的科学思维或者方法加以讨论和验证，因此，对于我们固有的认识，需要进行转换，需要有新的认知和理论。在不确定的时代，在风险社会中，有非常多的概念和事物需要重新定义，比如货币、银行、财政、财政收入、财政支出等。财政收入就是比较典型的例子，就财政收入而言，从资产负债表去理解，有净值增加才能定义为收入；从我国的土地收入看仅仅是资产形态发生转变。从风险逻辑去理解我们的财政工作，能够得出新的认识和思路。例如，编制预算这项工作，预算针对未来，未来是风险，因此，预算要跟着风险走。财政体制是划分事权、收入和支出责任的，划分的背后实际上是风险的分配。制定财政政策背后的逻辑，实际上是在对风险进行权衡，由于风险无处不在、无时不有，所以财政政策的制定、调整和变化都是在权衡公共风险和财政风险。

三、 建构中国自主财政知识体系的关键

坚持“两个结合”，守正创新。要求我们不再沿着过去老路，及时主动地行动起来。改革开放以来，我们大量引进西方的成果，通过学习、消化、吸收、应用这些研究成果，创新的含量相对较少。2023 年是改革开放 45 周年，接近半个世纪，确实值得总结。财政学的发展一定要基于中国的实际、中国的文化，也就是构建中国自主知识体系必须坚持把马克思主义基本原理同中国具体实际相结合、同中华优秀传统文化相结合，我们并不排斥国外的

理论和实践经验，而是要更多地立足中国实践，将中国文化思想资源吸收到今天的理论创新之中，做到守正创新。

加大对哲学基础问题的关注。正如我们前面所说的，当前我们所形成的哲学思维是在工业化时期建成的。工业化时期所建立的传统的哲学理论，是建立在科学思维基础之上的，尤其是自然科学。目前，自然科学走在前，哲学显得落后，很难为我们社会科学的创新提供支撑。在研究风险财政学的过程中，我们也尝试探讨了风险的哲学基础，风险到底是什么？过去，哲学强调主观与客观。现在，哲学基本上是二元对立思维，给我们提供的概念基本是二元对立的，比如说唯心与唯物、主观与客观、必然与偶然等，这种观念深刻地影响了我们的认知。但是从现实看，这种二元对立观点被量子力学颠覆。在量子力学看来，世界的本质是不确定性的，便不存在主观与客观，犹如“薛定谔的猫”，确定的结果需要观察者参与才能呈现。“双缝实验”已经证明，观察者在与不在，事物的状态是不同的，似乎事物能感知到观察者。按照传统的认知，确定性就是在寻找、掌握、应用客观规律过程中构建的，而这又与世界本质是不确定性是不吻合的。总之，建立在既往哲学基础上的认知会束缚我们对事物的思考，需要我们加大对哲学基础问题的关注，以此推动中国自主的知识体系建构。

（此文发表于《财政研究》2023年第7期，作者：刘尚希）

构建财政学科自主知识体系的底层逻辑

阅读提示：财政学在世界各国有共性的一面，也有特色的一面，这与不同国家的底层逻辑相关。要形成中国特色的财政学科自主知识体系，必须从财政学的底层逻辑入手：树立不确定性是世界的基本性质的世界观，坚持以人为中心的现代化发展观，构建促进公共风险最小化的风险国家观。只有从世界观、发展观和国家观三个基本问题来创新财政学的底层逻辑，才能回答好“财政究竟是什么”“财政应该干什么”“财政与市场、社会的关系以及央地关系”等问题，为构建财政学科自主知识体系打好基础。

自主知识体系是一个生态，就像现在的数字生态一样，必须从底层入手才能构建。如果从应用层面入手，那是基于别人的定义和概念，无法构建起自主知识体系，虽然可能有一些自创的自主知识，但肯定成不了体系。怎么构建底层架构，并在此基础上打造一个自主知识体系呢？

自主知识体系是相对的。放在人类知识体系中看，没有哪一个国家的知识体系是完全自主的，都是相互学习借鉴和融合的结果。对尚未实现现代化的国家而言，学习先进国家的知识仍是第一位的。当然，学习人类共有的知识体系，不等于说不要创新。创造新的知识，为人类知识体系添砖加瓦、作出贡献，就可以说具备了自主知识体系。特别是哲学社会科学，在已经全球化且越来越开放的新时代，像过去那样完全自搞一套、封闭起来，是不可能的。放在这样一个大背景下来看，建设自主知识体系的核心要义是本土化创新，不照搬照抄。社会科学都有其产生和发展的土壤，与各国的历史、文化和价值理念，尤其是物质技术发展水平有内在的关联，往往是先有社会实践基础上的思想，然后才有理论原理和分析方法。世界各国有共性的一面，也有特色的一面，如财政学，美国偏向于经济财政学，欧洲偏向于社会财政学。

这与美欧财政学的底层逻辑差异有关。

要形成中国特色的财政学自主知识体系，必须从财政学的底层逻辑入手，有三个基本问题是不能回避的。或者说，必须从基本问题入手来创新财政学的底层逻辑，那就是世界观、发展观和国家观。

一、世界观

世界观是指对世界的基本看法，这个世界究竟是确定的还是不确定的？其答案就是对世界的基本看法。这个问题应是由自然科学来回答，因为自然科学一直在研究这个世界，现在已经有了答案。自然科学的三大突破：从牛顿经典力学，到爱因斯坦相对论，再到量子力学。相对论突破了绝对时空观，量子力学则颠覆了自牛顿经典力学以来对世界的基本看法，即世界是确定的，打破了爱因斯坦“上帝不会掷骰子”的断言。1986 年在英国皇家学会纪念牛顿《自然哲学之数学原理》一书出版 300 周年大会上，著名流体力学权威学者詹姆士·莱特希尔发表了一份“道歉宣言”。他说：“今天，我们深刻意识到，前辈们对牛顿力学惊人成就的崇拜，促使我们认为世界具有可预见性。的确，我们在 1960 年以前大多倾向于相信这种说法，但现在我们知道这是错误的。我们曾经误导了公众，向他们宣称，满足牛顿运动定律的系统是决定论的，可在 1960 年之后这已经被证明不是真的，为此我们愿意向公众道歉。”① 原来以为世界是确定的，实际上是不确定的。这说明自然科学的研究已经远远跑在前头了。

现在，不确定性的概念成了全球流行的一个热词。“不确定性”到底是什么？是偶然性吗？不是。实际上，它是世界的一种基本性质。那么我们就要重新思考，从宇宙到人类社会，再到历史，到经济活动、财政活动等各个方面都需要反思。如果不确定性是世界的基本性质，那么，从过去到现在常讲的“规律”是什么意思？我们常说的“必然性”是什么意思？“主观”

---

① 转引自付立：《认识内在的随机性》，《学习时报》2005 年 1 月 31 日。

“客观”的意蕴及其相互关系是什么？诸如此类，都需要从哲学层面深入思考。

这是构建自主知识体系和创新财政学科的基本问题，如果这些基本问题都没有根据自然科学的新发现进行反思，还是基于牛顿经典力学的哲学观，以确定性作为对世界的基本看法来构建哲学社会科学体系，构建我们的财政学，是很难有新突破的。若这个底层架构没有变，就像 AI 一样，只是在先行者 AI 基础上编应用程序，那就如同在既定地基上盖房子，地基一变，建在之上的房子也就立不住了。

自然科学对世界的新发现和新认识，是人类共同的一个进步，是共同的财富。在这个基础上，我们需要思考社会科学的底层逻辑变化，尤其是财政学。“世界是不确定”的基本性质，给我们提出了什么新问题？如果解释世界的底层逻辑变了，那么，改造世界的逻辑是不是也需要随之变化调整？其答案是肯定的。

人类要解决的问题，归根结底就是“不确定性”，以及如何构建人类生存发展所需的“确定性”，其基本的逻辑路径是“不确定性→各类风险→防范和化解→构建确定性”。因不确定性引发的各类风险无非就是两类：威胁社会个体的风险和威胁社会共同体的风险，前者是个体风险，表现在经济社会生活之中；后者是公共风险，或者说集体风险，反映在经济、社会、环境和国防军事等方面。那么，我们怎么防范、化解上述风险，从而构建社会个体和社会共同体的确定性？尤其是国家发展的确定性，如何让确定性变得更大、更可持续？这就需要新的知识体系、新的理论和底层逻辑的创新。

二、 发展观

2003 年 7 月，胡锦涛同志提出“科学发展观”，强调以人为本和全面、协调、可持续；2015 年，习近平同志提出“以人民为中心”的发展思想，强调把增进人民福祉、促进人的全面发展作为发展的出发点和落脚点。科学发展观侧重于发展的方法论，人民发展观侧重于发展的价值依归，两者既是一脉相承，又是递进拓展。先后提出的发展观，都有一个共同的逻辑：人本逻辑。这就是物的发展和人的发展的关系，或说物的发展与人的发展，哪一个是目的，哪一个是手段？在过去追求经济高速增长的阶段，有时候不由自主把经济增长作为社会目标，甚至视为发展的最终目的。由此导致人的异化，人的主体性弱化甚至丧失。这里可能有一个默认的逻辑，认为只要经济增长了，物质财富增加了，人自然就发展了。有没有这种必然因果关联？其实，经济增长只是人发展的一个必要条件，其必然性并不存在。不确定性作为世界的基本性质，意味着事物的普遍联系具有不确定性特征，可能是随机的、模糊的、灰度的或不确知的。所谓的必然性、因果性，都是人类作为群居物种以公共风险理性构建的，并非先天存在，就像公共秩序是人类构建的一样。

那么，物质财富增长了，是不是就能自发地实现人的自由全面平等的发展？答案是否定的。所以，物的发展和人的发展之间的关系，成为我们当前面临的一个重大理论问题，也是一个理论上的重大挑战。马克思提出共产主义社会这一远大理想，是因为看到当时资本主义社会中人的严重异化，人被物（资本）所支配，资本也异化为一种人格，成为社会的主宰。发展问题若不是在人本逻辑主导下，若不是以人作为发展的出发点和落脚点，人随时都有被异化的风险。就此而言，经济学仅仅是解决物的发展问题，一旦它膨胀到可以称之为“经济学帝国主义”，就可能从一种工具性的学问变异为主导社会意识形态，产生被马克思批判的“拜物教”。如何彰显人的主体性，始终将人置于发展的中心不偏离，这是当今发展观的核心问题，也是人类面临的顶级难题和挑战。从“增长的极限”到“寂静的春天”，再到对物质主义和消费主义的批判，都反映出物质现代化先行国家学界对人异化状况的反思。物质现代化后行国家，尤其是社会主义国家，更应当借鉴反思，时刻警惕物质现代化进程中人被异化的风险，始终坚持以人为中心的现代化发展观。这也是建构人类发展确定性的前提条件。

具体到当下的财政问题，当个人消费差距变大，从而导致能力差距变大的时候，财政怎么发挥作用？是从收入差距入手来实行再分配，以此缩小消费差距，还是从公共消费入手来缩小个体消费差距并落脚到缩小能力差距，尤其是体制导致的群体性能力差距上？如何按照人本逻辑来补能力的短板，促进不同群体、阶层发展机会的平等和人的能力普遍提升呢？这是需要我们研究的问题。财政的基本功能不是分配资金和配置资源——这只是物本逻辑所衍生的功能，而是分配风险，改变不同群体和阶层的风险处境，让其都拥有平等的发展机会。促进共同富裕，当我们在分蛋糕、做蛋糕上很纠结的时候，若是落到人的能力普遍提升上，这个问题就会迎刃而解，效率与公平也能融为一体、相互促进，二者就不会变成一种对立的关系。

所以，发展观至关重要。发展观不同，财政学科的定位、财政学科的底层逻辑也就不同。经济发展、社会发展和人的发展是一个有机整体，是层层递进的，物的现代化最终要落到人的现代化上来。未来发展的确定性，也只有通过人的现代化才能真正构建。

三、 国家观

国家到底是阶级专政工具，还是为老百姓遮风挡雨的平台，或者是其他什么？不同的视角，会有不同的答案。从计划经济、计划社会到市场经济、市场社会，国家职能和作用方式发生了很大变化。这与经济的货币化、金融化以及社会财富的资本化是紧密联系在一起的。财政、金融与国家的演化是内在关联的，不同的国家观，就有不同的财政金融观。这从欧美国家的差异就能看出来。现代社会的国家形态差异很大，制度结构各不相同，但国家观有趋同的迹象，如在国家与人民的关系上，都强调“公权民授”、人民是主人、政府是公仆，都强调宪法的最高法律地位和依宪依法治国，都强调自由、平等、民主等价值观念。

人的解放，一直是国家演化的主题，历史上的国家形态变化，都与人的“解放”直接相关。从人身依附的奴隶制国家，到土地依附的封建制国家，再到资本依附的资本主义国家，都是历史的进步，虽然没有实现人的彻底解放，但实现了人更大程度的自由。理想中的社会主义、共产主义是没有市场交易的，货币只是计量工具，人对资本的依附也就不存在了，在理论上，可实现人的彻底解放。然而现实却告诉我们，人的彻底解放，实现自由全面发展，终究是离不开生产力水平这个现实基础的，何况人的发展与生产力的发展处于同一个过程之中。所以，现实的社会主义、中国特色的社会主义只是社会主义的初级阶段，物质技术的发展和现代化仍是首要任务。劳动是谋生的手段，财富是生活的基础，实现人的彻底解放和自由全面发展，仍是一个长期愿景。不言而喻，现代国家的首要任务没有改变，特别是对我国这样的发展中大国来说，仍是解放和发展生产力，并在此基础上不断推进人的发展。社会主义国家的初心使命应当是人的发展，发展生产力只是路径、手段和不可避免的过程，而不是最终目的。这是我们应当秉持的国家观。

从学术思想史上看，曾把国家称为暴力国家（暴力工具）、税收国家，后又提出预算国家。在不同时期和不同语境下，这些提法都有其学术意义和现实价值，尤其是放在“财政是国家治理的基础”这个视角来分析，财政是国家的经济基础、社会基础和治理基础，也是权利约束公权的基本实现方式。征税的授权，预算的完整性、透明度、参与度，地方的财政自主性等，既是国家治理的表征，也是国家治理的核心内容。财政集中体现了国家治理效能，或者说国家治理效能最终都会综合反映到财政上来。国家与人民的财政关系、国家与市场的财政关系、国家与社会的财政关系以及中央与地方的财政关系，都会映射为具有现代性特征的“税收国家”或“预算国家”。但这种国家观并没有超越物质利益关系这个范畴，人的主体性或人的发展被嵌入其中而难以彰显。“靠钱摆平”的物本逻辑依然是现代财政的主导形态，为不同部门、地区、阶层和群体“分钱”，成为现代财政的主要形式。可以看出，“以物为尺度”的国家观仍是物质文明阶段的主流观念。

在不确定性的风险社会，人的主体性被动地显现出来。因为不同阶层和群体的风险处境“暴露”了人的主体性，在经济金融危机、疫情危机、能源危机、环境危机等各种各样的危机中，水落石出之后“露出”的是关于

“人”的各种问题，贫穷、疾病、知识、能力、权利的不平等、机会的不公平等，诸如此类都是基于“人”这个主体的存在而显现出来的。繁荣之后的衰落，更能感受到人才是万物的尺度。在风险社会这个大背景中，人的问题被凸显出来，各种不确定性和风险衬托出人的脆弱性，以及不同群体、阶层的不平等性，社会成员与社会共同体之间的关系产生了越来越大的张力。走向风险社会，国家应扮演什么样的角色？或者说，工业化之后的国家应是什么？简单地说，在风险社会背景下，国家的主导形态在转向“风险国家”。什么叫风险国家？其含义是什么？其实就是为老百姓遮风挡雨，为其安居乐业提供更大的确定性。我们常说的是提供公共服务或者公共产品，其目标不是社会福利最大化，而是公共风险最小化，让人人过得安心，让未来可预期。这就是风险社会中财政要干的，也是风险社会的国家职能。

从这点来看，国家财政在一定意义上类似于保险公司，提供“保险”服务，老百姓交税交费，国家拿了这些钱给老百姓保平安，从两个层面提供免于风险的确定性保障：一是为社会共同体的生存发展，如提供公共安全、基础设施、社会保险和公共服务等；二是为陷于风险处境难以生存的社会成员，提供如社会救助、救济等。国家为社会共同体提供确定性，为社会成员分散、转移生存风险。保险公司按照市场规则运作，自愿、平等，为社会个体提供保险服务，而国家财政是社会共同体的“保险公司”，遵循的是社会规则，需要体现共同意志的法律强制，以避免“搭便车”的个体行为，本质上是一种基于公共选择的社会共同契约。面对不同层次的风险——个体风险和社会共同体风险（即公共风险），需要不同的风险防范化解机制。从自愿的商业保险，到准强制的社会保险，再到完全强制性的国家财政，都是基于风险的制度安排，其区别在于防范化解的风险不同而已。

放在风险社会这个参照系来观察，国家职能在向“风险国家”加速演化构建、不断拓展，但其实只是国家本质的外显。“暴力国家”“税收国家”“预算国家”等这些概念描述的国家形态，其实都隐含了“风险国家”的部分功能，仅仅是因为风险社会的来临，让国家防范化解风险的功能更加凸显出来，国家的本质得以被人们看得更为清楚。基于风险国家观，“财政究竟是什么?”的问题也就更加清晰了，即如何为老百姓这个共同体防范化解风险，促进公共风险最小化。除此之外的其他事情，都是老百姓之间的事，是社会个体的事。公共风险防范化解做到位了，趋于最小化了，老百姓幸福生活也就有了。这与传统的社会福利最大化的逻辑不同。转向公共风险最小化，这样就知道财政应该干什么、不应当干什么，与市场、社会的关系以及央地关系就可以用新的底层逻辑来构建。

参考文献：

1. 陈曦、刘尚希：《经济学关于不确定性认知的变迁》，《财政研究》2020 年第 7 期，第 3 – 13，66 页。

2. 傅志华、李成威、陈龙：《社会主义市场经济是中国政治经济学的核心命题》，《财政研究》2022 年第 10 期，第 3 – 15 页。

3. 傅志华、李成威：《百年大党人民财政观的形成与现代意蕴》，《财政科学》2022 年第 5 期，第 5 – 14 页。

4. 刘尚希：《人的现代化与共同富裕》，《财政研究》2022 年第 11 期，第 3 – 7 页。

5. 刘尚希：《论人民至上的市场经济》，《财贸经济》2022 年第 43 卷第 9 期，第 15 – 18 页。

6. 刘尚希：《人民财政观》，《财政研究》2022 年第 1 期，第 3 – 5 页。

7. 刘尚希：《风险社会与财政转型》，《财政科学》2021 年第 9 期，第 5 – 10 页。

8. 刘尚希：《以公共风险的结构和强度重塑财政政策体系》，《财政科学》2021 年第 3 期，第 5 – 9 页。

9. 刘尚希、武靖州：《风险社会背景下的财政政策转型方向研究》，《经济学动态》2021 年第 3 期，第 13 – 23 页。

10. 刘尚希、孙喜宁：《论财政政策的有效性——基于公共风险分析框架》，《财政研究》2021 年第 1 期，第 10 – 23 页。

11. 刘尚希、李成威：《基于公共风险重新定义公共产品》，《财政研究》2018 年第 8 期，第 2 – 10 页。

12. 刘尚希、李成威、杨德威：《财政与国家治理：基于不确定性与风险社会的逻辑》，《财政研究》2018 年第 1 期，第 10 – 19，52 页。

13. 刘尚希：《理解把握“全面建设社会主义现代化国家”的三个维度》，《国家治理》2020 年第 41 期，第 12 – 14 页。

（此文发表于《财政研究》2023 年第 1 期，作者：刘尚希）

构建适应数字文明时代的新财政理论

阅读提示：推动哲学社会科学理论创新是当下中国的共识。作为哲学社会科学体系中的重要内容和国家治理的基础，财政的理论创新更是迫在眉睫。把财政定位为国家治理的基础和重要支柱，相对于只是作为社会再生产分配环节的传统财政理论，这本身就是一个创新。财政是国家治理的基础，已经成为社会各界的新共识。问题是如何沿着这个新共识来深化财政理论创新呢？毫无疑问，这要从中国的实际出发，并借鉴世界财政研究成果，将财政理论创新置于数字文明、生态文明新时代的历史方位之中。财政理论创新和财政学科建设紧密关联，涉及财政学科定位问题。基于此，我重点谈谈如何以时代问题为导向，超越传统学科定位，推动财政理论顺应时代创新性发展。

一、 人类进入数字文明时代

理论创新要以问题为导向，而问题从何而来？时代是思想之母，实践是理论之源。所以，问题从时代来，从实践中来。推动财政理论创新，首先必须分析我们处于一个什么样的时代，在从事什么样的实践。只有这样，才能超越传统、突破局限。

习近平总书记一再强调，要站在人类文明发展的高度，准确把握我们所处的历史方位，他还在一次讲话中明确提出了数字文明的概念。把握我们所处的时代，必须意识到人类已经从工业文明进入数字文明时代。正在展开的数字革命并非工业革命框架下的第四次技术革命，而是超越工业革命，与农业革命、工业革命并列的第三次文明革命。正因为如此，人类文明时代也从农业文明时代、工业文明时代发展到了数字文明时代。

时代之变会带来许多深刻的问题。进入数字文明时代意味着人类在工业文明时代建立的那套知识体系、理论体系已经逐渐变得与现实不相适应了。这种不相适应不是局部性的，而是整体性的、根本性的。数字文明意味着人类生存发展的方式将发生颠覆性变化，这在我们的经济、日常生活和政府运行等各个层面都有显现，现在仅仅是一个开端。在现代经济中，数据成为重要的生产要素，数字经济成为新的经济形态并以其智能化、量子化、跨界融合、深度渗透、变革指数化等特征，正在快速替代旧的经济形态。数字经济最发达的美国，据中国信通院 2021 年 8 月发布数据显示，美国数字经济规模达 13.6 万亿美元，占 GDP 比重为 65.00%，而中国数字经济规模占比为 38.60%①。

当数字化与金融化叠加在一起，经济社会正在产生一种快速的“化学反应”，其运行的逻辑正在自发重构之中。这种变化是颠覆性的，既颠覆现实，也颠覆理论；既颠覆传统的思维认知，也颠覆旧的学科定位。比如说所有制以及数据产权、数字金融、数字货币的发展，财政和金融、财政和货币的关系都在发生深刻变化。美国财政货币政策的一体化，正在改写传统的财政平衡理论、国债理论和财政政策理论。在现实中出现的负利率、负价格等现象，这些情况在过去闻所未闻。归纳起来，过去曾经被经典力学证明的确定性的世界在数字文明时代已经呈现出不确定性的特征。不仅如此，不确定性不再是一种“偶然”现象，而是世界的本质，这已经被量子力学所证明。

二、 构建适应数字文明时代的新认知

理论创新不是简单地否定传统理论，而是要实现超越，在扬弃传统理论

---

① 数据来源：2021 年 8 月 2 – 3 日，由北京市政府与国家发展和改革委员会、工业和信息化部、商务部、国家互联网信息办公室共同主办的 2021 全球数字经济大会在北京举行。在 8 月 2 日下午的主论坛上，中国信息通信研究院院长余晓晖发布了《全球数字经济白皮书——疫情冲击下的复苏新曙光》。

的基础上重构适应数字文明时代的新的思维认知。站在人类文明发展的高度来看问题，视野才能变得更为开阔。

数字文明时代的历史定位表明我们正经历从传统慢变的社会转向现代快变的社会。在农业文明时代通常以千年为单位来观察时代的变化；到了工业文明时代，通常以百年为单位来观察这种变化；到了数字文明时代，则是以十年为单位来进行观察这种变化。智能化、量子化、变革速度指数化成为数字文明的典型特征。人类社会的发展呈现加速度趋势，这衍生出了许多未知的问题，人类积累的经验也加快失效，人类为了构建秩序而形成的各种规则也迅速解构。就好比汽车运行的规则（低速环境）不再适用于飞机（高速环境）一样。许多规则加快失效，越来越不适应数字文明时代要求。最为突出的是政府的运行方式及其法律制度，亟待变革，比如工业化时代形成的政府监管、《劳动法》就已经不适应了，传统政治经济学讲的劳动与资本的关系现在看起来也要有新的认识。依托“单位”为缴费基础的社保制度，在新的就业状态下，也变得“漏洞”百出。规则的重构，意味着需要新的思维和认知。

经济社会加速变化，也意味着风险的内涵发生改变，同样的风险在不同参照系下，其可能的损害是不一样的。好比开车，在市里慢速行驶，车与车碰撞一下顶多车有一点损失，车内的人一般不会有什么大损伤。但是如果进入了高速公路，在高速行驶背景下的碰撞所产生的风险和后果完全不同。进一步，如果是飞机，有一点点碰撞就可能导致机毁人亡。鸟要撞到汽车，鸟可能会受伤，但汽车没事，而鸟撞上飞机对飞机来说是灾难。这表明参照系不同，风险的含义是不同的。同样的风险事件在慢速的社会里，是可以预测的，可能不足以演变成公共危机，但在加速变化的社会，不起眼的一件小事就有可能酿成大的危机，各种未知的“蝴蝶效应”可能给人类带来生存和发展的巨大风险。在人类文明演变的速度呈现加速度的背景下，现有的一些理论是在以一种刻舟求剑的方式在解释现实，给实践带来误导，财政理论也不例外。

三、以“虚拟理性”推动理论变革

过去我们认为这个世界是确定的，但现在量子力学发现世界的本质是不确定性的。这颠覆了传统的哲学和认知，实际上这是认识论的巨大飞跃。传统的知识体系都是建立在传统或者经典科学理论认识基础之上的，量子力学的新发现至今并没有转化为哲学和社会科学的认识范式。量子力学作为自然科学的研究，其发现对社会科学的研究具有重大转折的意义。这意味着传统的以牛顿经典力学为基础形成的基于确定性世界观的知识体系，特别是哲学社会科学体系，难以适用不确定性的世界。

过去认为确定性是客观存在的，但是现在发现确定性是构建的结果。这跟以往的认识完全不同。这是一个需要不断去构建确定性的时代。这和我们以往讲的寻找一个客观存在的、先天的确定性（通常以规律来表达先天的确定性）的思维完全不同。这意味着理论创新的基本哲学基础和认识基础已经被改变。

面对不确定性和风险，需要构建确定性，以规避风险。而构建的过程，实质上是一个越来越需要虚拟理性的过程，因为风险本来就具有时空的虚拟性特征。人类生活从早一些的货币、资本的虚拟化，再到工业的服务化、信息化和财富的金融化，就已经开启了人类文明虚拟化进程。当今数字化、金融化则只是加快了这一进程。自从产生了经济的虚拟化，才产生了经济危机。虚拟化渐渐超越了以经典物理学时空观念为基础的实体理性，取而代之的是更具包容的虚拟理性。这是数字文明时代的一个新命题和新问题，如果没有虚拟理性，我们将无法理解虚拟世界、虚拟空间，也无法真正认识不确定性和风险。最近“元宇宙”的概念非常火爆，国外一家数字巨头已经改名元宇宙公司，虚拟现实的发展远远超出我们的想象。如果不能超越传统的认知，那我们就可能赶不上这个时代，就会落伍。

不确定性和风险问题，都是虚拟性问题，不可证伪，不符合经典科学所要求的二值逻辑。要真正认知风险，就需要超越二值逻辑的虚拟理性来加持。

习近平总书记在2018年一次讲话中，把防范化解重大风险当成是木桶的底板，他认为防范化解重大风险是底板问题，是事关中华民族伟大复兴的一个根本性问题。根据木桶原理，底板和短板性质完全不同，财政是国家治理的底板，不是短板问题。风险问题也是中国可持续发展和实现民族复兴的一个底板问题。事关中华民族伟大复兴进程的重大风险，才是需要我们去关注的基本问题，需要新的理论来解释现实和指导构建新的发展确定性。

不可证伪的风险问题是虚拟问题。过去讲科学问题，那都是要证伪的，不能证伪就是伪命题。而风险恰恰就不能证伪的问题，所以，按照传统的那套实体逻辑来理解我们当下的基本问题，可能无解。基础理论的创新首先要更新我们的思维方式，要嵌入一个新的认知模式，只有这样，理论的创新才有前提和基础。

四、 基于时代问题重构财政理论

从前面的分析可以看出，数字文明时代的基本问题是不确定性及风险的公共化。风险的公共化是人类进入风险社会的一个基本标志。这意味着传统财政理论中的“公共性”内涵发生了根本性变化，以市场失灵为参照系的公共领域、公共产品等概念已经无法成为解释现实的逻辑起点。超越经济学的学科定位，从广义社会来观察财政问题就成为财政理论创新的第一步。以广义社会为观察视角，并非简单回归到欧洲传统的财政社会学，而是要基于当下的以数字文明为基础的风险社会来考量。风险社会中的财政公共性不由自主地就导入了由风险公共化的结果——“公共风险”① 这个核心，并成为风险社会财政理论的逻辑新起点，并以此来观照中国当下的现实。

强调财政理论创新，特别是讲基础理论的创新，应当要强调学科体系的重构。在一些局部的、边边角角的问题上进行创新并非不可以，但是基础理论的创新应当有一个更宏大的视野，即基于中国所处的时代和历史方位。中

① 刘尚希：《公共风险论》，人民出版社2018年版。

国的发展实践中还面临着许多重大的难题，比如二元结构的问题，社会转型慢于经济转型的问题等。按人口结构来看，在社会身份意义上，农民群体占53%，表明中国依然是一个以农民为主体的社会。这个时代和社会背景给我们提出了许多需要深入思考和着力解决的历史性课题。市场化、社会化、城镇化和农民市民化等问题和现代社会的数字化、金融化趋势的复合，构成了中国独特的问题。解决这些问题恰恰要发挥在国家治理中居于基础性地位的财政作用。局限于传统的经济学视角的财政学科定位，会限制财政理论创新。只有把这些基本问题纳入我们的研究视野，才能跳出基于经济学的财政学科定位。财政学是治国安邦的学问，本来不应局限于经济学。应该首先从回答时代问题入手，然后再考虑财政学是一个什么样的学科。应该是先有孩子再取名，而不是根据取的名字再决定生什么样的孩子，这个顺序不能错。财政理论创新与学科建设都需要超越，超越传统理论、超越传统学科定位，真正基于问题导向，基于时代之问。

有一位政治学家与我讨论财政问题，他认为财政学应当是政治学的基础课。我当时非常惊讶。政治学者觉得财政学应当是政治学的基础课，表明从他们的视角发现了财政学的基础性，也表明财政学科之外的人可能比财政学科之内的人对财政的认识更为清楚。这也充分说明，确实只有超越现有的学科定位，才能真正推动财政理论创新。

（此文发表于《管理世界》2022 年第 6 期，作者：刘尚希）

顺应新时代的召唤 构建财政学新逻辑

阅读提示：习近平总书记在哲学社会科学工作座谈会上强调，要加快构建中国特色哲学社会科学，在指导思想、学科体系、学术体系、话语体系等方面充分体现中国特色、中国风格、中国气派。迈入新时代，财政学的发展处在新的历史方位上，新时代召唤财政基础理论的创新。本文论述了传统财政学的逻辑起点市场失灵及其五个缺陷，认为传统财政学存在逻辑缺陷的根本原因在于缺乏整体观，构建财政学的新逻辑必须从整体观出发，从哲学角度看，财政学逻辑起点应建立在集体基础之上，体现整体观；新财政学应以风险社会为背景，以公共风险作为逻辑起点；新财政学应基于行为主义分析公共风险的产生和治理机制。

这次会议的主题是探讨新时代中国的财政基础理论，怎么构建中国特色社会主义的财政理论体系。有同志称我们的这次会议为“廊坊会议”，这很形象，也很有意义，我相信“廊坊会议”将成为中国财政理论研究史上的重要里程碑。

一、 新时代召唤财政基础理论的创新

习近平总书记在哲学社会科学工作座谈会上强调，要加快构建中国特色哲学社会科学，在指导思想、学科体系、学术体系、话语体系等方面充分体现中国特色、中国风格、中国气派。如何理解和思考中国的改革特别是财政改革也需要中国特色、中国风格、中国气派。

（一）中国的发展是人类文明史上的大事件

中国发展的实践，特别是改革开放的发展实践是人类文明史上的大事件。站在历史的高度来看，中国的发展会改变整个人类文明发展的路径，也必将改变只以西方文明为中心的认知模式。

中国在近代特别是1840年以来落后了，以至于在各方面都失去了自信。1949年新中国成立以来，我们做了很多新的探索，搞了三十年的计划经济，计划经济有很多无法克服的内在缺陷导致我们生产力发展非常缓慢，导致中国的发展跟世界的差距在拉大。所以，1949年中国尽管已经站起来了，但是通过30年计划经济的实践，并没有使中国富起来。这是一个巨大的风险和危机。所以，在20世纪80年代的时候，我们都在反思和探讨中国能不能在这个地球上站稳脚跟，中华民族能不能自立于世界民族之林。正是这种反思和探讨，这样才有了改革开放。改革开放经过十多年的探索，确立社会主义市场经济。邓小平同志作为伟大的政治家，突破了传统的思维，以政治家的勇气提出社会主义和市场经济可以有机地结合在一起，开天辟地地提出了“社会主义市场经济”这一命题，开启了中国社会主义市场经济体制构建的伟大实践。

中国发展到现在，进入了一个新的时代。这个发展不仅是经济的发展，而是党的十八大提出的“五位一体”的建设和发展。现在经济建设依然是中心，但是放在“五位一体”这个框架里来看，这个中心的含义跟过去讲的以经济建设为中心的含义是有区别的。在党的十八大以前，我们讲经济建设为中心，在当时的那种背景下是唯一的，在“五位一体”的框架下讲经济建设为中心就不是一个唯一的概念，而是指经济建设是其他几大建设的基础。这意味着我们的发展观从过去的以经济为中心，单一的追求GDP的增长转向一个整体的发展观。这个整体的发展观不仅仅包括物的发展，更包括人的发展。所以，在新时代，习近平总书记提出要以人民为中心的发展。与此相适应，改革也是从过去的经济改革为中心到了全面深化改革。那就意味着是一个整体性的改革。所以，改革从一个局部性的经济改革转到了全面的整体性改革，既包括经济、社会、政治、文化、生态文明等，还包括党的建设、军队、国防、司法等。全面深化改革意味着中国的改革进入了一个新的时期，党的十九大对此做了战略深化。与此同时，中国的发展也从高速增长的时期，进入了高质量发展的时期。

（二）做好中国的事情还要讲好中国的故事

改革开放40年来我们站在一个新的历史起点上，我们的财政学不能再是西方的财政学了。有人认为基础的理论是放之四海而皆准的，说没必要搞什么中国的经济学、中国的财政学，全世界就一个。我认为这种看法是值得商榷的。社会科学毕竟不是自然科学。自然科学所研究的对象，如三维空间在中国和在美国没什么两样。但对于社会科学来说，每个国家的国情不一样，所处的经济空间、社会空间、财政空间不一样，发展的阶段也不一样，其所处的历史文化背景更不一样。因此，社会科学不可能形成一个放之四海而皆准的一套理论适用于各个国家。

中国特色社会主义的实践表明我们走了一条与西方不同的道路，然而在理论上，学术理论和思想还是依赖国外引进，“做好了中国的事情，却没有讲好中国的故事”，与中国特色的发展实践创新极不相称。改革开放到现在40年了，这40年来是在不断地引进西方的理论，引进西方的学科。财政学更是如此，从现有财政学的版本来看几乎都是西方财政学的翻版。我们还没来得及认真地思考我们应当建立什么样的财政学。我们的财政理论落后于财政实践，对中国财政改革和发展的理解和认识，普遍停留在现象和事实描述层面，未能有效提炼总结，没有从理论高度说明中国财政发展改革的伟大实践，导致财政理论无法有效指导财政实践。

（三）推动财政学基础理论创新是我们这一代人的责任

国外的理论我们可以借鉴，可以学习。但多年来我们一直都是在模仿，我们脑子里很多的概念、话语体系和逻辑，都跟西方的财政学、财政理论密不可分了。我们现在必须要反思，尤其要结合中国的发展实践来反思。这有很大的难度，也许这个工作真正彻底地完成可能还要靠下一代人。但是我们这一代人恰巧处于这个新的历史转折时期，我们有责任来改变，不应当再沿着过去我们已经习惯了的路径往前走。

党的十八届三中全会提出财政是国家治理的基础和重要支柱，然而从基础理论的角度，真正提升到国家治理这个高度的财政学并没有形成。财政学理论在各学科中支离破碎地呈现。现在大学里流行的各版本的财政学教材是基于经济视角的，而且更多是基于微观经济学的。宏观财政的分析则在宏观经济学里，而财政管理的问题又在公共管理学中体现。财政学科原来都是有系，有学院。但现在，在一些综合性大学里，财政学科已经消失了，有的也仅体现为一门课，有的放在公共管理学院，有的放在经济学院，有的放在政府学院，各个大学有各种做法。按综合性大学的做法来看，财政学又被设到不同的学科底下了，我们搞财政学研究的人设想把财政学从经济学的应用学科变成一级学科，要按照这种趋势连二级学科都没了。其实，财政学应当是个治国安邦的学问，它确实具有综合性，在不同的学科里都可以进行分析，但问题是我们现在一整套学科的分类都是基于西学。人类的知识体系，这个知识体系的分类方法，以及现有的标准都源自西方。这种学科的分类就形成了所谓知识的分工，在这种碎片化发展的条件下，财政学一点点被肢解了。现在到了新的历史阶段，站在一个新的历史起点上，有必要重新去认识财政学对国家的治理，对国家的发展，尤其是对中华民族的伟大复兴所应当起的作用。所以，我感觉我们财政学界有这个责任，有这个义务，应当在这些方面做点什么。

二、 财政学的旧逻辑及其缺陷

迈入新时代，财政学的发展处在新的历史方位上，构建新时代中国特色社会主义财政基础理论体系，首先要坚持理论自信，重构财政学的新逻辑。财政理论要创新，财政学要重写，首先要解决逻辑问题，必须从根本上回答以下问题：一是传统财政学的逻辑是什么？二是我们要构建的新财政学的逻辑是什么？三是为什么要从旧的逻辑转到新的逻辑？新逻辑与旧逻辑之间是什么关系？

（一）传统财政学的逻辑起点：市场失灵

传统财政学的逻辑是经济学的逻辑，其逻辑起点是市场失灵。

纵观西方的财政学教科书，其中比较经典的有马斯格雷夫、布坎南和罗森等的财政学（或称公共经济学），这些版本之间虽然有差异，对政府、市场的态度不同，但共同的逻辑都是从政府与市场关系出发，推导出市场失灵，并将市场失灵作为财政学的逻辑起点。

在传统西方财政学当中，市场失灵包括公共产品（狭义）、外部性、垄断、信息不对称、收入分配问题和环境治理等问题，解决的方式是提供公共产品（广义）。由于在公共领域没有价格机制，因此这些公共产品不能通过市场提供出来，即产生了市场失灵，所以公共产品需要政府来提供。政府提供公共产品的过程也就成了财政职能的出发点，传统财政学就是围绕这一逻辑展开的。

传统财政学模仿经济学的分析框架，在政府提供公共产品的分析中引入供给和需求分析框架。税收的出发点是为公共产品筹资（融资），预算则体现为公共产品供给和需求的政治市场，老百姓通过选票来表达对公共产品的需求偏好，政府根据这一需求偏好来提供相应的公共产品，现实中是通过代议制来间接实现的。在传统财政学当中，公共产品是福利含义上的，社会成员的个体权利本位是基本学术立场。政府提供公共产品内含着社会福利最大化的目标追求，在我国学界尤其看重这一点。

根据布坎南的观点，预算就是一个在政治市场上形成公共产品需求与供给均衡的政治程序。由于政治程序需要法治的支撑，所以不管是税收还是预算，都需要法定。而在公共产品的提供过程中，还需要一个管理过程，这就是财政管理。传统的财政学从市场失灵出发，围绕提供公共产品构建了一个自认为完整的逻辑体系，这个逻辑体系也被移植到了我国，用于分析我国的财政问题。公共产品这个概念的使用已经超出了学术界，变成了国内政策用语，甚至于成为全球治理的概念，如全球公共产品的提供与责任。

（二）传统财政学的逻辑缺陷一：武断地认为政府与市场是二元对立的

传统财政学按照二元对立的思路考虑政府与市场的关系，把政府看成是与市场没有内在关系的外在主体。这一逻辑存在根本性的错误。实际上，不存在离开政府的市场，也不存在离开市场的政府，两者并非对立的关系。从历史上来看，群居的人类就内含着政府，社会个体之间的分工合作就内含着市场，二者在思想上可以出于不同偏好而剥离开，但现实中彼此须臾不可分离。政府与市场本就是一体的两个方面，并不存在由于市场失灵引出政府职能和财政职能的逻辑，政府与市场实际上是一种分工与合作的依存关系。和而不同，而非相互对立。

（三）传统财政学的逻辑缺陷二：在假设市场万能的基础上推导出市场失灵

市场失灵背后的假设是“市场万能”，由于市场做不到万能，所以就说市场“失灵”了。这个逻辑是强加给“市场”的，是为强化政府作用找出来的一个错误理由。这个逻辑就好比将一个人高高地举起来然后再重重地摔下去。

在西方，产生市场万能论是有历史原因的。西方认为，所谓市场代表了一种私人资本的力量，而所谓政府代表的则是一种旧的阶级统治。掌握资本的新兴资产阶级力量在反抗旧阶级统治的过程中，理所当然就认为私人资本的力量是无所不能的。这一点从英国历史上征税权的争夺就可以得到说明。亚当·斯密《国富论》流行以后认为政府越小越好，政府最好置身事外，什么也别干，当好夜警政府就可以了。在这个时候就已经蕴含了市场万能的假设。但市场毕竟不是万能的，当“市场万能”论破产时，再祭出市场失灵，这显然是不合逻辑的，而在学界却普遍接受了这个错误的逻辑。

（四）传统财政学的逻辑缺陷三：片面地认为政府与市场构成整个社会

从共同体的角度来看，一个共同体社会（广义的社会概念）包括政府、市场和社会（狭义）。而西方传统的财政学认为整个社会仅仅包括两个方面：政府和市场；一个社会也只有两个主体或者两个机制：不是市场就是政府。

上述逻辑存在严重的缺陷。这一逻辑是片面的，不是从整个社会共同体出发来考虑的。一个共同体社会除了政府活动和市场活动以外，还有社会活动（例如社保、教育和就业等）。要从整个社会出发，必须从社会共同体出发。不从整个社会共同体出发，仅仅从政府与市场关系出发，无法说明财政是整个社会的财政，是为整个社会共同体服务的财政。从上述逻辑是推导不出财政是国家治理的基础这一结论的。

上述逻辑表明传统西方财政学没有一个整体观，即整体观是缺失的。要有整体观就要考虑社会共同体。从社会共同体来看，其基本的逻辑是个体与集体的关系。这个集体可以理解成为一个整体。从社会整体来看，个体和集体的关系就是每个社会成员和整个社会的关系，或者简化为集体与个体关系的模型，这是财政学要考虑的基本问题。

（五）传统财政学的逻辑缺陷四："阿罗不可能性定理"已证明福利角度的公共产品在逻辑上不存在

从市场失灵推导出来的公共产品，对公共产品的定义尽管不一样，但都是从福利的角度来解释公共产品的。西方福利国家，如最早搞社会保障的德国，搞全民健康体系的英国，提供所谓的公共产品实际上都是以福利国家、福利社会的理论作为支撑，政府职能的扩大，福利范围的拓展，都与此密切相关。

对社会成员来讲，社会福利的最大化是没有止境的，最终的结果就会落入到福利陷阱当中，导致社会成员缺少激励，养懒人，依赖政府，而财政则不可持续。因此，按照福利来定义公共产品，存在着严重的缺陷。

不管是狭义的公共产品（萨缪尔森从非竞争性和非排他性角度定义的公共产品）理论，还是广义的公共产品（布坎南从政府的职责角度定义的公共产品）理论，都认为市场做不了的、需要政府来做的都属于公共产品。这实际上存在“循环悖论”，因为按这一逻辑出发，从政府与市场关系的角度来看，公共产品是市场的前提，而不是市场失灵的结果，如社会秩序、制度、规则，这些公共产品是市场的前提。把前提看作市场失灵的结果，逻辑上陷入循环悖论。

再一个就是公共产品的供给与需求，模仿市场的这种分析方法，把它说成一个是供给方，一个是需求方，把政府当成一个公司，这本身也是不合逻辑的。布坎南把它变成一个政治市场，也是一个模仿经济的分析方法，选票代表钞票，来决定这个公共产品的供给，变成一个政治程序。按照阿罗不可能定理，社会个体的偏好无法整合成集体的偏好。所以，这是做不到的。从这点来看，社会福利函数以及福利经济学的体系在逻辑上就不成立，他们自己给自己也打败了。以选票代表钞票的办法来决定公共产品，就会形成投票悖论，最终不可能形成一个结果。实际上布坎南自己也很清楚这个道理，在公共选择里研究过这个问题，最后不可能形成结果。

（六）传统财政学的逻辑缺陷五：从机械唯物论来理解社会共同体

回到哲学的层面来看，西方传统财政学对社会共同体的理解是以机械唯物论为前提的。他把这个社会理解成一台机器，由各个零部件组成的，认为它是一个原子化的，个人的偏好加起来等于集体的偏好，“1+1=2”。这反映了西方财政理论的哲学基础，从个体权利本位出发，认为集体就是个体的拼凑；认为一切都要还原到个体才有价值、才有意义；集体没有独立存在的价值，集体仅仅是为个体服务的。这种哲学观也是一个悖论。由于个体的偏好不能形成集体的偏好，集体就无法决策，只能各搞各的了，社会就不可能存在，政府也就不存在了，那等于是一个最终回归到混沌状态，回到原子状态，就像宇宙又回到大爆炸以前的状态，导致无解。所以，从哲学的层面来看这套逻辑存在严重问题。

三、 财政学的新逻辑

传统财政学存在逻辑缺陷的根本原因在于缺乏整体观，而构建财政学的新逻辑必须从整体观出发。

（一）从哲学角度看，财政学逻辑起点应建立在集体基础之上，体现整体观

个体和集体是并存的。单纯强调个体本位和个体权力本位，而忽视集体，这个社会是不可持续的。个体和集体的关系构成一个社会的整体。如果说西方哲学的起点是一个圆，那么它只有一个圆心，就是一切围绕个体，从个体出发来考虑所有问题。而我们的哲学起点，必须要从个体与集体的关系来认识这个社会，它应该是个椭圆，应当是围绕集体与个体这两个中心。既不能以个体来否定集体，也不能以集体来否定个体；既不能以个体的权利来否定集体的权利，也不能以集体的权利来否定个体的权利。所以，人权有个体人权和集体人权，价值有个人价值和集体价值（或公共价值）。这是哲学的起点，这与我国的文化是吻合的，实际上体现了整体观。

（二）新财政学应以风险社会为背景，以公共风险作为逻辑起点

风险社会是人类文明的新阶段，其基本特征是不确定性和公共风险。当前，社会共同体发展到了风险社会的时期，这是人类文明的一个新阶段，基本特征就是不确定性，不确定性就引发了风险，这个风险是基于个体与集体的，分为个体风险和集体风险，集体风险就是公共风险。个体风险当然是交给个体去承担的，集体风险也就是公共风险则必须由集体来承担，也就是由政府、由社会共同体来整体承担的。

以公共风险作为财政学的逻辑前提，财政的基本职能是防范化解公共风险。在化解公共风险的过程中，形成了一系列的制度、法律、规则，这些都可以称之为（基于公共风险的）公共产品。这个公共产品就是由风险导致

的。这与基于福利的理念形成的公共产品完全不同。基于福利的公共产品是越多越好，而基于公共风险的公共产品则是相反，依据风险最小化原则，应当是越少越好。

所以，公共产品不是一个供求关系，而是防范化解风险的一种结果，而防范化解风险是一个形成共识的过程，这个过程里可能有政治、有法律、有文化，有各种舆论渗透其中，但是社会任何一个历史时期的公共产品都是决定于公共风险，以及由公共风险转化而成的公共危机。可以说，制度的变迁都是由公共风险推动的。公共产品的变迁，公共产品的扩大，也是由公共风险来决定的。当公共产品背后的公共风险不复存在的时候，这个公共产品就变成了个体产品。如，灯塔。在过去的条件下，没有灯塔导航就会导致沉船事故，这对所有船来说就是一种共同的风险，所以，有必要通过集体的方式去提供。但是后来随着技术的发展，这类风险不复存在了。所以，灯塔没有了，这类公共产品就不复存在了。从这个角度来说，公共产品都是以公共风险来决定的，公共风险越大，提供公共产品就越多，而不同类型的公共风险就会形成不同类型的公共产品。直接由公共风险来推出公共产品，就避开了个体偏好形成共同偏好的逻辑的陷阱。

所以，与西方财政学一开始就建立在个体基础之上不同，我们的新逻辑应建立在集体基础之上。正是因为建立在集体的基础之上，我们是以公共风险作为财政学的逻辑前提。财政基本的职能就是防范化解公共风险。

（三）新财政学应基于行为主义分析公共风险的产生和治理机制

行为主义与制度主义的差别在于，任何行为都是外与内的综合，而制度主义只讲了外，没有讲内。靠外在的东西，实际上是机械唯物主义的观点，即一切靠制度去规范和约束行为体。但如果行为体不认可这套制度，就会变形，会隐匿，就会把行为方式加以转换，如从公开变成地下。这解决不了问题，且还会产生公共风险。行为体的行为是一个内与外的结合，这就是一个国家既强调法治，又强调德治的原因。行为动机既有内在的东西也有外在的东西，是一个复合体。制度主义只讲了外，不讲内。中国的传统文化恰恰是讲内圣外王，天人合一，内外合一，知行合一。所以，从行为主义角度，与中国的传统文化更为契合。

既然财政基本的职能是防范化解公共风险。这就涉及公共风险是怎么产生的。其实，公共风险是内生的。社会的分工，知识的分工，社会不同层次之间的冲突，都会内生不确定性，从而形成公共风险。这种公共风险要防范化解它，结果就形成了公共产品这个“外壳”。

从个体风险到公共风险的转化与市场有关，也与狭义的社会有关，比如市场出现危机可能引发出公共风险，金融危机也会引发公共风险，而狭义的社会里讲的教育、医疗、贫富差距，与人们的生活密切相关联的各种各样的风险，生活中的各种风险，包括就业、养老，还有生态、环境等，也可能转化成公共风险。所以，从个体的角度来看，这种风险的转换都是外部化造成的，即个体行为的外部化。而经济中的个体行为外部化，社会行为中个体行为的外部化，都会转化成公共风险。比如大家都随地吐痰，大家都不讲卫生，疾病就会流行；大家都随便排污，环境就会遭到破坏；大家都是只想着挣钱，不想产品的质量，坑蒙拐骗，那结果是人人都可能受害。整个经济、社会从整体来说内生的不确定性极易扩大风险。因为产业的分工、社会的分工、知识的分工等，形成的相互依赖，使这种风险从个体出发，不断地传递，就变成了所有人的风险。风险成为一种网状的状态，每一个人都是这个风险网上的一个点，任何一个点产生风险都会相互传递。当然，有的传得远，有的传不远，这要看风险的类型。因此，公共产品取决于公共风险，而公共风险又是与个体行为、经济行为、社会行为密切相关，而这种行为又与分工和信息的不对称密切相关。经过一系列的环节，逐渐演变出来。所以，掌握了公共风险也就掌握了财政，也就搞清了公共产品的本质。

所有的政府的行为，包括财政的行为，实际上都是为了防止公共风险的积聚扩散。有的通过法律，有的通过制度，有的通过道德，有的是显性的规则，有的是隐性的规则，而这些规则的维系都需要财政支撑，这就需要收税。所以，税收就是防范化解公共风险的成本。公共风险既有外来的，也有内生的，这两方面同时存在，都是集体的风险。所以，像国防这类公共产品是应对外部的，而像警察、法庭、法律制度、文化、道德，这些是应对内生的。如果没有内生的这些不确定性以及形成的公共风险，这些东西根本没必要存在。财政资金、预算分配、税收，包括管理等，都是源于不确定性和公共风险。如预算资金怎么分配？应当按照公共风险去分配。公共风险最大的领域应当分配得最多，公共风险最小的领域就应当分配得最少。

这也可以从个体行为的角度探讨，而行为涉及不同的领域。从这个角度来说，就撇开了经济的逻辑，最终所谓的公共治理实际上就是通过风险分配来防范化解公共风险。大家都负起责任来公共风险就会减少，大家都不负责任公共风险就会增多。社会共同体又有不同的层次，不同的人群，不同的区域，是多个维度。各自承担个体风险的能力也不同，政府通过设置一定的规则分配和调节这些风险，就可以避免风险的积聚而形成公共风险。有的可以避免在萌芽状态。但制度总是有漏洞，行为总是在不断地创新，行为和制度之间打个不好的比喻就是老鼠和堤坝一样的关系，老鼠总是在打洞的，堤坝就像现有的制度一样，行为总是会使得现有的制度失效，因为行为总在不断创新，这时，就得有新的制度来进行调整。个体行为之间的相互叠加就会形成一种新的行为方式，旧的制度可能就不适应新的行为了，这个时候就需要新的公共产品。如，过去马车的时代不需要交通规则，后来经过创新有了汽车，这就需要交通规则和警察，由此引发出一系列的问题。再如，过去搭个茅棚就可以住了，现在都需要高楼大厦，那住房就需要建设，就需要标准，就需要管理，这一系列的问题就出来了。这之间会产生很多的不确定性和公共风险，这就需要政府来做。所以，需要的公共产品越多，就越需要标准，越需要监管。这些不同层次的行为、不同领域的行为，如果不协调就会有公共风险。

（此文发表于《财政研究》2018 年第 6 期，作者：刘尚希）

财政理论创新的几点思考

阅读提示：重新认识财政，深入挖掘作为国家治理基础的理论内涵，这是时代提出来的要求。要把这个新的论断变成一个新学问、一个理论体系，这就需要创新。理论创新不能脱离一个时代的实践，如何思考这个现实的世界，是理论创新的起点。本文从自然科学对世界的三次大的突破性的新认识出发，阐述了要以新的思维方式认识这个世界，这种新的思维方式就是不确定性世界观，进一步论述了整个人类历史的发展，就是在不确定性中构建确定性。基于此，论述财政学的逻辑起点，提出思考财政问题，需要我们琢磨和深入思考人类生存的世界是怎样的、人类生存的基本方式是什么以及财政学的困境三个问题。首先要回答这是一个确定性的世界还是个不确定性的世界，人类生存的基本方式有个体和群体两种，个体的生存方式就是社会化，市场经济的发展推动了社会化，而群体的生存方式是公共化，公共风险却推动了公共化。个体和群体之间的关系，可能成为我们财政学里研究的最基本的问题。现在导致财政学陷入困境的根源，就是面对公共化和社会化的现实冲突，财政无法解决，从而陷入了困境。

这是2017年继廊坊会议之后召开的第二次财政基础理论研讨会。参加本次研讨会的专家以中青年为主。中青年，尤其是青年同志接受新生事物快，思想活跃，敢想、敢说，相对来说在创新方面有更大的潜力，财政学的发展更多的要靠青年同志，“青年强则国家强”，财政领域也是一样的。“青年强则财政兴”，理论创新就要有不断的源头活水。所以，本次会议重在请学界对财政基础理论有一点研究的中青年同志来共同探讨，新时代中国社会主义财政理论如何创新。

我一直关注基础理论的研究，但并没有太多的时间去专门从事基础理论的研究，只是兼顾。在研究一些政策问题、现实问题的时候，会从基础理论的层面琢磨，或者站在理论的高度去思考，而不是满足于就事论事的提一点对策建议。财科院、中国财政学会都是智库，智库是围绕现实问题来提出对策建议。这么多年来，财科院和财政学会一直围绕改革发展中的重大现实问题去研究，就如何推动更好地解决现实中的问题，在这方面努力地发挥作用。作为智库，在基础理论方面的研究，在理论创新方面的研究过去做得不是很多。

历史上，财科所许毅老所长在任期间，改革开放初期曾经有一次推动财政理论的创新。当时，因要与改革开放的新形势相适应，传统的一套理论已经不行了，而新的理论又没有产生，特别是经历文化大革命之后，当时很多的专家学者都已经改行，有的接受改造了，基本上没什么人研究理论问题。那个时候搞理论研究就是梳理过去知识，结合当时时代的需要，形成了一系列理论创新的成果。比如“国家分配论”，过去在计划经济时期就是一个主流的看法。20 世纪 80 年代在这个基础上形成了“公共需要论”，还有“社会再生产论”，等等。我们称之为历史上的财政学流派。但基于时代的探讨，还是有时代的局限性。今天看起来，我们还需要重新探讨新时代财政理论，财政理论创新的紧迫性、必要性、重要性都是不言而喻的。理论的研究主要集中在 80 年代，之后财政基础理论的研究不断在淡化，几乎退出了学界的视野。

一、 理论创新不能脱离一个时代的实践

西学东渐，改革开放过程中也引进了大量的西方理论，包括研究方法。20 世纪 90 年代，一直到 21 世纪，流行的都是以模型为主做实证研究，对基础理论的研究少之又少。过去探讨“财政是什么？财政的本质是什么？财政的职能是什么？”等这些基础理论层面的问题。而现在更多的是看用什么样的计量方法，什么样的模型，什么样的数据，怎么去论证。论证出来的结论有的可能众所周知，这样的研究不是去追求结论有什么创新性，而是追求这个

过程是不是用了一种最新的方法。我们看学术期刊上很多文章注重论证的过程，也就是计量方法的使用，很多不看过程就已经知道结论。有的人可能会说没论证就出结论是直觉，经过论证再得出结论那是理性。从研究的角度来说有一定的道理，但是从社会科学的角度来讲，这样的研究已经失去了理论的意义。理论是指导实践的。如果只是在证明一些显而易见的结论或者证明一些常识，显得这个常识好像更加有理论依据，那这样的理论研究很显然脱离了理论研究的基本内涵，没有实质性的意义，对财政理论的发展，对财政学科，还有对解决现实问题几乎都没有多大的作用。

当然，我讲的不是功利主义，眼前能解决问题就有用，眼前不能解决问题就没用。当研究与现实背离越来越远，与时代的需要距离越来越大，这种研究就没有多少意义。现在似乎形成了一种潮流，运用计量模型来搞研究，有点过度了，走偏了。我很赞成用计量方法去分析问题，但过度追求计量方法对理论的创新来说意义不大，方法的创新并不能必然导致理论的创新。相反，往往是理论的创新才会带动方法的创新。所以，从学界来讲，我感觉要重新认识一下现在研究的路径、研究的方法，这就需要我们对现有的研究范式进行反思。要站在理论基础之上进行方法的创新，从而指导实践，真正解决现实中的问题。

党的十九大报告中有两句话对学界非常有用：时代是思想之母、实践是理论之源。这讲清楚了思想、理论是怎么来的，理论应当怎样发展，怎样创新。这也告诉我们理论创新的原则：思想是基于时代的，理论是基于实践的。研究当下的理论，必须和所处的时代紧密结合起来，如果对时代认识不清楚却大谈理论，显然，那这种理论是“放空炮”，是没有价值的。同样，理论和实践要紧密结合在一起，实践需要推动理论的发展，理论的发展创新反过来很好地指导实践。我们现在这个时代的实践为理论创新提供了丰富的素材，这是一个丰富的矿藏，等着我们理论工作者去挖掘提炼它，去深化它。怎么去提炼出有价值的东西呢？理论创新毫无疑问需要对实践有深刻的理解，对时代实践深刻的把握也决定了创新的方向，决定了创新可能达到的高度。认识得深、分析得透，理论创新就能够能跟上时代的步伐，就能把实践中丰富的素材提炼上升到理论。

所以，理论创新不是说坐在书斋里找找文献，看古人怎么说、外国人怎么说，再看我们现代人怎么说，在这个基础上进行推理推论。做文献研究是必要的，古今中外的这些文献尽可能地收集、阅读、理解、消化、吸收，但是这也是有限的。毕竟我们不能穿越，我们读古人书的时候往往看字面上怎么说的，而那些思想怎么产生的，与那个时代的背景有什么样深刻的联系，其实我们并不清楚，因为我们没法回到那种历史环境中去理解作者为什么要这么说，我们只是根据他表面上的一些说法、观点，他的逻辑（推理）。同样，我们也没有办法到国外生活几年、几十年然后再回过头来研究，人生百年，如果能在各个国家先生活几十年再搞理论研究那也来不及。很多是没法亲身体验的，凡是不能亲身体验的东西是有局限性的。过去一句老话“纸上得来终觉浅”。任何理论、任何观点都与特定的时代、特定的实践关联在一起，我们不能回到特定的时代、特定的实践中去，只能看前人的一些著作，前人的一些思想产品，反复地咀嚼、体会、感悟，还要充分发动我们的想象力。还要掌握一点历史知识，哪个阶段产生了这样的理论，只能大而化之地去研究它，很难真正深入当时的历史情景和实践中。我们看到的前人提出的一些概念、理论分析框架，这些都是标本。标本与实物在现实生活中的状态有很大的距离。比如，我们看到一个蝴蝶的标本，但并不一定真正了解蝴蝶的习性，只能间接地从别人的论述中得知。其实，我们现在接触的很多概念、观点、看法也是“标本”，这些东西都是“死”的，只有时代以及时代的实践才是“活”的。但是我们又不可能真正地回到当时具体的环境之中，对前人的理解总是有局限性。

在某种意义上讲，历史是不确定的。这似乎看起来是个悖论，历史已经发生了，铁板钉钉的事怎么是不确定的呢？因为我们回不到历史之中，并不知道当时真正发生了什么以及当时的细节，这些细节却可能对历史的演变产生了重大的影响，但并不为人所知。所以，有人说“历史就像小姑娘一样，可以供人任意打扮”；也有人说历史都是当代人的历史，你怎么看历史，历史就是什么样。从这个意义上讲历史都是不确定性的。

时代发展越来越快，人类社会变迁的频率在加快，它呈现一种加速度。从经济学视角来讲，经济增长有快有慢，发达国家增长速度越来越慢。但从整个人类社会来看，发展的频率在加快。工业化之前，在自然经济的条件下，人类几千年变化都不是太大；工业革命之后200—300年的时间，人类社会的变化非常快，到了现代变化更快，尤其是信息技术、通信技术的发展，远远超出了我们的想象。比如手机，二十年前非常稀罕，普通人根本用不上，现在移动支付在中国普及的速度超出了所有人的想象。人类社会越来越数字化，越来越虚拟化。这种变化的速度可能超出了人们的意料，再加上智能机器人，尤其具有自我学习能力的机器人产生，甚至有人会感觉到一种威胁，这种机器人进化的速度可能远超出人进化的速度，人类社会会不会像科幻片中设想的那种场景一样被机器人所统治，是否有这种可能性？不少人在研究这个问题。机器人是人造出来的，再怎么智能也是人造的，但是它可能会异化，异化就不一定为我们所控制。人类社会的发展真的是难以预料，到共产主义社会那个时候很可能就是机器人的社会。工作机器人、保姆机器人、服务员机器人、玩具机器人、聊天机器人等各式各样的机器人越来越多。所以，人类社会的发展可能与我们过去所设想的不同，发展的速度也越来越快。我们更要把握现在科技的创新，我们需要深入了解现实的世界及其变化趋势。

如何思考这个现实的世界，这是我们理论创新的起点。

“时代是思想之母，实践是理论之源。”怎样认识当下的世界决定了我们理论创新的方向、路径。朝着一个什么样的方向创新，能不能真正超脱前人的逻辑，能不能超脱前人的那些观点，能不能超脱前人给我们设定的，我们不知不觉进入了其中的框框，我们能不能跳出来，能不能先自废武功，把学到的东西先废掉再重新学一套新的功夫，能不能做到，这也是一个不确定性的问题，实际上也是很难的。

二、 自然科学对世界的新认识

看看自然科学，我们怎么来认识当下的世界？科学有三次大的突破性变化，一是牛顿创立了经典力学体系。二是爱因斯坦的相对论。它突破了牛顿绝对的时空观，这是一次大的科学革命，它重新解释了牛顿的理论。实际上，爱因斯坦的相对论包容了牛顿的理论，牛顿的理论是在特定条件下存在的，而爱因斯坦的相对论在一个更宽广的层面上更具有解释力。三是量子力学。爱因斯坦一直也相信上帝是不会掷色子的，上帝在塑造这个世界的时候是按规律塑造的，他相信这个世界是个确定的世界，和量子力学学派争论了很长时间。最后量子力学推翻了爱因斯坦的论断，上帝是在玩色子，世界的本质是不确定的。从确定性这一点来看，爱因斯坦相对论和牛顿经典力学是一样的，不一样的是打破了绝对的时空观。从确定性看世界，称之为确定性世界观，而转变到对世界的不确定性的看法，称之为不确定性世界观，这是颠覆性的。这种颠覆性的变化意味着我们传统的建立在牛顿经典力学之上的那种科学思维方式就有问题了。我们现在给科学下定义，都是基于牛顿的经典力学，自然科学在飞速地发展，经典科学的内涵，经典科学的思维跟牛顿经典力学科学的思维已经有了天壤之别。但是，社会科学的这种思维其实依然还是建立在牛顿经典力学的基础之上，它是以确定性世界观为基础的。从这点来看，社会科学的整个发展是远远滞后于自然科学的思维。自然科学的思维方式已经发生颠覆性的变化，但社会科学的思维方式还是停留在牛顿那个时代。当然，有的不完全是基于自然科学的思维方式，也可能探讨的是与自然科学没有关系的问题，但是自然科学的这种思维方式在深刻影响着社会科学的思维方式。因为自然科学思维方式的变革所产生的科技革命，从而带来的工业革命对人类的生活方式、生产方式产生了巨大的影响。很显然，社会科学在思考这个世界的时候，必须紧密地结合现实的世界，不可能在工业化的条件下，在思考社会科学问题的时候再退回到自然经济时期去。除非你是搞历史（研究）的，如果不是搞历史的肯定要思考当下的问题。所以，自然科学的发展对社会科学的发展来讲，带来的影响是深层次的。它在思维方式上会影响社会科学。比如现在年轻人最喜欢用的数学方法、计量方法，源自于数学。在自然科学里，数学也是一种工具，一种方法，数学和自然科学也是在相互促进的，但数学的一些分支就是在自然科学发展过程中诞生的，比如微积分。这些都是自然科学发展的一个脉络。

我讲上述这些东西，无非是说，要创新首先是思维方式的创新。思维方式从根上讲是来自于自然科学，自然科学的发展变化上升到哲学，形成了很多思维方式。思维方式在每个人看来都是不一样的，从整体来看，基本的思维方式我们每个人都脱离不了，因为你没法脱离整个人类的历史，没法脱离这个时代。

自然科学三次大的变化意味着什么？意味着我们怎么看待这个世界，要以新的思维方式认识这个世界，这种新的思维方式就是不确定性世界观。不确定性概念早就有了，人类早就发现了不确定性，但是过去把不确定性当作一种偶然性。人类历史上不确定性总是伴随着人类，总是有这样的体验。所以，“不确定性”这个概念并不新奇，但问题是不确定性成为一种世界观那就是一种剧变，是一种“颠覆性”的变化。以确定性世界观看这个世界我们看到的是规律，以不确定性世界观看这个世界看到的是风险。我们常说按规律办事，不按规律办事就会受到惩罚，按规律办事就不会受到惩罚等于不会有风险。在这种情况下，我们按照这种确定性的思维方式去观察这个世界的时候，风险是看不到的，看到了也会视而不见。但在以不确定性世界观来观察的时候，首先不是看规律，因为世界是不确定的，规律只是在特定的时间、空间条件下存在的东西，我们可能更多看到的是风险。

过去，我们认为确定性是一般的，不确定性是特定条件下产生的事。其实现在颠倒过来了，不确定性是世界的本质，确定性是在特定的条件下，特定的时间、空间产生的一种现象。比如水100℃是开水，这是一个规律，是在特定的大气压之下，到了西藏就不是，80℃水可能就开了。所以，脱离特定的时空去讲规律，以为规律就放之四海而皆准那完全是错的。我们过去把规律这个概念泛化到各个领域，什么都讲规律。从学术上探讨的话，规律在哪？

没有特定的时空条件规律是没有的。只有知晓了特定的时空条件，才能说发现了规律，并可以为你所用。不然，根本就没有规律可言。所以，在一般的意义上无规律可言，只在特定的时空条件下，特定的意义上才有规律。从这个意义上讲，我们认识这个世界确实需要跳出我们已经习惯了的思维方式。有时前人的思维方式影响到了我们的潜意识，每个人好像是在独立思考，实际上不由自主地受到各种各样的观点、思潮、看法的影响。尤其在我们学习的过程中，我们学习古人的思想，这些思想会潜移默化到我们的脑子里，逐渐形成我们自己思考问题的方式，这个就像机器人的“软件”。我打个比喻，什么是人？跟机器人比，人的肉身就是一个硬件，若没有软件就是铁疙瘩。就像人一样，肉身很好，但若思维意识紊乱那就不是正常人，因为“软件”不起作用。所以，关于人的定义，最终决定于思维、意识。如果思维方式变了，那意味着“软件”升级了，那可能功能就不一样了。有的人思维僵化，知识老化，就像一个十年前的电脑程序，它已经老化了，软件没有升级，当然就功能严重退化，甚至无法使用了。理论创新就是我们思考问题的模式或者思维方式必须要升级，不升级是不可能有创新的。所以，从这点来讲，并非掌握了所有材料，实践体悟了就能创新。除了刚才讲的丰富的素材以外，创新最重要的是思维方式。随自然科学的发展，我们整个科学思维方式发生了巨大的变化。现在有理论物理学家开始在研究物理学和佛教的关系，有院士，理论物理学家，在研究物理学和佛教是什么关系。我最近看到一本书，不仅在中国，国外很多物理学家也在研究这个问题，物理学的这套理论，最新的研究成果所认识的世界和佛教认识的世界是什么关系？发现很多东西很相似。这就是他们很困惑的地方。有的物理学家认为，佛教几千年前早就爬到山顶上了，坐着小板凳在等着这些气喘吁吁的科学家们。这当然说得有点绝对。但这也反映出现在物理学家们研究这个世界的思维方式已经在发生巨大的变化。所以，我们现在也需要调整思维方式。

思维方式变了，再来看这个世界就是不一样的景象。我们观察这个世界不是用眼睛在看，而是用我们的思维模式在看，我们眼睛看到的是一个表层的世界，而深层的世界是用我们的思维，思考出世界的样子，这才是一个真正的深层的世界。现实世界到底是什么？有人认为就是我们意识构建的一种结果。从这个意义上是对的，这不是唯心论，为什么这个世界是这个样子，是我们的意识在起作用，用我们思维思考得出来的结论。从这点来说，我觉得我们要看到自然科学的变化，思维方式的变化对我们现在理论创新所带来的冲击。如果我们在这些方面看不到自然科学的变化，看不到哲学的变化，还仅仅局限于财政理论本身，局限于财政学科，甚至急于把财政学科的边界划清楚了，只是研究边界内的，边界外的不研究，这可能就会陷入一个误区。先不要忙着划界，先从整体上看这个世界，它是怎么回事。从这个意义上讲我们的思维方式是最重要的。

三、 整个人类历史的发展， 就是在不确定性中构建确定性

今天都是昨天的发展，都是历史演变来的，但是未来是不是就是历史的一个延长线？如果未来不在历史的延长线上，那我们根据历史去推断未来就非常危险。

科学是什么？科学就是我们俗话说的“宿命论”，我们日常生活中说“你相信宿命吗？”“不相信”，因为我在努力改变自己的命运。经典力学告诉你科学就是宿命，是命中注定的，传统科学的定义就是确定性，就是这个内涵。所以，基于不确定性世界观来看，未来不是在历史的延长线上，恐怕我们在创新的时候就要打破传统的那种世界观带给我们的束缚。传统的认识带给我们的恐怕只能是让我们产生一个路径依赖，而未来可能是在另一条线上。但是我们还是沿着历史的这条线形成了一条虚线，好像这是未来，其实你看到的是未来的一个幻影，真正的未来可能是在另一条线，不在这条历史的延长线上。问题是你怎么知道未来？按照这种不确定世界观，其实未来是不可知的，但不等于这个世界不可知，这跟哲学上的不可知论还是有区别的。人类生活总是在不确定的世界里构建某种确定性。科学技术也好，工业革命也好，还包括制度、规则、组织，我们寻求的所有的一切，实际上都是希望构建某种确定性。为什么要讲道德？为什么要有制度？为什么要有法律？为什

么要有国家？还有为什么要有财政？其实这些东西都是人类社会在发展过程中构建的一个又一个确定性。这是人内心的一种本能需要。人们处于一个不确定性的世界，但是人的内心、人的生存，却是需要确定性的，一刻都不能离开。

我觉得这是人类生活中基本的东西，最核心的东西，是一种公理。无论从宏观还是从微观，无论从现实世界，还是从我们内心世界来看，都是如此，都是追求某种确定性。当然，我们并不拒绝某种可控的不确定性，如游戏。所以，我认为财政理论的创新要从思维模式，即对世界的重新认识开始。当下这个社会是什么样的社会？确定性越来越大还是不确定性越来越大，风险越来越小还是风险越来越大？日常生活中很多的例子都告诉我们，现实社会的不确定性越来越大，风险越来越大，我们的成本越来越高。比如坐飞机，过去坐飞机的时候，水、酒、刀等都可以带上飞机，而现在连化妆品超过100毫升都不让带。为啥？因为每一个坐飞机的人都可能是风险源，风险越来越大了，这个世界变得越来越不确定了。现在每架飞机上增加了一个乘警，甚至每辆公共汽车上也配了一个警察。

社会发展了，但是内生的不确定性扩大了。为什么不确定性会扩大？其实是源于社会化，社会化就有分工，分工以后相互依赖，越是相互依赖，每个人都可能是风险源。某个人的无意的举动，都可能引发一场系统性危机。但我们每个人都不能只是以个体的方式生存，也不能只以个体的方式发展，我们每个人都是在一个集体之中。所以，人类还必须是以集体的方式才能生存发展。分工越来越细，从劳动分工、生产分工，再到知识分工，意味着相互依赖，形成了一个共同体。形成一个共同体就意味着我们以集体的方式生存发展，这个时候就意味着我们要有组织，要有规则。如果没有组织，没有规则，分工形成的相互依赖那只能导致什么？相互踩踏。现实中有很多踩踏事件，经济危机、金融危机也是现实中的另一类踩踏事件，只是不过性质、类型不一样而已。危机就是恐慌导致相互踩踏，资产迅速贬值，企业相继倒闭，金融危机、经济危机都是如此。我们遇到的日常生活中的踩踏事件也是这样，当某种不确定性放大，感受到了某种威胁的存在，在争相逃命的过程中相互踩踏，或者在严重信息不对称情况下，一波人往前，一波人往后，像洋流一样对撞到一起了，相互挤压造成踩踏。这都是不确定性所导致的。如果没有组织、规则来降低不确定性，这种踩踏事件就会不停地发生，分工协作也就不可能发展，社会共同体可能在这种踩踏中就灭亡了。

踩踏的最高形式是什么？战争。我们看到的群体事件是一种无序的踩踏，金融危机、经济危机就是一种无序的状态。而战争却是人类社会更大范围的相互之间的踩踏。为什么有战争？战争都是因为不确定性，利益可能受到了威胁。西方国家崛起的时候，为了资源，为了市场去掠夺别人，去侵略别人，搞殖民主义。这是为了更大的利益，获得更大发展的确定性，对外扩张，不惜损害别国利益。殖民时代对外扩张，把人当奴隶觉得很正常，美国南北战争也并非是为了解放黑奴。主要是因为税收问题谈不拢，就打起了内战。解放黑奴，是因为战争的需要。美国黑奴解放了好长时间，一直到 20 世纪 60 年代，黑人还不能与白人同上一个学校，同坐一辆车，后来才在法律上确认黑人跟白人平等的法律地位。这显然是一种进步。这种进步就是让社会共同体能存在，能发展，不然，在相互踩踏中就自我消灭了。

恩格斯在《家庭、私有制和国家的起源》一文中对此讲得非常清楚，为了防止相互踩踏，这才产生了公共权力、法律和制度，这才有了国家、军队和警察、监狱等暴力工具，从而才有了人们生活的确定性。我们现在研究公共权力，无疑是在社会共同体这前提条件下进行的。鲁宾逊在孤岛上生活不需要什么公共权力，只有（形成）共同体才有公共权力可言。若没有公共权力构建的公共确定性，也无所谓个体权利的存在。个体的确定性是以公共的确定性为前提条件的。覆巢之下无完卵。集体主义价值观就是建立在这个逻辑基础之上的。

四、 财政研究既要研究个体， 更要研究共同体

财政面对的基本问题是共同体的问题。所以，现代财政学中的基本概念如公共产品（公共服务）、公共政策、公共管理等，讨论的都是共同体的问

题。“公共性”“公共化”现在谈得特别多，而过去更多讲“社会性”“社会化”，如劳动的社会化，产品的社会化，以及人的社会化。“社会化”逻辑的出发点是社会个体，它的动力就是个人追求利益，通过分工追求更多的利益。利益促进了分工，社会成员之间通过分工而连在一起了，于是出现了公共化的过程。当个体变为社会总体，再变为社会整体时，公共风险就产生了，对应的规则和公共权力慢慢就演变出来了。

演变成为一个社会共同体之后，就需要财政来维系。所以，财政的基础是在社会共同体。人类有两种基本的生活方式，一个以个体的方式存在、生存发展，另一个以集体的方式存在、生存和发展，两种方式是并存的，相互支撑的。从个体出发，看到的是社会化的过程；从共同体出发，或从集体出发，看到的是公共化的过程。历史就在社会化、公共化的交织之中螺旋式上升和发展。商品生产、市场交易推动了社会化，推动了分工，分工越来越细。所以，经济的市场化也就是经济的社会化。

在社会化的过程中，市场经济的另一个作用是衍生出经济的金融化。首先是经济货币化，货币化之后是经济金融化，金融化导致的就是财富成为一种权利，可以符号化、虚拟化。钞票是权利证书，你的债券、股票都是你的权利证书，你所支配的对象越来越与实体背离了，变成了用数字来标示的价值符号。在现代社会，个人的财富并不能被个人所真正控制。在自然经济条件下，个人的财富大都表现为实物，有多少房子、多少粮食、多少猪马牛羊、多少土地等；而现代社会的个人财富是一个价值符号，多少人民币或多少美元，是一个虚拟的数字，即使是实际控制的房产等财物，同样虚化为价值符号。钱是你的，资源是社会的，越来越分离了。住房是你在使用，但归属不一定是你。经济的金融化带来了新的社会化，即所有权的社会化。生产资料、生活资料的所有权核心不再是占有，而是收益。所有权中的占有权、使用权可以让渡出去，通过市场配置产生收益，收益权进行分割，这个时候绝对所有权变成相对所有权，相对所有权演变为可以分割的一束权利，其中的每一项权利都可以成为独立的一项产权，如占有权、使用权、经营权等，并对应着分割了的收益权。

所以，产权跟市场化就更加紧密地融合在一起，这是一个程度更高的经济社会化过程。传统的政治经济学讲资本主义的基本矛盾，是生产资料的私人占有和社会化大生产之间的矛盾，而现代社会的生产资料越来越是社会化的占有。我们现在理解公有制、私有制这个问题时，不少是基于中世纪的一些观念。所有制是什么？就是所有权。所有权是私人的还是公有的？如何界定？所谓公有，就是公有集团占有；所谓私有，就是私人占有。其实，这种从“占有”来理解所有权，已经越来越不合时宜了。在高度金融化的条件下，占有的意义越来越弱，越是占有，可能越是贬值。只有不断让资源流转、交易，让其他更擅长的人去配置、经营，所有者才能得到收益，经营者也能得到收益，这样，资源就可实现优化配置。市场机制优化资源配置的前提条件是什么？不只是生产的社会化、劳动的社会化，更需要所有权的社会化。租赁、股份公司、委托、承包等所有权的社会化形式，促进了资源的优化配置，同时也促进了经济的金融化。而经济的金融化反过来促进了所有权的社会化。所有权，无论私人的也好，还是公共的也好，若只是静态“占有”，那市场机制的作用只是停留在小商品经济阶段。所以，不是市场经济建立在私有制基础之上，过去早期的市场经济确实一度建立在私有制基础上，而是建立在产权的基础之上。不是所有权，而是产权才成为市场经济的基石。在《物权法》里表述为“用益物权”，也就是产权，强调的是使用，而不是占有。公有制在现实中的很多问题也都与强调国家占有直接相关。但实际上为各个地方、各个部门使用，这种使用权不是所有权，是用益物权。可问题是法律有没有给它确权。而各地方、各个部门实际上行使的是所有权，并以行政的方式来行使财产权利。这种无序的国家所有权社会化，衍生出许多的权钱交易，并导致社会贫富差距快速扩大。

上述这些问题是不是财政问题？恰恰是当下迫切需要的财政问题。这涉及中央与地方财政关系，还与地方预算、投融资、政府资产负债表直接关联。

我国的国家所有权、集体所有权的社会化的过程与从计划经济体制向市场经济体制转轨的过程是同时的，也是互动的，一定意义上互为镜像。市场化改革没有完成，同时反映出我们的产权制度构建也没有完成。所有权的社会化、结构化反映出市场化的程度，两者互为表里。市场化就是社会化的过程，也需要所有权的社会化。从这个角度来观察，我国的市场化是不够的，产权市场的发育是滞后的。对于这个现实问题，在我国财政学的视野里完全被遮蔽掉了。我们看到了财政随着市场化而改革，把建立在市场经济基础之上的财政称之为公共财政，而我国市场经济的产权基石从何而来？如何构建？与建立在私有制市场经济基础上的财政有何不同？诸如此类问题都被轻易地忽略掉了。讲到征税，就把西方的那套逻辑搬过来了。为什么征税？我们只知道英国的历史，一说到征税的问题就从英国说起。其实，财政的问题不仅仅是一个税收的问题。毫无疑问，税收很重要，但财政收入的结构却与所有制结构、产权的状态是紧密联系在一起的，构成了财政所有制基础，内生出不同的财政功能，并形成不同的国家治理机制。但学界对这些问题并没有深入地研究。

所以，学界在研究财政体制问题的时候，是以财政联邦主义为研究框架的。西方私有制基础上的那种中央与地方的财政关系，无法套到中国。一看套不上，跟外国不一样，就认为“不一样”就是问题。学界长期形成一种思维，跟国外不一样就是问题，就是毛病。就像我们黄种人是黑头发，你为什么是黑头发？你这就是毛病。你看白种人都是金头发，多漂亮？你鼻梁为什么是塌的，这就是毛病，人家鼻梁都是高挺的。不由自主地以西方的标准来中国衡量的时候，看到的全是错的，好像怎么都不对。其实，这就是长期来我们缺乏民族自信的表现。

历史在社会化。市场化加快了社会化的进程，推动了社会分工的细化。过去讲劳动分工，哈耶克说还有知识分工。知识分工使我们更专业，每个人掌握的知识，在庞大的知识体系里都是一小部分，而且越来越局部化，越来越专业化。有的专家变成了“砖家”，被老百姓讥笑，因为你太专了就走进了死胡同，那显然就不是搞理论研究了。

搞财政理论的创新一定要有宏观视野，不能局限于财政学科这种传统的知识分工来讨论，那样是讨论不出什么名堂的。必须超越现有的学科知识。

五、 共同体是在社会化和公共化相互推动中发展的

从历史来看，我们既要考虑个体，个人主义哲学这在西方是个传统，我们还要考虑集体，这是中国的传统，集体主义的文化。从个体出发，我们看到的是社会化的过程、市场化的过程、结构化的过程。而从集体或群体来看，我们看到的是公共化的过程、组织化的过程，看到的是规则的变迁，看到的是权力的内在特性。这就是历史演变的两个侧面。这两个侧面不是两股道，就像基因一样，是相互交叉的一个螺旋形。社会化和公共化二者交接在一起，相互不能离开，“孤阴不生，独阳不长”。这是人类社会传承演变的基因结构。

人类社会发展演变的过程就是社会化和公共化相互推动的，而非阶级斗争。这源自社会个体的存在和发展，以及社会共同体的存在和发展。这是哲学上的基本问题：个体和集体的关系。个体的角度我们看到社会化、市场化，我们市场化没完成。公共角度看到的是公共化、组织化，现在的公共化却是滞后于社会化的。公共服务提供不足，大量市场化过程中的流动人口无法享受到公共服务，这表明社会化过程中的公共化滞后了。公共化和社会化不同步，当这种不同步日渐累积到一定的临界点，这个社会就会出现严重的问题，那就是危机。我们现实中的问题，就是市场化走在前面，而公共化落在后面，而且两者差距越来越大。就像两条腿一样，一条腿往前去了，一条腿没跟上，劈叉了，那国家发展就会停滞不前。一些国家落入发展陷阱，长期停滞，根源就在于此。

基于社会化与公共化的交叠融合关系，财政学的创新应立基于个人和集体的统一。这与个体理性与集体理性是紧密联系的，只讲个体理性，不讲集体理性是片面的。财政是国家治理的基础，那意味着财政是治国安邦的学问，它远远超过了经济学，我们不能局限于经济学的视角搞财政学理论的创新。现在经济学的理论难以解释现实了。发了那么多货币，通货膨胀没起来，有人说通货膨胀的理论失灵了。现实世界变化太快，我们确实需要重新认识这

个世界，这一点是毫无疑问的。至于重新认识会有个什么样的结论，这谁也不能预知。所以，我们召集这个会，一起来讨论，头脑风暴，不需要有什么框框，想怎么说怎么说，我也没稿子，我是信马由缰地讲。要打破我们传统的思维方式，突破传统框架，首先要自我革命，循规蹈矩按照老一套的思维方式不可能创新。要从混沌状态开始，逐渐清晰，从混沌到有序。在混沌中产生新逻辑，在混沌中创新，那就先自我革命。要回到我们过去接受的已经确定的东西，你要重新认识它。这些年来财政基础理论研究不多，在整个学界也没有这种氛围。所以，中国财政学会有一个重要的职责，包括财科院在内，一起来推动财政学界基础理论的研究，百花齐放，百家争鸣，让基础理论在我们这代人，尤其在我们这代年轻人，能有真正的发展，按照习近平总书记所讲的，形成中国气派、中国风格的理论。要不然，我们只是临摹国外的那套东西，那就不是在进步，而是在退步。理论界，尤其财政学科面临一个深刻的危机，现在很多大学把财政学科取消了，财政学也只是一门课程了，专业没有了，为啥？与我们理论创新跟不上有密切关系。我们在座的各位应当有一种危机感。财政变成血液融化到各门学科了，每门学科都与财政有关，有形的东西没有了，财政化为无形的学科了，治国安邦的学问，作为国家治理的基础真的就埋到地底下看不见了，像房子地基一样。其实，这意味着财政学要重构。否则，这对国家来说，国家治理的现代化可能受阻。财政作为治理的基础，如果不能实现理论的创新，国家治理体系和治理能力的现代化几乎不能实现。在某种意义上，国家治理的问题主要就是财政的问题。西方国家治理讨论什么？主要是财政问题，税收、预算、投资、教育、医疗、社保等公共开支。财政既是支撑公共权力的，又是约束公共权力的，现代社会制度架构里不能缺少的基本的东西。为什么产生那么多的腐败？就是财政问题没搞好。如果视野放宽一点，理论上有创新，财政可以解决很多经济问题、社会问题、政治问题。

财政是什么？它是公共化脉络，它是公共化的逻辑。公共化的逻辑中的很多现实问题，如经济问题、社会问题、政治问题、腐败问题，这都是公共话题，是公共议题。公共部门怎么构建，怎么组织？核心的问题是财政。但现在多少人真正懂财政，研究财政，理解财政？社会上认为财政部、财政厅、财政局，这就是财政。收钱、花钱。政治家要真正把国家治理好，对财政的理解是至关重要的。中国历史上历次的变革，实质上都是财政的变革，历史上的很多大事件，基本上是财政或者财政问题引发的。今天我们要重新认识财政，深入挖掘作为国家治理基础的理论内涵，这是时代给我们提出来的要求。我们要把这个新的论断变成一个新学问、一个理论体系，这就需要我们创新。

六、 财政学的逻辑起点

扎扎实实开了一天半了，下午接着开会。依然是自由发言的方式，发言适当聚焦，下午讨论财政学的逻辑起点。既然要创新，新时代社会主义财政怎么去创新，我们得找到一个新的逻辑起点来架构或者重构财政学的逻辑体系。当然这个重构并非什么都是新的，可能是对我们原有的一些认识通过一个新的逻辑框架对理论要素进行重组。一天半的讨论，大家从不同的视角探讨了财政是什么，财政怎么研究，财政学应当怎么样创新。创新是一个非常复杂的事情，它有各种各样的可能性，我们每个人都可以尝试。

中国财政学会和财科院这些年来也在努力推动财政理论的创新。一方面，我们要搭平台，营造一个基础理论创新的氛围。这些年来对基础理论的研究，从学界来看不是太多。所以，我们要搭平台推进基础理论的研究。另一方面，我们自己也在积极努力，也在尝试。尝试的一个重要的方面，就是研究探讨新时代财政学的一个可能的逻辑起点是公共风险。之所以把公共风险确认为财政学的逻辑起点，或者说创新财政学的逻辑起点，主要还是来自对当下现实的观察。

创新的方式有两种：一是从前人的思想出发，看看前人的思想哪些方面存在问题，有什么样的逻辑缺陷，顺着前人的路去弥补它、校正它，对现有的知识体系贡献我们的力量。还有一种方式，就是从观察出发，就是立足于当下去观察，观察历史、现实、未来。也就是说古今中外都是我们观察的对象。当然，对古今中外的观察，毫无疑问还是立足于现实，立足于现实的中国特色社会主义建设。这是一个基本的坐标点。

观察可以说是没有时空限制的。物质都有时空的局限，因为物质世界都是在一个时空的世界里，而唯独意识是可以超越时空的。我们可以观察思考现在，也可以观察思考历史，也可以思考未来。我们可以观察中国，也可以观察全球。我们既可以思考这个地球的状况，也可以想到茫茫宇宙之外。意识到底是什么？现在科学家依然在探讨这个问题。

创新财政理论就是意识的一种结果。我们怎么来思考财政问题？我认为主要是两个东西。一是想象，二是逻辑。“想象 + 逻辑”。所有的科学研究都是如此，都是“想象 + 逻辑”。想象就是大胆假设，逻辑就是小心求证。如果没有想象力，不能大胆地假设，提出新的问题，那就谈不上小心求证了。当然，这个想象也不是漫无边际的，从自然科学史上来看，它都是基于现实世界的问题发挥我们的想象力，再加上逻辑，通过不同的方式证明。

我们思考财政问题，有几个基本问题需要我们去琢磨和深入思考。

第一个问题，人类生存的世界是怎样的。为什么要从这儿讲起？我觉得这是最基本的问题。只有还原到这个最基本的问题，我们的财政学才能立得住。我们的创新就像盖房子，盖房子地基没打到底，房子就盖不住，很可能就会塌。所以，把地基打到底的话，必须有思考，人类生存的这个世界是怎样的。这个世界是个什么样的世界呢？至少首先要回答，这是一个确定性的世界还是个不确定性的世界。这是我们思考财政问题必须首先要回答的。

如果认为是个确定的世界，那么它的逻辑是与此相应的。如果认为是个不确定性的世界，那可能是另一种逻辑。我们从观察出发，不是从思想出发。发现这个世界不是一个确定性的世界，而是一个不确定性的世界。自然科学研究的成果，以及其他各方面的观察，尤其是现实都告诉我们这一点。不确定性的世界会是什么样的趋势？那就是风险社会。我觉得，这是财政学创新的一个大背景。新时代财政学创新的大背景必须放在这个层面来考虑。如果脱离这个基本趋势或不承认这个基本趋势，我觉得财政理论创新可能就缺乏基本支撑，或者只能嫁接在其他理论之上。

当然，人类生存的世界究竟是怎样的，可能有不同的解读，可能有其他维度的说法。但从大的时间尺度来观察，确实过去一直都认为我们的世界是确定性的，而现在发现世界的本质是不确定性的，这是一个重大的颠覆性的认识。这种颠覆性的认识，其实也跟我们现实的感受是相印证的，风险社会确实来临了。其实无论从全球还是从中国，我们都已经感受到这一点。“不确定性”这个词用得越来越多，防范化解重大风险成为国家的国策，而且是当前政策的首位。全球来看也是如此，接二连三出现很多想不到的风险事件。所以，从这点来看，我们确认这是一个不确定性的世界，应该说是能站得住的。

第二个问题，人类生存的基本方式是什么。前人在这方面做了很多的研究，认为人类生存的基本方式有两种：一种是个体的方式，另一种是群体或集体的方式。在人类历史变化过程中，世界不同的地方可能有不同的偏向，但总是离不开这两种生存方式。这两种方式是并存的，只是在制度架构上，在我们的观念里或者价值趋向里，有的更偏向于个体的生存方式，有的更偏向于群体的或者集体的存在方式。但是人类之所以称之为人类，世界上没有一个地方完全只有一种纯粹的个体方式或者纯粹的集体方式，这在历史上是不存在的。

问题是这两种方式演变的逻辑是什么？前面我也讲了，个体的生存方式就是社会化，市场经济的发展推动了社会化。而群体的生存方式是公共化，公共风险却推动了公共化。个体和群体之间的关系，个体的生存方式和群体生存方式的逻辑，以及它这种变化的内在依据，这可能成为我们财政学里研究的最基本的问题。人看起来是独立的个体，从自然的个体到社会的个体，再到社会化的个体，其实这个个体还有一个叫制度的个体。在当前社会，人的个性是越来越明显，在分工的市场经济条件下越来越呈现个性化的特征，但是，这种群体化或者集体化的特征也越来越强，两者在理论上应是同时的，而在现实中并不总是同时的。我们国家社会化推进的速度要快于公共化推进的速度，我国的公共化实际是滞后于社会化的。

改革开放初期，强调放权就是社会化，解构计划体制下的生产和生活方式，市场化的改革推动了社会化，个体的行动自由不断扩展。这个社会化是个广义的。但是公共化、组织化是滞后的，集体行动是缺失的，如农民的原子化、公共服务的不足等。公共化通过集体的方式来行动，应当解决的问题，就是我们现在面临很多公共性的问题。可以说，现在的很多所谓矛盾和问题，归结起来就是社会化和公共化的冲突，社会化走在前，个体自由增加，个体不能解决的问题也同时扩大，而公共化却没有跟上，公共组织缺位，包括政府和社会。社会主义新时代的主要矛盾，就是人民对美好生活的追求与发展的不平衡不充分之间的矛盾，这也是国家在新时代面临的主要矛盾。

换个角度来看，这个主要矛盾实际上就是社会化和公共化之间的不协同。环境问题是公共性问题，过去长期来没有把它视同一个公共性问题对待，而现在成为“三大攻坚战”的重要内容之一。贫富差距是什么问题？也是公共性问题。这些问题都需要通过加快公共化进程才能解决，在制度方面，或在体制机制方面的集体行动，需要及时跟进。教育、医疗，看病难、看病贵，上学难、上学贵的问题，它也是公共性问题。我们说公共服务提供不足，公共服务的质量不令人满意，这些也是属于公共性问题。通过市场化推进的社会化，我们走得很快，但从整体来看，我们的公共化没有跟上。

社会化领域有两个方面。一个是通过市场化推进的社会化，也就是通过经济的自组织实现的社会化。另一个是非经济组织或者我们称之为的“社会组织”推进的社会化。非经济组织在国外被称为“非营利组织”“非政府组织”。非经济组织在狭义的社会领域推动的社会化是极其滞后的。这就是说，社会化内部也不平衡，我们经济领域的社会化走在前面，而狭义的社会领域的社会化也是滞后的。所以，这导致我们现在很多改革陷入困境之中。比如教育，曾经说教育要产业化，大家说教育具有公益性，要政府包揽起来。医疗卫生变成了产业，后来说医疗具有公益性，应当作为公共产品向全民提供，要回归。在狭义的社会领域，没有像经济领域一样形成自组织机制，其状态类似于我国 20 世纪 80 年代改革开放初期的经济领域，微观主体定位不清晰。这方面的社会化遇到严重的障碍。

还有社会保障的问题，这也是我们现实中的问题，这方面的社会化也遇到了严重的挑战。老龄化来临了，过去一谈社会保险或者社会保障，就是政府筹钱的问题，现在即使有了钱，很多人养老依然是个问题。收入养老已经不够，现在更多要转向生活养老。从收入角度解决养老，转向从生活角度解决养老，这也是一个社会化的问题。过去的养老完全是家庭的事。现在中国发展到这个阶段，政府的责任、社会的责任越来越大。

总体来看，社会化与公共化之间存在严重的脱节。我觉得，这是我们当前面临的各种各样问题的根源。这与财政都有直接的关系。从这个角度来看，我们可能又会提出问题，财政究竟是什么？财政是解决个体生存发展的问题还是解决集体生存发展的问题？这涉及财政的基本属性。过去沿着政治经济学的思路来研究财政的属性问题，现在几乎没人这么讨论了。

如果回到集体与个体的关系上来，财政应该解决什么样的问题呢？这个是有共识的，它应该解决公共性的问题。公共性滞后就会妨碍社会化，而社会化进程本身又内生出公共化的要求，若不去适应这个要求就会造成冲突，反过来又会抑制社会化的趋势，社会生产力就不能得到发展。当前公共化与社会化两者之间的关系有点类似传统政治经济学解释社会发展变迁的两个基本概念：生产力与生产关系，或者经济基础与上层建筑。现在看起来，我们可以转换一下，那就是社会化与公共化，立基于社会个体与社会群体。公共化要适应社会化，但社会化同时内生出公共化，两者不是决定与被决定的关系，而是相互交叠、相互促进，螺旋式上升的关系。人类历史的演变其实就是这么一个逻辑。

当然，这与大家所熟悉的生产力与生产关系，经济基础与上层建筑的分析框架是有差异的。当然，这并没有脱离开马克思主义的基本原理。发展马克思主义，需要实现马克思主义中国化。社会化恰恰是马克思特别强调的，而现在加入了公共化一个视角。公共化和社会化的问题，应当成为我们思考财政理论，创新财政理论的一个重要的基本概念。

进一步的问题就是，针对公共化和社会化，与人类基本生存方式是一个什么样的对应关系呢？社会化对应的是个体的生存方式，公共化对应的是群体的或者集体的生存方式。所以，基本问题还是个体和群体之间的关系。个体和群体之间的关系的延伸就有了社会化和公共化之间的问题，财政是解决公共化的问题，我们研究的也是公共化的问题。我想，财政研究公共化的问题或者公共性的问题恐怕没有什么反对的意见。当然，研究公共性的问题或者公共化的问题，虽然不可能脱离社会化的问题，也就是不能脱离个体，脱离个体谈集体那是空洞的，但不等于个体很重要，集体就没有价值。现在受一些思潮的影响，认为现在一切都应还原到个体才是真正有价值的。其中一种国家观，就是如此。国家是什么？国家是保护个体的。如果不是保护个体的，国家毫无意义。这种观点对不对？有没有道理？大家可以深入地研究。

泛泛地看是没有错的，国家就是保护社会个体的，因为没有个体就没有国家。但如果只是强调个体的保护，而群体或者共同体没有一种独立的价值，很多问题是无法解释的。比如外国侵略者打进来了，为了保护个体，完全没有必要打，投降就是了。抗日战争时期产生那么多汉奸，他们的理由就是这样，避免战争生灵涂炭，归谁统治不是统治呢？这实际上是走向了另一面。古人有句话叫“覆巢之下，复有完卵乎”，个体和群体之间的辩证关系怎么看，这是极其重要的一个问题。如果按照个人主义哲学的思维，强调个体的权利而忽视集体的权利，强调个体的人权而完全漠视集体的人权，甚至不承认有集体人权这样的概念，若那样，财政就没有存在的必要了。如果财政就是为了解决个体问题，而不是解决公共性的问题，那财政很可能就陷入一种福利主义的陷阱，世界上有这样的先例。所以，从这点来讲，这些理论的思维可能对我们现实制度的构建都有至关重要的影响。这些问题跟财政是密切相关的。

个体的生存方式和集体的生存方式都有内在的机制。刚才讲的社会化就是个体生存方式的机制，公共化是集体生存方式的内在机制。从这点来看，财政就是集体生存方式中内生出来的东西。之所以有集体，并能延续，就是因为有财政，没有财政就不会有集体的存在。就像人一样，生物进化的过程中，如果没有血液，动物的产生和进化几乎不可能。所以，从这点看，财政是内生出来的东西，它其实就是把个体黏合起来变成一个集体，外化成一种制度、一种法律对它进行保护。这种财政外在的表现形式与公共化的要求相适应。我们当下的现实世界，是一个不确定性的世界。我们这种集体的生存方式减少了来自人与自然关系的不确定性，构建了某种确定性，社会生产力的发展提升了人类集体应对自然的能力。但我们这个共同体在演变发展中又内生出越来越多的不确定性，这种基于人与人之间关系的不确定性在日渐扩大，它会演变为公共风险，威胁到我们生活其中的共同体的生存与发展。财政解决公共性问题，归根结底就是一个东西，即威胁共同体命运的公共风险。若把人类共同体比作一个人，那么，威胁共同体的公共风险就类似于威胁人生命的各种潜在疾病，财政则像是人体中的血液一样，成为应对各种潜在疾病（公共风险）的基础。

我刚才讲公共化滞后于社会化在现实中的各种表现，对这些问题无一不可以归结为一个风险问题，那就是“公共风险”。理论是需要抽象的，作为逻辑起点的东西毫无疑问也是一个抽象的。在一个风险社会，在一个不确定性的世界，公共性问题中的基本问题就是公共风险问题，其他的都只是公共风险的各种表现。或者说公共风险这个基本问题的进一步展开或者现实表现。所以，从这点来看，经过思考，也通过我们的想象，再加上我们小心地求证。最后发现财政学的逻辑起点应该在公共风险上，这是从观察出发得出来的一个初步的结论。

其他的有没有可能呢？也有可能，但是我们认为从公共风险这个逻辑起点出发，它可能超出学科的限制，经济学、政治学、社会学、管理学，如果从一些学科的角度思考，逻辑上很多问题无法解决。找到这个逻辑起点，可以超脱现有学科形成的鸿沟。不同的学科不同的话语体系、不同的逻辑、不同的方法，虽可以相互借鉴，但是学科之间也存在着难以逾越的鸿沟。我们不可能先去弥合这些鸿沟，我们只能超越它。

公共风险恰恰是可以超越的，甚至成为社会科学里一个最基本的共性的问题。社会学的研究，政治学的研究，经济学的研究，实质上都离不开公共风险问题，而不论是否意识到了这一点。经济学是推动社会化的一门社会科学，跟政治学，跟公共管理，甚至跟法学在学科性质上从公共化、社会化这个角度理解，那是大不一样的，尽管都可以称之为社会科学。我们现在这种学科的划分放到更为简单的公共化、社会化的概念下看，可能看得更为清楚。很显然，财政学放在经济学这个基础之上，或者是以经济学的思维去发展财政学，走的路径就是社会化的路径，而不是去解决公共化的问题。所以，归属到经济学的这个路径，财政学是一个外在的东西。所以，现在对财政问题的分析很多都是模型的外生变量，比如税收对市场均衡的影响，以及支出、投资、补贴对市场，对价格，对均衡会产生什么影响，都是从这个角度研究。这种叫财政经济学的分析，就是一个外部变量而已，实质是分析对社会化的进程产生的影响。这不是财政学的本身，这只是对财政学研究的延伸。公共经济学也只是更加强化了这一点，没有什么别的区别。

当前世界面临的公共性问题越来越多，我们面临的各种各样的危机都是公共性的问题，财政学沿着经济学的视角去研究，把财政当成解决经济问题的工具和手段看待。债务危机、福利危机，当前的赤字债务成为世界各国重大的风险，反过来拖累了经济。这些问题都是在社会化的逻辑下形成的，是把财政当成工具过度使用的结果。用公共化的制度安排（财政）去解决社会化中的问题（如经济失衡），是用高射炮打蚊子，虽有效，但代价巨大。财政应该回归到公共化的立场上来，公共性问题解决好了，跟上了社会化的步伐，经济失衡的问题也就基本上解决了。如失业的问题、过剩危机、金融危机等，无一不是人力资本积累分化、社会贫富分化、住房等基本民生没得到解决而引致的。而这些恰恰是公共性问题，应是财政学分析研究的内容。现有的财政学是分裂的，有点像神经分裂症一样，价值理性与工具理性是一种完全被对立的状态，财政学作为经济学的应用学科来看是充分运用了工具理性，把财政当成了工具，而且运用得越来越充分。解决公共性问题，更多是遵循价值理性或者叫公共理性，而财政学在这方面的作用却越来越弱。这是经济学帝国主义导致的结果，财政学成为殖民地，成为经济学的附庸。财政学处于一种劈叉的状态，像人的两条腿一样，一条腿沿着社会化的路径不断往前，而另一条腿在公共化这儿只搭了一个边，有其名而无其实。

第三个问题是财政学的困境。现在导致财政学陷入困境的根源，就是面对公共化和社会化的现实冲突，财政无法解决，从而陷入了困境。所以，导致现在财政理论的创新也陷入了困境，到底沿着哪个方向走，是沿着社会化的方向走，还是沿着公共化的方向走。各种各样的主义、主张、观点，各种思潮也在拉扯，导致现在财政理论的创新陷入一片迷雾之中。

我们应当超越前人的那些逻辑，甚至要超越他们的一些概念。社会科学跟自然科学还有一个很大的区别，那就是后人很难站在前人的肩膀上创新。从自然科学来看，都是站在前人的肩膀上创新，即使出现颠覆性的科学革命，看似不是站在前人的肩膀上，把原来的东西给颠覆了，其实只是把原来认为一般的东西变成了个别的东西，特殊的东西。在科学史的发展中，这实际上是一个升华或者升级版。用升级版来解释可能更好理解，比如 1.0 的版本有了以后搞了一个 2.0 的版本，2.0 的版本毫无疑问是可以兼容 1.0，升级到 4.0 依然可以兼容原来的低版本。人类关于自然的知识体系就是这样积累起来的，前人的成果是创新的基础。但社会科学的发展不是这么一种状态，因为人类社会是“建构”的，不像大自然的演化，与人类活动无关。从农业社会，到工业社会再到现在的信息社会，社会建构需要有全新的理论来解释和指导，老一套的思维方式和理论就用不上了。

我们搞计划经济有一套理论，现在搞社会主义市场经济又有一套理论。我们有市场经济的理论，却没有“社会主义市场经济”的理论，这个问题原来理论界也提出过，传统的政治经济学不能提供答案。与此相对应，我们现行的财政学也难以为大转折时期的现实财政问题提供答案。市场经济的理论都是来自国外，既然叫社会主义市场经济，那跟西方的市场经济还是有区别的，这种区别不是简单的个体差异。在原有的理论看来，市场经济和社会主义是根本不可能搞到一起的东西，是水火不容的东西，但是我们现在超越了传统的理论，认为社会主义和市场经济可以搞在一起，公有制和市场经济可以融合，原来认为市场经济只能在私有制的基础上，现在超越了这个认识。在公有制基础上搞市场经济，但许多理论问题我们并没有真正地解决。

现在讲社会主义财政理论，千万不能忘了“社会主义”这四个字。撇开意识形态的含义，这里面内含着一种价值追求，甚至内含着一种价值判断，它跟其他国家的财政可能是不一样的。多数国家都是市场经济，有什么区别？从技术层面、管理层面看，很多东西都是类似的，可以学习，可以借鉴，甚至可以搬用的。但在价值追求上有很大的不同。社会主义财政，这并非一个政治标签式的概念，我们过去一度认为这就是政治标签，社会主义财政跟资本主义财政有什么不一样？好像差不多，好多东西我们都是学西方的，这种理解是有偏差的。资本主义之所以称为资本主义，是因为资本是一种力量，它统治这个世界。社会主义称之为社会主义，并且尝试变成一种制度，那就是要对资本加以利用，发展社会生产力，同时要限制资本，资本不能通吃。资本只能是一种财产权，不能成为一种社会权力，更不能成为一种隐形的政治权力。这些问题是我们理论创新中更深层次的问题。

这些问题与财政学有没有关系？有密切的关系。在原有的那套概念体系中，我们很难发现社会主义市场经济和社会主义财政有什么不一样的东西，其界限被模糊掉了。这不是刻意要划分界限，而是一种现实的选择。当下搞的是社会主义市场经济，搞的是社会主义财政。这个现实就是我们观察问题的立足点，一旦脱离这个观察的立足点，去思考一般性的财政问题，我觉得理论创新会离题万里。

回到当下的现实，立足于当下的现实来观察思考，并不意味着这里面就没有一般性的问题。刚才讲的社会化和公共化，这就是一般性的问题，世界各国都存在。从社会化这个角度来看，资本主义也在不断地社会化，私有制也在不断地社会化，所有权在不断地社会化，包括人自身也在不断地社会化。公共化其实也是如此。有人说是马克思主义挽救了资本主义，其实是发现了公共化严重的滞后，在这方面弥补了很多短板，比如社会保障制度的建立，社会福利的提供。因为社会化必然内生出公共化的问题，所谓公共化的问题就是个体无法解决的问题。或者说它面临一种风险，这种风险已经是一种公共风险，无法通过社会个体的努力化解防范。在历史上，属于个体的问题，随着社会化的推进变成了公共的问题。比如就业、失业的问题。英国维多利亚时代在英文里“失业”就是“懒惰”的代名词。失业了那就是懒惰的结果，那是个体问题。但是当社会化不断推进的时候，就业和失业的问题成了一个重大的公共性的问题。养老的问题在农业经济时代完全是家庭的事情，政府根本不用考虑。但是现在养老的问题成了一个重大的公共性的问题。这些问题，包括失业的风险以及养老带来的消费风险在过去那个时代可以界定为个体的责任，但是现在这些问题已经上升为公共性的问题，个体风险演变为公共风险，也演变为公共责任，如果不防范化解的话，整个社会共同体就有瓦解的可能性。所以，从这点来看，公共化、社会化是共生的。在公共化、社会化这个基础上构建的具体制度来应对社会化、推动社会化，以及应对公共化、推动公共化，采取的制度路径是不一样的。

我讲这些东西也是受大家一天半研讨的启发，讲这么多，回到一点，为什么要从公共风险出发来研究财政问题，并且以公共风险作为逻辑起点创新现有的财政学，创新财政理论。我们抛出这么一个东西成为一个批判的靶子，大家看看能不能站得住脚，你们认为哪些地方有缺陷，更希望大家提批评意见。

（此文发表于《中国财政学会2019年年会暨第22次全国财政理论研讨会交流论文集（第一册）》，系2018年8月16—17日泰安会议上发言速记整理稿，作者：刘尚希）

以“整体观、共生观、演化观”理念推进财政理论创新

阅读提示：党的十九大，习近平同志作了题为《决胜全面建成小康社会夺取新时代中国特色社会主义伟大胜利》的报告。党的十九大报告对当前中国发展的历史定位、国际定位等，都作了科学的阐述，体现了习近平新时代中国特色社会主义思想。

当前举国上下都在学习十九大报告，各方面专家也在解读十九大报告。十九大报告内容丰富，思想深邃。理解十九大报告要抓住关键点，既要原原本本、原汁原味地学习，更要提升到哲学层面去认识，否则很难把握其中的内核精神。

一、从哲学层面学习领会十九大报告

十九大报告蕴含三个核心的精神引领，即演化观、整体观、共生观，这“三观”是一种哲学思维，具有根本性的指导意义。

一是时间维度上的演化观。

十九大报告中提出新时代这个重大判断。得出这一重大判断本身就体现了演化观。经济社会正如生态系统一样，不断地演进、发展、变迁，文明也要不断进步，如果静态地看就没有新时代可言。尽管平时对“演化”这一概念并不陌生，但可能多是无意识地、泛泛地搬用这个概念，而不是有意识地运用这种思维方式去深入观察分析经济社会的发展变化。

中国的新时代，全球的新时代。新一届的中央领导集体提出新时代这一

重大政治判断，不仅意味着中国进入新时代，实际上全球也进入了一个新时代。中国已是全球第二大经济体，对全球的经济、社会、文化各方面都产生巨大影响，可以说中国将全球带入了一个新时代。

新时代、新秩序、新变化。从当前全球的态势来看，也进入了一个新时代。这个新时代最基本的特征就是全球要构建一个新的秩序。在新旧秩序交替的过程中全球面临着各种不确定性，风险不断显现、爆发。从时间维度来观察，新时代这一重大判断其中蕴藏着演化的哲学观念。

二是空间维度上的整体观。

十九大报告中，“全面”一词提及96次。“全面建成小康社会”“全面深化改革”“全面推进依法治国”“全面建设社会主义现代化国家”等。“全面”这个概念体现了一种整体观的哲学思想。要从整体来看问题，比如统筹推进“五位一体”总体布局、协调推进“四个全面”战略布局，都体现了整体观。

整体观知易行难。过去以经济建设为中心，主要抓GDP。但现在要更好满足人民在经济、政治、文化、社会、生态等方面日益增长的需要，党建、国防等各个方面也要抓，可以说中国的进步是一种整体的进步，而不是某一个方面的进步；中国的复兴，不只是经济的复兴，而是整体的复兴，变成一个全面现代化的强国。因此，中国的发展不只是物质财富的增长，也包括精神、文化、政治等各个方面的进步。可以说，十九大报告通篇都体现了整体的思维，系统的思维。整体观不仅针对中国情况而言，将中国放在全球，以全球化的视野来看中国，也是整体观的体现。

三是共生观。

中国传统哲学文化中特别强调“共生”。十九大报告中提出的“人类命运共同体”，可以说是新时代中国外交的根本指导思想。推动构建人类命运共同体，不单是面向全球，国内社会也是命运共同体。毫无疑问，共同体就是共生的，既是共生的，就互相需要、互相依靠，谁都离不开谁。

演化观、整体观、共生观，十九大报告中蕴含的这“三观”，既是对我国传统哲学文化思想的传承发展，也是建设中国特色社会主义过程中马克思主义辩证法的拓展运用，将成为我们把握、理解、认识新时代，思考分析新问题的新思维。

二、以“三观”为指导创新财政理论

旧有的思维方式多多少少都偏离了“三观”。可以说，十九大报告中蕴含的哲学层面的“三观”思想，是将中国传统哲学思想发扬光大，也是马克思主义中国化的成果，对我们意义重大，影响深远。

从事财政理论与政策研究的专家学者，学习十九大报告不仅是学习其中的文字，原汁原味、原原本本去学，更要看这些文字所蕴含的深层思想，尤其是其中的哲学思想，是财政理论创新的宝贵的思想源泉。如果不能体会“三观”思想的深意，就很难突破旧有研究框架的束缚，做出创新的成果。“三观”思想构成的新思想对重新认识财政非常重要。财政学界对创新财政理论已达成共识，创新要基于中国的实践，这也是普遍的看法。

传统的教科书是从经济学视角观察概括财政的职能，是将财政看作经济学一个分支来对待的，还远没有真正将财政定位为国家治理的基础和重要支柱。如果继续循着经济学的视角理解财政，财政理论的创新是不可能超出现有框架的，只能是修补式的创新，不可能真正使财政成为国家治理的基础和重要支柱。

新时代，如何用“三观”思想认识财政？古人视经济和财政不可分，“理财”从来视财政和经济是一体的，不可分割。比如重农抑商，可以理解为经济政策，也可以理解为财政政策。又比如现在经常提到的“财经”或者叫“财政经济”，这种叫法就体现了一体化的理解，而不是割裂的。其实，财政不仅仅和经济是一体的，它和国家、政治、整个社会都是一体的。财政之于国家，就像血液之于人体，人的各个脏器都离不开血液，一个国家的正常运转也无法离开财政。国家经济社会各个方面都与财政密切相关，是有机不可分割的整体。整体意味着共生，共生则是一个有机的系统，有机的系统是不断演化、变迁的。

中国的传统哲学里讲的共生是阴阳五行，相生相克，共生就会既相生又相克。比如金融与经济，财政与金融，政府与市场，政府与社会，如果按照西方的理论，上述几种关系都是对立的，这是用机械论的哲学观来指导的，方法就是要制衡。比如汽车刹车，这是用机械力维持的一种制衡，靠机械力维持制衡而形成的系统不是有机整体，不是共生关系，自然也没有演化进化，系统是不稳定的。因此，从机械论的角度来理解社会和从有机论的角度理解社会是不同的。财政作为国家及整个社会运转须臾不可离的“血液”，它的存在不仅仅是经济上配置资源，也不只是体现在财政这个政府部门，而应该是全方位的、整体性的，分布于社会运行的全过程及各个领域、各个社会细胞。从这个角度来说，财政天生就是综合性的、共生性的。如果将财政视为国家机器上的某一个零部件，而不是像一个有机体的血液系统，那将导致国家机器功能弱化，甚至面临着解体的风险，社会就会出现严重危机。

要用十九大精神中蕴含的深刻哲学思想重新认识财政。凯恩斯理论流行以来，对财政的认识越来越工具化。十八届三中全会将财政视为国家治理的基础和重要支柱实际上就摆脱了这种工具论，但是学界业务部门还是基于工具论的思维来理解财政。只有从“整体—共生—演化”这个逻辑去认识财政，财政理论才可能有创新，财政政策也才可能摆脱旧的框框。

三、用“三观”认识财政——风险财政

在十九大报告中，从字面上看关于财政的论述并不多，但十九大报告中阐述的各个方面实际上都与财政有关。比如新时代如何去解决新矛盾，这离不开财政。现代社会人类的美好生活包括两部分：私人消费和公共消费。个体的钱支撑的私人消费由个体自主决定；由政府财政支撑的则是公共消费。公共消费越来越成为私人消费的前提条件和基础，没有公共消费的话私人消费无法实现。比如，个人买了汽车，但若没有路则不能出行。呼吸新鲜的空气、饮用洁净的水、享受丰富的文化生活等并非有钱就能买。诸如此类，现代生活越是要向美好生活这个方向演化、发展，就越离不开公共消费，更离

不开支撑公共消费的财政。从这个角度来看，解决发展不平衡不充分的问题离不开财政。因此，无论是从美好生活的需要这个角度，还是从面临的发展不平衡、不充分的角度来看，财政的作用至关重要。

财政问题并非局部性的问题，而是整体性的问题，综合性的问题。但是，由于认识的局限，现实中将财政职能割裂，分散到不同的部门，这就导致了财政改革、财政政策实施中的一些困境，大大降低了国家治理的有效性。例如宏观经济政策、金融风险监管、国有资本和国有资源的管理等，都属于公共风险防范化解的措施，本应财政主导，相对集中，但都被割裂了，被各个部门把控，导致内耗多、协调成本高，国家治理大打折扣。

从目的论意义上看，财政应当是人本财政，而不是物本财政。财政最根本的目的是以人为本，最终是要发展人、解放人。马克思在《共产党宣言》里讲得非常清楚，但是在发展的过程中经常发生异化，比如说为增长而增长，为 GDP 而 GDP。为避免这种异化的风险，需要财政发挥作用，这就需要财政理论创新。现有的财政理论不但没有防止防范异化，反而在助长这种异化，从而带来公共风险。

从方法论的角度看，财政实际上是风险财政。财政的思维应当是一种风险思维。财政作用于经济社会各个方面、各个领域。过去有一句老话，财政是国民经济的综合反映。这只是经济视角的认识，其实财政是经济、社会、政治、文化等各个方面的综合反映。各方面的风险、问题、矛盾都会转化到财政上来，一旦演变为公共风险，最终需要政府去化解。

财政风险就是政府风险。有的人将财政风险理解为财政部门的风险，这是微观片面的认识，这仅仅指的是政府财务的风险。财政的风险从来是政府的风险，实际上是一种政治风险。没有一个国家财政出现危机政府能脱得了干系。新时代对财政的职能要有新认识、新概括。

四、以“三观”推进财政改革

十九大报告中关于财政问题的论述，有几个关键词。

一是加快。“加快建立现代财政制度”。建立现代财政制度是财税改革的目标，财税改革的目标要尽快地实现。我国新时代两个阶段、两个目标都已明确，并有了科学部署，如果建立现代财政制度这个目标不能尽快实现，就无法支撑国家治理体系和治理能力现代化这个总目标的实现。这其中有丰富的含义，加快建立现代财政制度，既是对现实的财税改革遇到种种困难、进展不理想所提出的新要求，也是着眼于新时代的新战略部署、新目标提出的新要求。这其中很多问题需要深入思考，如财税改革的推进方式还需优化、调整。如果还按照传统的路子，财税改革很难有实质性的进展。

二是优化。十九大报告关于财税改革的论述相比十八届三中全会提出的财税改革思路已有优化，对财税改革的顺序作了重要调整，将财政体制改革放在首位，然后是预算制度和税收制度。此外，这其中还内含着改革的框架性思路，可概括为“一体两翼”。以财政体制的改革，即中央与地方关系的改革作为一体，将预算制度和税收制度的改革作为两翼，构成一个有机的整体，相互协调，相互配合，整体推进。财政体制、预算和税收其实都是相互关联的，如果各改各的，就会造成冲突，改革就会停滞不前。

三是全面。十九大报告中关于财税改革的部分，“全面”的内涵一以贯之。“建立全面规范透明、标准科学、约束有力的预算制度；全面实施绩效管理；全面落实税收法定”。目前的改革有些方面存在碎片化，其根源就是缺少整体观的思维方式，共生的思维方式，还有演化的思维方式。财税改革必须全面考虑，整体设计，协调推进。

（此文发表于《财政科学》2017 年第 11 期，作者：刘尚希）